복음의 사람, 방지일

복음의 사람,
방지일

발 행 (사)방지일목사기념사업회
번역과 주해 민경운

펴낸곳 도서출판 케노시스
등 록 제2011-24호(2011. 5. 23)
전 화 02) 453-2208, 450-5435-6
팩 스 02) 2201-6953
주 소 서울시 광진구 광장로 5길 25-1

인 쇄 2025년 7월 21일
발 행 2025년 7월 25일

ISBN 979-11-85698-65-6 (93230)

값 30,000원(*파본은 바꿔드립니다)

복음의 사람,
방지일

민경운 번역과 주해

(사)방지일목사기념사업회

발간사

복음의 사람, 방지일!

오직 복음으로 사셨던 방지일 목사님!

방지일 목사님이 가신 지 10년이 넘었습니다만 지금도 생생하게 그 가르침들이 생각납니다.

욥기, 다니엘서, 이사야서, 예레미야서, 레위기, 아가서 등등 목사님과 함께하던 월요성경공부 시간에 들었던 말씀들이 40여 년이 지난 지금도 귀에 쟁쟁하고, 남기신 책들을 읽으면 그 음성이 또렷이 들리는 듯합니다.

이번에 (사)방지일목사기념사업회에서 방지일 목사님의 20대 청년 시절에 그 열정적인 신앙으로 쓰신 글들을 모았습니다. 1911년생이신 목사님이 1931년부터 1938년까지 힘껏 외치며 쓰신 글들이라 더욱 힘이 느껴지고 그 열정이 그대로 전달되는 것 같았습니다. 순전한 복음에 대한 열정입니다. 그렇게 103세까지 부지런히 복음을 전하다 가셨습니다. 우리 후대에 주신 선물 같은 분입니다. 요즘 젊은 사람들도 방지일 목사님의 성경강해서나 『피의 복음』 등을 많이 읽으면 좋을 텐데 하는 아쉬움이 있는데 옛글이어서 읽기가 어렵다고 합니다.

민경운 목사님이 전문적이고 열정적인 힘을 쏟아부어서 방지일 목사님의 옛글들을 번역, 주해해 주셨습니다. 한자나 고어가 많아 다가가지 못하는 사람들을 위해 크나큰 수고를 다 하여 귀한 책이 나오게 됨을 감사합니다. 그리 길지 않은 글들 하나하나가 우리들에게 새 힘을 주고 열심을 다짐하게 합니다. 한국 교회에 귀중한 자산이 될 귀한 책입니다. 부디 많은 사람들에게 널리 읽히고 큰 힘이 되기를 바랍니다.

2025년 7월

(사)방지일목사기념사업회 이사장 **김삼환**

게자씨 영인본 서문*

아주 오래전의 일이다. 평안북도 선천군의 신성학교 졸업생으로서 평양 숭실대학에 진학하는 사람은 매해 그 수가 10여 인 안팎이었다. 다 우수한 성적이었으나 1929년 졸업생은 총 17명인데 대학에 진학한 이가 나와 김진홍 두 사람뿐이었다. 제일 적었던 셈이다. 대학에서 김진홍은 성적이 상위요 나는 중위쯤 된다. 우리 둘은 일을 해가면서 공부를 한다. 하루 세 시간은 꼭 일을 하며 공부하는데 그러니 공부며 건강에 긴장을 해야 된다. 우리 둘은 기숙사에서 한 방을 택했는데 216호 실이다. 지금도 그 방의 모습이 눈에 선하다. 두 침상에 두 책상이 놓여 있다. 수업이 끝나면 기숙사비와 식비를 벌기 위해서 일을 하고, 저녁을 먹은 다음에는 또 학교에서 25리 되는 정백리동으로 달려가 야간학교를 한다. 앞으로 나는 전도를 할 사람인고로 야간에라도 아이들에게 글을 가르치며 만나서 예수를 믿게 해야겠다는 그 일념으로 자전거를 타고 매일 나를 기다리는 곳으로 달렸다. 밤 11시가 지나서야 돌아온다. 냉수로 샤워를 하고 약간 학업의 시간을 갖고는 잠자리에 들어간다. 새벽이 되면 또 일찍 일어나 찬물에 샤워를 하고 새벽기도를 드리러 간다. 교실에 나 혼자 들어가서 한 시간쯤 넘게 기도를 한다. 그러던 중 나는 진홍 형에게 한 가지 제안을 하였다. 한 방에 살고 있으니 아침마다 둘이 같이 기도회를 갖자는 제안이었

---

* 이 글은 2010년 (사)방지일목사기념사업회에서 발간한 <게자씨> 영인본 발행 때 쓰신 방지일 목사님의 글을 일부 생략하고 그대로 옮깁니다.

다. (중략)

하루는 김, 하루는 내가 인도를 했다. 이렇게 아침에 읽고 나누는 말씀이 너무 좋아서 둘이서만 하기에는 그 말씀들이 너무 아까웠다. 누가 먼저라 할 것도 없이 서로 동감인지라 우리만 하지 말고 동인들과 같이 보고 듣자는 맘을 나눴다. 그리하여 나와 동갑인 윤병식과 셋이서 종적회(주님의 발자취를 따르자는 의미)라 이름하고 한 사람이 회비 20전씩을 내어 등사로 〈게자씨〉라는 이름의 월간지를 발행했다. 김진홍 형의 글씨로 등사한 글씨가 얼마나 아름다운지 모른다. (중략)

이렇게 20부, 30부 등사기로 밀던 것이 200부까지 등사를 하게 되었다. 그 이상 등사를 하면 등사 종이가 찢어지기도 하고 보기가 어렵게 되어 200부 정도를 신앙 동인들에게 돌리곤 하였다. 이렇게 3년 넘게 해왔는데 어느 날 돌아오니 기숙사 216호 실이 열려 있고 방이 온통 어지럽게 되어 있었고 내일 고등계로 오라는 호출장이 놓여 있었다.

고등계 형사는 우리가 출판법을 위반했으므로 벌금 500여 원, 몇 해 징역형에 처할 것이라는 경고를 한다. 나는 너무 어이가 없어 내가 무슨 위반을 했는가 당당하게 따졌다. 〈게자씨〉는 우리들이 받은 은사를 손으로 쓰는 것이 불편하여 등사하여 나눠 본 것뿐인데 무슨 위반이냐? 편지도 쓸 수 없냐고 거세게 항의를 했더니 다시 의논하여 볼 터이니 부르면 오라는 것이다. 다시 불러 갔더니 전에는 모르고 했다니 넘어가겠지만 앞으로 지속하려면 총독부에 일일이 검열을 받고 하라는 지시이다. 돌아와 우리는 여러 날을 의논하였다. 그 검열을 받는다는 일이 학생의 신분으로 시간적으로 감당할 수 없다는 결론이다. 나도 동감이나 여지껏 하던 일을 경찰이 알게 되자 하라는 대로는 못 한다면 마치 무슨 비밀이라도 있던 것 같고 여기서 이렇게 물러설 수는 없다고 주장했다. 밤을 새우면서 의논하다 마지믹에 나는 출판 동의만 해 주면 내가 직접 철필로 긁어 등사를 해서라도 책임을 지겠다고 고집을 부렸고, 이렇게 속간되어 등사에서 활판 인쇄까지 하게 되었고 박윤선 목사도 동조하여 같이 하게 된 것이다.

처음에는 우리 몇몇의 개인 월간이었으나 집필자를 좀 넓혀가기로 하였다. 신학 교수들 중 남궁혁, 박형룡, 채필근 등과 사회 저명인사들에게서 원고를 받았고, 김홍전, 김진홍, 김예진, 김석구, 박윤선, 박손혁, 방지일, 이유택, 윤병식 등 우리 신앙 동인들의 글을 실었다. 그리고 교회 교역자로 김화식, 주기철, 방효정, 윤응팔, 마두원, 백응수, 강흥수, 강경준, 함일톤, 김인준, 방효원 이상의 분들이 원고를 주셨다. (중략)

총독부의 검열로 인한 어려움은 특히 '만보산 사건'과 주기철 목사님의 '일사각오' 원고로 인한 어려움이 기억에 남는다. (중략)

지금 생각해 보면 일제하의 정형에서 어떻게 그러한 일들을 했었는지 모르겠다. 동인들과 함께 불타는 사명감으로 우리의 주장을 지켜내며 인쇄하고 반포하던 일들이 생생하다.

이제 시간이 오래 흘러 책도 없어지고 낡아서 당시의 귀중한 글들이 희미해져 가기 전에 영인본을 낸다고 하니 마음이 무척 기쁘다. 그 옛날의 기품 있는 글들이 널리 후배들에게 전해지고 연구되고 되살아나기를 바란다.

2010년 12월

방지일

역자 서문

방지일 목사는 1917년부터 1935년까지 중국 산동(山東) 선교사로 사역한 아버지 방효원 목사의 뒤를 이어 1937년 4월 14일 파송 예배를 드린 이후 1957년 9월 21일 귀국할 때까지 20년을 산동 선교사로 사역했다. 방지일은 선교사로 파송을 받기 전에 주님의 발자국을 따르는 사람들의 모임이란 「종적회(從跡會)」를 만들었고 김진홍, 박윤선 등과 함께 소(小) 신앙지(信仰誌) 『게자씨』를 만들어 복음 전도에 열심을 다하였다.

『게자씨』는 1931년 6월 12일에 창간하여 매월 1회씩 발행하였다. 처음에는 10페이지를 등사(謄寫)하여 20부를 발행했다. 그러다가 40부, 60부, 100부, 200부로 늘렸다. 1933년 12월에는 활판 인쇄로 500부를 발행하고 나중에는 3,000부까지 발행하게 되었다. 이런 『게자씨』는 순 복음주의(福音主義)와 순 보급주의(普及主義)를 원칙으로 발행하여 직접, 간접 전도의 도구로 사용되기도 했다.

『게자씨』를 매달 발행하는 데는 적지 않은 어려움이 있었다. 먼저는 『게자씨』를 우편으로 보내는 경비를 마련하는 것도 쉽지 않았다. 또한 원고를 부탁하고 글을 받는 과정도 어려운 일이었다. 일제 강점기 시대였기에 글의 내용도 조사를 받아야 했고 어떤 때는 압수 되어 발행하지 못하기도 했다. 그러나 방지일은 산동 선교사로 파송을 받아 중국으로 떠난

1937년까지 열과 성을 다해 『게자씨』 발행에 각고의 노력을 기울였다.

『게자씨』에는 수많은 분의 주옥같은 글들이 실려있다. 그중에서 역자(譯者)는 『게자씨』에 실린 방지일의 모든 글을 찾아서 번역하여 이 책을 발간하게 되었다. 방지일의 글들을 번역하게 된 데는 몇 가지 이유가 있다.

첫째, 방지일의 글은 다방면으로 소중한 글들이다. 그의 글은 선교신학적으로 요긴하다. 그의 글을 읽으면 선교의 역사를 알 수 있다. 선교 신학을 알 수 있다. 전도의 실제를 배울 수도 있다. 또한 그의 글은 목회에 큰 도움이 될 뿐만 아니라 신앙생활을 어떻게 해야 하는지를 배울 수 있다. 그는 젊은이들에 대한 간절한 바람과 권면의 글을 남기기도 하였다.

둘째, 그의 글들이 그렇게 소중한 글들이지만, 요즈음 현대인들이 접근하기가 힘들다는 점이다. 그의 글들은 이제 거의 100년이 되어가는 옛글이다. 그의 글은 한문(漢文) 투의 문장이다. 실제로 한문으로 된 문장을 쉽게 인용하고 있다. 또한 우리 말이지만 한자어는 모두 한자(漢字)로 썼다. 그의 글은 모두 세로쓰기로 되어 있고 1931년과 1932년의 등사(謄寫)본은 띄어쓰기도 하지 않았다. 한글도 지금은 알기 어려운 옛글 형태이다. 이제 그의 글들은 그 누구라도 접근하여 해독(解讀)하기가 어려운 글들이 되었다. 소중한 자료가 거의 사장(死藏)되다시피 했다. 따라서 이제 현대어로 번역해 놓을 필요가 절실해졌다.

셋째, 이렇게 소중한 글들을 현대인들이 쉽게 읽을 수 있도록 번역을 해 놓으면 앞으로 많은 사람들에게 유익이 되기 때문이다. 학문하는 분들에게는 많은 논문의 자료가 될 것이다. 또 목회자와 성도들도 이런 글들을 읽고 목회와 신앙생활에 큰 도움이 될 것이기 때문이다.

넷째, 무엇보다도 방지일의 글을 읽으면 그가 얼마나 복음에 열정적이었는가를 알 수 있다. 그는 복음인 예수 그리스도를 믿고, 전하고, 알기를 원했다. 오직 복음의 사람이었다. 모든 것이 복음적이었다. 그래서 이 책의 제목을 『복음의 사람, 방지일』로 정했다. 이런 그의 글들을 번역하는 이유는 우리 모두도 그처럼 복음으로 살아야 하며 어떻게 하면 복음으로 살아갈 수 있는가를 배울 수 있기 때문이다.

역자는 이런 뜻을 가지고 긴 시간을 걸쳐 번역 작업을 마치고 책을 발간하게 되었지만 늘 부족함을 느낀다. 단지 방지일의 아버지, 방효원 목사가 산동 선교에 관해 쓴 모든 글을 찾아 번역하여 2023년에 출판한 『산동 선교사 방효원 목사의 선교 이야기』의 뒤를 이어 『복음의 사람, 방지일』을 출판하여 이런 번역 작업을 이어갈 수 있도록 역사하신 하나님께 모든 영광을 돌릴 뿐이다.

『복음의 사람, 방지일』이 출판되기까지는 (사)방지일목사기념사업회의 전적인 지원이 있었기에 가능했다. 또 책이 나오기까지 역자가 번역한 글을 읽고 조언을 아끼지 않고 교정을 봐준 장신대 정기묵 교수와 늘 무척이나 꼼꼼하게 책 출판 작업을 해주는 이신정 자매에게 고마움을 전한다. 한 가지 작은 소망이 있다면 시대를 초월하고 나이를 초월하여 많은 분이 이 책을 읽고 복음의 사람인 방지일 목사를 기억하고 배우고 따라가기를 바랄 뿐이다.

2025년 4월 따뜻한 어느 봄날

의정부에서 민경운

차례

1933년

1934년

1935년

1936년

1937년

1938년

일러두기

1. 원문(原文)의 한글 옛글과 사투리는 현대어로 번역하고 표준어로 바꾸었다. 단 원문의 맛을 살리기 위한 표현은 가급적 당시 한글 표현 그대로 실려두었다.

2. 한자(漢字)와 한글 혼용(混用)으로 쓰인 원문의 한자는 모두 한글로 바꾸고 한글 괄호 안에 원문의 한자를 적었다. 다만 본문에서 괄호 안에 한자를 표기하지 않아도 이해할 수 있는 단어는 한글로 옮겼다.

3. 띄어쓰기가 되어있지 않은 원문(原文)을 번역하면서 모두 띄어 썼다.

4. 현재는 잘 이해할 수 없는 당시의 한자와 한글 표현은 주해(註解)해서 독자의 이해를 돕도록 하였다.

5. 원문(原文)에는 쉼표(,)와 마침표(.)는 거의 사용하지 않았고 물음표(?)와 느낌표(!)는 가끔 사용하였다. 번역하면서 필요한 곳은 이러한 표시를 임의(任意)로 추가하였다.

6. 원문(原文)에는 성경 장절을 표시할 때, "성경(한자 또는 한글) · 한자로 장 · 숫자로 절"의 형태(예: 馬太十七21는 마태복음 17장 21절을 말한다. 혹은 '삼상十六7'은 사무엘상 16장 7절이다.)로 표기했는데, 이는 각주 표기하지 않고 지금 표기하는 형태로 옮겼다.

7. 원문(原文)에는 단어 안에서 반복되는 한자나 한글을 반복 부호(々)로 표기한 곳이 많이 있다. 예를 들면, 種々(종종), 明々白々(명명백백), 오날々(오날날, 오늘날) 등이다. 이와 같이 반복 부호가 사용된 문장은 각주 표기하지 않고 풀어썼다.

8. 본문 아래 각주 첫줄(*)에는 원래 「게자씨」의 발행일과 호수 그리고 (사)방지일목사기념사업회가 엮은 『게자씨』 영인본의 위치를 표시했다.

복음의 사람,

방지일

1931년

창간사(創刊辭)

곽송(郭松),[1] 1931년 6월 12일[2]

「게자씨」! 적은 게자씨! 씨 중에 적은「게자씨」! 보이지조차 않을 만치 적은「게자씨」! 그러나 위대한 힘을 가지고 있는「게자씨」. 땅에 들어갈 수 있는 기회를 얻을 그때 양기(陽氣)[3]를 받을 수 있는 그때야말로 위대한 힘을 알 것이다. 신통하다. 이상하다. 참으로 묘하다. 이「게자씨」! 어찌 보이지조차 않는 적은 씨알이 그리도! 다만 땅속 또 양기를 받음에서이다. 장대한 힘은 터지는 것이며 자라는 것이다.

이제 주(主)님의 품 안에 살뜰히 안겨 나오는 이 적은「게자씨」!!! 우리 안목(眼目)으로 봄에 지금은 형편없는 적은 것이 사실이다마는 이 속에는 위대한 힘이 잠재한 동시에 이미 땅속에 묻힌 바 되고 양기를 받고 있으니, 이야말로 잠재한 힘이 마르지 않을 것이며 힘 있는 용기를 낼 때가 그리 멀지 않았다고 믿으면서 이「게자씨」를 발생(發生)시킨다.「주(主)안에서 길이 참으라」

---

* 『게자씨』 창간호(1931.6.12.), 1, (사)방지일목사기념사업회 엮음, 『게자씨 1931-1932 (영인본)』 (서울: 홍성사, 2010), 15.

1 곽송(郭松)은 방지일(方之日)의 호(號)다. 1931년 『게자씨』 창간호 10쪽에는 방지일이 주축이 되어 주님의 발자국을 따르는 사람들의 모임으로 세워진 「종적회(從跡會)」의 임원을 소개하는데 회장을 방곽송(方郭松)으로 소개하였다. 곽송(郭松)이 방지일의 호(號)인 것을 알 수 있다. 『게자씨』 창간호 '창간사(創刊辭)' 본문에서는 필자를 곽송(郭松)이라고 적었지만, 목차(目次)에서는 方之日(방지일)이라고 쓰고 있기 때문이다.

2 『게자씨』(The Mustard) 창간호 첫 쪽에는 발행 일자를 1931년 6월 12일로 적고 매월 1회 발행이라고 밝히고 있다.

3 햇볕의 따뜻한 기운, 만물이 살아 움직이는 활발한 기운[Daum 한국어 사전].

누가 반편인가?

뻑국[1]

L, B, m. 세 동무[三東牟]가 산보[2]를 간다.

B. (L 더러) 목사. 이야기나 좀 하세그려!

L. 목사(牧師)는 벌써 웬 목사(牧師)인고!

B. 장래(將來) 목사(牧師) 아닌가?

m. 내 참말 고약한 것을 어제 보통문(普通門)[3]에서 보았지!

B. 무엇......

m. 어떤 촌(村)사람인 모양이야. 그 사람이 지나가는데 어떤 자가 자전거를 타고 가다가 치여 놓고는 그만 할 말이 없으니 도리어 촌사람에게 몇 번 소리를 지르고[4] 「왜 길에 방해하니 응」하니 촌사람이 「나 잘못되었소」 하데그려.

B. 그래. 그것을 보고 그냥 두었나?

m. 마음은 그만두고 싶지 아니하였지마는 용기가 안 나데그려!

---

* 『게자씨』 창간호(1931.6.12.), 3-4, 『게자씨 1931-1932 (영인본)』, 17-18.

1 '뻑국'은 방지일(方之日)의 필명(筆名)으로 여겨진다. 본문에서는 필자를 '뻑국'이라고 적었지만 "누가 반편인가?"라는 글의 필자를 목차(目次)에서는 方之日(방지일)이라고 밝히고 있다.

2 바람을 쐬거나 기분을 전환하기 위해 멀지 않은 곳을 이리저리 천천히 거닒[Daum 한국어 사전].

3 보통문(普通門)은 평양(평양성)에 있는 성문의 하나다. 6세기 고구려 때, 평양 중성의 서문으로 건립했다. 조선 초에 개축되어 오늘날까지 그 모습으로 존재한다. 보통문의 유래는 대동강의 지류인 보통강에서 나온 이름이다[https://namu.wiki 접속일 2024.01.17.].

4 원문(原文)은 '멫개즛모으고'이다. '즛다'는 '짖다'의 방언(평안, 함경)으로 '멫개즛모으고'를 '몇 번 소리를 지르고'로 번역함.

B. 반편(半便)[5] 같은 자식! 치여라 가만두나니…… 응!

L. m 군(君)이야 도리어 맞으려고 흥.

m. 참말 좀 튼튼해야겠대!

B. 반편(半便) 그만두어. 죽으면 죽었지, 그것을 보고 거저 오다니!!! (이럭저럭 한참 갔다. 사람은 길녘에 하얗게 많이 모였다.) 어떤 신사가 행상인(行商人)을 그가 팔고 있는 「사이다」 병(甁)으로 정신없이 둘러치니 병은 쩍쩍 터지고 그의 머리에서는 선혈이 뚝뚝 방울을 지어 꼬리를 맞물고 흘러내린다. L, B, m도 빨리 가보았다. 계속하여 때린다. 사람은 많았으나 보기만 한다. L이 물끄러미 들여다보더니 응! 에라! 저고리를 벗고 달려들어 신사를 밀치며.

L. 왜? 사람 죽지 않나?

신사. 이놈아. 무슨 상관이야……

L. 상관(相關)! 흥. 말 좋다! (몇 주먹 먹였다.[6] 그제야 다른 사람들도 덤빈다. L은 곧 상한 사람의 피를 씻어주고 일으켰다. 마침 순사(巡査)[7]가 와서 데리고 갔다. L은 따라가서 말해 주었다. B, m도 좇아갔다. 파출소에서 L이 나오기를 고대하였다. L 군은 나온다.)

m. L 군! 오늘 참 수고했네!

B. (대답이 없었다)……

L. 사람은~ 참말 고약하네!!!

m. B 군? 마침 만났는데 왜 가만있었나?

B. L 군이 나보다 먼저 덤비데 그려…… 그러니……

m. 뭘 그래 당해 보아야지!

---

5 지능이 보통 사람보다 아주 낮은 사람[Daum 한국어 사전].

6 원문(原文)은 '멧주먹구멕엿다'이다.

7 순사(巡査)는 일제 강점기 때, 경찰관의 최하위 계급. 지금의 순경(巡警)에 해당한다.

B. 그런데 목사가 사람을 쳐!

L. 사람을 친 것이 아니다. 고약한 마음을 쳤다. 불쌍한 사람을 동정했다.

B. 그러니. 남을 치는 것도 목사님 말과 같이 예정(豫定)일까?

L. 이 사람 또 나오는구먼. 예정(豫定)일까라니?

B. 내가 이 말 하는 것도 예정이란 말인가?

L. 아니.

B. 하나님도 별일이다 하시겠다.[8] 다른 일 볼 새가 있겠나? 그럼 이제 그 사람이 매 맞은 것도 하나님이 예정해서 맞은 것이겠구먼. 그럼 뭐가 불쌍해. 하나님이 매를 맞게 한 걸……

L. 자네 아직도 모르는 모양일세. 예정은 예지(豫知)를 알아야 안다. 네! 좌우간 하나님은 모르시는 것이 없지? 응.

B. 그야 그렇지. 그런데 왜 남이 매 맞게 정했는가 말이야?

L. 정한 것이 아니고……

B. 그럼 왜 예정하나 응?

L. 글쎄 들어봐! 미리 하나님께서 정하신 것이 아니야. 시계와 같이 만들어서 돌게 한 것이 아니고 무소부지[9] 하시니 모든 것이 어떻게 될 것을 아신 것이 아닌가?

B. 그래. 그러니.

L. 그러니까 아시고 계셔서 오늘 지금 자네가 이렇게 말할 것도 네가 나기 전부터 아셨으니 정하시 진들 못하시겠나? 매 맞은 사람도 아셨으니 정하신 것이 아니겠나? 정해서 그렇게 되는 것이 아니고 될 것을 아시니 자연히 예정이 된 것이다. 예지(豫知)가 먼저다.

---

8 원문은 '별(別)것다-하시겟다'이다. 이것을 '별(別)일이다 하시겠다'로 번역함.

9 무소부지(無所不知)라는 말은 모르는 것이 없다는 뜻임.

B. 그러면 하나님께서 죄 지을 것을 미리 아셨으면 못 짓게 하지 왜 가만 두어 두나?

L. 이 사람 그런 것은 또 자유 문제일세 그려. 하나님이 사람을 하게도 하고 못 하게도 하면 어디 사람이 자유를 가졌다고 하겠나?

B. 그렇구먼!

조선청년(朝鮮靑年)이 기독교에 대한 태도

지일[1]

수천 년의 역사를 가지고 내려온 기독교야 말로 그 얼마나 많은 박해와 곤란을 당하여 왔는가? 역사적으로 고찰하여 봄에 사회적으로 공격[2]을 받은 때 개인의 좁은 국량(局量)[3]으로 그리스도[4]가 가르치신 교훈을 부인(否認)하여 보려고 노력하여 핍박을 받은 때 혹은 부분으로만은 기독교 진리를 승인한다고 하고 그 나머지를[5] 부인한다고 핍박을 받은 때 실로 수를 헤아릴 수 없이 많은 것은 잘 알 수가 있다. 만근[6] 꾸준한 발전으로 이천여 년 후 금일(今日)의 현상(現狀)에 이르러봄에 실로 그리스도의 위대하신 보혈의 성공이라 아니할 수 없다. 문제(問題)가 조선(朝鮮)에 국한하니만치 조선의 기독교를 한번 살펴보자. 육십여 년 전에 선교사 학살 당시 육십여

* 『게자씨』 제2호(1931.7.18.), 3-5, 『게자씨 1931-1932 (영인본)』, 27-29.

1 원문에는 필자(筆者)를 '지일'이라고 적고 있으나 (사)방지일목사기념사업회가 엮은 『게자씨』 영인본의 목차에는 '方之日'로 적고 있음[(사)방지일목사기념사업회 엮음, 『게자씨 1931-1932 (영인본)』 (서울: 홍성사, 2010), 13].

2 원문의 '攻侓'의 '侓'은 중국 번체자로 '풍, 봉'의 음(音)을 가지고 있으며 '侓'은 '봉(丰)'과 동자(同字)이다. 이런 글자는 중국어에도 없는 단어(글자)로서 본문의 앞뒤 문맥의 내용을 살필 때 아마도 저자가 '공격(攻擊)'의 '격(擊)'의 약자(略字)로 쓴 것으로 보고 '공격(攻擊)'으로 수정하여 번역함. 물론 '공격(攻擊)'의 중국 번체자의 약자(略字)는 '공격(攻击)이다.

3 원문의 국량(局量)은 '남의 잘못을 이해하고 감싸주며 일을 능히 처리하는 힘'을 말한다[한컴오피스 한글 한자로 바꾸기].

4 원문에는 '基督'(기독)으로 되어 있다. 이것을 '그리스도'로 번역함. 이후에도 '그리스도'로 번역하는 것이 필요한 곳에는 이와 같이 번역함.

5 원문에는 '其餘'(기여)로 되어 있다. '기여(其餘)'는 '그 나머지, 그 이외'라는 뜻이다.

6 원문의 '만근'이라는 한글은 '아주 무거운 무게'라는 뜻의 한자어 만근(萬斤)으로 여겨진다.

년 후 금일의 현상에 이를 줄이야 누가 꿈이나 꾸었으랴마는 금일의 성공은 과연 세계에 자랑할 만한 성공이라 할 수 있다. 그러면 이렇게 큰 성공을 이룬 조선 민족으로 오늘날에 이르러서도 같은 발전이 있으며 내용의 충실이라던가 모든 것에 완전하여 있는 것을 생각하여 볼 필요가 있는 줄 안다.

오늘날에 이르러 모든 상황을 살펴보매 실로 답답한 형편이 쌓이고 쌓이고[7] 쌓인 중이다마는 다 논(論)하기는 뒤로 미루고 교회에 중추가 되는 청년들의 태도에 대하여 살펴보자. 이를 살펴봄으로써 또는 다른 여러 가지의 상황을 알 수도 있는 줄을 안다. 청년의 태도!!! 매우 큰 문제이며 중대한 문제이다. 경솔히 논할 수 없는 문제이거니와 청년들이 기독교에 대한 태도는 입교(入教)한 사람으로서 너무도 냉정한 것을 발견할 수가 있으며 외인(外人)으로서는 너무도 애매함이 많다는 것을 필자(筆者)는 확실히 발견하였다고 본다. 증거는 여러 방면으로 나타났으니 더 말할 것이 없거니와 그러한 이유가 어디 있는가를 살펴보려고 한다.

마침으로 우리의 선조(先祖)들이 완전한 이해하(下)에서 입교한 여부(與否)를 살펴보아 청년들에게 끼친 영향으로 이런 태도가 됨을 알 수 있다. 선조들이 여하한 생각으로 기독교를 찾았는가? 참다운 이해가 있었느냐? 맹목적[8]이냐? 미신적이냐? 혹은 피동적이냐? 과거의 역사로 살펴보자. 동학당(東學黨)[9] 당시를 회상컨대 그때[10] 단발(斷髮)한 자는 기독교인임에 자신의 해(害)를 이 난(亂)에서 피하기 위하여 단발하고 입교한 사람이 많았으

---

7 원문대로 '쌓이고 쌓이고'라고 두 번을 반복함.

8 원문에는 '盲自的'으로 되어 있는데 이것은 '盲目的'의 오기(誤記)인 것으로 보고 '맹목적(盲目的)'으로 바로 잡음.

9 원문의 '東學黨'은 동학(東學) 곧 천도교를 말함.

10 원문은 '其時'이다. 이것은 '그때'라는 뜻의 한문(漢文)이므로 '그때'라고 번역함.

며 삼일운동(三一運動) 이후 교육집(教育執)[11]이 바짝 떠오를 때 교육을 목적으로 하고 입교한 사람도 많았다. 이뿐 외(外) 미신, 피동(被動)으로 들어온 자도 많았다. 이것은 큰 범위의 예거니와 각인(各人)의 예를 들자면 무수히 많을 것이다. 육신의 행복을 누리려고 일시적 감흥, 일시적 피신, 제반(諸般) 경우로 기독교를 찾은 자가 과거에 있어서 대부분이라고 하여도 과언이 아니다. 이러한 관계상 원리 원칙으로 교리도 완전히 깨닫지 못하고 타목적(他目的)을 두고 들어온 사람들이니만치 자기 신상[12]에 무슨 사업[13]의 이익이 없다든가 시대의 변천에 피신상(避身上) 무슨 사업의 효과를 보지 못하면 물러가고 한 사람이 자연 많게 된 것은 부인할 수 없는 사실이다. 고(故)로 사십여 년 후 금일(今日)에 이르러서 세계에 자랑할 것이 무엇이니 떠들기는 떠들되 외형(外形)만이오 내용(內容)을 살펴보매 있는 자도 미약한 자뿐이며 대다수는 부녀자와 노인[14]들이 차지할 뿐이고 나간 자도 부지기수며 교회당 많은 것으로 굉장할 따름이니 탄식할 따름이다. 청년은 없다. 있다 하더라도 태도는 냉정하며 애매하다. 이 어떤 원인이냐?

위에서도 말하였거니와 선조(先祖)들이 끼치고 간 원인이 큰 이유의 하나이다. 선진(先進)들은 과거에 아직 문화가 보급되지 못한 그때 맹목적으로 피동적으로 타목적을 전제로 하고 나아왔던 것이매 그때보다 좀 나았다 하는 오늘날 과학 만능이며 무슨 주의(主義)니 많이 떠드는 복잡한 상태에 입각한 청년으로서 과거의 그 법대로 또는 그들의 지도(指導)대로는 결코 나올 리도 없는 것인바 아직 그때 그 사상이 교회에 대부분이며 지도

11 원문의 '教育執'(교육집)은 앞뒤 문맥으로 살펴볼 때 교육에 대한 집념(執念)이라는 의미로 지금의 교육열(教育熱)과 통하는 표현으로 본다.

12 원문은 '自身上'이다. 이것은 '자기의 신상(身上)'으로 보는데 바로 앞에 '자기(自己)'라는 말이 있으므로 '自'(자기)는 빼고 개인에 관한 형편이나 일이라는 뜻으로 '신상(身上)'으로 번역함.

13 원문은 '何業'(하업)이라는 한문(漢文)이다. 이것을 '무슨 사업'이라고 번역함.

14 원문의 '婦老'(부노)를 '부녀자와 노인'으로 번역함.

통할자(統轄者)[15]가 그들이매 그들과 같이 행보(行步)를 같이할 리 만무한 일이니, 청년은 교회에 대하여 냉정한 동시에 항상 선입관념(先入觀念)이 선진(先進)의 맹목적, 미신적, 피동적에 반하여 반(反) 기독교적 태도가 많이 섞여 있는 것이 첫째 원인이다.

둘째로 청년들 자신이 부족한 것이다. 선진(先進)들이 나온 그 방법, 그들의 지도를 반(反)함은 가(可)거니와 다시 말하면 맹목적 대신(代身) 자발적으로, 피동적 대신 능동적으로 나가서 순전한 이 긴 역사를 가진 기독교에 들어와 거기에 대한 진리를 참으로 연구하며 노력하여야 하겠는데도 불구하고 수박 겉핥기 맛으로 옛날 선진들의 부족함만 보고 그리스도의 교훈의 진수(眞髓)를 살펴보지 않고서 혹자(或者)는 자본주의적 기독교니, 무산계급(無産階級)인 우리로서는 결코 용납할 수 없다고 대중을 위하여 결코 이는 용납하지 못하겠다. 민족을 위하여 결코 못 하리라고 운운하며 떠들지만, 타방면으로 무슨 사업[16] 실행이 나와야 그들이 떠드는 것이 민족을 위함이 아니며 대중을 위한다고 할 것이 아닌가. (계속)

15 원문의 '統轄者'(통할자)의 '통할(統轄)'은 '모두 거느려 다스림'이라는 뜻이다. 따라서 '통할자(統轄者)'란 '모두 거느려 다스리는 사람'의 뜻임.

16 원문의 '何業'(하업)이라는 한문(漢文)을 '무슨 사업'이라고 번역함.

조선청년이 기독교에 대한 태도(계속)

지일[1]

보라! 지금부터 몇 해 전에 기독교는 우리 민족으로 보아서 결코 용납할 수 없다고 외치면서 「기독교」를 조선에서 구축(驅逐)[2]하자고 반 기독교파가 도처에 얼마나 일어났는가마는 금일(今日)에 이르러는 이는 이도 어디 그[3] 자취를 감추었는지 사라지고 말았고 해놓은 것이 아무것도 없는 것을 볼 수 있다.

물론 이렇게 됨은 기독교인 된 필자 자신으로서는 으레 피(避)치 못한 사실[4]이 아닌가! 참된 교(敎)를 반대하는 그 파(派)가 계속되지 못한다고 외치고 대답할 것은 사실이다마는 좀 더 깊이를 캐어 들어가 봄에 참 신(神)을 반대하는 그들의 생각이 계속될 리 없는 것이 사실이겠거니와 신이 참임에 그들이 만일 참되게 민족을 위하여 노력한다고 하였던들 참 신 되신 하나님께서는 결코 이들을 바라시지 않는 것이 사실이라는 말이다.

다만 이들은 외형적으로만 보고 이에 대한 무슨 사업의 진리 탐구에는

---

* 『게자씨』 제3, 4호(1931.9.14.), 1-2, 『게자씨 1931-1932 (영인본)』, 35-36.

1 원문에는 필자(筆者)를 '지일'이라고 적고 있으나 (사)방지일목사기념사업회가 엮은 『게자씨』 1931-1932 전체 목차는 '方之日'로 적고 있음[『게자씨 1931-1932 (영인본)』, 13].

2 원문의 '驅逐'(구축)이란 '어떤 세력이나 해로운 것 따위를 몰아 쫓아냄'을 뜻함[한컴오피스 훈글 한자로 바꾸기].

3 원문의 '其'라는 한자(漢字)는 그 훈(訓)과 음(音)이 '그 기'이다. 따라서 한자의 훈(訓)을 좇아 '그'라고 번역하고 앞으로 명사를 수식할 때 사용한 원문의 '其'는 모두 '그'라고 번역함.

4 원문의 한자(漢字)인 '叐実'의 '叐'(반)은 '반(反)'의 초서(草書)로 보이며, '실(実)'은 '실(實)'의 약자(略字)이다. '반실(叐実)'은 잘 사용되지 않는 용어(用語)이다. 다만 일본어에서 '반실(叐実)'은 '현실에 반하는 것'이라는 뜻으로 사용됨[Daum 일본어].

노력함이 없이, 맹목적으로 생각함이 없이 와하고[5] 덤비는 까닭에 불과하다. 이같이 청년이라는 두 글자를 가진 사회 중추 인물로서 경솔함이 부족이라 아니할 수 없는 것이다. 성(聖)사도(師徒) 바울같이 자기 민족을 위하여 기독교를 미신(迷信)이라 생각하거든 적극적으로 싸워야 하는 것이다. 그는 자기의 생명을 내달고[6] 싸운 결과, 참 신(神) 되신 하나님께서는 그를 불러 일대(一大) 위인(偉人)(종교상의)이 되게 한 것이 아닌가? 고로 무엇을 반대한다든가 무엇을 주창(主唱)한다고 하면 그 대상을 잘 연구 고찰한 후 그 내막까지 자신이 철저히 알은 다음에 하는 것이 두말없이 성공을 가질 것이다.

조선 기독교계의 선진들도 물론한 바와 같이 맹목적이오, 피동적인 것이 사실이지마는 금일(今日)에 소위 좀 깨었다고 하면서도 청년으로서 맹목적이오, 피동적이다. 외계(外界)로부터 침입한 주의(主義), 사상(思想)에 외적(外的)으로 피동(被動)되어 이러한 상태에 이르렀다고 할 수밖에 없다.

너무도[7] 태도는 애매하다. 금일에 이같이 외국(外國)에 자랑할 만하다는 우리 기독교(조선)의 내막(內幕)이 이같이 빈약하게 됨은 상술(上述)한 바와 같이 이대(二大) 원인이라고 생각하는바 이제 결론으로 말하거니와 여하(如何)히 하여야 될까? 첫 원인이 그럴진대 깬 청년으로서 이리 애매한가 말이다. 고로 철저한 것 외에는 오늘날[8] 우리 기독교를 부활시킬 수 없으며 뿐 외(外)라. 제반사(諸般事)에 철저한 정신이 없이는 성공하지 못할 줄 안다. 구설(口舌)로만 실행 없이 떠들지 말고 연구에 연구를 더하고 노력에 노력을 가(加)하며 철저하여라. 만(萬) 덥지도 차지도 아니하고 뜨뜻

---

5 원문의 '우야하고'를 본문의 앞뒤 문맥을 살펴 '와하고'로 수정하여 번역함.

6 원문의 '내다고'를 앞뒤 문맥을 살펴 '내달고'로 번역함.

7 원문의 '너머도'를 '너무도'로 번역함.

8 원문의 '오날々'의 '々'는 앞 글자를 반복할 때 쓰는 한자식(漢字式) 반복 부호로서 '오날날'이다. 이것을 '오늘날'로 번역함.

미지근(묵시 3:14)한 것은 청년의 취할 태도는 아니다. 어느 때나 어느 곳이나 어느 누구를 막론하고 진실로 진정한 성심(誠心)을 바치는 그에게 실로 성공을 보는 것이다.

할 일이 태산같이 많이 쌓인 조선 청년으로서 범사에 철저하여서 성공함이 있기를 우리는 힘쓸 것이거니와 더욱이 사람에게 없지 못할 종교 그 중에도 많은 발전을 촉진하고 있는 기독교! 심령을 구원할 수 있는 이 기독교에 대한 태도를 철저히 하여 세계적 종교가(宗敎家)던가 세계적 반(反)종교가던가 양단(兩端) 중 하나가 다 되기로, 덥지도 차지도 않은 중간이 되지 말고 덥든지 차든지 하기를 힘쓸 것이며 이렇게 함이 또 청년이란 두 글자[9]를 가지기에 부끄럽지 않을 줄 안다. 철저! 철저!!! 철저!!! 청년의 생명이다!!!

9 원문은 '二字'(이자)이다. 이것을 '두 글자'라고 번역함.

복음의 사람,

방지일

1932년

참을 알자

곽송(郭松)[1]

요한복음 8장 32절을 보면「진리를 알지니 진리가 너희를 놓아주리라」[2] 하신 말씀이 있다. 참 귀한 말씀이다. 우리 일생의 표어는 과연 이 말이다. 진리 즉 참을 아는 그 사람은 약용(藥用)으로 쓸 알코올, 니코틴[3]을 함부로 입에 넣어 자신과 단체의 패망을 촉진하지 않을 것이다. 유용하게 쓸 것을 모르니 술, 담배에 종이 되고 마는 것이다. 과연 그러하다. 참을 알아야 종의 멍에를 벗어 버릴 것이다. 금강석(金剛石)도 참을 모르는 자에게는 유리 한 조각만 못 했다는 것과 수십만 원의 세면산[4]이 있으나 모르는 그 사람에게는 삼십 원 현금이 커서 무한한 기쁨으로 팔아버렸다는 것은 종종 듣고 웃어본 사실이다. 중언부언을 피(避)커니와 우리는 참을 알아야만 될 것이다. 하나님께서 인생에 주신 숙제이며 사명이다. 숙제를 못 풀고 사명을 못 하면 부끄러움을 당할 수밖에 없다. 진실로 이미 아는 참이라고는 없다고 하여도 과언(過言)이 아니다. 우주 삼라 모든 것에 외형

---

* 『게자씨』 제1권 제1호(1932.1), 1, (사)방지일목사기념사업회 엮음, 『게자씨 1931-1932 (영인본)』 (서울: 홍성사, 2010), 45. 『게자씨』 제1권 제1호는 그 발행일이 '昭和六年 十二月 十八日'로 되어 있다(『게자씨』 제1권 제1호, 14, 『게자씨 1931-1932 (영인본)』, 58). 소화(昭和) 6년은 1931년이다.

1 원문에는 방지일의 호(號)인 '郭松'(곽송)으로 되어 있지만 1931~1932년 전체 목차(目次)에서는 方之日(방지일)이라고 쓰여 있다.

2 요 8:32, "진리를 알지니 진리가 너희를 자유롭게 하리라" (개역 개정).

3 원문에는 '알고루, 니고진'으로 되어 있다.

4 원문의 '세면산'이 구체적으로 어디를 의미하는 지는 확실하지 않음.

그것만이 아닌 것으로 위선(爲先) 알아야겠다. 고로 민츰은[5] 세밀한 관찰을 요(要)한다. 춘하추동 사시(四時)를 거칠 때, 해와 달을 볼 때 외형만으로 진리를 알 수 없을 것이다. 이즈음 많이 떠드는 말대로 보이는 그것 외에 무엇이 또 있다는 말이냐? 큰 반향이 들어오겠지만 보라! 한 알의 씨는 보이는 그것만으로는 하등(何等)에 큰 가치가 없겠느냐마는 그 속에 진가는 외형 그것만 아니라 거기서 움[6]을 내며 싹이 돋아 다시 수십 배의 열매를 맺을 수 있음이 참 씨알에 가치가 있는 것이 아닌가? 요컨대 우리는 우주 삼라의 참을 알아야 할 것이다. 논이나 권력이니 운운[7]하지만 참을 아는 그 사람이야말로 과연 인생의 참 자유를 얻은 사람이라고 하겠다. -끝-

5 원문의 '민츰'은 '마침은'이 아닌가 싶다.

6 원문에는 '엄'으로 되어 있다. '엄'은 '움'의 옛말이다. 출전이 되는 한자어(漢字語)로는 엄(싹) 아(芽), 움(싹) 맹(萌)이다.

7 '이러쿵저러쿵 여러 가지로 하다'이다[Daum 어학사전].

부부론(夫婦論)

지일(之日)

교회에 헌신할 사람은 마땅히 부부생활로서 가장 적당하다고 생각한다. 그 이유를 들려면 많이 있다.

첫째로 신(神)의 명령이 부부생활이다. 하나님께서 인생을 지으실 때 축복하신 말씀은 생육하고 번성하여 땅에 충만하라고 하셨다. 과연 그러하다. 독신으로 지내라고 지으심이 아니거늘 어찌 독신을 주창(主唱)하리요. 하나님께서는 가장 적합하겠기에 부부를 내셨을 것이 사실이다. 고로 인생으로서는 장애인[1]을 제(除)한 외에는 그 누구를[2] 막론하고 부부생활을 가져야겠거늘 하물며 성직(聖職)으로 봉사하려는 자로서 독신생활을 생각이나 하리요. 혹자(或者)는 내[3] 주(主)께서 천국을 위하여 고자 된 자도 있다[4]는 말씀을 가지고 독신이 제일인 줄 생각하는 자 없지 아니하거니와[5] 이는 결코 독신으로 헌신하란 교훈이 아니다. 약한 인심(人心)을 탄(嘆)한 말씀인 줄 안다. 앞 절을[6] 보면 어떻게 가정의 신성(神聖)을 논하셨다. 고로 내 주께서

---

* 『게자씨』 제1권 제1호(1932.1), 10-11, 『게자씨 1931-1932 (영인본)』, 54-55.

1 원문에 '不具者'(불구자)로 되어 있는 것을 '장애인'으로 바꾸었다.

2 원문은 '誰某'(수모)로 되어 있다. 이것을 '그 누구를'이라고 번역함.

3 원문은 '吾'(오)이다. 이 한자(漢字)는 그 훈(訓)과 음(音)이 '나 오'이므로 '내'라고 번역하고 앞으로 '吾主께서'는 모두 '내 주(主)께서'라고 번역함.

4 마 19:12, "어머니의 태로부터 된 고자도 있고 사람이 만든 고자도 있고 천국을 위하여 스스로 된 고자도 있도다. 이 말을 받을 만한 자는 받을지어다" (개역 개정)

5 원문은 '不無하거니와'이다. 이것을 '없지 아니하거니와'로 번역함.

6 원문은 '훗절을'이다. 이것을 '앞 절을'이라고 번역함.

도 사회의 주춧돌이[7] 되는 가정생활을 누구에게나 절대로 명하셨을 것이나 세상의 사람을 보니 모두 약자와 악한 자이므로 완전한 가정을 주의 뜻대로 이루지 못하니 그럴 자는 할 수 없으니 다시 말하면 가정으로 타인에게 덕을 끼칠 수 없으니 또다시 말하면 마음은 원해도 육신이 약하니 마음이 원대로 하려면 독신으로라도 하라는 특별한 허락을 주신 것이다. 독신생활을 권함이 아니다.

둘째 이유는 교회에 헌신할 자로써는 반드시 부부의 정다운 사랑을 알아야 할 것인데 부부의 사랑을 모르는 사람은 교회를 사랑할 수 없으므로 따라서 교회의 머리 되신 주를 사랑할 수 없을 것이다. 부부란 사람은 둘이나 한 몸이라고 가르쳤다. 고로 한 몸이 되었으매 세상에 그 사랑에 더 비할 것은 없을 것이다. 사랑이 없으면 부부는 아니다. 그런데 내 주께서 사람을 사랑하시되 끝까지 사랑하셨다. 두말없다. 자기 몸을 바치셨다. 고로 주께서 자기는 신랑이시며 교회는 신부라고 비유하셨다. 다시 말하면 한 몸이라는 말이다. 그런 고로 마땅히 교회에 헌신할 자는 부부의 생활을 체험하여야 내 주께서 얼마나 우리를 사랑하신 것을 더 확지(確知)[8]하여서 교회를 깊이 사랑할 것이다.

셋째 이유는 사랑을 체험하는 동시에 여러 가지 난관과 파란을 가정에서 맛볼 수 있음이다. 혹자(或者)는 말하기를, 가정을 이루면 처자니 복잡하고 또는 정적(情的) 방면에 기울어지기 쉽다는 등 이르기도[9] 한다마는 이는 약자(弱者)의 말이다. 가정, 복잡한 그것 또는 정적(情的) 그[10] 방면에 기울어질 그 사람은 결코 헌신할 자격이 없음이다. 고로 이런 어려움을 적

---

7 원문은 '礎'(초)이다. 이것을 '주춧돌'로 번역함.

8 확지(確知)는 '확실하고 정확히 앎'이라는 뜻이다.

9 원문은 '云도'이다. 운(云)은 '이르다'는 한자어이기에 '이르기도'라고 번역함.

10 원문은 '其'(기)이다. 이 한자를 '그'라고 번역함.

어도 넘어볼 나서는 경험이 없이는 파란 많은 이 세상에서 능히 교회를 인도가 불능(不能)할 것이다. 또는 가정은 사회를 축소한 것이니 가정을 이루지 않고는 사회에서도 선히 처세 못 하겠거든 하물며 흑암 중에 있는 인생을 운동(運動)시키리오. 고로 마땅히 가정의 난관 다시 말하면 사회의 어려움을 지내려니 부부생활이 필요하다. 다음으로 교회에 헌신한 자는 반드시 보편적 생활을 취(取)하여야 할 것이 한 이유이다. 이렇게 말하면 어떤 사람은 교회에 헌신한 사람의 생활은 특수함을 요한다고 반박이 있을는지 모르겠다. 이도 일면의 진리가 없음은 아니지만 저도 약자의 태도에 불과하다. 보통적 생활이 아니고서는 일반의 생활을 잘 알지 못할 것이니 마지못하고는 일할 수 없음은 사실이다. 아이와 같이 놀고 지도하려면 아이가 되라는 말도 있거니와 처지(處地)가 같아야 서로 이해가 있어 조화될 것이다. 불연(不然) 즉 어찌 정다운 그리스도의 사랑이 흐르리오. 고로 보편적, 일반적인 부부생활 곧 가정생활은 헌신할 사람의 절대 필요 건(件)이라 안 할 수 없다.

괴롬과 사람

지일(之日)

욥기 5장 7절을 보면 『사람이 나서 고난을 받는 것은 마치 불티가 위로 올라감 같으니라』[1] 하신 말씀이 있다. 세상에 사람들은 누구를 막론하고 세상은 괴롭다고 말한다. 말하느니 만치 사실이다. 그리하여 어떤 사람은 이 괴로운 세상을 피하려고 심산(深山)을 찾아 수도(修道)하여 안락한 극락 세상[2]을 찾으려 하며 어떤 사람은 세상의 괴롬을 비관하여 자기의 생명(生命)을 자기가 끊는 사람도 없지 않다.

세상에서 괴롬과 사람은 떠날 수 없는 밀접한 큰 관계를 가지고 있다. 괴롬이 사람을 떠날 수 없고 사람이 괴롬을 피할 수 없는 것이다. 보다 더 피해서는 안 될 것이다. 찾아야 될 것이다. 괴롬은 사람 이상에서 볼 수 없고 또 이하에서도 찾을 수 없는 것이다. 그렇게[3] 사람은 만물 중 가장 귀하게 생각한다. 사람 이상 신(神)은 말고 사람 이하보다 사람을 귀하다고 한 것이 이하가 가지지 못한 이 고생 때문이 아닌가? 괴롬을 감(感)치 못하거나 괴롬을 일부러 피하려고 하는 사람은 결코 사람다운 고귀한 가치는 떠난 것이다. 고생이야말로 사람을 만드는 한 제일 좋은 형(型)틀이기 때문이다. 괴롬이 사람에게 많아질수록 이 괴롬과 병진(竝進)하는 중에는

---

* 『게자씨』 제1권 제2호(1932.2), 5-7, 『게자씨 1931-1932 (영인본)』, 63-65.

1 욥 5:7, "사람은 고생을 위하여 났으니 불꽃이 위로 날아가는 것 같으니라" (개역 개정).

2 원문의 '極樂世'(극락세)를 '극락(極樂) 세상(世上)'으로 번역함.

3 원문의 '然而'(연이)를 순접(順接) 접속사의 의미로 '그렇게'로 번역함.

더욱 원만한 인격을 이루는 것이다.

괴롬! 참 귀한 것이다. 어디까지든지 찾아야 할 것이다. 두말없이 주(主)님을 보라. 고로 사양하지 말자. 감사하게 넉넉히[4] 알 것이다. 사람의 본성인 하나님 또 공명정대하시다. 그럼으로써 외아들인 예수로 하여금 애매하게도 피를 흘려 돌아가시지 않게 하시고 죄의 값을 똑똑히 받으신 것이다. 사랑이지만 죄의 값을 헛되이 보내시지 않는 참사랑을 인생에게 주신 것이다. 고로 죄인은 이것을 알아야 할 것이다. 우리에게 오는 괴롬을 감사히 또 달게 받아라. 여기에서 비로소 하나님의 완전(完全)하신 것처럼(마 5:48) 우리도 완전할 수 있게 될 것이다. 처음에도 말하였거니와 사람은 다대수(多大數)가 괴롬을 비관하여 낙심하는 일이 너무나 많이 있다. 실로 여기에서 더 어리석은 일은 없다. 욥은 괴롬을 당할 때 많은 조소(嘲笑)를 받았으나 그는 최후에 영광을 받았으며 야곱도 그리하였고 요셉도 그리하였다. 사도들도 모조리 그리하였다. 그들이 이 고생의 문이 없었던들 오늘 그들의 이름이 우리에게 올 이(理)가 만무(萬無)한 것이 아닌가? 괴롬이 얼마나 귀한 줄을 알아 사도 바울 선생은 로마 옥중에 있었으나 기뻐하라는 부탁을 빌립보 교회에게(빌 4:4 이하)[5] 하신 것이다. 참으로 이 괴롬이야말로 나를 아는 문이며 회개할 줄을 아는 문이며 하나님을 알 수 있는 문이다. 누가복음 15장에 나타난 탕자(蕩子) 비유를 보라. 그가 괴롬의 문이 없었던들 자기를 어디서 발견하며 회개할 생각이 어디서 나며 아버지를 찾을 생각이 났으리요. 그러므로 이 괴롬이야말로 사람으로 가장 감사하게 존중하게 받을 것이다. 예로부터 지금까지 자기에게 오는 모든 괴롬을 달가이 받은 그 사람이 소위(所謂) 역사상으로 위인(偉人)이라는 이름

---

4 원문의 '넉이'를 '넉넉히'로 번역함.

5 원문은 '빌四O四-'이다. 여기에서 'O'는 장(章)과 절(節)을 구분하는 표시이며 '-'는 4절 이하라는 의미로 사용한 것으로 보고 '빌 4:4 이하'라고 표기함.

을 가지게 되었다. 따라서 괴롬을 모르는 사람은 자기가 어디부터 있는지 알 수 없으며 태산(太山)같은 죄 뭉치가 그를 둘렀으나 이를 인식치 못한다. 이러니 어찌 하나님이야 알 생각이나 할 바가 못 된다. 이런 자의 말로(末路)가 사망이다. 누가복음 16장에 나타난 나사로와 부자의 사실은 적당한 예다. 긴말할 필요는 없거니와 우리는 모든 괴롬을 감사하게 진정으로 영접하여 들어보자. 여기에 가치가 생기는 것이다.

『저, 이 보잘것없는 죄인을 대신하여 땅위에 오셔서 많은 괴롬을 받으신 사랑하신 주님이여 간절히 비오니 우리는 괴롬을 피하려는 비겁한 자가 되지 말게 하여주시고 우리 마음속에 분명히 괴롬이 내게 큰 선생과 지도자가 되는 것을 알아 어디까지든지 감사히 받으며 따를 수 있는 은혜를 허락하여 주시옵소서. 아멘』

얻던 사람을 하나님께서 부르시나

지일(之日)

「내가 여기 있사오니 나를 보내옵소서」(이사야 6:8 이하)[1]

「혹 차던지 혹 뜨겁기를 원하노라」(묵시 3:16 이하)[2]

사람들 가운데는 하나님의 부르심을 받으려 하는 사람이 많이 있다. 그러나 참으로 부르심을 받는 사람은 다대수(多大數)의 사람 중에 얼마나 되는가? 생각건대 심히 적을 것이다. 흔히 보통 생각하기는 교회 목사나 하면 외적으로 대중(大衆)이 그렇게 믿어주고 내(內)로 자기 자신도 그렇게 생각한다. 그리하여 신학교에 입학할 때나 목사 취임식을 할 때에는 참으로 주(主)의 몽소(蒙召)[3]를 받아 봉(捧)함을 입는 줄 아는 이가 많다. 많다는 것보다 거의 다 그러하다고 하여도 과언(過言)은 아닌 줄 안다. 그러나 그들 중에는 참으로 주(主)의 부르심을 받지 못했음이 자연히 드러나고야 마는 것이다. 왜 이같이 되는가? 다른 데 있지 않은 것이다. 주께 헌신하는

---

* 『게자씨』 제1권 제3호(1932. 3), 9-12, 『게자씨 1931-1932 (영인본)』, 85. 글 제목은 원문에 있는 그대로 "얻던 사람을 하나님께서 부르시나"라고 적었다. 물론 지금의 맞춤법대로 바꾸면 "어떤 사람을 하나님께서 부르시나"이다.

1 사 6:8, "내가 또 주의 목소리를 들으니 주께서 이르시되 내가 누구를 보내며 누가 우리를 위하여 갈꼬 하시니 그 때에 내가 이르되 내가 여기 있나이다 나를 보내소서 하였더니" (개역 개정).

2 묵시는 묵시록(默示錄) 곧 요한계시록을 말함. 계 3:16, "네가 이같이 미지근하여 뜨겁지도 아니하고 차지도 아니하니 내 입에서 너를 토하여 버리리라" (개역 개정).

3 원문의 '蒙召'(몽소)라는 말은 사전에도 찾기 어려운 말이다. '몽(蒙)'은 '입다, 덮다, 받다'는 등의 뜻의 한자이며 '소(召)'는 '부르다, 부름'이라는 한자어로서 '몽소(蒙召)'라는 한자어는 '주의 부르심을 받아, 주의 부르심을 입다'는 뜻으로 쓰인 한자어로 본다. 원문에 있는 한자어를 그대로 사용함.

형식은 있었으나 목적은 이와 반대되었든 까닭인 줄 분명히 아는 바이다. 수년간 혹(或) 그 이상 수십 년 간이나 교역(敎役)에 종사하여 도처에 부름을 받아 거룩한 말씀을 가지고 주린 생령(生靈)들을 건진다고 어떤 때는 열변을 토(吐)하기도 하고 성호(聖號)를 부르며 십자가를 부르짖었지마는 그들의 말로(末路)가 과연 알파와 오메가[4] 되신 하나님과 같으신가? 과연 이상한 일이다. 어찌 하나님께서 언제는 부르시고 언제는 내던지시겠는가? 그렇다면야 어찌 하나님의 공평(公平)을 말할 수 있겠는가? 아니다. 과연 공명정대(公明正大)하신 독일무이(獨一無二)[5]하신 하나님께서는 부르신 자를 내던지시지 않는 것이다. 그뿐만 아니라 부름을 바라지 않는 자까지도 부르시어 자기의 뜻을 나타내시는 하나님이시다. 그럼 어떤 사람을 부르시는가? 하나님께서는 사람의 꼭 바른 심리(心理)를 아시는 것이다. 하나님 앞에는 감추인 것이 하나도 없다. 명료(明瞭)하다. 그러니 틀림없이 부를 자를 부르시는 것이 아니겠는가? 이미 부르심을 받았다고 대중(大衆) 앞에서 맹세하신 여러분 또 부르심을 받으시려 또 받을 줄 믿는 여러분만큼[6] 여러분의 내심(內心)이 바로 되었는지 살필 것이다. 하나님은 내심을 아시고 또 보시는 까닭이다. 보라 옛날 부르심을 받은 이 중 모세 이사야[7] 예레미야 삼손 다니엘 ......기타(其他) 등등의 선지자를 살피자 어찌하여 모세는 60여 만(萬)인의 구주가 되었는가? 어찌하여 많은 사람 중 하필 이사야가 부름을 받았는가? 하필 예레미야와 같은 약자(弱者)를 봉(捧)하셨겠는가. 얼핏 생각하면 이상도 하다 마는 이유는 있는 것이다. 모세는 내심(內

4 세로쓰기로 되어 있는 원문에는 '알파'와 '오메가' 글자 옆에 강조점을 찍었다. 이후 강조점은 각주 없이 강조점 표시만 넣는다.

5 독일무이(獨一無二)는 유일무이(唯一無二)와 같은 뜻이다.

6 원문은 '만츰'이다. '만츰'은 '만큼'의 사투리 표현이다.

7 당시는 인명(人名) 밑에 한 줄을 긋고 지명(地名)이나 국가(國家)의 이름 밑에는 두 줄을 그어서 구분하였다.

心)에 불붙는 그 생각을 억제할 수 없었던 것이다. 그래서 그는 결코 가만히 있을 수는 없어 어떤 때는 주먹을 사용도 했으며 어떤 때는 은밀한 하나님께 많은 호소를 미디안 광야(曠野)[8]에서 드렸던 것이다. 그는 목양(牧羊)하는 중 한적한 곳에서 일신(一身)의 쾌락이나(보다 나은 궁전을 던져버렸지만) 바랄 수 있었겠지만, 중심(中心)에서 끓는 바는 포기(抛棄)[9] 할 수 없었던 것이다. 그의 눈앞에는 모든 이스라엘 민족(民族)의 참상(慘狀)이 사라질 수가 없었다. 이런 사람을 진실로 주께서 부르시는 것이다.

이사야도 그러하다. 이스라엘이 타락하는 것을 볼 때 심히도 내심(內心)이 끓었다. 참을 수가 없었다. 그래 성전 한구석에 들어가서 자기 혀에 펄펄 붓는 숯불이 떨어지는 것과같이 안타까운 생각으로 하나님께 호소한 것이다. 그리함으로 그는 하나님을 보았고 또 담대하게 「내가 여기 있사오니 보내옵소서」(이사야 6:8)[10]하였다. 예레미야와 같은 약자(弱者)에게도 그가 재삼(再三) 피한 것도 불구하고 그에게 선지(先知)[11]의 중임(重任)을 주신 것이다. 중심이 역시 불붙는 그에게는 결코 피할 수 없었던 것이다. 에스겔도 그러하였다. 내심(內心)이 끓는 그 사람은 결코 고금(古今)을 물론하고 버리지 않으셨다. 또 사도 바울을 생각하여 보자. 만약 그가 차지도 않고 덥지도 않은 뜨뜻미지근했던들[12](묵시 3:16)[13] 유대교에서 기독교로 넘

8 원문은 '野'(야) 한 글자이지만 이것은 '광야(曠野, 廣野)'를 말하는 것이기에 '광야(曠野)'라고 번역함.

9 원문은 '棄'(기)이다. 기(棄)라는 한자는 '버리다, 그만두다, 폐하다'는 뜻으로 '포기(抛棄)'라고 번역함.

10 사 6:8, "내가 또 주의 목소리를 들으니 주께서 이르시되 내가 누구를 보내며 누가 우리를 위하여 갈꼬 하시니 그 때에 내가 이르되 내가 여기 있나이다 나를 보내소서 하였더니" (개역 개정).

11 원문의 '先知'(선지)는 '선지자(先知者)'를 뜻한다.

12 원문은 '뜨뜨미즈그러햇든들'이다. 이것을 '뜨뜻미지근했던들'이라고 번역함.

13 계 3:16, "네가 이같이 미지근하여 뜨겁지도 아니하고 차지도 아니하니 내 입에서 너를 토하여 버리리라" (개역 개정).

어올 리는 만무(萬無)할 것이 아니겠는가마는 그는 미지근하지 않은[14] 미지그러하지 않은 열성을 가진 자이였기 때문에 주(主)의 신도(信徒)를 살해하러 가는 그에게 부르심이 임한 것이다. 그는 기독교를 박해하려고 하였으되 결코 맹목적이 아니었고 사사로운 감정이 아니었다. 민족을 위하여서는 결코 하나님의 독생자 메시아라고 자칭하는 예수를 용납지 못할 줄을 잘 알은 까닭이었다. 고로 그는 그가 봉사하는 그의 백성이 봉신(奉信)하는 우주의 창조자 되신 하나님을 위하여서는 미신과 허위(虛僞)인 예수교도(敎徒)를 멸절시키지 않아서는 안 될 것을 잘 알은 것이다. 충(忠)에 끓는 생각을 참을 수는 결코 없었다. 여기에 그는 하나님의 부름을 받을 소질(素質)을 충분히 가진 것이다. 너무 같은 말 가지고 길게 하는 것 같으나 이런 문제는 많이 토론하였다. 즉 영웅의 시대이냐? 시대의 영웅이냐? 하는 문제이다. 그러나 확실한 답(答)이 나오지는 못하였다. 많은 성경에 모든 진리를 찾아보라. 명명백백(明明白白)하게 이에 확실한 진리가 있는 것이다. 영웅의 시대도 아니다. 아무리 영웅이라 할지라도 시대를 지어낼 수 없는 것이다. 한때 같아서는 불국(佛國)[15]의 나탈네[16]는 이 영웅이어서 그 시대를 뒤흔들어 시대의 주인이 되는듯하였으나 그의 말로(末路)는 우리가 잘 아는 것이 아닌가? 과연 그 시대가 영웅의 시대라 할진대 그렇게 될 리가 만무할 것이다. 자기의 종말까지 마음대로 할 것이 아니겠는가? 또는 시대의 영웅도 아니다. 제아무리 시대가 영웅을 요구한다고 하되 그 시대에 적응하여 영웅은 나오지를 못한다. 지금 중국에 일할 것이 없는가? 45억의 대중은 가루와 같아서 참된 지도자를 얼마 전부터 구하고 있었다마는 항상 사리(私利)를 위하여 사욕(私慾)만을 채우려 하였기 때문에 내란(內亂)이

14 원문은 '미즈그러하지안은'이다. 이것을 '미지근하지 않은'으로 번역함.

15 원문의 '佛國'(불국)은 '불란서(佛蘭西)' 곧 예전에 '프랑스'를 이르던 말[NAVER 어학사전].

16 원문의 '나탈네'는 '나폴레옹'을 말하는 것으로 본다.

그칠 줄을 모른다. 이 시대에 있어서 어찌 참다운 영웅을 요구(要求)치 않으리오. 그뿐만 아니라 이 밖에도 얼마나 많은 시대가 영웅을 요구하고 있는지 알 수 없다. 많은 영웅은 오지를 못한다. 그런고로 영웅의 시대도 아니요. 시대의 영웅도 아니다. 다만 내심(內心)에 불붙는 그 사람 끓는 그 사람, 이사야 같은 바울 같은 그 사람이 참 영웅이며 지도자다. 다시 말하면 이 같은 끓는 사람에게 비로소 하나님의 축복의 손이 임할 그때 큰일을 할 수가 있게 된다. 큰일 할 수 있는 이 사람이 참 영웅이요 참 신(神)의 부르심을 받은 자이다. 스스로 부름을 받은 줄 아는 자 앞길이 머지않은 것이다. 자기의 힘만 믿고서는 무엇 좀 하려고 한다마는 하나님이 막으시는 것이다. 오늘날 과학가(科學家)들 중에 무엇 좀 알았다고 신(神)이 없느니 한바탕 떠든다. 일시(一時)로 대중이 혼미하여 따르는 것 같아 큰 성공이나 한 듯이 자기가 과연 영웅이 아닌가 자고(自高)하는 자 불무(不無)하다마는 그들도 임종(臨終)에 임하여 뜻을 발표할 만한 힘만 있다면 아마 회개하고 죽으리라마는 ...... 만일 그들도 자기에게 주어진 재능을 가지고 끓는 마음으로 대중에게 대하였던들 모세와 같이 물질(物質)에 노예된 인류를 가나안 복지로 인도했으련만 오호(嗚呼)라! 그들이 한참 부르짖었으나 아침 안개가 되고 만다. 한 일이 무엇인고? 대중으로 하여금 공연히 방황하게 하다가 주저앉게만 만든 것이다. 필자는 종종 생각한다. 옛 모든 영웅이라고 하던 사람들이 진실로 내심(內心)에 끓는 불과 성령의 불을 합하였다면 위대한 천국이 벌써 건설되었으리라고 생각해 보았다. 만일 독일의 영웅인 씨싸[17]가 세계를 통일하여 사복(私腹)을 채우려는 야심을 집어던지고 한 번 생각을 돌이켜 세상에 불의의 죄악을 정복하고 세계 인류로 하여금 평화를 누리게 하려는 불붙는 마음이 있었던들. 다시 말하면 하나님

17 원문의 '씨싸'는 '시저'를 의미하는 듯하다. 저자가 '독일(獨逸)의 영웅(英雄)'이라고 한 것은 로마를 착각한 것으로 여겨진다.

의 부르심을 참으로 받았던들 천국은 모르거니와 세계 일가주의(一家主義) 실현했으리라고 믿는다.

요컨대 주의 부르심을 받으려는 여러분만큼[18] 진심으로 끓는 내심(內心)이 있는가 생각하자. 이런 사람을 결코 주께서 버리시지 않는다는 말이다. 누가 부르심을 받을까? 무슨 일이든지 진정으로 마음을 바쳐 일하려는 그 사람! 내심(內心)이 불붙는 자! 그 사람이다. 끝.

18 원문은 '만츰'이다. 이것은 '만큼'의 사투리이다.

참 신자(信者)와 그 책임

지일(之日)

275 종파(宗派)에 5억여 기독 신도!! 과연 다대수(多大數)의 신도가 주(主)의 무릎 앞에 은혜를 구하고 있다. 그들이 과연 참된 은혜를 받고 있는가? 만일 참된 신도가 되었을진대 은혜를 받을 것은 피치 못할 사실이요 또한 참 신자의 책임을 넉넉히 실행함으로써 자기가 참 신자된 것을 은연히 나타낼 것이다. 그러나 세상에 참 신자가 얼마나 있는가? 만일 5억여의 신도가 다 참 신자가 되었을진대 오늘, 이 세상이 이같이 될 리가 만무하다. 벌써 이상(理想) 세계는 전개(展開)하였을 것이다. 그러나 슬프다! 참 신자가 못 되었음이 판명되지 않았는가. 지금 이 순간에도 이 땅 위에는 적어도 많은 신도가 혹은 가슴을 치며 눈물을 흘리며 애도(哀禱)[1]를 하는 이가 없을 터이다. 그러나 그들의 간구가 다 이루어지지 못하는 것은 그 무슨 이유인가? (물론 참된 기도로야 이룸을 받겠지만) 다름 아니라 신자의 간판밖에 더 가지지 못하였음이 이유일 것이다. 주님께서 말씀하시기를 게자씨만한 믿음만 있다고 할지라도 (마 17:20)[2] 못할 일이 없다고 하신 것이 아닌가? 과연 믿음은 세상에 무엇보다 위대하다. 진실로 참된 신

---

* 『게자씨』 제1권 제4호(1932.4), 1-5, 『게자씨 1931-1932 (영인본)』, 93-97.

1 원문의 '哀禱'(애도)는 '슬퍼하며 기도한다'라는 뜻이다.

2 원문에는 '馬太十七21'로 되어 있다. 이것은 '마태복음 17장 21절'이다. 그런데 현재 성경은 이 구절이 마태복음 17장 20절이다. 마 17:20, "이르시되 너희 믿음이 작은 까닭이니라 진실로 너희에게 이르노니 만일 너희에게 믿음이 겨자씨 한 알 만큼만 있어도 이 산을 명하여 여기서 저기로 옮겨지라 하면 옮겨질 것이요 또 너희가 못 할 것이 없으리라" (개역 개정).

자!! 아! 그 얼마나 어려운가? 그러나 근년(近年) 참 신자의 존재가 드문히 보이는 것 같다. 반가운 일이다마는 도리어 그들을 정신병자(신자들이)라고 운운(云云)함은 대단히 가여운[3] 일이다. 아니 당연한 일일 것이다.

「참 신자(信者)」

신자(信者)! 그중에 참 신자는 어떠한 자를 지목하는 말인가? 결코 외식적(外飾的) 인물이 아니다(삼상 16:7).[4] 우리가 흔히 목격하는 사실은 이러한 종류의 신자들이다. 그럼 참 신자의 소유할 것이 무엇인가? 두 가지 사실을 꼭 알아야 할 것이다.

첫째는 주 예수를 똑똑히 알아야 되는 것이다. 믿는다는 사람이 어찌 주를 모를 리 있겠는가마는 참되게 주를 알기는 심히 어렵다. 베드로도 주의 수제자로서 제자 중에만큼[5] 손을 들어 「주는 살아 계신 하나님의 아들이요 우리를 구원하실 구주시니이다」(마 16:16).[6] 대답하였다마는 그것으로 주를 알았다고 할 수 없는 것이다. 다만 주께서 법정에 가셔서 심문을 당하실 그때! 닭 울기 전에 주를 세 번이나 모른다고 한 후 그는 가슴을 치며 회개하고 비로소 똑똑히 주를 안 고로 그는 주를 위하여 명까지 받았다. 주를 명백히 아는 자 몇 사람이나 되는가? 마음과 뜻과 정성을 다 바칠 것이다. 주를 참으로 알기는 실로 베드로와 같이 쉽고도 어렵다. 많은

---

3 원문은 '가이없는'이다. 이 말은 몇 가지 뜻을 가지고 있다. 하나는 '끝이 없는'이라는 뜻이고 또 하나는 '가여운'이라는 뜻이다. 여기서는 '가여운'이라는 뜻으로 해석하였다.

4 삼상 16:7, "여호와께서 사무엘에게 이르시되 그의 용모와 키를 보지 말라 내가 이미 그를 버렸노라 내가 보는 것은 사람과 같지 아니하니 사람은 외모를 보거니와 나 여호와는 중심을 보느니라 하시더라" (개역 개정).

5 원문의 '만츰'을 '만큼'으로 번역함.

6 마 16:16, "시몬 베드로가 대답하여 이르되 주는 그리스도시오 살아 계신 하나님의 아들이시니이다" (개역 개정).

신자가 다 한결같이 주의 이름으로 기도한다. 똑똑히 알지 못하는 주의 이름을 의지하니 이 기도가 상달할 리 있겠는가? 주를 똑똑히 아는 자 과연 참된 신자다.

둘째는 자기를 똑똑하게 아는 것이다. 이 말은 벌써 수천년 전에 철성(哲聖)[7] 소크라테스[8]가 하여놓은 말이다(Know thyself). 세상에 아주 귀중한 말이다. 세상에 어디 저를 모를 사람이 있으리오마는 똑똑히 알기는 이도 심히 어렵다. 모든 사람들은 다 자기가 잘난 줄로 생각하고 옳은 줄로 생각한다. 이것이 벌써 자기를 알라고 하는데 큰 가림이 된다. 다시 베드로를 생각하자. 자기가 주를 모른다고 뻐젓이 자기 양심을 속일 때는 자기가 완전한 사람인 것처럼 생각했다. 그러나 한 번 주님의 시선이 그에게 빛 추일 때 그가 가슴을 두드린 것은 참 주를 아는 동시에 참 자기를 거기서 발견한 까닭이었다. 다시 말한다면 그가 전에 주님을 따를 때는 다른 의식(意識)보다 자기가 완전한 사람으로 사업욕(事業慾)이나 또는 명예욕(名譽慾)으로 열심 있게 따랐지만 자기를 발견한 뒤로는 아무것도 아닌 죄인된 것을 분명히 깨달았다. 그런 고로 죄인을 위하여 오신 하나님의 독생자 예수님의 은혜를 아무것도 아닌 죄인 베드로가 생각하니 기가 막힐 지경(地境)[9]이어서 한 때에는 천한 여종에게도 혼이 난 베드로였지만 그 후 자기를 발견한 후로는 로마 법관(法官) 앞에서 호령을 받으면서도 담대하게 주를 증거하였고 최후에는 몸까지 바친 것이다. 그렇다. 과연 참되게 자기를 죄인으로 깨달은 자 자기의 할 바를 잘 아는 자이다. 주님께서는 온유하고 겸손함을 친히 나타내실 뿐만 아니다. 우리에게 온유하고 겸손하

7 원문의 '哲聖'(철성)은 철학자인 소크라테스를 성인(聖人)의 반열로 높여서 부르는 표현이다.

8 세로쓰기로 되어 있는 원문은 '소크라테스' 글자 옆에 점을 찍어서 강조하였다.

9 원문의 한자어는 '至境'(지경)이다. 이것을 앞뒤 문맥을 살펴 '지경(地境)'으로 수정하여 번역함.

라는 부탁을 간절히 또 중하게 가르치셨다(마 11:29).[10] 온유한 자가 되려면 무엇보다도 내가 어떤 사람인 것을 똑똑히 알아야 된다. 다시 말하면 사람은 누구를 물론하고 다 죄인이다. 죄인 아닌 사람이 실로 없다. 의인은 없으니 오직 한 사람도 없으니라(롬 3:10).[11] 그런고로 누구든지 다 죄인된 것을 알아야 참 신자가 된다는 말이다. 예수께서 세상에 계실 때 제사장 무리와 바리새 교인(敎人)들에게 많은 저주와 쟁각[12]을 하신 것은 그들이 하나님을 신실(信實)히 공경하는 것 같으나 자기들이 죄인인 것을 실로 인식지 못하였든 고로 그들은 하나님을 대할 때 또 대중(大衆)에게 대할 때 교만함만 가득하였기 때문이었다. 진정한 신자는 참되게 자기는 죽을 만한 죄인인 것을 이론(理論) 없이 아는 그 사람이다.

참 주를 알며 참 자기를 아는 그 사람 즉 참 신자는 마태복음 15장 21절[13] 이하에 나타난 가나안 여인이 모범적이다. 그는 참 주를 알았다. 그의 말이나 그의 신념이 똑똑히 예수께서 하나님의 아들 되시는 것과 구주되신 것을 알았다. 그런 고로 그는 든든히 주를 의지하였다. 또 그는 자기 자신을 명백히 알았다. 그 여인은 세 번이나 낙심할 뻔하였다. 마지막에는 개 천대를 받았다마는 낙심치 않았다. 무슨 이유인가? 자기를 명백히 알은 까닭이었다. 자기 옛날 조상 때부터 사신 우상을 섬기던 죄인의 자손이요 택함을 받지 못한 이방 사람인 것을 안 고로 끝까지 낙심치 않고 은혜를 받았다. 다른 말로 말하면 온유 겸손하며 순종하였다. 이런 사람 즉 주를 참되게 알며 자기를 진실로 거짓 없이 아는 그는 참 신자라고 아니할

10 마 11:29, “나는 마음이 온유하고 겸손하니 나의 멍에를 메고 내게 배우라 그리하면 너희 마음이 쉼을 얻으리니” (개역 개정).

11 롬 3:10, “기록된바 의인은 없나니 하나도 없으며” (개역 개정).

12 원문의 ‘쟁각’이 구체적으로 무엇을 의미하는지 확실하지 않음.

13 마 15:21-22, “예수께서 거기서 나가사 두로와 시돈 지방으로 들어가시니 가나안 여자 하나가 그 지경에서 나와서 소리 질러 이르되 주 다윗의 자손이여 나를 불쌍히 여기소서 내 딸이 흉악하게 귀신 들렸나이다 하되” (개역 개정).

수 없는 것이다.

「신자(信者)의 책임(責任)」

위에 쓴 바와 같이 참 신자가 되었다면 신자의 책임을 완전히 감당하여야겠다. 참 신자가 위선(爲先) 세상에 있고 또 뿐만 아니라 그가 자기 책임을 다하고 있다면 흑암과 부패한 이 세상은 광명한 또 완전(完全)한 것이 될 것이다. 그러면 신자의 책임이 무엇인가? 여러 가지 할 것이 많이 있겠지만 그중 보다 더 중요한 것은 우리가 다 잘 아는 산상보훈(山上寶訓)에 가르친 빛과 소금의 책임이다. 독자(讀者) 여러분 빛이 있는 곳에 어둠이 있는 것을 보신 일 있는가? 소금 있는 곳에 썩어져가는 것을 보았는가? 빛은 참으로 흑암을 정복하고 소금은 부패를 막는 것이다. 그럼 신자 여러분 가시는 곳마다 어둠이 쫓기던가? 모든 사람들이 여러분을 대할 때 깨끗한 양심에 더러운 죄를 찾아볼 수 있게 되었던가?

소금과 빛 된 우리 신자 재삼(再三) 경성(警醒)할 일이다. 우리가 가는 발자취마다 밝은 빛이어야 할 것이다. 어두운 가운데서 추한 짓을 하던 죄인들에게 죄를 깨닫게 하는 깃이 빛의 직분이다. 썩어서 냄새나는 단체를 맛나게 하는 것이 우리의 할 바라 어떤 때는 자신조차 꺼진 등이요 맛 잃은 소금이 된다. 나는 달마다 혹은 20일마다 한 번씩은 내 몸을 단정키 위하여 항상 가는 영업소가 있다. 나는 갔다 올 때마다 불쾌함을 불면(不免)한다.[14] 이유는 내 책임감의 부족이다. 그곳에 모인 사람들은 결코 근본적으로 좋지 못한 사람이 아니겠건만 그들의 항상 하는 말이나 행동이 매우 추하다. 보기가 듣기가 거북하다. 그들의 입에서 나오는 모든 말의 대부분은 음행의 말이다. 그리고 밤새 일 소리뿐이다. 고로 그들은 다 죽어가

14 원문의 '不免한다'는 말은 '면하지 못한다'이다.

는 모양인 허약한 청년들이다. 이런 업(業) 하는 자는 다라면 과(過)한지 모르거니와 거의 다 이런 상태에 있는 것을 이 지방(地方) 저 지방에서도 많이 보았다. 나는 주님을 만나고 또 믿는다는 자로 빛의 직임(職任)을 가지고서 이런 더러운 가운데서 더러운 것을 보지 못하는 눈에게 흑암한 것을 없이하고 환하게 빛을 비춰줘 알 것이 아니겠는가마는 내가 한 시(時) 내지 한 시 반(時半) 동안이나 있지만 저들은 태연하게 여전한 말과 행동을 하고 있으니 마음은 찔린다. 캄캄한 방안에서 좋지 못하게 있다가도 빛은 물론 발소리만 나도 두려워하지 않는가? 그런데 세상에 빛 된 주의 빛을 받은 나 그 더러운 곳에 갈 때 하등의 영향이 없음은 어떤 이유인가? 오호라. 벌써 기름은 말 났고 불은 꺼졌다. 참된 신도여!! 세상의 어두움, 세상의 부패를 말치 말며 슬퍼 탄식 마라. 여러분들의 등에 기름을 불 것이요 불은 불 것이요 스스로 짠맛이 있는지 맛볼 것이다. 다시 말하면 책임을 회상할 것이다. 내가 책임을 다하는 가운데 내가 빛을 비추매 가정(家庭)이 빛나며 맛나며 사회가 그리하여 우리 이상(理想)에 달(達)할 것이다. 참 주를 알라. 참 자신을 알라. 그리고 참 책임을 다하라. 주는 구주(救主)시오 나는 죄인. 여기에는 이론(異論)이 없다.[15] 순종(順從), 여기에 큰 힘이 운동한다.

기도(祈禱)

마지막으로 어떻게 하면 참 주와 자신을 알아 참 신자가 되며 참된 책임을 다할 수 있을까? 이것이 문제이다. 할 수 있는 방법은 없는 것이 아니다. 하지 않는 것뿐이다. 그것은 기도다. 「내게 능력 주시는 자 안에서

15 원문의 '이론(理論)이 없다'는 '다른 의견이 없다'라는 뜻으로 보인다. 따라서 '이론(異論)이 없다'로 수정하였음.

능치 못 한 일이 없느니라」(빌 4:13)[16] 하신 말씀. 기도의 능력(能力)이다. 실로 주 앞에 구하면 불능한 것이 없다. 우리가 못하는 것은 기도 안 하기 때문이다. 사회가 어둡다고 부패하여 간다고 기도하여 보았는가? 자문(自問)할지라 좁게 말하면 나의 가정(家庭) 감화(感化)만을 위하여도 기도하여 보았는가? 기도는 만능(萬能)의 능(能)이다(마가 11:23).[17] 구하는 자에게 주신다(마태 7:7).[18] 이미 구(求)한 자는 받았다(마 7장, 8장, 9장).[19] 기도는 외상없다. 이야말로 위대한 생명의 힘이다. 그런고로 우리가 못 얻는 것은 기도 하지 않는 연고. 기도해도 못 깨닫고 못 얻는 것은 헛된 기도이기 때문이다. 주님의 기도. 죄 없으신 예수시지만, 겟세마네 동산 피땀의 간절한 기도, 그런 기도를 드려본 일이 있는가? 이사야와 같은 기도(이사야 6장)를 하여 보았는가 자나 깨나 길가나 언제든지 열정 있는 또는 간절한 기도 여기에는 무한한 능력이 존재한다. 참된 신자가 못 되었는가? 기도하자. 여기에서 참 주를 알 것이며 볼 것이며 도마와 같이 만질 것이다. 거기에서 죄를 깨달을 수 있으며 참 자아(自我)를 알 수 있을 것이다. 기도하자. 빛과 소금의 책임을 할 수 있다. 기도하는 자의 눈에는 광채가 번적인다. 기도하는 자의 말에는 권세와 활동이 있다. 기도하는 자의 정신은 통일적이다. 오! 위대한 힘이 여기에 있지 않은가? 세상에 가득 차 있는 허약한 자들이여 주 앞에 와서 엎드리라. 용기와 활동이 그네들을 일으킬 것이다. --- 끝 ---

---

16 빌 4:13, "내게 능력 주시는 자 안에서 내가 모든 것을 할 수 있느니라" (개역 개정).

17 막 11:23, "내가 진실로 너희에게 이르노니 누구든지 이 산더러 들리어 바다에 던져지라 하며 그 말하는 것이 이루어질 줄 믿고 마음에 의심하지 아니하면 그대로 되리라" (개역 개정).

18 마 7:7, "구하라 그리하면 너희에게 주실 것이요 찾으라 그리하면 찾아낼 것이요 문을 두드리라 그리하면 너희에게 열릴 것이니" (개역 개정).

19 원문은 '太七O,八O,九O'이다. 이것은 마태복음(馬太福音) 7장, 8장, 9장을 말한다.

주인(主人) 노릇하자

곽송(郭松)[1]

「하나님이 복을 주시며 이르시되 생육하고 번성하여 땅에 충만하고 땅을 정복하되 물에 고기와 공중에 새와 땅에 기는 모든 생물을 주관하라 하시다(창세기 1:28)[2]」

여기 쓰여 있는 말씀은 심히 귀하다. 하나님께서 천지를 창조하신 후 마지막으로 자기 형상과 같은 능(能) 있는 사람을 지으시사 세상에 가득히 있는 모든 것을 다 주관하게 하는 권(權) 즉 만물에 주권(主權)을 주신 것이니 이 어찌 감사한 일이 아니리요. 고로 우리는 우리 자유(自由)로써 능히 가득한 우주의 모든 것을 이용하여 살아가게 되었다. 부족함은 없고 또 우리보다 더한 권(權)을 가진 존재물은 없다. 누구나 부인치 못할 사실이다. 공중도 점령(占領)하였고 수중도 점령하였고 지하까지도 점령하고 있다. 유형체(有形體)도 점령하였으며 무형체(無形體)도 점령하여 자유로히 살아갈 수 있게 되었으며 또 살고 있다. 모든 것은 오로지 사람의 손에 있다. 외계(外界)에 아무 물건이든지 이런 권(權)을 가질 수 없는 주인권(主人權)이다. 얼마나 소중하고 고귀한 것인지 말할 수 없는 것이다. 그런 고로 주인

---

* 『게자씨』 제1권 제4호(1932.4), 9-12, 『게자씨 1931-1932 (영인본)』, 101-104.

1 '郭松'(곽송)은 방지일의 호(號)이다.

2 창 1:28, "하나님이 그들에게 복을 주시며 하나님이 그들에게 이르시되 생육하고 번성하여 땅에 충만하라, 땅을 정복하라, 바다의 물고기와 하늘의 새와 땅에 움직이는 모든 생물을 다스리라 하시니라" (개역 개정).

된 직책을 완전히 지켜야할 것이 사람 된 자의 의무다. 그러함에도 불구하고 지금 대부분의 형편을 살펴본다면 자기가 스스로 주인권을 벗어 버리고 종의 자리에 자처하여 머리를 수그린다. 이런 일은 근일(近日) 보통 목격할 수 있는 사실이니 어찌 한심 답답한 일이 아니리요. 하나님 보시기에야 더욱 그렇지 않겠는가? 말 타면 경마 잡히고 싶다고![3] 이 이상에 더한 보기 어려운 참상이 실로 많다.

옛날을 회고한다면 우리의 조선(祖先)[4]들은 미신에 빠져 생활한 것을 볼 때 흔히 우리가 웃는 일이 많이 있다마는 그보다 오히려 더한 것이 현금(現今) 보이지 않는가? 문명이란 것에 누구나 다 모조리 종이 되어 그것에 모두 머리를 숙이고 말게 되니 만일 조선(祖先)들이 있어 본다면 한껏 놀랄 것은 사실이다. 또 몇 배의 웃음을 웃을는지 모르겠다. 그들은 순결한 가운데 머리를 숙이고 진실로 참 거짓 없는 마음이었으나 오늘은 보라. 가면(假面)에 또 가면(假面)이 아닌가? 무엇이니 무엇이니 떠들면서 마음 가운데 진실함도 없이 종의 멍에를 메고 만다. 어떤 때는 반항하는 것 같으나 실상은 거기에 종이 된 일이 많다. 자유는 옛 때보다 몇 배나 더 부르짖지만 실에 있어서는 그렇지 못하다는 말이다. 지금 제일로 많이 볼 수 있는 예 몇 개만을 들어보자. 들리는 예가 결코 등한히 할 문제는 아니다마는 우리의 것이어야 할 것임에 따라 우리의 자유는 있는 것이다. 제일(第一)로 호구지책(糊口之策)이다. 돈. 돈. 돈. 누구나 다 필요함을 생각지 않을 수 없다마는 이것 때문에 난 내가 아닌 것은 알아야 할 것이다. 세상에 주인이 되었음에 어떤 것이 나를 누를 수 있겠는가? 눌림을 받는다면 사람 된 가치는 벌써 없어지고 만 것이다. 이러함에도 불구하고 이것 때문에 주인된 소중한 가치를 집어던지고 거기에 굴복하게 되니 의식이 있어 그

---

3 원문은 '말타면경매잡고십다고!'이다. 이것은 현재 쓰는 표현으로 바꾸었다.

4 원문의 '祖先'(조선)은 '조상(祖上)'을 말한다.

렇게 한다면 실로 멍청이에 불과하며 없다면 사람은 아니다. 이즈음 많이 떠도는 말은 배고픈데 무엇 하랴. 방금 죽을 터인데 무엇 하랴. 아 조장한 말 같다마는 신(神)을 존숭(尊崇)치 않는 불신자(不信者)는 성경에 진리를 모르니 모르거니와 신자들이야 때로 마태 6장의 교훈을 들으며 또 보지 않는가. 공중에 나는 새와 같이 자기할 본분만 한다면야 입에 거미줄 칠 듯싶은가. 누가 이런 지경(地境)[5]을 당하여 보았는가? 자기 책임을 다하면서도! 물론 새도 추운 겨울 백설(白雪)이 분분(粉粉)[6] 한때 곤란을 볼 때도 있겠지만 주려 죽는 새 본 사람은 없으리라고 생각한다. 고로 산상보훈(山上寶訓)에 가르친 주님의 교훈은 참되며 또는 이상(理想)뿐이 아니요 넉넉히 가능한 말씀이다. 그런데도 불구하고 여기에 끌리어서 안 할 것도 하게 되고 반드시 사람으로서 할 일도 못 하게 됨은 종의 멍에를 자취(自取)하는데 지나지 못한다. 흔히 볼 수 있는 것은 사람들이 취직(就職)에 따라 그 하는 모두가 변하는 일이 얼마나 많은지 생각하면 가없는 일이다.

또 지식에 종이 되는 일이 많이 있다. 아직 조선(朝鮮) 사람에게 지식욕(知識慾)이나 독서욕(讀書慾)이 없어 이를 크게 부르짖는 판에 이런 소리는 매우 죄송하다마는 안 할 수도 없다. 물론 문명한 시대에 처하여서 당연이 남아는 지식을 알아야 할 것은 사실이다. 그러나 이것을 인생의 최고 목적으로 아는 사람이 많게 된 것은 벌써 종 된 사람이 많이 있다는 말이다. 그러므로 지식, 지식(세상 지식을 말함) 하다가 마지막으로는 신(神)이 있느니 없느니 조금 안 것을 자랑하는[7] 일이 많이 있다. 만일 지식의 근

5 원문의 한자어는 '至境'(지경)이다. 이것을 앞뒤 문맥을 살펴 '지경(地境)'으로 수정하여 번역함.

6 원문은 '백설이 분분한 때'의 '분분'의 한자를 '粉粉'(분분)이라고 적었다. 여기에 쓰인 '분(粉)'이라는 한자(漢字)는 그 훈(訓)이 '가루'라는 뜻이다. 보통 '백설이 분분하다'라고 할 때 '분분'은 '분분(紛紛)'이라고 쓴다. 이때의 '분(紛)'은 그 훈(訓)이 '어지러워지다, 섞이다'이다. 그러나 원문에 있는 그대로 '분분(粉粉)'이라고 적었다.

7 원문은 '재세하는'이다. 이 말은 '벽에 흙을 바르다'라는 뜻[Daum 한국어 사전]으로 자랑한다는 의미로 쓰이는 '재새하는'으로 여겨 '자랑하는'이라고 바꾸어서 번역함.

본 되시는 하나님을 의지하고 지식을 사모했던들 이 나라 유학생(留學生)이니 저 나라 구학(舊學)이니 갔다 와서 결코 전에 가졌든 그 신앙을 버릴 리 없으련만 몇 푼어치 안 것이 큰 교만이 되며 자기가 스스로 우주의 진리를 발견한 줄 안다. 고로 주께서 마태 11장 25절[8]에 말씀하심은 이에 탄복하심이었다. 마귀는 지식을 무기로 하여 많이 유혹하는 것이다. 세상에서 지식을 구하는 자여! 하나님은 지식의 근본이 되신다(잠언 1:7).[9] 어느 지식을 구하려는가? 악마의 함정이 아닌가 생각하라. 세상의 지식이 인생의 최고 표준이 아니다. 자유를 주시는 하나님 우리가 우리의 맡은 책임, 즉 주인권(主人權)을 잘 지킬 때 합당한 지식을 얻을 것이다.

또 몸에 대하여 근년(近年) 많은 말이 있다. 너무 청년들이 허약한 까닭일 것이다. 신체는 만사의 근본[10]이라고 어찌 경(經)히 여길 사실이리오마는 너무 치우쳐 건강 만능주의가 생기다시피 할 뿐 외(外) 건강(健康)한 힘을 어디다 쓸는지 만사를 제지(制止)[11]하고 일신(一身)만 위하는 일이 있는 고로 여기 이 말을 내는 것이다. 내가 당연히 할 바 일을 함으로써 내 몸을 조심할 것이다. 「치우치지 말라」 이 말은 여호와께서 직접으로 여호수아에게 하신 말씀이다(여호수아 1:7).[12]

또 시간의 종이 된다! 이것도[13] 필자는 많이 느낀다. 한 푼의 어김이 얼마만큼 큰일을 줄 때도 허다한 사실이니 얼마나 여기에 치중하여야겠거

---

8 마 11:25, "그때에 예수께서 대답하여 이르시되 천지의 주재이신 아버지여 이것을 지혜롭고 슬기 있는 자들에게는 숨기시고 어린아이들에게는 나타내심을 감사하나이다" (개역 개정).

9 잠 1:7, "여호와를 경외하는 것이 지식의 근본이거늘 미련한 자는 지혜와 훈계를 멸시하느니라" (개역 개정).

10 원문은 '萬事之本'(만사지본)이다. 이것을 '만사(萬事)의 근본(根本)'이라고 번역함.

11 원문은 '除止'(제지)로 되어 있다. 이 말은 '말려서 하지 못하게 하다'는 뜻이므로 이때 한자(漢字)는 제지(制止)이므로 한자를 바꾸어 적었다.

12 수 1:7, "오직 강하고 극히 담대하여 나의 종 모세가 네게 명령한 그 율법을 다 지켜 행하고 우로나 좌로나 치우치지 말라 그리하면 어디로 가든지 형통하리니" (개역 개정).

13 원문은 '이도'이다. 이것을 '이것도'로 풀어 해석함.

니와 「시간을 지키자」라는 그 형(型)틀에 들어간 자는 일에 대소를 생각지 못한다. 꼭꼭 정한 시간에 실행한다. 실행만은 아름답다마는 이런 사람은 시계라고 함이 나을 것이다. 반드시 이 일이 큰일이요 먼저 하여야 할 것도 불구하고 고집하니 시간의 종이다. 그렇다고 미적대다[14] 불신용(不信用)한 자가 되자는 것은 아닐 것이다. 이도 너무 치우쳐 사람 된 주인권(主人權)을 잃어버리는 것 같아서 몇 마디 쓴다. 그밖에 명예를 취하려고 여기에 교제(交際)의, 사상(思想)의, 면목(面目)의, 기타(其他) 사업(事業)의 종이 되어 굴복하고 있는 일이 하도 많다. 소화(消化)하지 못한다. 이렇게 생각하고 보니 우리로서도 실로 한심한 일이거든 하물며 천지를 지으시고 사람에게 복을 주시려는 하나님께서야 어떠하시겠나?

사람으로서 밥 노릇 사람으로서 기계 노릇을 하게 됨은 실로 원통한 일이다. 지금이 과도기임에 그런지 너무도 참혹한 종의 멍에를 메고 산다. 많은 말 할 것 없이 내가 어디에 종이 되었는지를 분명히 반성하여야 할 것이다. 서두(書頭)에도 말하였거니와 하나님이 귀히 주신 이 주인권(主人權)을 어떻게 하든지 잘 보지(保持)하여야 할 것이다. 귀한 주인권(主人權)을 버리고 종 될 자 뉘 있으리오만 스스로 머리를 숙으리고 들어가 있음을 각각 반성하여야 할 것이다. 옛날 조선(祖先)들이 어리석은 종의 생활을 측은히 여기신 하나님께서는 당신의 귀하신 독자(獨子)이심도 불고(不顧)하시고 보내셔서 해방케 하셨건만 또다시 종의 생활을 하려고 하며 하고 있으니 과연 답답한 일이다. 그런고로 예수께서 마태 6장 33절[15]에 「너희는 먼저 그 나라와 그 의(義)를 구(求)하라」 하신 말씀을 다시 생각하라.

종의 멍에를 벗어 버리고 완전한 주인권(主人權)을 찾으란 말씀. 완전

14 원문은 '밑적하여'이다. 이것은 '미적하여'라는 말로서 '자꾸 조금씩 뒤로 미루어 시간을 끌다'라는 뜻[Daum 한국어 사전]으로 '미적대다'로 바꾸어서 번역함.

15 마 6:33, "그런즉 너희는 먼저 그의 나라와 그의 의를 구하라 그리하면 이 모든 것을 너희에게 더하시리라" (개역 개정).

히 선후책(先後策)을 명백히 가르친 것이다. 이 교훈을 알고 실행하자. 정정당당하게 만물에 뛰어난 주인권(主人權)을 잃지 말자! 주인 노릇하자! (끝)

자기 자신을 알자 (천국문의 열쇠)

지일(之日)

이 말은 벌써 수천 년 전에 희랍의 철성(哲聖) 소크라테스가 하여둔 말이다(Know thyself). 사람들 가운데 실로 자기를 똑똑히 아는 사람은 적다는 것보다 없다는 편(便)이 나으리라고 생각한다. 진실로 자기를 명백히 알기는 그리 쉬운 일이 결코 아니다. 자신을 알자는 이 말은 유형적(有形的)인 국적으로나 인종상(人種上)으로나 족보상(族譜上)[1]으로의 의미가 아니고 좀 더 의미심장하게 내적으로 초월하게 자기를 알음이다. 보통 사람들도 물론 자기를 똑똑하게 알아야 자기의 책임을 다하겠지만 보다 더 우리 신자는 완전히 자기 자신을 인식하여야만 완전한 신자의 구실을 할 것이다. 누구를 물론하고 자기 자신을 모르는 그는 결코 신자라고 부를 수가 없을 것이다. 몇 년 혹 몇십 년이나 믿고 보니 더 교회의 직분, 집사, 장로, 목사까지 되었다고 할지로되 자신을 인식지 못한 사람은 주를 명백히 보지 못한 불구(不具)의 신자라고 할 수밖에 없다. 그리하여 그의 말로(末路)는 배교 범죄 등등 교회를 더럽히는 일이 종종 있게 된다. 그러면 자신이 어떤 것을 알자는 말인가? 즉 자기는 죽을만한 죄인인 것을 분명히 알아야 된다는 말이다. 이를 모르는 사람은 결코 그리스도를 아는 신자라고 할 수 없는 것이란 말이다. 자기는 아무리 주를 안다고 하되 자기의 변

* 『게자씨』 제1권 제5호(1932.5), 7-11, 『게자씨 1931-1932 (영인본)』, 115-119.

1 원문에서 방지일은 무슨 이유에서 인지 '족보상'이라는 말에서 '족'과 '상'은 한자(漢字)로 '族'과 '上'이라고 썼지만 '보'는 한글로 써놓았다. '족보상'이라는 한자어는 '族譜上'이다. 따라서 원문의 '族보上'을 '족보상(族譜上)'이라고 번역함.

태적 심리로 주를 찾으며 안다고 할 수는 있겠지만, 주는 그를 안다고 할 리는 만무한 것이다. 가나안 여인과 같이(마 15:21-)[2] 자기가 분명히 죄인된 것을 알 때 주께서도 분명히 알아주시는 것이다. 사도 바울이 사울로 이름하고 있을 때 그는 남부럽지 않게 모든 것을 소유하고 있어 자기밖에 더 없는 줄 알아 자고(自高)[3]한 생각으로 활동하고 있었다. 그러나 그가 자기를 똑똑히 발견한 그때 다시 말하면 자기가 죄인의 괴수 된 것으로(딤전 1:15)[4] 바로 알은 그때 그의 생활은 전부가 변하고 말아 주의 참된 종이 되었으며 우리에게 바로 그리스도의 정신을 전계(傳繼)하여 준 것이다. 그가 만일, 전 모양으로 교만 가운데 자기를 인식지 못하였다면 결코 오늘 바울이 될 리가 없는 것이다. 전 세계에 흩어져있는 6억 신자 대중(大衆)!! 전 조선[5]에 편만한 30만 신도들이여!! 여러분이 가진 것이 무엇인가? 자고(自高)할 무엇이 있는가? 아직도 자고(自高)하여 있는가? 어찌하여 조선의 교회를 강단(講壇)에서나 지상(紙上)으로 항상 부르게(공격) 되는가? 다름이 아니라 자기가 죄인된 것을 확실히 인식지 못하기 때문이 아닌가? 자기가 아무것도 아닌 죄인된 것을 알았다면 교만하여 남을 학대하거나 성지(聖旨)를 불순하게 하는 것이나 주를 모르는 것이나 불목(不睦)하여 교회를 분리케 하는 일이 결코 교회 내에 없는 것이 아니겠는가? 마는 보라! 조선 교회는 무던히도 나날이 혼란되어 가며 착잡하게 되어 신성미(神聖味)라고는 간 곳이 없다. 그런 고로 마땅히 참 신자가 되었는지 알라고 할 진데 내가 죄인된 것을 인식하였는지 생각할 것이다. 인식하였다면 참이거니와 불연

2 마 15:21-22, "예수께서 거기서 나가사 두로와 시돈 지방으로 들어가시니 가나안 여자 하나가 그 지경에서 나와서 소리 질러 이르되 주 다윗의 자손이여 나를 불쌍히 여기소서 내 딸이 흉악하게 귀신 들렸나이다 하되" (개역 개정).

3 '스스로를 높이다'라는 뜻[Daum 한국어 사전].

4 딤전 1:15, "미쁘다 모든 사람이 받을 만한 이 말이여 그리스도 예수께서 죄인을 구원하시려고 세상에 임하셨다 하였도다 죄인 중에 내가 괴수니라" (개역 개정).

5 원문의 '全鮮'(전선)은 '全 朝鮮'(전 조선)을 의미하는 말이므로 '전(全) 조선(朝鮮)'이라고 번역함.

(不然)이면[6] 거짓이다. 참 신자 된 지 즉 참 자기가 죄인된 것을 아는 그 사람 어떤 결과가 있겠는가? 이것에 이삼(二三) 예(例)를 들어 논함으로 이 논을 마치고자 한다.[7]

일(一). 주를 참으로 안다. 자기를 알아 죄인 됨을 아는 그는 참되게 주를 아는 것이다. 베드로를 생각하자 그가 3년이나 주를 따라다녔다. 그를 주를 알고 다닌 것 같기는 하다. 예수께서 부르실 때 남보다 먼저 「주는 그리스도시여 생존하신 하나님의 아들이시니 다」(마 16:16)[8]고 대답하였다. 참으로 잘한 대답이다마는 예수께서 법정(法庭)에 계실 때 그는 멀리 따라가서 불의(不義)인 들과 같이 있을 때 무슨 증거가 있었는가(마 26:72-)?[9] 과연 주를 참 알고 따라다녔는가? 아니다. 철저하게 그는 모른 것이다. 다만 주의 시선이 베드로의 마음에 비칠 때(마 25:75),[10] 그는 자기가 죄인인 것을 알고 똑똑히 주를 알은 것이다. 그런고로 그가 주님을 참으로 안 후에는 자기의 일신(一身)의 무엇을 생각지 않은 것이다. 천한 여종에게 겁을 내던 그이였지만 담대히 권세 있는 법관에게도 주의 진리를 역설한 것이다. 최후에 생명까지도 희생하였다.

이(二). 순종, 겸손, 온유. 자기를 아는 사람은 주의 명령을 순종하며

---

6 원문의 '不然이면'은 그 뜻이 '그렇지 않으면' 한다. 이렇게 번역하지 않고 원문 그대로 사용하였음.

7 원문은 '막고자 한다'인데 이것을 '마치고자 한다'로 번역함.

8 마 16:16, "시몬 베드로가 대답하여 이르되 주는 그리스도시오 살아 계신 하나님의 아들이시니이다" (개역 개정).

9 마 26:72, "베드로가 맹세하고 또 부인하여 이르되 나는 그 사람을 알지 못하노라 하더라" (개역 개정).

10 원문의 '마二十五75'는 마태복음 25장 75절이다. 그러나 이것은 마태복음 26장 75절을 잘못 기록한 것으로 보인다. 마태복음 25장에는 75절이 없고 본문의 내용이 마태복음 26장 75절이 맞는다고 본다. 마 26:75, "이에 베드로가 예수의 말씀에 닭 울기 전에 네가 세 번 나를 부인하리라 하심이 생각나서 밖에 나가서 심히 통곡하니라" (개역 개정).

주를 배워 겸손하며 온유하다(마 11:29-).[11] 아브라함을 보라(창 22:1-).[12] 순종이다. 독자(獨子)이지만 순종하여 바친 것이다. 하나님께서 자기의 모든 것은 주관하신 줄 안 고로 그는 순종하였다는 말이다. 욥을 보라. 겸손하고 온유하였다. 주께서 원하시는 것이 이것이다. 그러나 오늘 겸손하고 온유한 사람이 드물다. 제각기 잘난 줄 안다. 무슨 공로가 있는가? 왜 잔뜩 교만한가? 지식이 있어 교만한가? 지식이 그들의 생명을 건질 수 있는가(갈 4:3)?[13] 돈이 있어 교만한가? 돈이 그들의 목숨을 살릴 수 있는가(야곱 4:13)?[14] 권세가 있어 그런가? 어리석은 자들이여 죄인된 것을 깨달으라. 겸손하고 온유하라. 주를 배워라! 주님에게 무엇이 없었는가마는 겸손하고 온유하셨다. 욥은 온유한 마음으로 모든 시험을 이겨 큰 복을 받았다. 모세도 온유 겸손한 가운데 대중(大衆)의 구주(救主)가 된 것이다. 모두 그들은 하나님과 관계된 것을 똑똑히 알기 때문이었다. 즉 자기를 안 까닭이었다.

삼(三). 범죄를 피한다. 자기를 아는 사람. 참람(僭濫)[15] 되어 죄를 범치 않는다. 뭣도 모르는 사람이 외람된 일을 하기에 범죄한다. 요셉을 보라. 그가 보디발의 집에서 종으로 있을 때 자기의 신세 처지를 잘 알았다. 그가 물론 죄가 있어 그렇게 된 것은 아니지만 자기를 똑똑히 안 고로 일에 충실을 다했고 고약한 주인의 아내의 간교한 꾀임에도 넘어가지 않았

---

11 마 11:29, "나는 마음이 온유하고 겸손하니 나의 멍에를 메고 내게 배우라 그리하면 너희 마음이 쉼을 얻으리니" (개역 개정).

12 창 22:1, "그 일 후에 하나님이 아브라함을 시험하시려고 그를 부르시되 아브라함아 하시니 그가 이르되 내가 여기 있나이다" (개역 개정).

13 갈 4:3, "이와 같이 우리도 어렸을 때에 이 세상의 초등학문 아래에 있어서 종노릇 하였더니" (개역 개정).

14 약 4:13, "들으라 너희 중에 말하기를 오늘이나 내일이나 우리가 어떤 도시에 가서 거기서 일 년을 머물며 장사하여 이익을 보리라 하는 자들아" (개역 개정).

15 원문에는 '참람되어'라고 한글로만 되어 있다. '참람(僭濫)'이라는 말은 '분수에 맞지 않게 너무 지나치다'[Daum 어학사전]는 뜻으로 그 의미의 이해를 돕기 위하여 한자를 표기하여 '참람(僭濫)'이라고 적었다.

고 뿐만 아니라 최후의 성공을 하게 되었다. 이를 본받아라. 세상 사람들 중에 다대수(多大數)가 돈푼이나 있으면 이런 더러운 음행 죄를 범하기 쉽게 된다. 요셉이 비록 주인의 재산을 총괄한 큰 권(權)이 있었으나 자기의 소유가 아닌 것을 알아 범죄치 않은 것처럼 세상에서 돈푼이 있다고 내 것이라는[16] 생각을 버려야 되는 것이다. 즉 요셉과 같이 우리도 이 감옥 같은 세상에 와서 잠깐 맡아가지고 있는 것뿐인 것을 알아야 된다. 그런 고로 죄인 된 것을 알아내 소유가 있는 것이 무엇인가? 반성하는 가운데 결코 무슨 일에나 범죄하는 일이 없을 것이다.

사(四). 평화. 자기를 아는 사람 싸움이 없다. 시기가 없다. 평화만이다. 이미 쓴 바이지만 왜 교내(敎內)에서 사분오열되는 분리 상태에 있는가? 자기를 모르기 때문이다. 다윗을 보라! 자기를 분명히 안고로(삼상 26)[17] 사울 왕(王)을 해할 많은 기회(機會)[18]를 얻었지만, 하나님의 기름 부은 왕을 손대지 못할 것이다. 확실히 안 것은 그가 자기를 안 까닭이 아니고 무엇인가? 사울은 언제든지 찾아 싸우고 죽이려고 하였지만 다윗은 평화를 위하여 피한 것이다. 우리 신자 생각하자. 누구를 원망하는가? 생각해 보았는가? 내가 무엇이 나은 것이 있는? 나는 죄인이다. 이것을 알자. 이제 시기할 생각, 싸울 생각! 자기가 옳다는 생각 또 나오겠는가? 마음은 자연히 평화로울 것이다.

끝으로 한마디 더 하거니와 나를 똑똑히 생각하자. 교만할 무엇이 있는지!! 주님을 따르자. 거기는 겸손, 온유, 순종이 이것들이다. 십자가를 바로 질 수가 있다. 내가 죄인 됨을 알면 넉넉한 것이다. 이것이 천국 문의 열쇠가 아닌가? (끝)

---

16 원문의 '내해라는'을 '내 것이라는'으로 번역하였음.

17 사무엘상 26장.

18 원문에는 '期會'(기회)이다. '기회(期會)'는 '정기적인 모임'[한컴오피스 훈글 한자로 바꾸기]이라는 뜻이므로 원문을 '기회(機會)'라고 바꾸어서 번역함.

인생의 최고목적

방지일(方志日)[1]

인생의 하는 모든 활동은 목적을 반드시 두고 있다. 정신병자를 제(除)한 외(外) 하등의 목적 없이 활동하는 사람은 결코 한 사람도 없을 것이다. 눈을 한 번 깜박거리는 것이나 손 한 번 드는 것 발 한 번 옮기는 것 무슨 생각하는 것 어느 것을 물론하고 한 목적을 두고 활동한다는 말이다. 각 개인이 능히 다 말할 수 있는 체험적 사실이다. 농사하는 사람이 어디 목적 없이 공연히 농랑(農蓢)[2]이 되었다고 밭을 갈며 씨 뿌리며 김매며 피땀을 흘리겠는가? 공부하는 사람이나 기타 다른 업 하는 사람들이 무슨 목적함이 없이 수고를 하겠는가 말이다. 아니다. 그들은 사람의 일생을 위하여 충실을 다 받쳐서 활동하는 것이다. 물론 충실히 못 한 그 사람은 자기 목적 한 바가 또한 잘못되는 것만은 잘 아는 사실이며 진리이다. 이같이 사람이 살매 모든 것에 목적함이 있어 활동함을 보니 논리학으로 사람의 전생(全生)에 사는 그 목적도 반드시 없지 못할 것은 사실이 아니겠는가? 옳다. 물론 70년, 혹 그 이상 사람이 산다고 하면 그 70년 세상에

---

* 『게자씨』 제1권 제6호(1932.6), 11-14, 『게자씨 1931-1932 (영인본)』, 136-139.

1 원문에 '방지일'의 한자명(名)을 '方志日'이라고 적었다. 거의 모든 곳에서 '方之日'로 쓰는데 가끔 '方志日'이라고 쓴 곳이 있다. 여기서는 원문에 있는 그대로 '方志日'로 적었다.

2 원문의 '農蓢'(농랑)은 흔히 사용하는 한자어(漢字語)가 아니다. 여기에 쓰인 '랑(蓢)'은 그 훈(訓)과 음(音)이 '쭉정이 랑(낭), 마디 절'이다[NAVER 사전]. 원문의 '농랑(農蓢)'은 농부(農夫)를 뜻하는 것으로 보인다. 방지일이 농부(農夫)를 신랑(新郞)이라는 한자어에서 '랑(郞)'을 가져와서 만든 낱말로 보인다. 그런데 '신랑(新郞)'의 '랑(郞)'은 그 훈(訓)이 '사나이, 젊은이, 남의 아들을 부르는 말'[한컴오피스 한글 한자로 바꾸기]이다.

서 고생 혹은 환난을 당하면서 산 그 목적이 있을 것이라는 말이다. 목적이 없이 살았다면 두말없이 자기는 아무리 옳다고 깨끗하다고 든든하다고 지식이 많다고 하되 이 사람은 그른 사람이요 병든 지 오랜 환자요 무식한 사람이라고 할 수밖에 없으며 정신병자와 같아서 옳은 정신은 벌써 빼앗긴 사람이라고 인정할 수밖에 없다. 그러나 불상(不詳)하다.[3] 세상에 간혹 사람들 가운데는 보다 더 대다수의 사람들이 자기는 무엇 좀 안다고 어떤 때는 철학을 들고 과학을 들고 나서면서 전생(全生)의 목적이 무엇일까?「먹고 자고 한날 두 날 지나 죽으면 그만이다. 다른 무엇이 더 있으랴」 소위 안다는 사람들도 이렇게 말하고 있으니 세상에서 소위 모른다는 사람은 더 말할 것도 없는 형편이 많이 있다. 이른 아침 책(冊)보를 옆에 끼고 가는 아동을 본다면 그 애에게 가서 무름이 없으되 누구를 물론하고 지식을 얻으러 가는 아이인 줄 알 것이며 농구(農具)를 들고 들로 가는 농부를 보면 본다면 농사를 위해 가는 줄은 그에게 무름이 없을 지로되 잘 알 수 있는 사실이다. 외인(外人)이 이같이 무름이 없이도 알고 있는데 만일 그 당자(當者)가 차(此)[4]를 모르고 한다면 이는 정신 있는 자라고 할 수 없을 것이 아니겠는가? 그렇지 않다면 즉 정신병자가 아니라면 책을 들고 가되, 농구(農具)를 들고 가되 그 머리에는 다른 생각이 떠 있는 때문일 것이다. 마찬가지로 사람의 전생(全生)의 목적을 사람 자기는 정신병자와 같아서 또는 공연(空然)한 생각으로 그 목적을 모르지만 악한 마귀는 사람의 목적이 무엇인지 잘 알아 사람의 길에 많은 궤계를 꾸미며 그릇된 길을 밟게 한다. 이리하여 사람의 양심 깨끗한 양심 즉 바른길로 가던 양심 전지(全知)이던 양심을 더럽혀 망치게 하고 말았다. 아무리 양심의 싹이 터

3 원문의 '不詳하다'(불상하다)는 '1.자세하지 않다. 2.불쌍하다'[NAVER 국어사전]는 뜻을 가지고 있다. 원문에서는 '불쌍하다'라는 뜻이다.

4 원문의 '此'(차)는 그 훈(訓)이 '이, 이곳, 이것'이다[한컴오피스 훈글 한자로 바꾸기].

져 나오고프나 벌써 양심은 많은 눌림을 받고 있으니 참 사람의 정신이 아니었고 마비(麻痺)[5]된 상태에 빠져 있으므로 그 고귀한 목적을 생각지 못하니 가련 불상(不詳)한 사실이다. 원래 사람은 전지(全知)의 양심을 조물주로부터 받았다. 그리하여 아직까지도 죄짓고 양심의 가책 없는 사람은 없다! 양심은 내세(來世)의 심판 즉 사람의 귀한 목적을 알았기 때문에 만일 어떤 사람들의 말과 같이 세상을 마치면 남산(南山)의 흙 한 줌 보탬밖에 되지 않는다면 무엇 하러 이 흙 한 줌 보태기 위하여 살아가고 있겠는가? 이렇다면 괴롬 속에서 신음하는 이 당시로 또는 그렇게 말하는 이도 당시로 흙 한 줌 보태주고 떠나는 것이 좋지 않겠는가? 앞에 무슨 시원한 삶이 있겠는가? 이것을 안다면야! 그러나 사람의 삶에는 가치(價値)가 있다. 그리하여 구차하지만 생에 지속을 노력하고 있는 것이다. 가치 있는 생활을 하려 함은 최고 이상인 그 무슨 목적이 은연히 마음속에 있기 때문이다. 이 귀한 마음은 애석하게도 깊이깊이 악마의 궤휼 속에 묻혀있어 활동하지 못하던 것을 오직 내[6] 주 예수께서 고생의 모험으로써 누구를 물론하고 이 마음에 활동을 개시할 수 있게 하셨음으로 이제 인생의 최고 목적이 무엇인지 알아 이것을 위하여 노력하고 있는 사람이 비로소 있게 되었다.

그러면 이 최고 목적이 무엇일까? 흔히는 세상에서 많이 비웃음을 받는 것이지만 없을 수 없는 옛 에덴동산을 다시 찾음이다. 즉 천국 즉 천당이라는 말이다. 자 생각하여 보자. 천당이 없다고? 양심의 눈을 열어보라! 오 아직까지 악마의 구덩이[7] 속에서 헤매는 불쌍한 사람들이여! 당신

---

5 원문에는 '麻비'라고 되어 '마(麻)'자(字)는 한자로 적고 '비'는 한글로 적었지만 '마비(麻痺)'라고 번역하였음.

6 원문에는 '吾'(오)이다. 이것은 그 훈(訓)이 '나, 자신' 등이다. 이것을 '내'라고 번역하였고 앞으로 명사(名詞)를 수식하는 '오(吾)'가 나오는 곳은 '내'라고 번역함.

7 원문은 '구덕'이다. '구덕'은 '구덩이'의 방언(경남, 전라, 충청)[NAVER 국어사전]으로 '구덩이'로 번역하였음.

들은 세상에서 무엇 하며 보내려는가? 당신들이 사는 목적이 무엇인가? 이제 십자가 상에서 창생(蒼生)[8]의 죄를 대신 지신 내 구주 예수를 바라보고 나가라! 당신들을 잡고 있던 악마는 벌벌 떨며 갈 곳을 주께 구할 것이다(마태 9:3).[9] 그러면 양심은 환하게 밝아질 것이다. 따라서 인생의 최고 목적이 무엇인지도 넉넉히 알 수가 있을 것이다. 고로 아직도 이를 모르는 사람은 하루바삐 주를 찾아 양심의 자유를 얻으며 이미 안다는 사람들은 조심하여 다시 악마의 궤휼에 들지 않아야겠다(딤후 3장). (차호(次號)[10] 계속)

---

8 원문에는 '倉生'(창생)으로 되어 있다. '세상의 모든 사람'을 의미하는 한자어(漢字語)는 '창생(蒼生)'이다. 따라서 원문의 '창(倉)'을 '창(蒼)'으로 바꾸어 '창생(蒼生)'이라고 적었다.

9 원문의 '마태九O三'은 마태복음 9장 3절이다. 그런데 마태복음 9장 3절은 "어떤 서기관들이 속으로 이르되 이 사람이 신성을 모독하도다"이다. 원문의 내용과 일치하지 않는다. 아마도 예수님께서 가다라 지방에서 귀신 들린 두 사람을 고치실 때 귀신들이 예수님께 구한 말씀을 잘못 기재한 듯싶다. 원문의 내용을 살펴볼 때 마태복음 8장 31절이 아닌가 싶다. 마 8:31, "귀신들이 예수께 간구하여 이르되 만일 우리를 쫓아내시려면 돼지 떼에 들여보내 주소서 하니" (개역 개정).

10 원문의 '次號'(차호)는 '정기 간행물의 다음 호'를 말한다[한컴오피스 훈글 한자로 바꾸기].

인생의 최고목적(2)

방지일

사람의 최고 목적인 천국 이를 모르는 자는 하루바삐 심사숙고하여 의식 없는 거와 같은 무의미한 생활을 버리고 의식 있는 즉 가치 있는 생활 즉 최고 목적인 그것 알기를 노력할 것이며 눈을 떠 안 자면 철저하게 이를 더 마음속에 삭이며 활동하자! 알기만 하고 토(吐)에[1] 유의(留意)함이 조금도 없다면 차(此)가 실로 공상(空想)의 알자 일 것이다. 옛날 이스라엘 민족이 애굽 악마의 그늘을 벗어나 가나안 복지로 들어가려던 사실은 우리에게 큰 거울이 된다. 마땅히 이를 잘 통찰하여 그 민족과같이 참혹한 가운데 빠지지 않아야겠다. 그들이 애굽에서 가나안 복지로 들어가는 시일(時日)은 결코 그렇게 많은 시일(時日)을 필요(要)한[2] 것이 아니다. 다만 십여 일의 시일을 필요하면 넉넉히 도달할 수 있는 것이었다마는 그들은 40년이란 긴 세월(歲月)[3]을 두고 무한(無限)한 고생으로 광야에서 헤맨 사실은 우리가 잘 아는 일이다. 그 이유는 어디 있었는가? 그들이 애굽 그 괴롬 속에서 자유 천지를 얻게 된다니 너무도 기뻐서 남부여대(男負女戴)[4]하고 뫼

* 『게자씨』 제1권 제7호(1932.7), 5-7, 『게자씨 1931-1932 (영인본)』, 146-148.

1 원문의 '吐에'(토에)에서 '吐'(토)의 훈(訓)은 '토하다, 털어놓다'이다. 원문의 의미는 '아는 것으로 밖으로 토하듯이 삶으로 나타나야 한다.'라는 뜻으로 여겨진다. 원문을 그대로 적었다.

2 원문은 '要한'이나 '필요(要)한'으로 번역하고 앞으로 같은 경우도 '필요(要)'로 번역함.

3 원문의 '肯月'의 '肯'는 찾을 수 없는 한자로서 아마도 앞 뒤 문맥으로 살펴볼 때 '세월(歲月)'의 '세(歲)'의 약자로 보여 '세월(歲月)'이라고 번역함.

4 원문의 '男負女戴'(남부여대)는 '남자는 짐을 지고 여자는 짐을 인다는 뜻으로, 가난한 사람들이나 재난을 당한 사람들이 살 곳을 찾지 못하고 온갖 고생을 하며 이리저리 떠돌아다님을 비유적

산 자(字) 보퉁이를 걸머지고 노래를 부르며 더욱이 홍해(紅海)를 건너서는 기쁨을 진정키 어려워 60만 대중(大衆)이 한결같이 영광을 하나님께 돌렸지만(출애굽기 15장), 그들에게 조그만 괴롬이 올 때 목이 좀 마른다든지 배가 좀 고프다든지 하면 하나님을 원망하는 소리가 충천(充天)[5]하였었다. 그리하였지만 하나님께서는 반석에 물로 혹은 만나로 메추라기로 그들의 욕구를 절실히 채워주었지만, 또다시 배반하고 배반하여 어떤 때는 고라 일당이 당(黨)을 지며 다시 애굽으로 돌아가자느니(민수기 16장) 어떤 때는 금송아지를 만들어 그들을 구원한 신(神)이라고 숭배하는 일(출 32장) 어떤 때는 하나님이 허락하여 주시마고 한 땅 또 뿐만 아니라 바로 같은 강퍅한 자를 정복시키신 능력의 하나님을 보고도 12 파견자 중 10인의 덜된 보고를 그대로 받아 모든 백성은 낙심천만하여 모세를 원망한 일(민 13장)이라던가 그 밖에도 수없이 많이 하나님의 은혜를 받으며 크신 능력을 목도하였지만, 그들이 고생한 것은 배은망덕으로 멸망을 자취하였기 때문이 아니었는가? 고로 그들이 떠날 때는 장정만 60여 만의 대중(大衆)이었지마는 긴 40년 세월을 통하여 혹은 병으로 혹은 벌(罰)로 멸하여지고 다만 여호수아 갈렙 두 사람만이 가나안 복지를 밟았다는 사실은 놀랠만한 사실이다. 아! 이 사실을 보매 한끝 이스라엘족[以色列族][6]을 못났다고 조소(嘲笑)할는지 모르거니와 한끝 반성하여 생각함에 두려운 사실이다. 진실로 그러하다.

으로 이르는 말'이다[Daum 어학사전].

5 보통 '1. 하늘을 찌를 듯이 공중으로 높이 솟아오름 2.분하거나 의로운 기계, 기세 따위가 북받쳐 오름'이라는 뜻의 '충천'의 한자어는 '衝天'이며 '하늘 높이 오름'이라는 뜻의 한자어는 '沖天'(충천)이다[NAVER 국어사전]. 그러나 방지일은 '充天'(충천)으로 썼다. 원문의 한자 그대로 사용하였다.

6 원문은 '以色烈族'(이색렬족)이다. 원문에 '以色烈'이라고 되어 있는데 원래의 한자는 '烈'(열, 렬)이 아니고 '列'(열,렬)이다. '以色列'은 '이스라엘'을 한자식으로 쓴 글자이다[上海大美國聖經會,『新舊約聖經』(1912), 聯合聖經公會,『聖經』(1961)].

세계에 흩어져있는 6억의 기독 신도여! 생각하는가? 우리의 목적이 어디인가? 또 그 목적지가 몇 날의 노정(路程)인가? 이스라엘(以色列) 민족의 노정같이 10여 일인가? 아니다. 보다 가깝다마는 무슨 까닭[7]으로 평화의 그리스도의 무릎에서 살인강도, 불평, 전쟁이 있는가? 이것이 광야가 아닌가? 어찌 길을 바로 들지 못하는가? 생각할 문제다. 우리의 갈 길은 10일도 아니요 초(秒) 사이에라도 갈만한 실로 가까운 곳이다(바로 내 마음 속에서 찾을 수도 있는 곳). 그러나 방금 쓴 사실이지만 아직도 기독(基督)의 단체라 자칭하면서 하는 것을 보니 점점 방향을 돌려 광야를 향하고 있다. 이 얼마나 가련한 일인가? 악마의 구덩이[8] 속에서 이 못난 우리들을 빼어서 어떤 때는 대해(大海)를 대륙같이 어떤 때는 구름으로 불로 어떤 때는 만나로 반석에 샘물로 고기로. 우리를 인도하며 먹이며 애쓰시지 않는가? 다시 반성하자. 과거의 우리 생활 과연 기적적이다. 우리가 주를 알게 된 것이!! 그런데 어찌하여 아직도 원망 아직도 싸움 아직도 우상 아직도 당파(黨派)인가 말이다. 교파(敎派)의 세력을 자랑하며 여기에 진리를 찾으며 의지하는 이들이여 고라[9]가 아닌가? 반성하라. 모든 수고가 헛것이 아닐까? 교인이 되고서 또 교직(敎職)을 띠고서 돈에 욕심이 잔뜩 나서 덤비며 고리(高利)니 무엇이니 떠드는 자들이여 받들고 있는 그 우상을 하루 바삐 깨뜨릴지이다. 하나님 우편에서 아직까지도 애쓰시는 주님의 손발에 못을 박는 것이다. 신의 미묘한 또는 무궁하신 섭리를 덮어 놓고서 용기 있게 우리(牢, 뢰)[10]를 찾아가는 천진한 양의 무리를 유혹하여 앞길이 위험이니 갖은 수단을 다 던져 가는 길을 막으려는 목자들이여 열 사람의 파견

7 원문은 '何故'(하고)이다. 이것을 풀어서 '무슨 까닭'으로 번역함.

8 원문은 '구덕'이다. 이것은 '구덩이'의 방언이므로 '구덩이'라고 번역함.

9 '고라'는 모세에게 대항한 사람이다(민수기 16:19).

10 원문은 '우리(牢)'로 되어 있다. '牢'(뢰)는 그 훈(訓)이 '우리, 가축을 기르는 곳'이다[한컴오피스 한자로 바꾸기].

자(派遣者)에 다름이 무엇이리오. 반성하자. 이런 종류의 자들이 오늘 세상에 허다하다. 6억의 대중(大衆)들 똑똑히 생각하자. 우리는 공연히 애굽을 떠나자마자 광야를 거쳐 가려고 생각지 말자. 바로 우리의 발 앞에 우리의 목적지는 있는 것이다. 오직 여호수아와 갈렙같이 용기 있게 나가자 바로 목적지를 찾을 것이다. 그 끝은 애굽이 아닐 것이다. 자유로운 가나안 복지! 영광스러운 하나님의 보좌! 이것이 우리의 목적이다. 주저 말고 하루바삐 나아가자. 거기는 평화다. 「강하고 담대하라」(여호수아 1:7). (끝)

여묵(餘墨)[1]

곽송(郭松)

일(一). 투고(投稿) 제현(諸賢)께 일언(一言)함은 매월 20일 전으로 투고하시고 문자는 정서(正書)로 쓰십시오.

이(二). 본지(本紙)의 발전을 위하여 본지에 대한 비판 대환영.

삼(三). 본지(本紙)의 기사에 대한 질문, 기타 질문 많이 하여 주시오. 답변하여 드리겠습니다. 이상(以上)

* 『게자씨』 제1권 제7호(1932.7), 15, 『게자씨 1931–1932 (영인본)』, 156.

1 원문의 '餘墨'(여묵)은 '글, 그림 따위를 다 쓰거나 그린 후에 벼루에 남은 먹물'의 뜻한다[Daum 어학사전]. 원문에서는 안내와 부탁의 말이다.

3종(三種)의 생(허생, 중생, 영생)

방지일

태양의 힘은 말할 수 없이 위대하다. 태양은 전부가 불이다. 그리하여 위대한 열과 광(光)을 온 우주에 펴지고 있다. 지구도 극히 소부분(小部分)의 열과 광을 받고 있지만 모든 생물이 생존하여 온다. 그 거리가 지구로부터 93,000,000리(哩)에 있지만 이같이 큰 힘을 뻗친다. 광(光)으로 말하면 6,000촉 되는 불을 일척(一尺) 거리에서 보는 거와 같이 비췬다고 하며 열로 말한다면 가령 석탄불을 피여 그 열과 같이하려면 매초에 2,600,000,000,000,000돈(噸)을 타져야 따르리라고 한다. 태양의 구성된 원소는 지구에 있는 것과 마찬가지로 있다고 한다마는 이렇게 열이 있는 고로 무엇이니 무엇이니 할 수가 없는 판이다. 쇠도 불이요, 금도 불이요, 다 불이다. 다 녹아버리고 녹기만 할 뿐 아니라 기화되어 다 기체로 엉켜 있다고 한다. 그 힘은 위대하다. 여러 원소가 없는 것은 아니지마는 불로 화(化)한 가운데는 한 덩어리가 되어 우주의 전 생명을 주고 있다.

지구도 전에는 그와 같았다고 한다. 지금까지 땅속에 이글이글한 불이 있다는 것은 종종 화산으로도 알만한 사실이다. 또 화산구(火山口)로부터 나온 기체가 엉켜 유질(流質)이 되고 유질이 고체가 된 것이 지각(地殼)과 마찬가지인 것을 보아 전에 전 땅덩이가 불이던 것이 식어서 이같이 된 것도 잘 알겠다.[1] 태양과 같이 불덩이던 것이 의심 없다. 그러나 지금은 다

---

* 『게자씨』 제1권 제8호(1932.7), 9-13, 『게자씨 1931-1932 (영인본)』, 166-170.

1 원문은 '잘겠다'인데 이것을 '잘 알겠다'라고 번역함.

식어 냉각하여 버리고 힘 있는 광과 열을 내지 못하고 응고하여 있다. 따라서 여기에서는 금이니 은이니 철이니 동이니 자연히 분간(分揀)[2]할 수가 있게 되었다. 옛날에는 하등(何等)의 분간이 없어 무엇이니, 무엇이니 할 것 없이 다만 열렬하게 다 한결같이 열을 내었지만 응고되고 보니 각 원소는 갈리어 전에 뭉치여 발(發)하던 그 가치는 없어지고 말았다. 그러나 각 부분들의 부분으로서 각기 마땅하게 제 가치를 발휘할 수 없는 것은 아니다. 다만 땅속에 묻혀있을 뿐이니 기회가 문제일 뿐이다.

나는 어떤 철공장(鐵工場)에 가 보았다. 용광로에 무쇠 덩이들을 집어넣고 자꾸 열을 가하니 마침내 그렇게 단단한 것 같고 강하던 그 무쇠 뭉치들은 으글으글하게 녹아버리었다. 이것을 가지고 이미 만들어 놓은 형틀에 갖다 부으니 원하는 대로 쓸 것이 나오는 것을 보았다. 땅속에 무가치하게 묻혔던 이것이지만 이렇게 쓸 유용한 것이 될 수가 있는 것이다. 이제 이 된 과정을 생각해 보자. 묘하다면 심히 묘하기는 하다. 처음에는 용광로에 있던 쇳물처럼 온 땅덩이가 그러했던 것인데 땅이 응고하자 무가치하게들 묻혔던 것들이 사람들에게 찾은 바 되어 쇠돌 속에 섞여 나왔다. 그것이 나오기는 나왔다마는 그것만으로 무슨 유용(有用)한 것은 아니다. 이것을 다시 제련소에서 제련하면 나무통 같은 뭉치 쇠가 된다. 그러나 이 뭉치 쇠만으로 서도 무슨 용(用)이 있으리오. 한번 다시 용광로에 넣으면 든든하고 강한 그것이지만 뜨거운 불 속에 녹아버리는 가운데 이 무쇠 덩이 저 무쇠 덩이 할 것 없이 한데 합하여 이미 만들어 놓은 형틀에 갖다 붓는 대로 유용한 가치 있는 것이[3] 되는 것이다. 옳지! 그 경과는 심히도 복잡하며 어려운 것이다. 그런데 이 가치는 무쇠면 무쇠 금이면 금 각

2 원문은 '分間'(분간)인 데 이것은 '분간(分揀)'의 '간'의 한자(漢字)를 잘못 사용한 것으로 여겨진다. 따라서 '분간(分揀)'이라고 적었다.

3 원문에는 '것이' 없으나 앞뒤 문맥을 살펴서 첨가하였다.

부분의 가치라면 가치뿐이다. 전에 전 지구가 끓는 유질(流質)이었던 것과 같은 그 세력과 가치와는 다른 것이었다. 이제라도 한번 저 끓는 태양 속에 던짐을 받는다고 할진대 거기서 다 녹아버려 한 덩어리가 될 수 있는 가능성이 없지는 않다. 태양은 아직도 불덩인 고로!

이 모든 사실을 비추어서 사람의 삼종(三種)의 생(生)(즉 허생(虛生), 중생(重生), 영생(永生))을 생각해 보자. 이 모든 현상이 진실로 여기에 큰 무슨 암시를 주고 있는 것이라고 필자는 느끼었다. 하나님께서는 자기의 형상대로 사람을 지으셨다. 그리하여 주님께서 가지신 그 빛과 뜨거운 끓는 사랑의 열을 가지었던 것이다. 온전히 주와 하나 되어 한없는 세력이 발휘하고 있었다. 그러나 한 번 범죄한 후 빛은 없어지고 사랑의 끓는 열은 식어버려 체내(體內)에 응고하여 버리었던 것이다. 그러나 사랑에 끓는 열의 본체(本体)[4]이신 하나님께서는 응고되어 있는 이것들을 살리시기 위하시어 친히 광부가 되셔서 땅속에 든 감춰진 귀한 보물을 찾으러 오신 것이다. 응고는 되었을망정 자기의 형상을 입은 사람이니 진실로 감춰진 보물이 되는 것이다. 이 보물을 찾기만 한다면 으레 값있는 가치가 거기 날 수 있는 가능이 있음이다. 그리하여 주의 손에 붙들리어 묻혔던 쇠들이 나오게 되었다. 아! 다 녹슬어 없어질 귀한 쇠들! 보물들! 신의 형상이 있는 사람들을 찾은 것이 아닌가? 이제 삶의 길이 열리기는 열리게 되었다마는 이것만이 완전한 가치 있는 생이라고는 결코 하기 어렵다. 이유는 다시 버려두면 녹슬어 없어지기 쉽기 때문이다. 신의 형상 있는 사람 다시 죄의 탈을 쓰기 쉽기 때문이다. 고로 나는 이 생(주를 안다고는 하는 신자의 생)을 이름하여 허생(虛生)이라 하였다. 살기는 살 수가 있으나 이대로 삶에 계속은 결코 불가능이기 때문이다. 고로 한 번 주님의 끓는 사람의 열이

4 원문의 '本体'(본체)의 '체(体)'는 '체(體)'의 약자(略字)이다. 따라서 '본체(本體)'라고 하지 않고 원문에 있는 대로 '본체(本体)'라고 번역하고 앞으로 모두 '본체(本体)'라고 함.

있는 용광로에 던짐을 받을 때 나는 없어지고 녹아버려서 주님의 사랑으로 화신(化身)될 그때 비로소 맛 나는 또 가는 곳마다 완전한 생의 가치를 나타낼 수 있을 것이다. 즉 주님의 그 끓는 사랑의 열에 화(化)할 때 전에 나라는 것은 없어진다. 새로운 내가 그의 사랑 속에서 화(化)하게 되는 것이다. 이것이 곧 주님이 니고데모에게 말씀하신 중생(重生)(요 3:3)[5]이다. 결코 이 중생이 어머님 뱃속에 들어갔다가 다시 나오는 것이 아니라 다만 주님으로 말미암아 다시 된다는 말이다. 나는 완전히 변하는 것이다. 주님의 그 사랑은 나를 이렇게 변화시키는 데는 큰 힘이 있는 까닭이다. 거듭 나지 못한 사람은 살았다고 할 수 없는 것이다. 따라 주님께서 말씀하셨지만 중생치 않으면 천국을 보지 못하리라(요 3:3). 즉 영생을 누릴 수 없다는 말이다. 고로 중생(重生)은 영생(永生)의 문이다. 반드시 여기를 통과하여야만 된다. 다시 말한다면 주님의 사랑의 화신(化身)이 된 때 나는 영생할 수 있는 것이다. 냉각한 지구지만 끓는 태양에 던지면 다시 유질(流質)이 될 가능성이 있는 것과 마찬가지로 중생(重生)한 신자가 끓는 사랑의 주체(主體)이신 주님의 품에 푹 파묻힐 때 오! 무궁무진(無窮無盡)의 빛과 열을 발휘할 수 있는 것이다. 진실로 그러하리라. 아멘! 이 빛과 열은 다시 없어지지 아니할 것이며 식지 않을 것이다. 영원 무궁하도록 날빛보다 밝은 주님의 빛이 내가 비치는 빛이 되리니 이것이 어찌 다 함이 있으리오. 주님과 합하여 된 이 뭉치[6]는 길이 즐겁게 하나님의 보좌에서 살을 것이다. 영생(永生)이 이것이 아닐까(요 3:17)?[7]

5 요 3:3, "예수께서 대답하여 이르시되 진실로 진실로 네게 이르노니 사람이 거듭나지 아니하면 하나님의 나라를 볼 수 없느니라" (개역 개정).

6 원문은 '이뭉쳑이는'이다. 이것은 '이 뭉체기는'으로 본다. '뭉체기'는 '뭉치'의 방언이다[Daum 한국어사전]. 따라서 '뭉치'로 번역함.

7 요 3:17, "하나님이 그 아들을 세상에 보내신 것은 세상을 심판하려 하심이 아니요 그로 말미암아 세상이 구원을 받게 하려 하심이라" (개역 개정).

그런고로 우리 신자는 이 삼종(三種)의 생(生)중에 어느 것에 있는지 하루바삐 생각할 것이다. 물론 허생(虛生)에 있었다는 것은 큰 면이다. 귀한 우리가 파묻혔다가 나온 것이 이 큰 은혜는 은혜이다마는 그것이 만족이어서는 부족하다. 중생(重生)을 넘어설 때야 안심이 될 것이다. 고로 우리는 그리스도의 끓는 그 용광로에서 결코 떠나지 말자.[8] 여기에 영원한 생(生)의 가치가 있는 것이다. -끝-

8 원문에는 '떠나지마지'로 되어 있다. 이것을 앞뒤 문맥을 살펴 '떠나지 말자'로 번역함.

조선 유일의 좌각원(座脚院)[1] 방문기

방지일

우리 기독교의 사업(事業)으로써 여러 가지 사업이 많이 있다. 그중에도 불상(不祥)한 사람을 위한 자선사업의 기관은 그 얼마나 귀한 것인가? 주님께서 천국 복음을 이 땅에 전하러 오셔서도 당신(當身)의 앞에 나타나는 여러 모양의 불상(不祥)한 병자, 불구자를 상면(相面)할 시에 그 염(念)치는 사랑[2]이 그들에게 아니 뻗칠 수 없어 그들에게 무한한 안락(安樂)을 주신 것이었다. 주를 찾은 모든 불상(不祥)한 사람들은 모두 다 큰 영광을 하나님께 돌린 것이었다. 이제 주님의 발자취를 따르는 우리 신도들이 할 가장 아름다운 사업이 과연 이 사업이라 아니할 수 없다. 세상에 허다한 불상(不祥)한 자가 많이 있다. 우리는 닥치는 대로 만나는 대로 주님의 사랑이 우리를 통하여 여러 모양으로 뻗쳐야겠다. 옛날 주님의 수제자 베드로와 요한 두 사도도 성신(聖神)의 충만함을 얻어 성전 미문(美門)에서 구걸하는 앉은뱅이를 볼 때 심히 긍휼한 마음이 나서 마음의 뜨거운 사랑이 그들을 통해 나타나지 아니치 못하였던 것이다(행 3장). 크다. 이 사랑의 뛰어남이어! 이 사랑의 뛰어난 사업이여! 그러나 현금(現今) 우리 조선 기독교에서 이런 불구자와 불상(不祥)한 사람만을 위한 자선 기관이라고는 몇 개의 양로원 고아원이 있을 뿐이고는 30여만 교도(敎徒)가 있음에도 불구하

* 『게자씨』 제1권 제9호(1932.9), 12–16, 『게자씨 1931–1932 (영인본)』, 189–193.

1 좌각원(座脚院)은 찰스 필립스 선교사(필립보, 1885~1985)가 1928년에 다리 저는 사람을 위해 세운 복지시설이다[https://blog.naver.com/tiansun/223243302303 (접속일 2024.3.17.)].

2 원문의 '念치는 사랑'이란 그들을 '생각하는 사랑'이라는 뜻으로 보인다. 원문 그대로 사용하였다.

고 다른 무슨 기관이 없는 것은 조선에 이런 불상(不祥)한 자가 없다는 증거는 아니다. 있어도 많은 것이다. 만약 그들이 우리 30만을 통하여 그리스도의 끓는 뜨거운 사랑을 받는다면 그 얼마나 하나님의 영광이 드러나겠는가? 많은 이런 사업(事業)은 하다가도 줄어가는 것을 보면 그리스도의 사랑이 우리 안에서 희미하여져 가며 그 끓는 뜨거운 불이 꺼져가는 가운데 있지 않는가 생각지 않을 수 없는 것이다. 이러한 상태에 서있는 중 필자는 기쁜 소식을 듣고 여러분에게 같이 알리어 이 엄 트는 사업을 직, 간접으로 영육으로 한결같이 힘을 합하여 받들어 주 앞에 많은 영광 돌리시기를 바라는 마음으로 이에 조선 유일(唯一)의 좌각원(座脚院)을 방문하고 듣고 본 바를 쓴다.

필자가 금(今) ○○반기(反期)[3]에 순천 지방을 순회하게 되어 15 교회를 다니는 중 순천군(順川郡) 후탄면(厚灘面) 양포리교회(兩浦里敎會)에 가서 이런[4] 훌륭한 기적적으로 시설된 것을 비로소 보았다. 몇 해 전에 기독신보(基督申報)에서 이 사업이 된다는 말 많이 기재(記載)되었다고 한다. 본원(本院)의 내용과 취지를 간략히 소개하면 본래 당지(當地)[5]에 이인호(李隣濠)(당년(當年) 41세) 선생이라는 어른이 계시는데 선생은 나이 12세쯤 될 때 불행히 병을 얻어 양각(兩脚)[6]을 마음대로 쓸 수 없이 되어 말하자면 어려서부터 앉은뱅이로 자라났다. 이 선생님은 비록 몸에는 불치의 병신이 되었으되 열심 공부하시어 놀랄만한 학식(學識)이 풍부(豊富)[7]하고 지금까지

---

3 원문의 한자(漢字)가 매우 흐릿하고 해독할 수 없을 정도여서 부득이 앞 두 글자를 빈칸 처리를 하였음. 추측건대 '保護'(보호)가 아닌가 싶다. 그러나 '보호반기'라는 그 의미를 알 수는 없고 단지 어떤 기간이라고 여겨진다.

4 원문은 '이럾'이다. 이것은 '이런'의 고어(古語)이다.

5 원문의 '當地'(당지)는 '바로 그곳'이라는 뜻이다[한컴오피스 훈글 한자로 바꾸기].

6 원문의 '兩脚'(양각)이란 '두 다리'를 말한다.

7 원문의 '豊富'(풍부)의 '풍(豊)'은 '풍(豐)'의 속자(俗字)이다. '풍부(豐富)'를 원문대로 '풍부(豊富)'로 번역함.

도 꾸준한 독서로 과연 조선에 숨은 학자라 아니할 수 없다. 장서(藏書)가 두 농짝에 가득하시다 하며 신구(新舊)사상을 모두[8] 연구하신다고 한다. 또 일찍이 신자(信者)가 되시었는데 성경의 지식은 두말없고 영적으로 그리스도의 사랑이 흐르는 위대한 자비가 있는 것을 충분히 찾아보았다. 그리하여 자기 자신이 불완전하심도 불구하시고 교회 방면으로 영수(領袖)의 직을 띄고 활동하시며 사회 방면으로 여러 가지로 아름다운 사업을 이미 많이 하여오시어서 신(信) 불신자(不信者)를 물론하고 선생의 공(功)을 찬탄불이(讚歎不已)[9]하는 것을 보았다. 그의 생활하시는 것은 아주 빈한(貧寒)한데 자기가 친히 한 분 부친을 뫼시고 양봉(養蜂), 양토(養兎)[10]를 하시며 친히 자취(自炊)로 몇 년 전까지 지내시었는데 몇 해 전에 뜻 같은 동지 1인을 얻어 자기 사업에 협력하기 위하여 40이 넘은 총각이 결혼하시었다 한다. 진실로 자기가 자작(自作) 자취(自炊)하며 근근이 생활하신 것은 가련(可憐)무호(無護)[11]이었을 것은 말함이 없어도 요량(料量)[12]할 바이다.

몇 년 전에 순천(順川) 지방 제직회가 당지(當地) 교회에서 회집(會集)한바 그 모든 회원들이 이 이영수(李領袖)[13]의 생활 형편을 보시고 쌀 말이라도 보태시라고 금(金) 31원 50전이였던가를 연보(捐補)하여 영수(領袖)님에게 돌리시니 영수님이 이 돈을 받아 들고 제직(諸職) 앞에서 감사의 뜻을 표(表)하시면서 「하나님 은혜를 감사합니다. 내가 수십 년 동안 기도하였

---

8 원문의 '總히'(총히)를 '모두'로 번역함.

9 원문의 '讚歎不已'(찬탄불이)는 '칭찬하고 감탄함'이라는 '찬탄(讚歎)'이라는 한자어(漢字語)에 '그치지 않는다'는 뜻인 '불이(不已)'와 합하여 만든 한문(漢文)으로 '칭찬하여 감탄함이 그치지 않았다'라는 뜻이다.

10 원문의 '養兎'(토끼치기)는 '토끼를 키우다'는 뜻임.

11 원문의 한자어(漢字語)는 '무호(無護)'(무호)라고 여겨진다. 그 뜻은 '도움이 없다'이다.

12 원문의 '料量'(요량)은 '앞일을 잘 헤아려 생각함. 또는 그런 생각'[NAVER 국어사전].

13 원문의 '李領袖'(이영수)는 이인호(李隣濠) 씨가 '영수(領袖)'의 직분을 받았기에 '이영수(李領袖)'라고 부르는 것이다.

던 것을 오늘에야 하나님께서 이루어 주셨습니다. 나는 수십 년 전부터 전체적으로 나와 같은 많은 불구자가 있을 것인데 그들은 자기 자신을 처치(處置)할 길이 없어 이리저리 유리(流離)하며 그들에게는 종교도 직업도 학문도 없이 타락(墮落)의 생활을 하게 되며 다른 동포(同胞)에게 폐를 끼치고 사람의 일분자(一分子)인 책임을 감당치 못하고 영육(靈肉)이 아울러 사망의 길에 서 있게 된 것을 가련히 여겨 어떻게 하면 이들을 동일한 장소에 모아 종교와 직업과 학문을 가르쳐 사람의 일분자(一分子)인 책임을 다하며 영육을 겸(兼)히 교수(敎授)할 그 무슨 기관을 설립하여 보지 못할까 하고 하나님께 간구하기를 수십 년간 하였습니다. 이 간구를 오늘 하나님께서 여러분을 통하여 이루어 주신 것입니다. 이 돈은 결코 내 생활비로 쓸 돈이 못 됩니다. 하나님께서 이 사업을 위하여 주신 돈임에 이것에 터를 닦아야 되겠습니다.」 하시며 자기의 수십 년 생각하시며 기도하였던 것을 처음으로 발표하시게 됨에 모든 듣던 제직(諸職)들은 과연 영수님의 큰 포부에 감동치 않을 수 없어 같이 이 사업에 힘쓰기를 약속하였다고 한다. 특히 동참하였던 선교사 필립 목사[14]께서는 선교사 여러분들께 와 안식년 본국(本國)에 들어가서 본국 신자들에게 이 취지를 설명하고 활동한 결과 30여 원의 적은 밑으로 6천 원이 되어서 이 사업을 금년부터 시작하게 된바 이 사업을 하기 위하여 선교사 안주노회(安州老會), 순천(順川) 시찰회 본(本)교회 회원 중의 이사회가 조직되었고 원장은 이영수(李領袖) 님이 보시게 되었다. 시설(施設)한 내용은 3천 원 가격으로 토지를 사고 1천5백 원은 은행에 예금하고 남은 1천5백 원은 숙소, 공장 설비인바 바로 필자가 갔을 때 이 모든 시설이 마치게 된 것을 보았다. 23간(間)의 기와집을 굉장하게 지어놓았다. 가을 추수한 후부터 입원자(入院者)를 허락(許諾)[15]하겠다는 바

---

14 필립 목사는 찰스 필립스 선교사(필립보, 1885~1985)를 말한다.

15 원문은 '許'(허)라고 한 글자만 썼지만, 이것을 그 뜻을 살펴 '허락(許諾)'이라고 번역함.

처음에 10명쯤만 받겠는데 전 조선 어느 곳[16]에서든지 지방 교역자의 소개로 좌각자(座脚者)[17]로되 통감(痛感)이 없어 공장에서 일할 수 있는 자라고 하며 일은 물론 앉아서 할 만한 모든 일을 권능(權能)대로 시키겠다고 한다. 좌각원에 있는 중[18] 얻은 소득으로 의식대(衣食代)를 제하고는 잔금(殘金)은 개인의 소유로 저금(貯金)하여 주고 재원(在院) 시 질병 사망에 관한 사(事)는 본원(本院)에서 담당한다고 하며 기본 금(金) 1만 원이 초과하여 공장 2개소를 설시(設施)[19]하게 된다면 여자까지 입원케 할 작정이라고 한다.

과연 큰일이다. 첫째로 하나님의 경륜을 감사할 것뿐이며 좌각(座脚)된 이영수(李領袖)님의 기도가 있어 그이로 말미암아 하나님의 뜻이 인간에 임(臨)하였으매 영수님의 고상한 뜻을 찬탄(讚歎) 안 할 수 없다. 독자(讀者)분, 여러 모양으로 이 사업을 돕자! 원장님의 소원이었고 우리들의 할 바이다. -끝-

---

16 원문은 '全鮮何處'(전선하처)이다. 이 말을 '전(全) 조선(朝鮮)의 어느 곳'으로 번역함.

17 원문의 '座脚'(좌각)은 '빼드러지거나 힘이 없어 자유롭게 쓰지 못하는 다리'[Daum 한국어]를 뜻한다. 그러니 '좌각자(座脚者)'는 다리를 자유롭게 쓰지 못하는 사람을 의미한다. 그런데 보통 '좌각'의 한자(漢字)는 '坐脚'(좌각)으로 쓴다.

18 원문은 '在院中'(재원중)이다. 이것을 풀어 '좌각원(座脚院)에 있는 중'이라고 번역함.

19 원문의 '設施'(설시)는 '시설(施設)'과 같은 말이다.

신자의 반드시 알 일

방지일

요한복음 9장을 보면 우리 주님께서 나면서 소경 된 자를 고쳐주신 사실이 기록되어 있다. 이 일로 말미암아 바리새 교인들과 유대인들 중에서 여러 가지 시끄러운 일이 일어나게 되었다. 이 사람이 정말 소경이었는가 일변 부모를 불러 물어보며 또 어떻게 이렇게 되었느냐 하는 등 분주히도 그들의 신경을 움직였다. 그때 소경의 부모는 저 외식자(外飾者)의 권세가 무서워 대답을 회피하고 그 아들에게 돌렸다. 그리하여 그들이 다시 소경 되었던 자를 불러서 「우리는 저 사람(예수)이 죄인인 줄 아노라」(24절)하며(아마 성경에 나타나지 않았거니와 위협적 태도를 분명히 가졌을 것이다) 질문 할 때 그 소경 되었던 사람은 과연 대답이 딱 하게 되었으나 그는 담대하게도 「그가 죄인인지 아닌지 내가 알지 못하나 한 일을 아는 것은 내가 전에는 눈멀었다가 지금은 보노라 하니 또 묻되 그 사람이 무슨 일을 행하여 네 눈을 보게 하였느냐? 대답하되 내가 이제 너희에게 말하여도 듣지 아니하고 어찌하여 또 듣고 싶으냐? 너희도 그 제자가 되려고 그러하느냐?」고 자기의 철저한 신앙으로 그들을 여지없이 엄하게 책망하였다.[1] 그리함으로 그 의로운 소경 되였던 사람은 드디어 저 불의한 자들로부터 축출을 당하게 된 사실은 누구나 다 잘 알고 있을 사실이

* 『게자씨』 제1권 11호(1932.11), 9-14, 『게자씨 1931-1932 (영인본)』, 211-216.

1 원문은 '맹책하여버리엿다'이다. 이것은 앞뒤 문맥을 살펴볼 때 '맹'은 '맹(猛)'으로 '엄하게'라는 뜻이고, '책'은 '책(責)'으로 '책망하다'라는 뜻으로 보고 '맹책하여버리엿다'를 '엄하게 책망하였다'라고 번역함.

다. 이 사실이 우리에게 주는 교훈은 더욱 교내(敎內)에 복잡한 문제가 많은 금일(今日)에 크다고만 할 수 없다. 교파문제(敎派問題)에 교리문제(敎理問題) 때문에 교회 정치문제(政治問題) 때문에 머리를 앓는 이들 재삼(再三) 이 사실을 숙독(熟讀)하기를 바라는 바이다. 우리 주는 오직 한 분이시매 어찌하여 한 분이신 주를 섬기노라고 언칭(言稱) 하면서 지체들끼리 싸우고 있겠는가? 머리 되신 주님이 얼마나 괴로우시랴. 오늘날 주님의 머리를 어지러이 하는 내막의 일부를 필자의 소감대로 살펴보자. 오늘날에 여러 가지 사조(思潮)가 밀려들어 뜻 굳지 못한 사람을 많이 흔들어 놓는 일이 많다. 그리하여 여기서 이 사람의 소리를 듣는다면 감격이 되어서 울부짖고 저기서 저 사람의 저런 소리를 듣는다면 또다시 거기에 감격되어 울부짖는다. 마찬가지로 우리 교회 안에도 이렇듯 바람에 불리는 갈대와 같이 여기저기 망설이는 청년이 많이 있고 옛날 고린도 교회 교인들처럼 나는 바울에게 속하였음에 나는 아볼로에게 속하였음에 나는 게바에게 속하였음에 하며 교내(敎內)에서 당파를 짓는 일 이미도 많이 있어서 벌써 교파(敎派)가 근(近) 3백이나 되거니와 오늘날에 또 한 교회 내에 이러하듯 갈려지매 또 다른 교파로는 아직 갈려지지 못할 형편에 처하니 자연히 소수(小數)는 대수(大數)한테 무식자(無識者)는 식자(識者)한테 눌려 자유의지대로 못하는 부자유한 교도들이 불무(不無)하며[2] 따라 억울하게 복종하여 맹종(盲從)하는 이도 있고 여기에서 즉 이 부자유(不自由)한 가운데서 움직여보려고 들썩들썩하는 이도 있음에 여기에 따라 자연히 교회 안에는 평화가 깨여지게 되어 무슨 회(會)를 모인다, 모인다 하면 어성(語聲)[3]이 충천(充天)하고 노기가 등등(騰騰)하여 전지(戰地)의 감(感)이 불무(不無)하니 이 같음이 참된 십자군의 싸움일까? 그래도 시작할 때마다는 감히 성호(聖號)를 부르

2 원문의 '不無하며'는 그 뜻이 '없지 아니하며'이다.

3 원문의 '語聲'(어성)은 '말소리'임.

며 성신(聖神)의 능 받기를 간구하니 이 모두가 어찌 형식에 불과하다 안하리요. 예루살렘 다락방에 모인 그들의 간구와는 달랐음이 분명하다. 혹자는 지금은 그때와 다르니 어쩌고 이론(理論)고저 한다마는 오늘도 그 하나님은 계심에 예루살렘 다락방에 11 제자와 수(數) 여인(女人)들의 모인 것과 같은 회합이 있다면야 오순절에 그 능력이 어디 갈 수 있으랴. 모든 부족한 것을 이론(理論)으로 땜질했으매 어찌 주님이 그 가운데 거할 수 있으리오. 주님은 자기가 사람에게 주신 자유를 꺾어버리고 들어와 우리를 인도하심이 결코 아니다. 우리가 전부를 주님 앞에 맡김에 사양치 않으시고 우리 일을 돌보아 주시는 것이다. 요한 2장에 쓰여 있는 사실이 이를 충분히 증명하고 있다. 예수께서 가나 잔치에 가셨을 때 포도주가 부족함을 모르심이 아니었지만, 하등(何等)의 청이 없음에 그냥 계시였다. 그러나 자기 모친이 청하심에 드디어 자기가 손님 자리에서 떠나 주인이 되셔서 포도주를 만드셨다. 주님께서 분주히도 각 단체와 각 개인을 방문하셔서 그 단체 속 그 개인 속에 들어가셔서 주인이 되시사 바른대로 모두를 인도하시려 하시되 영접지 않는 이도 있거니와 영접하되 그냥 손님으로 계시게 하고 모두를 맡기지 아니하시니 주님을 구경만 하시게 됨에 어떻게 그 단체 그 개인의 하는 일이 주의 뜻에 선미(善美)하리오. 그런고로 교회 내에 단체 개인 중에 다 그러는 것이야 과언(過言)이거니와 대부분 단체들이 회합(會合)이 수라장(修羅場)이 되는 것만은 사실이다. 논(論)은 너무 탈선(脫線)되었다. 여하튼 이같이 되는 그 원인은 참된 신앙의 근거가 희미한 때문이다. 옛날 사도 당시에는 신앙이 그들의 전체를 좌우한 것이 분명하지만 오늘날에 와서는 교리를 신앙보다 앞세워서 교리가 전체를 지배하느니 만치 어찌 싸움이 없으리오. 그러므로 이 아래 따르는 천진(天眞)한 양(羊)들의 길을 아득하게 하는 일이 많이 보인다. 그리하여 뜻 굳지 못한 신도들 중에는 여기서 누가 주먹을 쥐며 강대상을 치며 아주 진리의 사도같이 날뛸에 거기에 쏠리어 그렇구나 하고 잔뜩 따르다가 또 저기서 어떤 학(學) 박사(博士)가 상당한 학리(學理)[4]로 물샐틈없이 땜질해 놓음에 거기 다시 그렇구나 하고 중간에 서서 오도 가도 못하고 방황 주저하는 천진한 양들이 그 얼마인가? 또 뿐만 아니라 어떤 이 중에는 이런 방면에서 상당한 은혜를 받았는데도 불구하고 선배들 중에 교세로 이론으로 지식으로 진리가 이러한 것이라고 이미 받은 은혜의 길을 공격함에 이론(理論) 못할 그는 양심이 불허(不許)함에도 불구하고 경우(境遇)상(上) 굴(屈)하지 아니치 못하는 이도 불무(不無) 하도다. 실로 이러한 가운데 어찌 진리가 거(居)하리오. 진리가 떠났음에도 모두가 다 외식(外飾)에 불과할 것은 당연한 사실이다. 이렇게 되어 놓고 보니 기독(基督)의 이름을 가진 단체 개인 중에 외부로부터 비난 받는 것도 상당하다고 할 수밖에 없다. 진실로 기독(基督)의 이름으로 참되게 조직된 단체나 개인에게는 적극적 박해가 있을망정 (진리인 고로) 진리대로 나아감에 결코 외부의 소소한 반란이 있을쏜가? 주님이 세상에 계실 때도 큰 박해로 십자가에 달리셨지만, 예수를 잡으러 온 무리들에게는 예수께서 너희가 나를 잡으려느냐? 내로라(요한 18장) 하실 때에 저 무리들은 그만[5] 땅에 엎드러지게 되었다. 과연 그러하다. 진실로 그리스도를 소유한 단체 개인이라면 감히 무엇들은[6] 무엇이 비난을 할쏜가? 그리하면 어떻게 하여야 참 기독교 단체, 기독교인 구실을 할 수가 있을까? 서두(書頭)에 말하여 두었던 소경 되였든 사람과 옛날 초대 교회의 신도들과 같이 철저한 신앙 그것 다시 말하면 소경과 마찬가지로 그가 죄인인지 안인지 모르거니와 한 일을 아는 것은 내 눈은 그로 말미암아 보았다고 담대히 설

4 원문의 '學理'(학리)는 그 뜻이 '학문상의 원리나 이론'을 뜻한다[한컴오피스 한자로 바꾸기].

5 원문의 '그만이야'를 '그만'이라고 번역함.

6 원문의 '머드른'을 앞뒤 문맥을 살펴 '무엇들은'으로 번역함.

명한 대로 우리도 전하고 설명할 것이다. 우리의 이론 우리의 지식(知識)[7]을 안다고 할 것이 아니라 우리가 마땅히 알아야 할 것은 예수 그리스도는 우리의 영안(靈眼)을 만져 뜨게 하신 구주신 것만을 알아서 만족이다. 이것만 철저히 아는 자에게 구원이 임하는 것이다. 기독교는 구원하는 종교요 교리(敎理) 교세(敎勢)의 종교는 아니다. 그런고로 중간에 서서 방황 주저하는 천진한 양들이여 다만 그리스도는 우리의 참 목자이신 구주됨을 기초 신앙으로 하여 성경에 나타난 그대로 믿어 참 신앙만을 소유하라. 그것이면 그만이다. 여기에 귀를 기울일 것도 없고 저기에 신경을 움직일 필요도 없다.

억울하게 이론에 형식에 눌림을 받는 불상(不祥)한 신도들이여 담대하게 바리새인들 앞에 선 소경 되였든 자처럼 다른 것이 이런지 저런지 모르거니와 진리 되는 예수만을 나는 알매 만족이라고 덮어씌우려는 그 이론의 형식을 벗겨버릴지라. 저들에게 축출을 당한들 무슨 겁이 있으랴. 그대들께는 구원이 있지 않겠는가?

영안(靈眼)을 실로암 못에 가서 씻어 뜬 자들이여 이제 우리는 분명히 알자, 그가 우리의 영안을 뜨게 하신 것을 그리고 그의 진리를 소유하자 너는 이러니 이단(異端)이니 구원을 못 얻느니 마귀니 판단하지 말자, 이것은 다 하나님이 하실 것이다. 우리 알 것은 그는 우리의 구주신 것과 우리의 말할 것은 우리의 영안은 떴으매 하나님께 영광을 돌리며 및 이 도(道)를 모든 소경에게 전할 것밖에 더 없다. 우리는 우리의 책임을 충성히 할 뿐이다. 혹자(或者)는 저렇게 하는 것이 영광이 못되며 주의 도(道) 전하는데 방해가 되니 그런다고 운운하니 우리가 똑똑히 알바를 알아 전할 바만 전한다면 뿌리는 것이 우리의 일이요 기르는 것은 신이 하실 것이며 신의 명대로 거두는 것이 또 우리의 일이다. 우리의 일만을 우리는 충성히 할

7 원문에는 '識知'(식지)로 되어 있는데 이것을 바로 잡아 '지식(知識)'으로 번역했다.

뿐이다. 그런고로 예수께서 원수 갚지 못한다고 말씀하셨다. 원수 갚는 것이 아버지 앞에 있다고 실로 그러하다. 예수를 구주로 믿고 있는 자를 어떻게 악마니, 사탄이니 이단이니 우리가 정하리오. 이것은 다 우리의 할 바가 아니다. 이 일을 종종 하는 일이 없지 않다고 하나 그 단체 그 사람은 하나님의 하실 것을 하시는 모양이니 과연 참람한 일이라 아니할 수 없다. 나의 할 일만 충성히 잘하는 가운데는 하나님의 축복이 임하매 모두가 얼마나 선미(善美)하게 될는지 헤아릴 수 없다. 예수께서 「어린아이에게 이 일을 나타내었다」(마태 11:25)[8]하신 말씀은 그 무슨 말씀일까? 단순한 신앙을 소유하란 뜻이 있다. 아이[9]가 부모를 사모하는 순전한 생각과 같이 신자가 천부(天父)를 온전히 존숭(尊崇)할 것밖에 더 다른 도리가 없다. 또 「겸손」에 대해서 많이 가르치셨다. 이도 같은 뜻이다. 겸손한 자 남을 평(評)하거나 책(責)하거나 하지 않을 것이니 단순히 겸손한 마음으로 우리 주님이 속죄 구령(救靈)하신 그 은덕을 감사할 것뿐일 것이다. 이렇게 신자가 다 어린아이로 겸손하다면 여기에 천국이 하강(下降) 안 하겠는가마는 금일(今日)에 모이면 싸움이요 이론(理論)이오 하니 어찌 여기 성의(聖意)[10]가 거하리오.

끝으로 신자가 반드시 알아야 할 것은 그리스도 내 영안을 여신 구주신 것과 지상에서 우리는 그리스도께서 오신 목적을 달(達)하기 위하여 모든 영맹(靈盲)[11]들에게 이 귀한 도를 전함으로 하나님에게 무한한 영광 돌릴 것만을 알아서 큰 만족이다. 이것을 철저히 각오함에 모두는 선히 해결되리라고 믿는다.

---

8 마 11:25, "그 때에 예수께서 대답하여 이르시되 천지의 주재이신 아버지여 이것을 지혜롭고 슬기 있는 자들에게는 숨기시고 어린 아이들에겐 나타내심을 감사하나이다" (개역 개정).

9 원문은 '아해'이다. 예전에는 아이를 '아해'라고 하였음.

10 원문의 '聖意'(성의)는 다른 말로 '성지(聖旨)'로서 하나님의 뜻을 의미한다.

11 원문의 '靈盲'(영맹)은 '영적(靈的)으로 맹인 된 사람'을 의미한다.

그리스도가 탄생하게 성탄일을 맞자

방지일

만민(萬民)의 구주 되신 그리스도의 탄생일임에 이 어찌 귀하고 즐거운 날이 아니랴 꼼꼼히 생각하면 실로 이날에서 더 기쁘고 즐거운 날은 없으리라마는 이제는 연중 행사의 하나같이 되어 놓고 보매 그런지 말에서만 가장 기쁘고 즐거웠지 어찌 기쁘고 뜻있게 이날을 보내는 단체, 개인이 그리 쉬이 보이지 않는다. 금년(今年)도 탄일(誕日)은 왔다. 우리 모든 신자는 또 어떻게 맞으려는가? 예배당에 훌륭하게 설비(設備)나 하고 좋은 음악과 유희 기타 사람의 이목이나 기쁘게 순서를 꾸며 가지고 이날의 기쁨을 지내려는가? 그도[1] 물론 좋은 일의 하나이다. 이 하루를 마음껏 기쁘게 지냄이 무엇에서 그르다 하리오마는[2] 탄일(誕日)을 이용하여 한번 놀아나 보자는 것이 한 큰 목적이었고 이날을 조금이라도 뜻있게 보내려는 생각은 전자(前者)에 비하여 몇 분의 일(一)[3]이나 되는고? 그렇다면 어떻게 지켜야 가장 선미(善美)하게 지킬까? 진정으로 우리 주님이 탄생하시게 지켜야겠다. 그리스도는 이미 떠났으매[4] 성탄이 무슨 필요인가? 물리학에 불가입성(不可入性)[5]의 격으로 그리스도가 떠났으매 그 자리에 다른 무엇이 들

---

* 『게자씨』 제1권 제12호(1932.12), 13-15, 『게자씨 1931-1932 (영인본)』, 235-237.

1 원문은 '其도'(기도)이다. '其'(기)는 지시대명사로 '그'를 뜻하기에 '그도'라고 번역함.

2 원문은 '글다하리요만은'이다. 이것을 '그르다 하리오마는'이라고 번역함.

3 원문은 '幾分之一'(기분지일)이다. 이것을 '몇 분의 일'로 번역하였다.

4 원문은 '떠낫엇음애'다.

5 물리학의 불가입성의 원리(不加入性의 原理), 한 공간에 두 물체가 동시에 들어갈 수 없다는 원

어왔을 것은 명백하다. 그럼에 사탄의 소유밖에 더 되겠는가? 따라 사탄이 이미 그[6] 단체, 그 개인을 소유하였으매 어떻게 탄일을 뜻있게 지키리오. 그런고로 이날을 참 뜻있게 지킴에 그리스도의 참 탄생이 절대 필요한 것이다. 다시 말하면 이날을 지키는 사람이 그리스도를 진정으로 소유하는 것이 절대 필요하다는 것이다. 그리스도(즉 진리, 사랑……. 등)를 소유하지 못하고 어찌 성탄을 뜻있게 지킬 수 있으랴. 고로 신자들은 성탄일이 오기 전에 각자가 그리스도를 소유하였는가 반성할 것이다. 그리하여 철저하게 이번 탄일(誕日)에 그리스도를 우리 각자의 마음속에 탄생하시도록 하자. 다시 말하면 그리스도를 소유하자. 어떻게 성탄을 찾으며 보내는 것보다도 내 맘에 그리스도를 직접 탄생시켜 그리스도를 소유한다면 이에서 더 큰 만족은 없을 것이다. 그리스도가 이 땅에 오실 제 그 본품(本品)[7]이 높으신 보좌에 계시어 온 세계 만국을 살피었지만, 만민을 구원하시기 위하여 천(賤)한 말구유를 사양치 않으셨다. 추운 겨울에 그리스도는 고생스레[8] 오시었다. 그러니 이런 주님께서 아무리 우리 마음이 더러워서 오실만하지 못해서도 우리가 원(願)함에 쾌히 허락하시고 오실 것이다. 오! 이 얼마나 고마운 일인가. 베들레헴 객주집 마구간이 비록 더러웠지만 주께서 나심에 거기에는 하나님의 영광이 나타났고 뭇 천사, 뭇 목자들의 처량한 찬송 소리는 공중에까지 잔잔한[9] 공기에 파동을 일으켰으며 외양간에도 들리었다. 외양간은 일변(一變)하여 성지(聖地)가 되고 말았다. 아무리 누추한 마음일지라도 한 번 이 마음에 그리스도가 오심에

리를 말한다[https://k-3272.tistory.com/232 접속일 2024.3.25.].

6 원문의 '其'(기)를 '그'라고 번역함. 이하도 동일하게 번역함.

7 원문의 '本品'(본품)은 '본 성품'이라는 뜻이다.

8 원문은 '고생스러히'이다.

9 원문의 글자를 정확하게 알아보기 어려워 한자의 모양과 앞뒤 문맥을 살펴 '잔잔한'이라고 번역하였다.

오! 그 얼마나 거룩하랴! 그리스도가 참으로 옴에 나는 의로우며 선하며 완전하며 거룩하여지기 때문이다. 내가 이 이상 바랄 것이 있을까? 이것이면 만족이다. 그리스도를 소유한 그 사람 무엇을 더 바랄 것이 있으리오. 그런고로 아직도 우리 중에 그리스도를 진정으로 소유하지 못한 사람이 있다면 금번(今番) 탄일(誕日)에는 우리 누추한 마음속에 그리스도를 꼭 탄생시켜 보자. 이리함에 이 성탄은 과연 뜻있게 맞을 것이며 보낼 수가 있는 것이다.

끝으로 그리스도를 참 소유한 자의 형편을 살피여 보자. 누구보다 처음으로 그리스도를 소유한 성모 마리아를 생각하자. 그는 처녀의 몸으로 더구나 엄한 정조관(貞操觀)이 있는 당시에 천사의 말은(눅 1:28)[10] 그 얼마나 처녀의 마음을 찔렀으랴. 마리아의 대답이 이를 밝히 보인다(눅 1:29).[11] 그러나 다시 천사의 말을 들은 마리아는「주의 여(女)종이오니 말씀대로 이루어지이다」감사히 받았다. 여기서 과연 마리아의 성모다운 성격의 일부분을 볼 수 있다. 처녀의 몸에 수태했으매 그 얼마나 부끄러울 것을 생각지 못했으랴마는 그리스도를 소유한 줄을 안 마리아는 무던히도 겸손히 대답하였고 그 후에 무한한 즐거움 속에서 자연히 찬송이 그 입에서 멈추지를 않았다. 물론 당시 몰이해보다도 보통으로도 마리아는 감히 얼굴을 들고 출입할 신세가 못 되었겠다마는 그는 그리스도를 소유하였음에 기뻐한 것이다. 우리는 그리스도를 소유만 하려고 하여도 마리아와 같이 의인이기 전에는 어려운 일이려니와 그리스도를 소유했다고 하되 앞에는 큰 어려움이 자연히 있을 것이다. 마리아가 천사의 말에 첫 대답과 같이 남편을 알지 못한 내가 그것이 무슨 소리냐고 벌벌 떨며 야단쳤다면 성

---

10 눅 1:28, "그에게 들어가 이르되 은혜를 받은 자여 평안할지어다 주께서 너와 함께 하시도다 하니" (개역 개정).

11 눅 1:29, "처녀가 그 말을 듣고 놀라 이런 인사가 어찌함인가 생각하매" (개역 개정).

모(聖母)가 되었을 리 만무하다. 이제 우리는 그리스도를 소유만 한다면 최대 만족일 것이니 우리 앞에 당연히 오는 난관을 가장 겸손하게 받아 복종할 것이다. 이리하매 세상은 아 모른다고 하되 그리스도를 소유한 우리에게는 자연 기쁨이 넘치는 찬송이 나지 아니하지 못할 것이다. 성경을 묵상하며 마리아의 형편을 숙고하여본다면 마리아는 그 얼마나 기쁘고 즐거운 가운데 있음을 잘 볼 수 있다. 우리가 그와 같은 지경(地境)[12]에 들어감에 오! 그 얼마나 만족일까?

거룩하고 즐거운 탄일(誕日)을 뜻있게 그리스도 탄생하시게 맞아보자!

12 원문의 한자어는 '至境'(지경)이다. 이것을 앞뒤 문맥을 살펴 '지경(地境)'으로 수정하여 번역함.

복음의 사람,

방지일

1933년

신앙의 소유자 시므온

누가 2:25-35[1]

유대인으로서 메시야를 갈망하지 않은 자 누구이었으며 더욱이 유대교의 교권자(敎權者)인 제사장들이나 바리새교인 서기관들은 옛 선지(先知)[2]들의 예언을 해석하여 뭇 백성들께 메시야를 얼마나 교수(敎授)하였는가? 그러나 그들이 오신 메시야를 알지 못하였었다. 날마다 성전에 출입(出入)하는 이들 얼마나 많았다. 저들은 속히 이스라엘의 구원이 있기를 또는 메시야 오시기를 기도했으련만 성전 안에 들어온 아기 예수를 알지 못하였다. 오직 무명지인(無名之人)[3] 시므온과 나이 많은 과부 안나가 구주(救主) 예수를 알아 증거하였으니 깊도다. 하나님이 사람을 권고하심이여 사람의

---

* 『게자씨』 제2권 제12호(1933.12), 4-9, (사)방지일목사기념사업회 엮음, 『게자씨 1933-1934 (영인본)』 (서울: 홍성사, 2011), 16-21. 1933년부터는 『게자씨』가 활자 인쇄본으로 바뀐다. 1931년과 1932년은 등사기(謄寫機)로 인쇄하였다. 이를 '가리방 인쇄'라고 하기도 한다. 그리고 1933년부터는 목차에 저자를 기입하고, 본문에는 따로 저자를 기입하지 않았다.

1 눅 2:25-35, "예루살렘에 시므온이라 하는 사람이 있으니 이 사람은 의롭고 경건하여 이스라엘의 위로를 기다리는 자라 성령이 그 위에 계시더라 그가 주의 그리스도를 보기 전에는 죽지 아니하리라 하는 성령의 지시를 받았더니 성령의 감동으로 성전에 들어가매 마침 부모가 율법의 관례대로 행하고자 하여 그 아기 예수를 데리고 오는지라 시므온이 아기를 안고 하나님을 찬송하여 이르되 주재여 이제는 말씀하신 대로 종을 평안히 놓아 주시는도다 내 눈이 주의 구원을 보았사오니 이는 만민 앞에 예비하신 것이요 이방을 비추는 빛이요 주의 백성 이스라엘의 영광이니이다 하니 그의 부모가 그에 대한 말들을 놀랍게 여기더라 시므온이 그들에게 축복하고 그의 어머니 마리아에게 말하여 이르되 보라 이는 이스라엘 중 많은 사람을 패하거나 흥하게 하며 비방을 받는 표적이 되기 위하여 세움을 받았고 또 칼이 네 마음을 찌르듯 하리니 이는 여러 사람의 마음의 생각을 드러내려 함이니라 하더라" (개역 개정)

2 원문의 '先知'(선지)는 '선지자(先知者)'를 뜻한다.

3 원문의 '無名之人'(무명지인)은 '세상에 알려지지 아니한 사람'이란 뜻이다[한컴오피스 한자로 바꾸기].

중심을 보시도다. 나날이 성경을 펴놓고 메시야를 연구하던 저들은 어찌 하여 아기 예수를 몰랐던고!

땅 위에 있는 성도들 벌써 성탄(聖誕) 성절(聖節)을 맞이하였음이 천 번이었고 또 9백이 넘지 않았는가? 그러나 누가 참 뜻있게 이 성절(聖節)을 보냈으며 누가 참으로 오신 구주를 맞이하였는가?[4] 성절(聖節)이라 축하 카드는 배달부를 분주하게 하며 축하 선물은 주고받되 축하식은 굉장히 거행하되 오신 그리스도를 마주나와 뵈는 사람은 몇 사람이나 있는고? 1933년도 성탄 성절은 닥쳐왔나니 벌써 축하 카드의 광고가 돌고 프레즌트[5]의 안매(安賣) 광고가 돌고 있으며 일일(一日)을 즐거이 지내려는 제반 순서며 장식을 준비하는 중에 있다. 누가 이보다 더 이번 기회에 오신 메시야를 찾으려는 간절한 생각이 있는가?

무명지인(無名之人) 시므온은 얼마나 메시야를 연구하였는지는 몰라도 별로 연구했다는 기사도 없고 또 연구해서 알았다면 그는 벌써 가르쳤을 것이다. 이 사실도 없는 것을 보아 저는 아무래도 교권(敎權)에 있던 자 같지 않은 저가 누구보다 먼저 메시야 그리스도를 알아 증거하였으니 우리 이제 이 성절(聖節)에 어떠한 방법을 가지고 성탄을 축하하겠는가? 저 시므온처럼 많은 성전 출입자 중에 예수를 참 알아 증거함으로써 우리의 맞은 성탄절은 더 의미가 있는 것이 아닌가? 그러면 시므온은 어떠한 신앙의 소유자이었기에 그리스도를 알아 증거하였을까?

4 원문의 '마져내였는가?'를 '맞이하였는가?'로 번역함.

5 원문은 '푸레센트'이다. 이것은 '선물(present)'을 발음 나는 대로 적은 것으로 '프레즌트'라고 적음.

일(一). 그의 인격

마침[6] 그의 인격은 어떠하였든가? 다만 누가복음 2장 25절에 간단하게나마 그를 소개한 말이 있는바 비록 그 소개가 간단할지라도 그의 인격은 과연 고상하여 쉽게 찾아볼 수 없는 인격자이었던 것을 볼 수 있나니 그는 이만 한 자가 되었기에 중심을 아셔 권고하시는 하나님이 아시는 신앙가(信仰家)가 되었든 것이다.

『이 사람이 의롭고 성심이 있어 이스라엘의 위로를 기다리는 자러니』(25) 『의롭다』는 말 얼마나 귀한가 의인이란 언제나 자기만을 위하여 사는 자가 아니라 다른 사람의 행복을 간절히 바라며 이를 위하여 살아 있는 사람이다. 의인이 없는 나라 의인이 없는 사회는 벌써 망한 것이다. 단 열 사람(10인)의 의인이 없어 망한 소돔 성을 잘 아는 바이다. 의인은 그 사회 그 단체 그 교회의 기둥이 되는 것이다. 이런 시므온 같은 의로운 사람이 유대에 없었다면 저들이 씨[7]도 없어졌을는지 뉘 알랴?

그는 의로운 사람 될 뿐만 아니라 성심(誠心)이 있었다고 하였다. 성심이 있었다는 말은 경건(敬虔)하다는 말 즉 하나님을 경외(敬畏)하는 마음을 가르친 것이니 사람의 행복(幸福)을 위하는 즉 사람을 사랑하는 의로운 생각 그것만 있어 만족할 것이 아니다. 아래로 사람을 사랑하는 동시에 위로 하나님을 경외하는 마음이 있어서 이는 비로소 신 인간(神人間)에 합당히 설 완전한 인격자(人格者)이다. 시므온은 양자(兩者)다. 겸전(兼全)하다는 것을 보아 그는 비록 간단한 소개가 여기 씌어졌으되 얼마나 훌륭한 인격자이었음을 넉넉히 알 수 있다. 그는 이러한 자이었기 때문에[8] 그 백성의 타

6 원문은 '만츰'이다. '만츰'은 '만큼'의 사투리로 쓰인다. 그런데 본문에 쓰인 '만츰'은 '마침'이라고 번역하는 것이 문맥상 적절할 것으로 여겨 '마침'이라고 번역함.

7 원문은 '씨다구'이다. '씨다구'라는 표현은 '씨'를 속되게 이르는 말. (북한어)[Daum 한국어].

8 원문은 '자(者)이었는고로'이다.

락을 목도할 때 그 백성의 위로를 기다릴 수밖에 없어 성심껏 하나님 앞에 메시야 어서 속히 오시기를 기구(祈求)하였던 것이다. 금일(今日)에 이 땅의 사람의 죄악이 얼마나 관영하냐? 이 불상(不祥)한 죄인들을 위하여 하나님의 구원을 기다리는 의롭고 성심있는 자가 누군가 그 사람에게 벌써 그리스도 탄생하셨을 것이다.

이(二). 성신(聖神)의 충만

저는 그런 사람이었으니 하나님이 아시는 바 된지라(갈 4:9)[9] 신의 충만함을 받아 항상 성신(聖神)과 동사(同事)하였나니

1. 『성신(聖神)이 그 위에 계신지라』(25) 성신이 저와 동행하사 저의 생활 전부를 주장하셨다는 말이다. 그런고로 저의 말이나 행동이나 생각이 저 개인의 생각이 아니라 성신(聖神)의 생각이었나니 그는 넉넉히 자기본위(自己本位)의 생활이 아니라 성신본위(聖神本位)의 생활이 될 수가 있었다. 그리하여 자기전부(自己全部)를 다 성신(聖神)의 뜻에 맡겨 성신을 기쁘게 함으로 최대의 만족을 삼은 생활이었다.

2. 『묵시를 받아』(25) 성신이 그 위에 있어, 또한 묵시를 받았다고 하였다. 성신이 이미 저와 같이 하시매 저에게 말씀 안 하실 수가 없는 것이다. 묵시록에 성신(聖神)이 여러 교회의 하시는 말씀을 귀 있는 자는 들으라. 또 우리 주(主)님께서도 이런 말씀을 많이 하시었다. 그러나 시므온 같이 성신(聖神)이 같이하지 않는 자 능히 주의 교훈을 받지 못하는 저 바리

9 갈 4:9, "이제는 너희가 하나님을 알 뿐 아니라 더욱이 하나님이 아신 바 되었거늘 어찌하여 다시 약하고 천박한 초등학문으로 돌아가서 다시 그들에게 종 노릇 하려 하느냐" (개역 개정).

새 교인들도 예수의 교훈과 책망을 바로 받았다면 뉘우칠 수 있었으련만 도리어 이들을 구원하러 오신 구주를 십자가에 달고 말았다. 종종 주의 진리의 교훈이 직접 간접으로 우리에게 오나니 우리는 항상 의롭고 성심(聖心)이 있음에 성신(聖神)이 우리에게 항상 계셔 모든 교훈을 잘 받을 수가 있다.

3.『성신(聖神)의 감동으로써』(27) 이미 저에게 성신이 계심에 저의 행동을 주장하시나니 저는 성신의 인도로 성전에 들어간 것이다. 성신에게 이끌리는 일은 얼마나 아름다우냐? 금일(今日)에 척하면『내 이상(理想)』이 이렇소『내 주의(主義)』는 이러하오 등등의 원리를 세워 자기와 또 타인을 그 이상(理想) 그 주의(主義)로 끌려고 하는 영웅(英雄)들이 많이 일어난다. 하나님 앞에서 이렇게 거만한 말을 토(吐)하는 자 말할 것 없거니와 이 소리를 듣고 따르는 자 더욱 불쌍하다. 이제 우리는 겸손하게 하나님의 이끄심을 기다려야 하는 것이다. 겸손은 덕(德) 중의 최고 덕(德)이니 하나님 앞에서 내가 무엇이기에 내 지도 원리를 내세우는가? 겸손하게 엎드려 하나님의 이끄심을 입어 행동을 움직이며 입을 움직이며 마음을 움직이라. 여기에서 만사가 회동(會動)하여 주께 영광이 된다. 동기는 비록 선미(善美)하나 운전(運轉)이 사람의 뜻으로 나온 것이 여든 이는 실패되고 마는 것이다. 무슨 일에든지 하나님의 이끌림을 받아야 하는 것이다. 금일(今日) 교계(敎界)에 불상사가 일어남은 타(他)에 원인이 있는 것이 아니라 사람의 지도 원리 하에서 선한 일인 하나님의 일을 하려는 것이기 때문이다. 하나님의 일이니, 하나님의 이끌림을 받을 것만이 아니라 우리 생활 전부에 있어서 하나님의 이끌림을 받아 움직여야 되는 것이다.『자기를 주장』하는 자는 벌써 성신(聖神)의 이끄는 것을 무시하는 것이다. 시므온을 보라. 저는 겸손하게 순종하여 성신의 감동함을 받아 성전에 올라갔나니 그 움직임의

결과(結果)가 어떠하였는가?

삼(三). 예수를 보고 증거함

성신의 인도가 아니고서 예수를 아는 자는 없다. 예수를 한 위인으로 역사적 인물로 도덕가로, 사람으로 아는 자는 말할 것 없거니와 적어도 구주로 아는 것은 성신(聖神)의 인도로야 아는 것이다. 고로 예수님의 말씀 중 보혜사는 진리의 신이니 아버지께로 나오시는지라 내가 아버지께로부터 너에게 보내리니 나를 위하여 증거하실 것이오(요 15:26)[10]라 하시었다. 시므온도 성경을 잘 연구하여 연대적 계산을 하여 가지고 안 것이 아니라 또 성경 연구자의 교수(敎授)를 받아 그 시에 예수 오실 것을 안 것이 아니라 아기 예수는 하나님의 아들이라 범상치 않은 고로 예수를 안 것이 아니라 성신의 이끌림을 받아 올라가 성신의 지시로서만 예수를 찾아 알은 것이다. 금일(今日)에도 주의 재림에 대하여 별별 논증이 많이 있다. 우리들이 그 논증을 알아 여간한 참고가 될 터이나 연대(年代)의 계산을 가지고서만 흰옷을 입고 등산하는 일, 이 논증을 듣고 만 것으로 경거망동(輕擧妄動)을 하는 일은 삼갈 일이다.

주(主)의 이끌림을 받아 알아야 이 확호(確乎)한 지식이 되는 것이다. 이로 보아 연대적(年代的)[11]으로 논증으로 예수의 재림이 가까이 옴을 말하는 말보다 성신(聖神)의 지도를 은연히 받고 있는 무식한 그러나 철저한 신앙가의 말씀 중 주(主)의 재림이 불원(不遠)이라는 마음을 종종 찌른다는 것

---

10 원문은 '요十五52'이다. 그러나 이것은 요한복음 15장 26절을 잘못 표기한 것으로 본다. 요 15:26, "내가 아버지께로부터 너희에게 보낼 보혜사 곧 아버지께로부터 나오시는 진리의 성령이 오실 때에 그가 나를 증언하실 것이요" (개역 개정).

11 원문은 '軍代的'(군대적)이다. 그러나 이것은 '연대적(年代的)'이라는 표현을 인쇄할 때 활자(活字)를 잘못 사용한 것으로 보여 '연대적(年代的)'으로 번역함.

은 종종 체험하는 바이다. 시므온은 성신(聖神)의 인도로 예수를 알았나니 얼마나 철저하게 알아 증거하였는가?

1. 구주되심을 증거하였다(29-31).

『내 눈이 주의 구원하심을 보았나이다』(30) 어린 아기 예수를 보고 구주로 증거한 일은 성신의 인도가 아니고서 할 수 없는 일이다. 지식적(知識的)으로 예수를 아는 것은 누구나 알만한 가능성이 있지마는 지식을 초월하여 예수를 우리 구주로 아는 일은 하나님이 알리시는 일인 것이다. 이제 예수를 지식적으로 모르는 이 별로 없으리라. 그러나 예수를 구주로 아는 자 얼마나 되며 누구누구이냐? 이제 내 눈을 구주를 보았으매 힘 있게 증거하여야 할 것이다. 그러나 금일(今日)에 신도 중 자신이 구주로 철저히 안 믿으니, 기독교는 해방의 종교니, 문화 보급에 힘 있는 종교니, 종교 중 최고의 종교니, 등등의 말로써 가장 기독교를 자랑하는 듯하나 구원의 종교임을 몰랐으매 저는 허공을 치는 자이었다. 고로 이렇게 신앙하는 자 노예해방운동 문맹퇴치(文盲退治)운동은 되어 성공할는지 모르되 사람을 살리는 일에서는 실패자인 것이다. 더욱더 구원의 종교인 것을 모르는 자 뭇 영(靈)을 지옥으로 인도하는 사탄의 사자(使者)를 면하지 못할[12] 것이다.

예수를 안 모든 사람들이여 이제 예수는 우리 구주됨을 철저히 알아 내가 구원을 받을 뿐 외(外) 사지(死地)를 향하는 뭇 영(靈)들을 구하려 노력하나이다.

2. 주(主)의 십자가를 증거하였다(35).

시므온은 예수를 구주로 알 뿐 외(外) 저가 어떻게 구속(救贖)의 대사업

12 원문은 '不免할'이다. 이것을 풀어 '면(免)하지 못할'이라고 번역함.

하실 것을 알았다. 즉 주(主)의 십자가를 본 것이다. 무럭무럭 자라나는 아기를 보고 갈보리 십자가를 알았음이 성신(聖神)의 가르침이 아니었느냐!

예수를 구주로 믿는 동시 십자가를 각득(覺得)[13]함은 얼마나 철저한 알음이냐. 오늘날[14] 이 십자가는 너무도 각 사람의 입술에 오르내려서 평범한 뜻이 되고 말았다. 자기 개인의 신병(身病)에도 십자가, 사업 실패에도 십자가 등등 그저 맨 십자가다. 자기 육신의 욕심을 채우려다가 못 얻어 고통받는 것이 십자가이냐? 십자가는 그리스도 만민의 중한 죄 짐을 한 등에 걸머지고 십자가의 달리셨음이 참 십자가였나니 우리 예수를 주(主)로 믿고 또 그 십자가를 각득(覺得)하였다고 함에 불상(不祥)한 영(靈)들을 구원하기 위하여서 내 몸을 받치는 것이 진정한 십자가일 것이 아니냐?

이제 우리는 예수를 구주로 분명히 믿고 십자가를 분명히 알아 같은 십자가를 같이 지고 골고다를 향하사이다.

3. 주(主)의 영광을 증거하였다(32).

예수를 구주로 알고 십자가를 알아서 완전(完全)치 못하다. 그리스도 십자가로만 맞추고 만다면 누가 십자가를 지겠는가? 그러나 그리스도는 십자가가 그의 끝이 아니었나니 죽음에서 영광의 몸으로 승리의 성체(聖體)로 다시 살으사 영화로운 몸이 되시어 하나님 우편(右便)에 계시다가 장차 영광의 주(主)[15]로 오실 것임에 영영 무궁토록 영화(榮華)가 있으려니 이만치 알음으로야 예수를 확실히 안다 할 수 있을지니 시므온은 이도 확실히 알아 『이방을 비치는 빛이 되고 이스라엘의 영화가 되나이다』(32) 하였다.

---

13 원문의 '覺得'(각득)은 '깨달아 앎'이다.

14 원문은 '오날々'이다. '々'는 앞의 글자를 반복할 때 쓰는 반복기호이다. '오날날'이란 말은 '오늘날'이다.

15 원문은 '榮光主'(영광주)이다. 이것을 '영광(榮光)의 주(主)'로 번역함.

그렇다. 주께 영원한 영화가 계시다. 이 영화를 우리에게 같이 허락하겠다고 하셨음에 이 은혜를 믿는 자 어찌 십자가의 고(苦)를 달가이 받지 않겠는가? 고로 사도 바울도 이 영화를 친히 보고『이제 고난받는 것과 장차 우리에게 나타날 영광을 비교하면 족히 비교할 수 없으리라』(롬 8:18)[16] 말씀하시었다. 이런 말씀을 성경에서 쓰자고 하면 벧전 1:7, 11[17] 2:12, 3:18, 4-5:10, 고전 11:32 등. 그 밖에도 성경의 전부가 주(主)의 영화(榮華)라고도 하여도 과언은 아닐 것이다.

이제 이런 확실한 영화(榮華)를 믿는 것임에 용기 있게 십자가를 지고 나서서 구주를 증거하사이다.

결사(結辭)!

금년(今年)의 성탄(聖誕) 성절(聖節)을 우리는 당하여 카드나 주고받는 것으로 한곳에 모여서 웅장한 마른 축하식으로 오신 주님을 섭섭하게 말고 시므온 같이 오신 주님을 맞아서 구주 되심과 십자가와 그의 영화(榮華)를 증거하여 주 앞에 영광되리니 우리는 시므온처럼 의롭고 성심(誠心)이어서 성신(聖神)의 충만함을 받음에 만사(萬事)가 해결되나니 금년의 성탄절은 주님을 다 맞이하여 하늘에 영광 땅에 기쁨이 있기를 빌어 마지않는다.

16 롬 8:18, "생각하건대 현재의 고난은 장차 우리에게 나타날 영광과 비교할 수 없도다" (개역 개정).

17 벧전 1:7, "너희 믿음의 확실함은 불로 연단하여도 없어질 금보다 더 귀하여 예수 그리스도께서 나타나실 때에 칭찬과 영광과 존귀를 얻게 할 것이니라", 11절, "자기 속에 계신 그리스도의 영이 그 받으실 고난과 후에 받으실 영광을 미리 증언하여 누구를 또는 어떠한 때를 지시하시는지 상고하니라" (개역 개정).

그리스도 오시였음은

길이요 진리요 생명이신 그리스도, 근본 하나님의 형상이시나 하나님과 동등 됨을 보류(保留)할 것을 여기지 아니하시고 오히려 자기 몸을 비어 종의 본체(本体)를 취하시였음은 (빌 2:7)[1] 그 무슨 이유이었든가?

일(一), 생명(生命)을 주시려함이다.

생명은 귀한 것이다. 온 천하를 얻고도 생명을 잃으면 무엇이 유익하리오. 그런고로 인류의 생명을 주시기 위하시여서는 높은 보좌를 버리시고라도 그리스도 오시지 않을 수 없었다.

죽음의 길을 달음질치는 가련한 자들이여 생명이 말라빠져 꼬챙이[2]가 된 불상(不祥)한 자들이여 그리스도 생명을 그대들께 주시려고 오신 것이니 그리스도께 나아가라. 오직 생명은 그리스도에게만 있는 것이다. 인생(人生)이 한 번 생명을 버렸으매 토(吐)한 말 잡을 수 없고 쏟은 물 담을 수 없는 것 같이 다시 생명을 얻을 길은 인생 자신들께는 전연(全然)[3] 없는 것

---

* 『게자씨』 제2권 제12호(1933.12), 9-14, 『게자씨 1933-1934 (영인본)』, 21-26. 『게자씨』 목록에는 제목을 '그리스도 오심은'으로 되어있다. 제12호에서 방지일은 두 개의 원고를 실었는데, 앞의 글인 "신앙의 소유자 시므온"은 방지일이라고 표기했고, 이 글은 그의 호 곽송(郭松)으로 표기했다.

1 빌 2:7, "오히려 자기를 비워 종의 형체를 가지사 사람들과 같이 되셨고" (개역 개정).

2 원문은 '꼬쟁이'이다. 이것은 '나무나 대, 쇠 등으로 만든 가늘고 길쭉하며 끝이 뾰족한 물건' [Daum 한국어사전]을 말하는 '꼬챙이'의 사투리로 말하는 것으로 보아 '꼬챙이'로 번역함.

3 원문의 '全然'(전연)은 '전혀'이다.

이었다. 오직 생명을 내시고 주신 주님밖에는 이 생명을 어떻게 할 수 없는 일이니, 생명에 갈한 자들이여 죽음이 있는 곳에 독수리들이 모여듦같이 그리스도의 주시는 생명을 받으려 모이라. 이 생명은 대기가 진공을 돌진하는 것과 마찬가지로 광(光)이 암흑(暗黑)에 직사(直射)[4]함같이 죽음들에게 쏟아지는 것이니 에스겔이 해골을 일으킴같이 그리스도 앞에 모이는 무리 생명의 충만함을 받을 수밖에 없다. 그리하여 생명의 충만함을 입어 생명이신 주님이 오신 이 성탄(聖誕) 성절(聖節)에 위로 천군 천사와 같이 할렐루야 영광을 여호와께 돌리며(누가 2:13)[5] 아래로 뭇 백성과 같이 기뻐하며 즐거워할지라. 동시에 아직까지 죽음의 길을 걷고 있는 불상(不祥)한 무리에게 그리스도 충만한 생명을 쏟아 이 성절을 맞이함이 주께 영광이며 우리 자신의 즐거움일 것이다.

이(二), 화목케 하시려 합니다.

인생이 하나님 명을 한 번 거역하였음에 신인간(神人間)[6]에는 두터운 죄의 담이 막혀 에덴에서 날마다 교제하던 신인간(神人間) 관계는 파열되어 버려 인생이 하나님을 교제할 길 없더니 그리스도 이 담을 능히 허시고 『우리를 저와 화목케』 (고후 5:18)[7] 하시었다. 그리스도 이 담을 허시었음으로 우리는 공로 없이 의롭다 하심을 얻어(롬 3:24)[8] 자녀의 명분을 얻게

---

4 원문의 '直射'(직사)는 '광선이 정면으로 곧게 비침'의 뜻이다[한컴오피스 한자로 바꾸기].

5 눅 2:13, "홀연히 수많은 천군이 그 천사들과 함께 하나님을 찬송하여 이르되" (개역 개정).

6 원문의 '神人間'(신인간)은 '신과 인간의 사이'이란 뜻으로 '하나님과 사람의 사이'의 의미.

7 원문은 '고후二18'이다. 이것은 고린도후서 2장 18절을 말한다. 그러나 고린도후서 2장 18절은 없다. 이 내용을 살펴보건대 고린도후서 5장 18절을 잘못 기록한 것이 아닌가 싶다. 고후 5:18, "모든 것이 하나님께로서 났으며 그가 그리스도로 말미암아 우리를 자기와 화목하게 하시고 또 우리에게 화목하게 하는 직분을 주셨으니" (개역 개정).

8 롬 3:24, "그리스도 예수 안에 있는 속량으로 말미암아 하나님의 은혜로 값 없이 의롭다 하심을

하시었도다. 『그런고로 우리가 은혜의 보좌 앞에 담대히 나아가 긍휼하심을 받고』 (히 4:16)[9] 그렇다. 우리는 이제 무슨 거리낄 것이 있겠는가? 담대하게 아버지 앞에 나아갈 수 있다. 약국(弱國)이 강국(强國)과 불화하는 것은 위태한[10] 일이나 저와 화합할 때는 또한 두려울 것이 무엇이 있으랴. 마찬가지로 우리가 하나님 앞에 나가지 못할 때는 아무 소망 없는 인간이었지만 이제 그리스도 오심으로써 우리는 직접 전능의 아버지를 찾아나가게 되었으매 이 이상 더 원할 것이 또 있으리? 인생의 무능을 탄(嘆)하는 자 있는가? 아버지 앞에 나아가라. 여기서 해결이 있을 것이 아닌가? 인생(人生)의 모든 난문(難問)[11]은 오로지 아버지 앞에서 해결할 수 있는 것이니 크도다.[12] 신인간(神人間)의 화목이여! 그러나 아직까지 이 진리를 부지(不知)하여 공연히 애쓰는 자도 얼마인가? 오늘날 국가(國家) 국가의 평화를 요(要)하며 민족(民族) 민족의 평화를 요(要)한다. 요(要)할뿐 아니라 되어야 하겠다. 그러나 신인간(神人間)에 평화가 먼저 있기 전에 인인간(人人間)[13]에 평화가 있을 수 없고 있다고 하여도[14] 일시적 또는 이면(裏面)에 잠재한 다른 어떤 이유 하에서 있을 것뿐이다. 그런고로 국가(國家) 국가의 평화를 요(要)하는 이들이여! 민족(民族) 민족의 평화를 요(要)하는 이들이여! 신인(神人)의 화목을 위하여 오신 그리스도를 먼저 찾아 나오라. 그때에야 비

얻은 자 되었느니라" (개역 개정).

9 히 4:16, "그리므로 우리는 긍휼하심을 받고 때를 따라 돕는 은혜를 얻기 위하여 은혜의 보좌 앞에 담대히 나아갈 것이니라" (개역 개정).

10 원문은 '위대한'으로 되었다. 앞뒤 문맥을 살펴 '위태한'으로 번역함.

11 원문의 '難問'(난문)은 '대답하기 어려운 질문을 말하고 난문제의 준말이다'[한컴오피스 한자로 바꾸기].

12 원문은 '大哉라'이다. '大哉'(대재)는 큰 대(大)와 어조사 재(哉)의 합성어로 된 말로 '크도다'라고 번역함.

13 원문의 '人人間'(인인간)은 '사람과 사람의 사이'를 의미함.

14 원문은 '있다야'이나 앞뒤 문맥을 살펴 '있다고 하여도'로 번역함.

로소 인인간(人人間)의 평화가 자연히 생길 것이다. 신인간(神人間)의 평화가 있는듯하면서 인인간(人人間)의 평화가 성립되지 못함은, 전자(前者) 즉 신인간(神人間)의 평화가 확실하지 못한 증거니, 금일(今日)에 소위(所謂) 하나님을 경외하노라고 하는 자 중에서도 자기 욕심만 채우려고 남을 억울하게 하여 인인간(人人間)의 불평(不平)을 짓는 일은 종종 목격하는 바이다. 신인간(神人間)에는 벌써 그리스도 담을 헐었으나 그리스도를 소유하지 못한 자 스스로 자기 앞에 담을 쌓는 자 불무(不無) 하도다. 그리하여 아주 몽롱하게 신인(神人)의 관계를 지어 가지고도 인인간(人人間)의 평화를 논(論)하니 아무리 이론(理論)이 명백하나 실리(實理)될 리 만무(萬無)함은 눈앞에[15]에 나타난 사실이다. 오직 그리스도를 통하여 하나님 앞에 담대하게 나갈 수 있는 후에야 만사(萬事)가 하나같이[16] 해결되는 것이다. 보라. 만능의 능력자 하나님 앞에 불능(不能)이란 못한다는 것이 어찌 있을쏜가? 신인간(神人間)에 막힌 담이 있어 사람이 하나님 앞에 능히 서지 못할 때는 별수가 없었거니와 그리스도 이 담을 헐고 신인(神人)을 화평케 하러 오시었나니 천하 만민들아, 담대히 나아가라. 영원히 화평의 행복 속에서 즐거이 지내리라.

삼(三), 진리를 나타내시려 함이다.

그리스도 진리의 자체(自體)이신지라 그가 오시었음에 진리는 천하에 나타난 것이다. 그의 진리가 전하여진 곳마다 선명(先明)하여진 것이다. 사람의 속에 있는 것을 법으로도 또는 다른 무엇으로도 끄집어낼 수 없지

15 원문은 '眼前'(안전)이다. 이것을 '눈앞에'라고 풀어 번역함.

16 원문은 '一如히'이다. 이것을 '하나같이'라고 번역함. '일여(一如)'는 '완전히 하나가 되어 나눌 수 없음'이라는 뜻[Daum 한국어사전].

마는 오직 그리스도의 진리가 사람의 속에 들어갈 때는 속에 있는 모든 불의가 나가지 아니하지 못하는 것이다. 그 진리는 이렇듯 위력(偉力)이 있는 것이다. 이 진리를 소유한 자 모든 불의를 청결(淸潔)이 할 뿐 외(外) 선악을 명백히 분간할 수도 있는 것이다. 이 분변은 도덕적 제지(制止) 하에서가 아니요, 천부(天賦)의 양심 하에서 분변하는 것이다. 이 분변이야말로 참 분변이 되는 것이다. 저 외식자(外飾者) 바리새인들은 안식일 병 고치는 것이 안식일을 범하는 것이라 하여 율법의 의문(儀文) 하에서 예수를 책(責)잡으려 하였음이나 진리이신 주님의 선악의 구별은 여기에 그치지 않고 사람을 구원하시는 것이 선(善)인 것을 교훈하신바다. 그리스도 교훈 전부는 이런 것이었는고로 그는 율법(律法)을 무시하는 자 같으나 가장 완전히 이룬 이시었다. 그의 교훈에 진리가 현현[17]하였나니 선(善)인지 악(惡)인지 몰라 기로(岐路)에 방황 주저하는 무리들이여 그리스도만을 찾아 나오라. 진리대로만 인도하시리라. 그리스도는 벌써 오시어 엄연히 진리로 선과 악을 구별하시사 저 외식자(外飾者)들을 맹책(猛責)하시었고[18] 이제 다시 오시여 아직까지 불의를 감추고 있는 자들이여 심판대에 서기 전에 한시바삐[19] 그리스도의 진리를 찾아 진리의 인도함을 받으라.

---

17 원문에는 '現顯'(현현)으로 되어있다. 그러나 '명백하게 나타남'이라는 뜻의 한자어는 '顯現'(현현)으로 쓴다. 따라서 바로 잡아 '현현(顯現)'으로 번역함.

18 원문의 '猛責하시엿고'는 '맹렬히 책망하다'는 뜻임.

19 원문은 '한초밧비'이다. 이것을 '한시바삐'로 번역함.

유다서 공부

서문(序文)

본서(本書)는 주후(主後) 66년 경에 주님의 동생인 유다가 쓴 글인바 그[1] 수신자는 『천부(天父) 내에서 사랑하심을 얻고 예수 그리스도를 위하여 보호하심을 입은 자라』 본서 1절에 말하였다. 본서(本書) 비록 전(全) 1장으로 25절밖에 안 되는 짧은 글이나 목회(牧會)하는 데 힘 있는 글이 된다. 이 글 쓴 목적은 교회 내에 부도덕한 사상의 위험한 이단 발생에 대하여 교회의 나갈 바를 바로 가르침에 있는바 『힘써 싸우라』(3절)는 십자군(十字軍)의 적극적 격동(激動)을 가(加)하여 기독(基督) 신자(信者) 마땅히 그리스도의 선교(宣敎) 포고(布告)에 응하여 교회 내에 어떤 방면으로든지 침입(浸入)[2]하려는 악마의 권세를 여지없이 격파하라는 힘 있는 격려문(激勵文)이 곳[3] 이 짧은 유다서이다. 금일(今日)에 교계(教界)에 역시 문제 다단(多端)한바 본서는 한갓 더욱 우리에게 큰 교훈을 주나니 여러 논단(論端)을 집어치우고 십자가를 높이 들고 힘 있게 싸우자. 이렇듯 충성한 십자군(十字軍)의 책임을 다

---

* 『게자씨』 제2권 제12호(1933.12), 16-19, 『게자씨 1933-1934 (영인본)』, 28-31. 목차에서 저자를 곽송(郭松)으로 표기하였다. 이후의 글에서 방지일은 저자명을 방지일과 郭松을 번갈아가며 사용하고 있다.

1 원문은 '其'(기)이다. 이 한자를 '그'라고 번역함.

2 원문의 '浸入'(침입)은 그 뜻이 '물이 점점 스며듦'을 말하고 '침입(侵入)'은 '침범하여 들어감'을 의미한다[Daum 한국어사전].

3 여기에 쓰인 '곳'은 '일정한 자리나 지역'을 의미하는 단어로 유다서의 분량이 짧은 것을 말하는 것으로 여겨진다.

함에 최후의 승리가 있을 것을 또한 본서는 가르쳐준다.

본문(本文)

일(一), 문안(問安) 1-2

『예수 그리스도의 종』이라고 한데 대하여 배울 것이 있나니 본서(本書)의 저자 유다는 본래 야고보와 같이 주님의 동생으로 주님이 계실 때 예수를 주로 믿지 않던 그가 예수 그리스도의 종이라고 겸손하게 말한 것은 저가 분명히 예수는 자기 육신의 동생이 아니요 하나님이신 것을 체험적으로 알아 증거한 말이다. 이제 이런 예수를 믿지 않던 동생이 한 번 부르심을 받아 예수를 하나님으로 알았거든 하물며 어느 누가 이를 믿지 않으리오. 사울은 적극적 기독교 박해자이었으나 그만[4] 그리스도의 종(빌 1:1)[5]이 되었나니 그리스도는 진리인지라 원수 되었든 이들이 도리어 밝히 예수를 증거하였다. 심지어 예수를 십자가에 단 원수들까지 저들이 다 예수의 종 되었는지는 몰라도 예수를 증거한 사실은 잘 아는 바니, 금일(今日)에 아직도 기독교를 비방하는 무리들은 언제나 회개하여 그리스도의 종이 될꼬? 부르심을 입은 자 물론 주의 자녀된 신자를 가르친 말이니 유다 이를 설명하였다. 첫째 신자는 하나님 아버지의 안에서 사랑하심을 얻은 자라 하였나니 하나님은 곧 우리 아버지가 되시었는데 우리가 그 아버지 안에서 사랑하심을 얻었다고 하였다. 아버지가 자식을 사랑하는 것은 깨닫

4 원문의 '그만이야'를 '그만'으로 번역함.

5 빌 1:1, "그리스도 예수의 종 바울과 디모데는 그리스도 예수 안에서 빌립보에 사는 모든 성도와 또한 감독들과 집사들에게 편지하노니" (개역 개정).

기 어렵지 않은 일인데 보통 우리의 아버지께나 사랑을 받는다. 이 일은 아무래도 한(限)이 있을 수밖에 없지마는 하나님 아버지의 사랑을 얻은 것은 영원 무한(無限)한 것이니 이를 신자는 얻었다고 하였다. 또 그뿐만 아니라 예수 그리스도로 말미암아 보호하심을 입은 자라 하였나니 은혜 위에 또한 풍성한 은혜인 것이다. 악마를 이기시어 세상을 정복하신 만주(萬主)의 주 그리스도의 보호함을 입은 자가 성도(聖徒)라 하시니 행복되다. 지상의 뭇 성도들이여 이런 절대 무비(無比)의 특권이 그 위에 있도다. 이한 귀한 진리만을 깊이 각득(覺得)하여서 만족한 것이 아니냐 예언자(豫言者)[6]의 말과 같이 『음침(陰沈)은 천하를 덮고 암흑이 만민을 가리웠』(이사야 60:2)[7]으나 우리 아버지는 계시나니 여기서 문제는 해결되고야 만다. 사람의 안목(眼目)으로 앞길에 낙관을 불허(不許)한다. 그러나 우주의 대권을 잡으신 주(主)님은 우리를 보호하시나니 『여호와 나의 목자시니 내게 부족함이 없도다』(시 23) 다윗 왕의 입을 열지 아니하지 못하게 되었도다. 신자(信者) 이 진리를 깨달아 무한의 행복을 느끼며 아직 이를 불오(不悟)하여[8] 공포와 환멸 속에 있는 가련한 인생들을 하루바삐 주께로 인도하사이다. 『긍휼과 평강과 사랑이 너희에게 더욱 많을지어다』 큰 축복이니 우리도 할 수 있어야 하겠다. 『긍휼』은 일만복(一萬福)의 근원이라 할지니 하나님의 긍휼이 없었다면 어찌 우리의 구원이 있었으리오 『평강』 하나님의 긍휼하심을 입은 자 자연히 평강이 있을지니 마음에 평강이 없는 자는 긍휼하심을 못 받은 자 즉 하나님 자녀로 부르심을 못 받은 자일 것이니 과연

---

6 원문은 '預言者'(예언자)이다. 중국어(中國語)에서는 '예언(預言)'으로 사용하기도 하나 일반적으로 '예언(豫言)', '예언자(豫言者)'로 사용함으로 '예언자(預言者)'를 '예언자(豫言者)'로 수정하여 번역함.

7 사 60:2, "보라 어둠이 땅을 덮을 것이며 캄캄함이 만민을 가리려니와 오직 여호와께서 네 위에 임하실 것이며 그의 영광이 네 위에 나타나리니" (개역 개정).

8 원문의 '不悟하여'는 '깨닫지 못하여'의 뜻이다.

이에서 더 불상(不祥)한 자는 없도다. 『사랑』 어떠한 것으로도 (롬 8:35)[9] 가(可)히 끊을 수 없는 그리스도의 사랑이니 이 사랑에 들어와 매인 자[10] 행복된다. 이런 긍휼과 평강과 사랑이 더욱 많기를 축복하였나니 이는 성도에게 이런 복이 당연히 있을 것임에 있기를 축복하지 않고 있는 중 더 있기를 축복하였도다.

이(二), 십자군(十字軍)의 격려문(激勵文) 3~4

3절 4절까지는 십자군에게 주는 격려문이다. 빈부 귀천 존비[11]를 물론하고 그리스도를 신앙하여 꼭 같이 얻은 구원을 논(論)하는 글을 쓰려하다가 부득이하여 성도에게 한 번만 주고 가신 도리 즉 『힘써 싸우라』는 편지를 쓴다고 하였나니 이에서 더한 격려문은 없을 것이다. 이제 그리스도를 신앙함에 구원 문제는 논(論)할 바 없다. 이유는 우리는 신앙할 뿐이요 구원하시고 안 하시는 것은 아버지께 있기 때문이다. 유다는 이런 글을 쓰려다가 할 수 없어 붓끝을 돌린 것이니 과연 힘 있는 말이다. 『한 번만 주신 도리(道理)』라 하였나니 신자에게 한 가지 방면에 더욱 힘쓸 것을 승천하기 전까지 가르치시고 승천하였는바 이는 완전하여 가감이 필요 없고 이론(理論)이 불필요한 것이다. 그 가르치신 대로 한 것뿐이니 즉 힘써 싸우라는 것이다. 마태 28:19[12]이나 십자가를 지고 나를 좇으라 한 마태 16:24[13]

---

9 롬 8:35, "누가 우리를 그리스도의 사랑에서 끊으리요 환난이나 곤고나 박해나 기근이나 적신이나 위험이나 칼이랴" (개역 개정).

10 원문은 '드리매운자'이다. 이것을 앞뒤 문맥을 살펴서 '들어와 매인 자'로 번역함.

11 원문의 '존비'는 한자(漢字)로는 '존비(尊卑)'로 지위와 신분등의 높고 낮음을 뜻한다.

12 마 28:19, "그러므로 너희는 가서 모든 민족을 제자로 삼아 아버지와 아들과 성령의 이름으로 세례를 베풀고" (개역 개정).

13 마 16:24, "이에 예수께서 제자들에게 이르시되 누구든지 나를 따라오려거든 자기를 부인하고 자기 십자가를 지고 나를 따를 것이니라" (개역 개정).

이나 마태 10:38절[14]의 모든 뜻은 다 힘써 싸우라는 것이다. 그리스도 자기 백성이 악마에게 포로된 것을 속량하시기 위하여 높은 보좌도 버리시고 사람의 몸을 입으시사 천지(賤地)에 오시여 최후의 십자가로 막혔던 담을 허시고 구속 대사업을 성취하시고 세상 끝까지 같이 하시며 성도에게 싸우라는 부탁을 하시었나니 성도되어서 십자가를 지고 주를 따라 나가며 싸우는 일밖에 다른 일이라고는 없다고 하여도 과언이 아니라 이 한 가지만 완전히 하여 바울과 같이 자신 있게 『선한 싸움을 다 싸우』(딤후 4:7)[15]는 자 되었다고 함에 만족할 것이다. 이 선한 싸움을 싸우면서 나가는 대는 만사가 해결되나니 교회 치리로 교인 인도도 기타 모든 어렵다는 모든 문제가 봄날에 눈 녹듯이 녹아버릴 것이다. 세상 싸움에 군법(軍法) 시행에는 하등 이론이 없는 것이니 더욱 천국 건설에 출마(出馬)한 십자군 오직 공중의 권세 잡은 자(엡 2:2)[16]를 진멸시킬 것밖에 없는데 이것을 위하여 교회도 있는 것이니 늘 선한 싸움을 잘 싸우는 자에게 교회를 어지러이 하는 이단이 감히 설 수가 없는 것이다. 고로 십자군은 담대하게 싸울 것뿐이다.

『가만히 들어온 자』가 있다고 하였으니 이는 참 십자군이 아니요. 사탄의 일군으로 양(羊)의 옷을 입고 들어온 자니 이런 자 종종 교회 내에 침입하여 어지러이 하려고 한다. 그러나 두려워할 것은 조금도 없나니 참 십자군이 참으로 선한 싸움을 싸우매 저는 당연히 실패할 것이요 또 설혹 저에게 같이 하는 자 있어 신자를 잃어도 참 십자군으로 출마(出馬)하자면 일시적 저를 따르다가 회개하고 올 것이겠고 불연(不然)한 자면 당연히 갈 것

---

14 마 10:38, "또 자기 십자가를 지고 나를 따르지 않는 자도 내게 합당하지 아니하니라" (개역 개정).

15 딤후 4:7, "나는 선한 싸움을 싸우고 나의 달려갈 길을 마치고 믿음을 지켰으니" (개역 개정).

16 엡 2:2, "그 때에 너희는 그 가운데서 행하여 이 세상 풍조를 따르고 공중의 권세 잡은 자를 따랐으니 곧 지금 불순종의 아들들 가운데서 역사하는 영이라" (개역 개정).

이니 도무지 근심이나 염려할 것도 없고 십자군 되어서 오직 싸울 뿐이다. 말일(末日)에 아무래도 교회(敎會)[17]에 여러 문제가 생겨서 흔드는 일이 있기는 있을 터지만 언제든지 한 사람이라도 참 십자군의 책임을 다하면 그 한 사람의 승리로 돌아가고 말 것이다.

다음에 이렇듯 한 위신자(僞信者)는 어떠한 자인 것을 가르쳤나니 (1) 경건치 않은 자 즉 하나님을 경외하는 마음이 없는 자인데 교회당에 출입하면서 하나님을 경외하지 않는 자가 얼마나 많은지! (2)[18] 하나님의 은혜를 변하여 색욕을 삼는 자라 하였는데 이는 하나님의 은혜를 은혜로 받지 않고 자기 욕심을 채우는 방편으로 삼는 자니 육신의 이익을 위하여 들어오는 자라. 이도 불소(不少)하도다. (3) 그리스도를 배반하는 자라 물론 하나님을 경외하지 아니하고 그 은혜를 욕심에 채우려는 자 벌써 그리스도를 배반하는 자거니와 특히 금일(今日)에 그리스도를 위대한 인격자로만 아는 자는 곧 그리스도를 배반하는 자다. 『예전부터 이 정죄(定罪)를 받기로 작정한 자라』 (4중[19]) 이런 종류의 사람 즉 위신자(僞信者)를 위하여서는 하나님께서 벌써 정죄하여 영벌(永罰)을 받을 자라 하였나니 두렵도다. 신의 작정(作定) 변이(變易)함이 있을쏜가?

---

17 원문은 '救會'(구회)이다. 이것은 '敎會'(교회)를 잘못 인쇄한 것으로 보여 '교회(敎會)'로 번역함.

18 원문에는 '(2)'가 없다. 원문에는 (1)과(3)만 있다. 그러나 앞뒤 문맥을 살펴서 (2)를 삽입하여 번역함.

19 원문은 '四中'(사중)이다. 이것은 유다서 1장 4절 중간이라는 뜻. 유 1:4, "이는 가만히 들어온 사람 몇이 있음이라 그들은 옛적부터 이 판결을 받기로 미리 기록된 자니 경건하지 아니하여 우리 하나님의 은혜를 도리어 방탕한 것으로 바꾸고 홀로 하나이신 주재 곧 우리 주 예수 그리스도를 부인하는 자니라" (개역 개정).

복음의 사람,

방지일

1934년

신앙의 소유자 야이로

누가 8장 41-56절

회당장(會堂長) 야이로의 신앙에서 우리가 얻을 바는 무엇인가?

일(一), 예수에게 나간 동기

어느 누구 자기 자식(子息)을 사랑치 않는 이가 있으랴마는 야이로에게 있어서는 오직 천만금(千萬金) 싼 딸 한 아이밖에 없었으니 그 사랑함이야 어떠하였으랴. 이 귀한 딸이 그만[1] 중병(重病)에 걸리니 생명이 경각에 달리매 다른 방도가 도무지 없었다. 그야말로 사람의 생각으로 백계무책(百計無策)이라 이것을 잘 안 신앙가 야이로는 자기·친히 예수 앞에 나아가 딸의 생명을 구한 것이다. 생명이신 주님에게 생명을 구하는 것이야 얼마나 합당한 구함이냐? 그러나 생명을 다른 데서 구하려는 것은 참으로 연목구어(緣木求魚)라 안 할 수 없다. 생명은 오직 그리스도에게만 있는 것이니 그로 말미암지 않고 어찌 생명을 잇겠다고[2]하리오. 그런고로 야이로는 그리스도에게 나아갔나니 그의 나간 데 대하여 두 가지로 분(分)하여 동기를 생각하면 (1) 자기 딸의 병이니 나갔다고 할 수 있겠다. 무남독녀(無男獨女)

* 『게자씨』 제3권 제1호(1934.1), 16-18, (사)방지일목사기념사업회 엮음, 『게자씨 1933-1934 (영인본)』 (서울: 홍성사, 2011), 60-62.

1 원문의 '그만이야'를 '그만'으로 번역함.

2 원문은 '닛겠다고'인데 이것을 앞뒤 문맥을 살펴 '잇겠다고'로 번역함.

의 딸이 병이 들었을 때[3] 생명을 가지신 주님을 신앙한다면 그 앞에 구하지 않을 수가 없는 것이요 (2) 또 명재경각(命在頃刻)[4]한 중한 병임에 누구시킬 수 없이 자기 친히 나아갔다. 방금 명(命)이 끊어져 가는 것을 보고 이런 급한 때 주(主)를 신앙하는 자 또한 자연히 전능의 주(主)를 찾을 수밖에 없는 것이다. 그리하여 주 앞에 나아감에 주님은 친히 오시며 이미 죽은 아이를[5]를 일으키시었다. 구하는 자에게 주시는 주님. 그런 간절한 원(願)이 있을 때 허락하지 아니할 수가 있으랴? 어려운 때 답답한 때 주(主)를 찾을 수밖에 다른 도리로써 시원한 해결을 얻을 수 없다.

우리도 야이로처럼 생명의 주(主) 앞에 나아가야겠다. 우리의 형제가 병들지 않았느냐? 또 명재경각(命在頃刻)한 중한 사경(死境)에 처한 병이 아니냐? 병든 자 그 수가 얼마이냐? 한 번 이 병든 인생들을 진찰하여 보자. 신열(身熱)이 불이요. 호흡은 높았고 신경은 마비되어 버리었다. 이제는 통감(痛感)조차 알지 못하리만큼 되었다. 불의(不義)의 불의(不義)를 행하면서도 하등의 양심 가책이 없다. 보다도 선한 일이라고 자랑하리만치 되었다. 어떤 글에 이 세대 이제는 의(義)의 외식(外飾)조차 없어져 간다는 것을 보았다. 외식(外飾)이 있어 무엇하련만 그것조차도 없다는 것은 양심이 너무 무디어서 불의를 감(感)하지 못한다는 증거가 아닌가? 웬만한 의술(醫術)을 가지고서 저들 병을 고칠 수는 없다. 웬만한 설교로 저들의 심령(心靈)을 찌를 수는 없다. 이제 사람으로서 도무지 고쳐줄 수 없는 이 병자들을 위하여 주 앞에 밖에 나가 구할 데가 없는 것이다. 이 주검들의 생명을 보고야 어찌 목석(木石)이 아닌 이상 그냥 있겠는가? 그러나 오늘날에 와서는 신자들 중에서도 별로 안타까워하지도 않고 태연히 성경을 끼고 예배당을

---

3 원문은 '드럿대'인데 앞뒤 문맥을 살펴 '들었을 때'라고 번역함.

4 원문의 '命在頃刻'(명재경각)은 '금방 숨이 끊어질 지경에 이름, 거의 죽게 됨'이라는 뜻[한컴오피스 흔글 한자로 바꾸기].

5 원문은 '兒해를'이다. '아이를'로 번역함.

갈지언정 지옥을 향하는 뭇 영(靈)들을 건질 생각이 없는 것은 웬일이냐? 만일 이런 병자(病者)들을 보지 못한다면 저는 영의 눈이 먼 자요 보고도 그냥 있다면 그 자신이 벌써 병자임을 면치 못할 것이다. 주(主) 앞에 나아가 저들의 생명을 구하자. 이런 가련한 자의 생명을 구하려 주 앞에 나아갈 때 어찌 주의 손이 움직이지 않으며 발이 움직이지 않으시랴. 주의 손과 발이 움직이실 때 만사는 해결되는 것이다.

일(一), 그의 겸손

겸손이 덕중(德中) 최고 덕이라함은 여러 번 한 말이다. 말로는 쉬우나 실행에 있어서 어느 것이 힘들지 않으랴마는 겸손은 더욱더 한 것이다. 고로 주님께서 얼마나 많이 가르치셨고 또 친히 겸손하시어 본(本)을 주지 아니하셨는가 보라. 회당장 야이로는 회당의 권세 잡은 자들 즉 바리새 서기관들이 비웃는[6] 예수에게 와서 발아래 엎드린 것을 보니 예수를 생명의 구주로 신앙함은 물론 그의 겸손함이 어떠한가? 세례(洗禮) 요한 왈(曰) 나는 그의 신들메도 풀기에 감당치 못하겠노라. 그렇다. 우리는 무엇이냐? 어찌 감히 주(主)의 발 앞에라도 엎드릴 수 있는가? 그러나 주님께서 즐겨 용납하시나니 우리도 힘 있게 주 앞에 나아가 불상(不祥)한 주검의 생명을 위하여 주의 발 앞에 엎드리자.

일(一), 그의 인내

참 인내는 참 신앙에 처한 것이고 기도의 응답은 인내로서야 얻을 수 있는 것이다. 야이로가 딸이 명재경각(命在頃刻)한 그런 지경에 있어서 얼

6 원문은 '비소하는'이다. 이것을 '비소(誹笑)하는'으로 여겨 '비웃는'으로 번역함.

마나 급하였으랴. 지금 같으면 비행기 자동차를 불렀을 터이었다마는 도중에 12년 혈루증 난 여인으로 말미암아 지체됨을 원망하지 않았고 집으로부터 벌써 죽었다는 보도(報道)가 온 때 주님의 믿으라는 권고로 참고 믿는 것이 분명히 나타난다. 참고 견뎌 은혜 주시기를 기다릴 것이다.

유다서 공부(2)

삼(三), 반역군(叛逆軍)[1] 5-16

삼사(三四) 절에[2] 십자군(十字軍)의 격려문(激勵文)을 주고 다음으로 반역군(叛逆軍)에 대하여 설명하여 준다.

일(一) 과거의 반역군(叛逆軍) 5-7

이(二) 반역군의 망동(妄動)[3] 8-10

삼(三) 반역군의 종말 11-16

---

* 『게자씨』 제3권 제1호(1934.1), 20-22, 『게자씨 1933-1934 (영인본)』, 64-66.

1 원문은 '返逆軍'(반역군)이다. 그런데 '반역'이라는 한자어는 '反逆'과 '叛逆'이다. 똑같은 뜻으로 사용한다. '返逆'이라고는 사용하지 않는다. 따라서 '반역군'이라는 한자어는 '반역군(反逆軍)'이라고 쓰든지 '반역군(叛逆軍)'이라고 써야지 '반역군(返逆軍)'은 잘못이다. 그런데 원문에서는 '반역군(返逆軍)'과 '반역군(叛逆軍)' 두 가지로 사용하였다. 따라서 '반역군(返逆軍)'으로 사용한 곳은 모두 '반역군(叛逆軍)'으로 수정하고 '반역(返逆)'이라고 되어 있는 곳도 모두 '반역(叛逆)'이라고 일괄 수정하여 번역함.

2 뒤에 반복되는 내용을 확인하면 "3, 4절에"이다.

3 원문은 '妾動'(첩동)이다. '妾動'(첩동)이란 용어는 어휘사전에도 없는 한자어(漢字語)이다. 『게자씨』 제3권 제2호(1934.2), 20쪽 원본(原本)에는 '妾動'이라는 글자 중 '妾' 자(字)위에 수정(修訂)하는 줄을 긋고 그 옆에 '妄'자(字)를 적었다. 이것은 저자인 방지일이 직접 고친 것이다. 같은 쪽수 안에 있는 본문에도 '妾動'(첩동)을 '妄動'이라고 수정했다. 활자(活字) 작업을 할 때 '妄動'을 '妾動'으로 실수한 것으로 여겨진다. 『게자씨 1933-1934 (영인본)』, 98쪽에는 수정이 되어 있지 않고 '妾動'(첩동)으로 되어있다. 그러나 역자(譯者)가 본문의 앞뒤 문맥을 살펴볼 때도 '妄動'(망동)이 맞다고 본다. 따라서 원문(原文)의 '妾動'(첩동)은 모두 '망동(妄動)'으로 수정하여 번역함.

일(一) 과거의 반역군 5–7

5절에「너희가 본래 범사를 아나 내가 너희로 하여금 기억하게 하고자 하노니」반역자들의 사실은 성경에 나타난 바이니 이미 잘 알 것이나 한번 쓰는 것은 우리로 하여금 한 번 더 기억하여 조심하라는 뜻일 것이다. 그렇다. 우리가 몰라서 실평(失平)[4]하며 범죄하며 혹시에는 주를 반역(叛逆)[5]까지 하는 것은 아니다. 그런고로 알지마는 때로 성경을 상고(詳考)하여 조심하지 않으면 안 되겠다.

반역군의 3예(三例)를 들어 설명하였나니

1. 이스라엘[6] 백성 (5하) 이스라엘의 출애굽[出埃及][7]은 그[8] 전부 십자군의 천국행의 표상(表象)[9]이다. 바로[10]의 수하에서 갖은 고생을 다 겪어 저들의 탄식 소리는 하늘에 차매 하나님의 사랑은 저들께 내리어 강한 바

---

4 원문의 '失平'(실평)은 일반적으로 사용되는 한자 어휘가 아니다. 아마도 저자가 '평정(平正)이나 평정(平靜)을 잃는다'는 뜻으로 만들어 사용한 낱말로 여겨진다.

5 원문은 '返逆'(반역)이다. 그런데 '반역'이라는 한자어는 '反逆'과 '叛逆'이다. 똑같은 뜻으로 사용한다. '返逆'이라고는 사용하지 않는다. 따라서 '반역'이라는 한자어는 '반역(反逆)'이라고 쓰든지 '반역(叛逆)'이라고 써야지 '반역(返逆)'은 잘못이다. 그런데 원문에서는 '반역(返逆)'과 '반역군(叛逆)' 두 가지로 사용하였다. 따라서 '반역(返逆)'으로 사용한 곳은 모두 '반역(叛逆)'으로 수정하고 이후 '반역(返逆)'이라고 되어 있는 곳은 모두 '반역(叛逆)'이라고 일괄(一括) 수정하여 번역함.

6 원문은 '以色列'(이색열)이다. '以色列'은 '이스라엘'을 한자식으로 쓴 글자이다[上海大美國聖經會,『新舊約聖經』(1912), 聯合聖經公會,『聖經』(1961)]. 앞으로 원문의 '以色列'은 모두 '이스라엘'로 번역함.

7 원문은 '出埃及'의 한글 음(音)은 '출애급'이다. '출애굽'의 한자식 표현이 '出埃及'이다.

8 원문의 '其'라는 한자(漢字)는 그 훈(訓)과 음(音)이 '그 기'이다. 따라서 한자의 훈(訓)을 좇아 '그'라고 번역하고 앞으로 명사를 수식할 때 사용한 원문의 '其'는 모두 '그'라고 번역함.

9 원문에는 '表像'(표상)으로 되어 있다. 그러나 보통 '표상'의 한자어는 '表象'으로 쓰기에 '표상(表象)'이라고 번역함.

10 원문은 '法老'(법로)이다. '法老'는 '바로, 파라오(Pharaoh)'를 한자식으로 쓴 글자이다[上海大美國聖經會,『新舊約聖經』(1912), 聯合聖經公會,『聖經』(1961)].

로의 손에서 건져내시사 구름기둥, 불기둥[11]으로 인도하시며 만나와 반석수(盤石水)를 먹이시며 이적과 기사로 인도하셨건만 저 목이 굳은 반역의 반역을 거듭하여 마침내 빈 들에서 40년이나 유리(流離)하다가 다 하나님의 진노의 채찍에 쓰러지고 60만 대중(大衆) 중 오직 2인, 여호수아와 갈렙만이 가나안에 들어간 사실은 얼마나 두려운 일이냐? 반역이란 무섭다. 척 생각할 때 그런 목이 굳은 백성들이 어디 있나? 그러한 이적과 기사로 저들을 인도하시었음에 어찌하여 반역하였을까? 어리석게 생각하기도 쉬우나 오늘날 십자가 밑에 모인 십자군은 몇 사람이나 천국에 들어가겠는가?「인자가 이를 때에 세상에 믿는 것을 보겠느냐?」(눅 18:8)[12] 주님께서 탄식하신 것을 보니 또 금일(今日)의 반역군들을 보니 얼마나 이 죄악의 들을 거쳐 천국의 신민이 되겠는가? 하나님은 예나 이제나 우리를 같이 인도하신 것만 이 은혜를 생각지 못하는 자 고라 일당처럼 빈들에 쓰러질 수밖에 없는 것이니 오직 여호수아와 같이 우리는 이스라엘족[以色列族][13]을 전감(前鑑)[14] 삼아 강하고 담대하게 파죽지세(破竹之勢)로 앞길을 장해(障害)[15]하는 사탄을 공격하고 우리를 위하여 미리 준비하여 두신 (요 14:2) 하늘나라를 기업(基業)으로 얻자?

---

11 원문은 '雲火柱'(운화주)이다. 이것은 '운주(雲柱)'와 '화주(火柱)'를 함께 표현한 것이다. '운주(雲柱)'는 구름 기둥이고 '화주(火柱)'는 불기둥이다[上海大美國聖經會, 『新舊約聖經』(1912), 聯合聖經公會, 『聖經』(1961)]. 따라서 '雲火柱'(운화주)를 '구름 기둥, 불기둥'이라고 번역함.

12 눅 18:8, "내가 너희에게 이르노니 속히 그 원한을 풀어 주시리라 그러나 인자가 올 때에 세상에서 믿음을 보겠느냐 하시니라" (개역 개정).

13 원문은 '以色列族'이다. '以色列'은 '이스라엘'을 한자식으로 쓴 글자이다[上海大美國聖經會, 『新舊約聖經』(1912), 聯合聖經公會, 『聖經』(1961)].

14 원문의 '前鑑'(전감)은 '지난 일을 거울삼아 비춰보는 일, 또는 본받을 만한 지난날의 일'을 뜻한다.

15 장해(障害)는 '어떤 일을 하는 데 거치적거리며 방해함'을 뜻한다[Daum 어학사전].

2. 반역한 천사(天使) 6[16]

천사가 범죄하고 그 지위에 떨어졌다 함은 본 6절과 베드로후서 2장에 뿐 간단히 기록되었다. 사단은 곧 이 쫓겨난 천사라고 한다. 만유 주 여호와의 일군으로 있던 이 천사 그만[17] 범죄함으로 본 지위에서 떨어졌을 뿐 외 영원한 결박으로 흑암에 가두시고 뿐만 아니라 큰 날 즉 심판 날에 큰 심판을 받겠다고 하였으니 저는 응당 영벌(永罰)을 불면(不免)하리라. 유다 이 사실로 말함은 전자(前者)에 말한 이스라엘 백성(百姓)[18]과 달라 이는 하나님의 사자(使者)로서 반역함을 가르쳐주려 함이다. 십자군에는 철저한 군법 시행이 있다. 그 내심까지 통찰하여서 아무리 지도 계급에 있었으되 불순종하는 경우라면 영벌(永罰)을 받을 수밖에 없는 것이다. 천사는 천사 되어 대만족한 것이었다. 조물주의 명대로! 그 이상은 아닌 것이나 그 이상을 원하였으므로 떨어지고야 말았나니 인생이 십자군이 되어서 이에서 더 큰 행복은 없는 것이다. 우리를 종의 자리에서 사랑하시어 천국 신민권을 허(許)하시었음에 더 원할 것이 무엇이랴. 절대복종할 수밖에 없다. 천사의 의무는 복종이다. 이에 반함에 축출 당하였다. 십자군의 의무 또 복종인 것이니 이에 반할 때 저는 영벌(永罰)이다.

3. 소돔 고모라 백성의 반역 7

특별히 그 땅에 축복하시사 비옥케 하셨건만 저들은 불의의 종이 되어 두 성에 죄악이 관영(貫盈)[19]함에 공의로우신 하나님은 차마 보실 수 없

---

16 이것은 6절을 말함.

17 원문의 '그만이야'를 '그만'이라고 번역함.

18 원문은 '以色列百姓'이다. '以色列'은 '이스라엘'을 한자식으로 쓴 글자이다[上海大美國聖經會, 『新舊約聖經』(1912), 聯合聖經公會, 『聖經』(1961)].

19 원문에는 '貫纓'(관영)으로 되어있다. 그러나 원문 앞뒤의 문맥을 살펴보면 '죄악 따위가 가득

는지라 멸하시려 하나님의 사람 아브라함에게 말하니 그는 가장 줄여서 50명의 의인이 응당 있을 터이니 그 의인 50인을 생각하시어 용서해 달라고 졸랐다. 아브라함의 생각으로는 의인 50명 있을 것을 조금도 의심하지 않았고 이 적은 50명으로 하나님의 용서가 있을까 간절히 졸랐던 것이다. 그러나 저 성중(城中)에 50명 아니 10인의 의인이 없음을 안 아브라함은 얼마나 놀내였겠느냐? 저 성은 그렇듯 악하였다. 아브라함 여섯 번이나 얼굴을 붉히어 가면서 조르다가 그만 물러서지 아니치 못하였다. 생각건대 우리 주님 아버지 하나님 우편(右便)에 계시어 이 악한 세대를 위하여 그렇듯 비시리라. 일일(一日)을 천년(千年)같이 보시사 한 사람이라도 멸망하는 자리에 이르지 않기를 원하신다고 하였다 (벧후 3:8-9)[20] 「의인은 없나니 곧 하나도 없느니라」 (롬 3:10-18)[21] 의 이하의 모든 성구(聖句) 여실히 세상을 그려내었도다. 누가 의인이냐, 담대히 나설 자 누구냐? 하나도 없는 것이다. 이는 성경이 가르친 바이다. 그러나 은혜롭다. 소돔 성에서도 살 도리(道理)는 하나님께서 열어주셨나니 저들이 그때라도 순종만 하였다면 다 망하지 않고 살았을는지 뉘 알랴? 즉 소돔 성에 살 소망 있는 자는 이러하였나니 아브라함의 의로 그 조카[族下][22] 롯과 그 가족 네 식구(食口)[23]

함'이라는 뜻으로 쓰였기에 그 뜻을 가진 '관영(貫盈)'이라는 한자어로 수정하여 번역함.

20 원문은 '벳후三84'이다. 이것은 원문의 인용 구절을 살펴볼 때 베드로후서 3장 8절과 9절로 여겨진다. 벧후 3:8-9, "사랑하는 자들아 주께는 하루가 천 년 같고 천 년이 하루 같다는 이 한 가지를 잊지 말라 주의 약속은 어떤 이들이 더디다고 생각하는 것 같이 더딘 것이 아니라 오직 주께서는 너희를 대하여 오래 참으사 아무도 멸망하지 아니하고 다 회개하기에 이르기를 원하시느니라" (개역 개정).

21 롬 3:10-18, "기록된 바 의인은 없나니 하나도 없으며 깨닫는 자도 없고 하나님을 찾는 자도 없고 다 치우쳐 함께 무익하게 되고 선을 행하는 자는 없나니 하나도 없도다 그들의 목구멍은 열린 무덤이요 그 혀로는 속임을 일삼으며 그 입술에는 독사의 독이 있고 그 입에는 저주와 악독이 가득하고 그 발은 피 흘리는 데 빠른지라 파멸과 고생이 그 길에 있어 평강의 길을 알지 못하였고 그들의 눈 앞에 하나님을 두려워함이 없느니라 함과 같으니라" (개역 개정).

22 원문은 '族下'(족하)이다. 한 일가로서 항렬이 낮은 겨레붙이란 뜻이다. 이것을 '조카(族下)라고 번역함.

23 원문은 '四食口'(사식구)는 '네 명의 식구'를 의미하는 것임으로 '네(四) 식구(食口)'라고 번역함.

는 응당 아브라함의 가족이었으니 구원받을 수 있었고 두 사위가 있었으니, 그들도 장인(丈人)의 말만 순종하였다면 살 수 있는 것이었고 또 이 두 사위가! 순종하였다면 그들의 가족 또 친족 이러듯 하나님이 보낸 사자의 말에 순종만 하였으면 이리 관계 저리 관계되어 온 성이 다 구원을 받았을는지 뉘 알겠느냐 말이다. 그러나 반역의 무리인지라 온 성 사람은 물론 두 사위까지 미끄러졌고 도리어 비웃었다. 아니 그 아내까지 불순종하여 멸망 당하였나니 악한 자들이여 네가 스스로 멸망을 자취(自取)하였도다.

하나님께서는 언제나 살길을 열어주시는 것이다. 홍수 심판 때에도 노아의 말을 들었던들 저들이 살지 않았겠느냐? 물이 세상을 멸하였는데 불이 소돔을 멸하였는데도 주의 심판을 깨닫지 않겠는가? 반역의 무리들아 속히 회개하라! 천국이 가까우니라(마 3:2)[24] 롯의 네 식구와 같이 이미 장망성(將亡城)[25]을 나왔다고 하되 반역자 롯의 아내는 있었나니 십자군(十字軍)으로 이미 나섰다면 오직 한 가지 일만 하여 뒤에 있는 것을 잊어버리고 푯대를 향하여 달음질치자(빌 3:13-14).[26] 여기에 완전한 승리가 있는 것이다.

---

24 마 3:2, "회개하라 천국이 가까이 왔느니라 하였으니" (개역 개정).

25 원문의 '將亡城'(장망성)은 '장차 망할 성(城)'이란 뜻임.

26 빌 3:13-14, "형제들아 나는 아직 내가 잡은 줄로 여기지 아니하고 오직 한 일 즉 뒤에 있는 것은 잊어버리고 앞에 있는 것을 잡으려고 푯대를 향하여 그리스도 예수 안에서 하나님이 위에서 부르신 부름의 상을 위하여 달려가노라" (개역 개정).

하나님이 보호하시는 신앙

창 22:1-2, 욥 1:12, 갈 4:9[1]

「하나님을 알뿐더러 하나님이 아신 바 되었거늘」(갈 4:9) 오늘날 하나님을 아는 자는 많이도 있도다. 하나님의 뜻에서 멀리 떠난 듯한 사람들께도 하나님을 아느냐 물으면 하나님을 안다고 대답한다. 예수를 믿는 사람은 물론 불신자(不信者)라도 하나님은 다 안다고 한다. 그러나 내가 하나님을 안다는 그것만이 무슨 소용이 있는가?「나더러 주여 주여 하는 자마다 천국에 다 들어갈 것이 아니요」(마 7:21)[2] 이는 다른 누구의 말이 아니라 우리 주 예수의 말씀이다. 내가 주를 알아서 만족하다면 이는 문제가 없다. 이도 모르는 사람이 있기는 있으나 이만 알기는 쉬운 것이다. 내가 알뿐더러 하나님이 나를 알아줄 그때 하나님과 나는 합(合)하여 문제가 되는 것이다. 나 혼자 아무리 하나님을 알았다고 한들 하나님이 아시지 못하셨음에 그 무슨 문제가 있겠는가? 내가 구원을 얻고 못 얻음이 내게만 있다면 내가 하나님을 알아서 만족할 것이나 나를 구원하시는 것은 하나님의 주시는 특별한 은혜이었음에 하나님이 나를 알아주실 때 그때 내 구원은 확실 무의(無疑)한 것이다. 확실한 구원은 여기에 있는 것이다. 그렇다면 나는 이제 하나님의 아신 바 되었는가? 좀 더 나아가 하나님이 아신 바

---

* 『게자씨』 제3권 제2호(1934.2), 2-4, 『게자씨 1933-1934 (영인본)』, 80-82.

1 갈 4:9, "이제는 너희가 하나님을 알 뿐 아니라 더욱이 하나님이 아신 바 되었거늘 어찌하여 다시 약하고 천박한 초등학문으로 돌아가서 다시 그들에게 종 노릇 하려 하느냐" (개역 개정).

2 마 7:21, "나더러 주여 주여 하는 자마다 다 천국에 들어갈 것이 아니요 다만 하늘에 계신 내 아버지의 뜻대로 행하는 자라야 들어가리라" (개역 개정).

되어 그가 내 신앙을 보증하는 지경(地境)[3]에 들어갔다면 얼마나 행복되랴. 아브라함과 욥의 신앙은 든든히 하나님의 보증함을 받은 신앙이었다. 하나님은 악으로 시험을 받지도 아니하시고 하시지도 아니하시는 하나님이 아브라함에게 아들 이삭을 바치라 하신 까닭은 어디 있었는가?

그의 신앙을 알아 아들이라도 넉넉히 바칠 신앙이 있었음을 보증함에 있었다. 욥도 사단이 하나님 앞에 와 서서 문답할 새 하나님은 저의 믿음을 든든히 담보하시어 그 생명은 좌우(左右)하지 못하되 네 수하(手下)에 있은즉 수단대로 욥을 시험해 보라고 사단에게 욥을 잠깐 허락하시었다. 이는 참으로 하나님이 그의 믿음을 담보하실 수 있었기 때문이 아니었는가? 이 밖에도 여러 참 신앙가(信仰家)들의 참 신앙은 하나님의 보증하신 신앙이었다. 「우리 마음은 연약하여 범죄하기 쉬우니 하나님이 받으시고 천국인(天國印)을 치소서」 진실로 진실로 천국인(天國印)을 맞은 신앙가(信仰家)는 얼마나 행복될 것이냐? 하나님은 저의 신앙을 안심하시어서 비록 사단일지로되 내맡기실 수가 있구나 효자는 무엇보다 부모를 걱정시키지 않음이 첫째 효도일 것이다. 아직 철이 없어 외지에 나가서 허랑방탕하게 다니면 그 부모의 마음이 어느 시간인들 안심할 수 있으랴. 그러나 아들이 믿음직하면 비록 죄악이 관영한 대도시 위태한 곳에 가 있을지로되 태연히 안심할 것이다. 마찬가지로 하나님을 참되게 공경한다고 함은 다른 것보다 하나님의 걱정거리가 되지 않아야만 하는 것이다. 아무리 내가 산을 옮길만한 능이 있어서 아주 열(熱) 있는 신앙을 가진 것 같으나 그 뿌리가 돌짝밭에 박힌 것 같아 연약하다면 이 죄악이 관영한 세상에 우리를 두시고 얼마나 걱정하시겠는가? 겟세마네에 피땀은 하나님 우편(右便)에 앉으신 우리 주님의 이마에 다시 흐르리라. 우리 신앙이 돈독(敦篤)[4]함은 우리 스스로

3 원문의 한자어는 '至境'(지경)이다. 이것을 앞뒤 문맥을 살펴 '지경(地境)'으로 수정하여 번역함.

4 원문은 '篤敦'(독돈)으로 되어있다. 이것은 '돈독(敦篤)'을 활자화 작업을 할 때 잘못된 것이다.

즐거울 뿐 외(外) 하나님이 기뻐하시는 것이니 참으로 튼튼한 신앙은 귀하도다. 누가 하나님의 보증하는 신앙을 가졌는가? 이 신앙이야말로 어떠한 환난 시험이 닥쳐온들 하나님을 걱정시킬 것이냐. 그런고로 나는 이 방면으로 보아 혹 저 방면으로 보아 상당한 신앙을 가졌다고 생각하기 쉬우나 이 모든 것보다 하나님이 내 신앙을 넉넉히 보증하실 수가 있겠는가? 자성(自省)할 때 이 확신이 내게 있다면 나는 넉넉하다.

그럼 내 신앙이 하나님의 보증을 받을 방법은 무엇인가? 여러 가지로 세세히 논(論)할 수도 있을 터이나 한마디로 말하자면 하나님으로 더불어 친밀히 사귀는데(요일 1:3)[5] 나는 보증을 받을 수가 있다. 세상에서 보증을 얻는 법도 그러하다. 아무리 똑똑하고 상당하되 서로 친교가 없으면 보증을 얻지 못한다. 하나님과 친밀히 사귀일 수 있는 법은 오직 한 길만 있나니 사람이 다 죄에 빠져 하나님과 나 사이에 담이 막힘으로 신인(神人)의 교통(交通)은 두절되었던바 그 외아들 그리스도로서 신인(神人)이 서로 화목할 수 있게(고후 5:18)[6] 되었으니 오직 그리스도를 통하여서만 하나님께 직접 나아갈 수가 있는 것이다. 그리스도를 통하여 한 번 화목한 후 자주 아니 항상 하나님과 같이 있어 친밀한 교제를 맺고 있어야만 되는 것이다. 이 점에 있어서 신앙이란 이상도 하고 귀하기도 한 것이다. 아주 무식하고 나이 많은 노인들 중에서 훌륭한 신앙을 발견할 수 있음은 이 까닭이다. 저들은 성경을 보지 못하고 다만 예수 믿는다는 이것만을 알지만 신구약 성서에 능하고 기독교 여러 교파의 교리를 능히 비판할 뿐 외 정통 교리를 찾는다는 그 훌륭한 학자보다 승(勝)한 까닭은 신과 교통함이 끊어지

따라서 '돈독(敦篤)'이라고 바로 사용함.

5 요일 1:3, "우리가 보고 들은 바를 너희에게도 전함은 너희로 우리와 사귐이 있게 하려 함이니 우리의 사귐은 아버지와 그의 아들 예수 그리스도와 더불어 누림이라" (개역 개정).

6 고후 5:18, "모든 것이 하나님께로서 났으며 그가 그리스도로 말미암아 우리를 자기와 화목하게 하시고 또 우리에게 화목하게 하는 직분을 주셨으니" (개역 개정).

지 않기 때문이다. 신학자 바리새교인 제사장보다 무명(無名) 신앙가 시므온과 노(老) 과부 안나가 예수를 알아 증거함은 신(神)과 교통하는 그 신앙이 얼마나 큰 것임을 가르치고도 남음이 있다. 그런고로 하나님과 항상 사귐이 없이는 아무래도 참 신앙을 얻을 수 없는 것이오 하나님이 아시는 신앙가 내지 하나님이 보증하는 신앙은 얻을 수 없는 것이다. 내가 마침 하나님을 알았으면 항상 하나님께 친절이 붙어 사귀자. 하나님의 아들인 그리스도께서도 때로 한적한 곳을 찾아 하나님께 나가시었다 하였거든 하물며 우리 무능한 인생으로서 어찌 아버지와 사귐을 게을리하랴.

나는 하나님이 보증하실 수 있는 위대한 신앙을 가졌는가?

신앙의 소유자 룻

룻기 1:11-22, 3-4[1]

룻의 사실로 말미암아 우리에게 주는 교훈은 크다. 참 종교는 무슨 차별이 있는 것이 아니다. 국경도 있지 아니하고 사람의 차별도 있지 아니하다. 사람으로서 참 신 되신 하나님을 신앙함에 그 결과는 누구에게던지 마찬가지이다. 아직도 편협(偏狹)[2]한 좁은 신앙을 가지고서 참 종교를 신앙한다고 하면서 차별심을 가지는 자 있는가? 룻기를 읽어볼 것이다. 사신 우상을 섬기는 이방인인 저는 어떠한 신앙이 있었던 자이었든가?

일(一), 그의 신세

본래 유대인에게는 개돼지 (마태 15:21 참고)[3] 천대를 받는 이방 사람들의 딸이요 사신 우상을 섬기는 미개한 백성의 여자이었다. 생활조차 남편을 잃은 후로 빈약하여 가나안 땅에서도 아무 소유가 없고 더욱이 유대에서 자기 양식을 얻을 아무 권리가 없는 가련한 여자이었다.

---

* 『게자씨』 제3권 제2호(1934.2), 8-11, 『게자씨 1933-1934 (영인본)』), 86-89.

1 원문은 '룻긔一11-12 三-四'이다. 이것은 '룻 1:11-12과 룻기 3장에서 4장'이다.

2 원문의 한자는 '遍狹'(편협)이다. 이것은 '한쪽으로 치우치다'는 뜻의 한자어 '편협(偏狹)'의 '편(偏)'자(字)를 잘못 사용한 것으로 보인다. 따라서 '편협(偏狹)'이라고 바로 사용하여 번역함.

3 마태복음 15장 21절에서 28절까지는 예수님께서 가나안 여인의 귀신 들린 딸을 고쳐주신 사건을 다루고 있다.

일(一), 그의 신앙

그는 그런 처지에서 자기의 시어머니 나오미를 통하여 독일무이(獨一無二)하신 참 신이신 생존하신 하나님을 찾고 아브라함같이 그의 본토와 친척을 다 버리고 하나님의 자녀가 되기 위하여 고독한 나오미를 따라 나섰다. 이는 쉽지 않은 일이다. 그런 신세에서 자기의 정절을 지킬 신세도 아니요 또 본토에 시어머니와 같이 있었다 함도 칭찬할 일이거늘 본토를 떠나 이국(異國)에까지 시어머니를 따라온 것은 그의 신앙의 힘이 아니라면 다른 해답을 내릴 수 없는 것이다. 신앙의 힘이란 이렇듯 위대하도다. 믿노라 하면서 아직도 버릴 것을 버리지 못함은 그 무슨 이유인가? 신앙을 얻기 위해서는 버리지 못할 바가 무엇인가? 생명이 있는 데야 더 다른 것을 건잡으려고 애쓸 까닭이 무엇인가? 아직도 탐심이 가득하고 롯의 아내같이 세상에 연연하여 끊을 것을 끊지 못하고 버릴 것을 버리지 못하는 그 이유는 참 신앙을 소유하지 않은 때문이요 참 생명을 발견하지 못했기 때문밖에 무엇이 또 있겠는가? 구약의 모든 신앙가(家)들이 다 그리하였고 신약에 들어와 여러 사도며 그 타(他) 신앙자들이 다 그리하였다. 예수를 알 때 참 신앙이 있었음에 이것을 얻기 위하여 생명까지라도 내놓을 수가 넉넉히 있었다(모든 순교자들). 우리들의 신세 룻의 신세와 다른 것이 무엇인가? 이방 사람이요 사신 우상을 섬기었던 가련한 자요 또 이 사신 우상을 섬기어 얻은 바 없는 불상(不祥)한 자이었다. 참으로 다행이 아니 하나님의 극진하신 사랑으로 말미암아 우리 아버지 하나님을 알고 또 그의 아들 예수 그리스도를 믿게 되었나니 사도 바울 선생의 말씀같이 「몸으로 산 제사를 드리라 이는 거룩하고 하나님을 기쁘시게 하는 것이니 너희의 당연한 예법이라」(롬 12:1).[4] 진실로 진실로 그러하다. 몸까지 산

4 롬 12:1, "그러므로 형제들아 내가 하나님의 모든 자비하심으로 너희를 권하노니 너희 몸을 하나

제사를 드려도 부족하겠거든 다른 무엇이 아까운 것이 있겠는가? 룻은 예수를 알지 못하였으되 그리하였거든 우리는 「자기 몸을 비어 종의 형상을 취하여…. 죽기까지 복종하셨으니 곧 십자가의 죽으심」(빌 2:7)[5]을 잘 아는 바이매 어찌하여 예수를 알지도 못하였던 옛 신앙가의 신앙에 승(勝)하지 못하리오. 우리에게 내린 은혜는 컸으매 우리 신앙도 커야 한다. 룻이 신앙을 위하여 모든 것을 불고(不顧)함을 한 번 더 생각하자!

일(一), 룻의 효성

룻의 효성은 얼마나 지극하였는지 과연 억만(億萬) 부(婦)의 모범적 여성이었다. 룻을 아는 사람이면 벌써 룻 소리만 들어도 벌써 그의 무엇보다 효성(孝誠)을 생각할 수밖에 없다. 현대에 자유니, 개인주의니 떠들어 부모를 불공(不恭)하는 일이 종종 있음은 얼마나 섭섭한가? 이를 생각할 때마다 통탄하지 않을 수 없다. 오늘날 이 룻의 사적(事蹟)은 여학교의 교과서가 되어 합당(合當)하나 보다.[6] 모든 사람의 수신서(修身書)가 되어 합당(合當)하다. 특별히 이 시대에 있어서! 미개하다고 하는 옛날에는 효자문(孝子門)이 두 간이 있었다건만 어찌하여 문명하였다는 오늘에는 들리는 소문이 부모 자식 사이에 절연(絶緣)의 소리가 들려오게 되는가? 옛날에는 이런 사람을 막 동리(洞里)에서 방축(放逐)하여 인간 사회에 용납하지 못하게 하였다건만 금일(今日)에는 어찌하여 부모를 불고(不顧)하는 자식이 제법 출세하여 사회의 지도자 내지 우리 교회의 지도자 외 지도되는 이가 있는가? 이런 말은 시대에 떨어진 말이라고 생각할 것인가? 이 따위 사실이 교내(敎

님이 기뻐하시는 거룩한 산 제물로 드리라 이는 너희가 드릴 영적 예배니라" (개역 개정).

5 빌 2:7, "오히려 자기를 비워 종의 형체를 가지사 사람들과 같이 되셨고" (개역 개정).

6 원문은 '合當하다보다'이다. 이것을 '합당(合當)하나보다'라고 번역함.

內)에도 종종 있어 주님의 고르반(막 7:11)[7] 교훈이 있음도 불구하고 기독교는 부모에게 대한 도덕이 없다는 평까지 듣는 것이다. 십계명 중 5차 계명이 이를 말씀했고 예수님 친히 말씀하셨고 또 우리의 66권 정경(正經) 중 룻기(記)가 있거늘 어찌 이런 평을 할 수가 있으랴마는 이대로 행하지 않으니 무가내(無可奈)[8] 하리오. 「보이는 형제를 사랑치 않는 자가 보지 못하는 하나님을 사랑할 수 없느니라」(요일 4:20).[9] 그렇다. 육신의 부모를 공경 못 하는 자 영부(靈父) 되신 하나님을 경외할 까닭이 없다. 다만 하는체 하노라 하는 것뿐일 것이다. 룻은 하나님을 참으로 경외하였음에 하나님의 명하신 계명도 선히 지킬 수 있었다. 룻의 효성을 보라. 「나를 권하여 어머니를 떠나 돌아가고 어머니를 쫓지 말라 하지 마옵소서 어머니가 어디로 가시면 나도 가고 어머니가 어디서 유숙(留宿)하시면 나도 유숙할 것이요 어머니의 백성이 내 백성이 되며 어머니의 하나님이 내 하나님이 되리니 어머님의 어디서 죽으시면 나도 죽어 거기 장사할지라 오직 여호와를 두고 맹세하노니 죽음 외(外)에는 무엇이든지 우리를 서로 떠나게 못 하리이다(1:16-17).[10] 외울 때마다 탄(嘆)할 수밖에 없다. 그의 깨끗한 신앙과 효성은 여실히 나타났다.

유대에 같이 돌아와서도 한 일을 보니 참 과연 열녀(烈女)이었다. 오늘

---

7 막 7:11, "너희는 이르되 사람이 아버지에게나 어머니에게나 말하기를 내가 드려 유익하게 할 것이 고르반 곧 하나님께 드림이 되었다고 하기만 하면 그만이라 하고" (개역 개정).

8 원문의 '無可奈'(무가내)는 '굳게 고집하여 어찌할 수가 없음'이라는 뜻[Daum 어학사전].

9 요일 4:20, "누구든지 하나님을 사랑하노라 하고 그 형제를 미워하면 이는 거짓말하는 자니 보는 바 그 형제를 사랑하지 아니하는 자는 보지 못하는 바 하나님을 사랑할 수 없느니라" (개역 개정).

10 룻 1:16-17, "룻이 이르되 내게 어머니를 떠나며 어머니를 따르지 말고 돌아가라 강권하지 마옵소서 어머니께서 가시는 곳에 나도 가고 어머니께서 머무시는 곳에서 나도 머물겠나이다 어머니의 백성이 나의 백성이 되고 어머니의 하나님이 나의 하나님이 되시리니 어머니께서 죽으시는 곳에서 나도 죽어 거기 묻힐 것이라 만일 내가 죽는 일 외에 어머니를 떠나면 여호와께서 내게 벌을 내리시고 더 내리시기를 원하나이다 하는지라" (개역 개정).

날은 혼돈 때문에 할 수 없이 욕심을 가지고 따라다니는 일이 있다는 소식을 듣는다마는 이 룻은 인정(人情)이 다른 이국(異國)에 와서 보리 이삭을 주워 가면서 시어머니를 공양하였으니 더 말해 필요가 없는 것이다. 조선의 청년 남녀들이여 삼가 룻의 신앙과 지극한 효성을 배우자.

일(一), 그의 상급

이러한 신앙가에게 공의로우신 하나님께서 안 갚아 주실 것인가? 하늘 위에 상급은 물론 땅 위에서까지 갚아주신 것이다.

1. 귀인(貴人)의 부인(夫人)이 됨

이삭 줍던 밭 주인 보아스는 재산이 급족(給足)하였고 그 본성이 정직한 사람이었다. 룻은 마침내 이 귀인의 부인이 되었다. 우리들은 그리스도 예수 만주(萬主)의 주의 신부로 이미 약혼하였으니 참으로 행복된다. 그러나 신랑을 맞으려는 열 처녀 중 5 처녀는 그만[11] 신랑을 맞이하지 못하였다(마 25장). 룻 같은 신앙을 소유하였다면 넉넉히 신부될 자격이 있는 것이다.

2. 대왕(大王)의 조상이 됨

유대의 대왕(大王) 다윗의 아버지는 이새요 이새의 아버지는 오벳이요 오벳의 어머니는 이 신앙가 룻이었다. 그러니 룻은 다윗 대왕의 증조모이었으니 이 얼마만큼[12] 땅 위에 영광이냐?

---

11 원문의 '그만이야'를 '그만'으로 번역함.

12 원문은 '얼마나한'이다. 이것을 '얼마만큼'으로 번역함.

그리스도의 신부된 우리들[13]도 우리 신랑이 대왕으로, 심판주로 오실 때 영화로운 권세를 가지고 올 터이니 참으로 영광되도다.

3. 구세주 예수의 조상이 됨

다윗의 자손으로 허락받아 오신 예수의 조상이 되었으니 (마 1장) 이방인의 천한 여자로서 예수의 조상이 되어 만세(萬歲)에 쇠하지 아니할 영광을 받았다.

우리 자신 천한 이방인으로서 주를 알아 나만 믿을 뿐 외 남에게 전하기까지 하라는 천국 사신으로 명한 것은(마 28:19)[14] 그 얼마나 영광이냐. 세상 무슨 영광이 아니라 하늘의 영원한 영광이었나니 신앙의 소유자 될지어다.

영원한 영광이 떠나지 아니하리라.

---

13 원문은 '吾等'이다. '오등(吾等)'이라는 한자어(漢字語)는 '우리들'이라는 인칭대명사이다. 따라서 '오등(吾等)'을 '우리들'이라고 번역함.

14 마 28:19, "그러므로 너희는 가서 모든 민족을 제자로 삼아 아버지와 아들과 성령의 이름으로 세례를 베풀고" (개역 개정).

유다서 공부(3)

삼(三), 반역군(軍) 5-16

이(二) 반역군의 망동(妄動)[1]

5절로 7절까지 옛 반역군(叛逆軍)들을 말한 후 반역군의 망동(妄動)을 말하여 우리로 하여금 자성(自省)하게 가르쳤다. 반역군의 망동을 여러 방면으로 말할 수 있었을 터나 모든 망동 중 최대 망동인 훼방하는 일에 대하여 특히 설명하였다. 저들의 망동은 실로 훼방으로 시작하여 훼방으로 끝을 막는 것뿐이다. 본문에 있는 대로, 이 같은 자들은 꿈속에 있어서 육체를 더럽히며 정사 잡은 자를 업신여기며 영광이 있는 자를 훼방한다고 하였다. 과거의 반역군들을 보라 전부가 훼방하는 무리였다. 이스라엘 백성[2]이 그리하였고 소돔 백성들이 그리하였다. 금일(今日)에도 이런 일이 얼

---

* 『게자씨』 제3권 제2호(1934.2), 20-21, 『게자씨 1933-1934 (영인본)』, 98 [영인본에는 원본 21쪽에서 24쪽까지가 누락].

1 원문은 '妾動'(첩동)이다. '妾動'(첩동)이란 용어는 어휘사전에도 없는 한자어(漢字語)이다. 『게자씨』 제3권 제2호(1934.2), 20쪽 원본(原本)에는 '妾動'이라는 글자 중 '妾' 자(字)위에 수정(修訂)하는 줄을 긋고 그 옆에 '妄'자(字)를 적었다. 이것은 저자인 방지일이 직접 고친 것이다. 같은 쪽수 안에 있는 본문에도 '妾動'(첩동)을 '妄動'이라고 수정했다. 활자(活字) 작업을 할 때 '妄動'을 '妾動'으로 실수한 것으로 여겨진다. 『게자씨 1933-1934 (영인본)』, 98쪽에는 수정이 되어 있지 않고 '妾動'(첩동)으로 되어있다. 그러나 역자(譯者)가 본문의 앞뒤 문맥을 살펴볼 때도 '妄動'(망동)이 맞다고 본다. 따라서 원문(原文)의 '妾動'(첩동)은 모두 '망동(妄動)'으로 수정하여 번역함.

2 원문은 '以色列百姓'이다. '以色列'은 '이스라엘'을 한자식으로 쓴 글자이다[上海大美國聖經會, 『新舊約聖經』 (1912), 聯合聖經公會, 『聖經』 (1961)].

마나 많으냐? 척 모여 앉으면 남을 칭찬하고 내세우려 하는 말보다 어떻게 하든지 헐어서 없애 버리려는 훼방하는 소리뿐이다. 보라 9절에 천사장(天使長) 미가엘이 마귀와 모세의 시체(屍體)를 위하여 시비(是非)할 때(모세의 시체에 대한 말씀은 어떻게 되었는지 알지 못하고 (신 34:1-6) 대대토록 입으로 전하기를 가나안 땅 멀지 않은 데서 산에 올라가 죽었는데 주께서 장사하였다고 한다) 천사장 미가엘이었건만 장차 무저갱에 들어갈 저 악마를 훼방하는 말로 판결하지 아니하고 주께서 책(責)하시리라고 판결은 주께 있는 것을 가르쳤다. 6절에는 반역한 천사를 말하였으나 천사장으로 절대 순종하는 이 미가엘은 마땅히 마귀를 책(責)할 수 있으련만 이 일이 자기의 일이 아니요, 주님이 하실 일인 줄을 선히 분변하여 판결을 피하였거늘 어찌하여 사람들이 감히 제 누구기에 척하면 판결을 내려 선하니 악하니 심지어 지옥을 가느니 천당을 가느니 하고들 있겠는가? 마땅히 조심하여야 한다. 이런 훼방하는 이들은 전부 반역군의 망동임을 불면(不免)한다. 「네가 어찌 너의 형제를 판단하며 어찌 너의 형제를 멸시하느냐 우리가 다 하나님의 심판대에 서리라」 (롬 14:10)[3] 사람을 판단할 자는 사람이 아니요 주님이신 것을 알아야 한다. 훼방하는 자 자기로서는 가장 잘 아는 자 같으나 10절 말씀을 보니 무지(無知)한 짐승의 아는 것과 같다고 하였도다. 천사 자기 할 바를 안 하고 망동하다가 떨어졌거늘 사람도 하나님의 판단하실 일을 자기가 하는 것은 자기도 모르게 하나님 자처(自處)하는 것이니 「이로 멸망하느니라」 (10절 하).

고로 삼가 훼방하는 일 판단하는 일을 조심하여야 한다. 이는 하나님의 하실 일을 월권(越權) 행사하는 것이다. 옛날 사울은 월권 (삼상 13:9)[4]

3 롬 14:10, “네가 어찌하여 네 형제를 비판하느냐 어찌하여 네 형제를 업신여기느냐 우리가 다 하나님의 심판대 앞에 서리라” (개역 개정).

4 삼상 13:9, “사울이 이르되 번제와 화목제물을 이리로 가져오라 하여 번제를 드렸더니” (개역 개정).

행동으로 번제를 드린 고로 하나님의 저주를 받았다 (삼상 13:13).[5] 이러한 월권자(越權者)는 아무래도 망령된 일이니 망할 수밖에 없다.

5 삼상 13:13, "사무엘이 사울에게 이르되 왕이 망령되이 행하였도다 왕이 왕의 하나님 여호와께서 왕에게 내리신 명령을 지키지 아니하였도다 그리하였더라면 여호와께서 이스라엘 위에 왕의 나라를 영원히 세우셨을 것이거늘" (개역 개정).

신앙의 소유자 혈루증 여인

마가 5:25-34

만주(萬主)의 주 예수 그리스도를 신앙함에 모든 문제는 전부 완전히 해결되는 것이다. 2천년 전 이 그리스도는 나타나시었는데 어찌하여 아직도 딴 곳에 가서 또 딴 궁리로 난문제(難問題)를 해결하고자 하는 이들이 이 땅에 아직도 많이 있는가. 저 누추한 혈루증 여인은 오직 그리스도를 찾아서 저의 난문제(難問題)를 해결한 것이었다.

일(一), 저의 난문제(難問題)

저 여인에게 있어서 어려운 문제는 다른 것이 아니었고 열두 해나 온 가산(家産)을 탕진해 가면서도 고칠 수 없었던 그 말할 수 없이 고약한 혈루증이었다. 사람에게 있어서 난문제 중 가장 어려운 것은 신병(身病)인 것이다. 천하를 얻고도 생명을 잃으면 무엇이 유익하리오(마태 16:26).[1] 과연 내 일신(一身)이 불안할 때 천하가 귀치 않은 것은 각자가 다 체험하는 사실이다. 그리하여 저는 이 문제를 해결하고자 하여서는 내놓지 않을 것이 없었다. 12년 간이나 이 병을 고치기 위하여 별별 애를 썼고 자기 있는 것을 다 바치었으니 종래 완전함을 얻지 못하였고 더욱 유대인의 율법에

* 『게자씨』 제3권 제3호(1934.3), 5-8, 『게자씨 1933-1934 (영인본)』, 111-114.

1 마 16:26, "사람이 만일 온 천하를 얻고도 제 목숨을 잃으면 무엇이 유익하리요 사람이 무엇을 주고 제 목숨과 바꾸겠느냐" (개역 개정).

불결하다 하여 누구와 동거할 수도 없는 그 신세로써 참으로 저의 고민은 말로 다 할 수 없는 극점(極點)에 다다라 섰다. 누구든지 어려운 문제를 자기 스스로나 세상 편에 있어서 해결하려는 것은 실로 어리석은 일이다. 이 여인이 그 난문제(難問題)를 자기 힘과 사람의 힘으로 해결하려고 한 결과는 이렇게 나타나고 말았다.

1. 「여러 의원(醫員)에게 심히 괴로움[2]을 받은 것뿐이었다(5:26 상).[3] 저는 당시 유명하다는 명의는 다 찾아다녔다. 찾아다닌 소득은 심한 괴로움을 받은 것뿐이라 하였다.

2. 「또 있던 것을 다 허비하였」다 (26 중) 또한 결과는 파산이었다.

3. 「나음이 없고 증세가 도로 중하」였다(26 하). 저의 소원은 그 신병(身病) 완치였건만 나음을 얻지 못할 뿐 외 점점 신세는 더 하였다고 하였다.

이 결과야말로 얼마나 그에게 극한 고통을 던져주었겠는가? 언제든지 세상 편에 서서 나 자신으로나 사람의 힘을 전적으로 의지한다는 것은 참으로 어리석은 일이다. 이 여인의 사실은 이 이치를 잘 가르쳐주는 것이다.

주(主)를 찾아나감.

그런 결과를 가진 여인은 다시 노력할 힘은 없었다. 그의 육신의 형편만으로는 도무지 아무 소망이 없었다. 그러나 그에게 은혜의 소망이 임하였으니 곧 주 예수께 나아감이었다. 그는 과연 이제야 참 해결법을 깨달은 것이다. 주 예수에게 나아가지 않아 가지고서 어찌 어려운 문제를 해결할 수 있으랴. 주께 나아가는데 모든 문제는 해결되는 것이다. 주께 나가

---

2 원문은 '苦로옴'이다. 이것을 '괴로움'으로 번역함.

3 막 5:26 상, "많은 의사에게 많은 괴로움을 받았고" (개역 개정).

기 전에 해결하려는 결과는 저 여인의 결과에 잘 나타났나니 언제든지 실패의 실패를 가(加)하여 낙망밖에 더 남을 것 없었다. 실패에 실패를 거듭할 때마다 이것이 우리의 노력(努力)뿐이 아니었는가 주의 훈시를 살펴 주께 나아갈 것이다. 여기에 해결이 있다. 주께 나아간 자에게 어려움이라고는 찾아볼 수 없는 것이다. 그런고로 그리스도에게 나아가 바울은 옥중(獄中)에서라도 「항상 기뻐하라 다시 말하노니 기뻐하라」 (빌 4:4)[4]는 권고의 말씀을 하실 수가 있었다. 그렇다. 언제든지 그리스도에게 나아가는 자 이러한 기쁨과 만족을 얻을 것이다. 그리스도에게 나아가서 걱정이 있다면 내가 죄인인 것 내가 모든 일에 부족한 것뿐 이것이 걱정거리며 문제될 것이나 그리스도는 의인을 위하여서 오신 것이 아니라 죄인을 위하여 오시었음에 역시(亦是)[5] 문제될 것 없나니 모든 일에 오직 그리스도에게 나갈 것뿐이다. 그리스도에게 나아가는 것은 모든 문제 해결의 첩경(捷勁)이요 인생의 최고 목적인 것이나 이를 알지 못하고 헛되이 애쓰는 일은 참으로 허공을 치는 일이다.

이 여인이 주께 나아온 동기와 신앙과 그 결과는 이러하였나니

1. 주께 나아간 동기는 「예수의 행하신 일을 듣고」 (27상) 먼저 들음에 있었다. 어떻게 들었는지는 알지 못하나 여하튼 예수의 말을 누구에게 듣고서 나아간 것이다. 들은 일은 실로 귀하다. 듣고야 아는 것이다. 이 사실로 비쳐 복음을 전하는 필요가 얼마나 큰 것임을 알 수 있다. 지금은 받던 안 받든 듣든 아니 듣든 좌우간 전하라 명하신 것임에 전하여야 하는 것밖에는 없다. 주께서 어떤 기회에든지 그 전한 말을 기억(記憶)게 하시어

4 빌 4:4, "주 안에서 항상 기뻐하라 내가 다시 말하노니 기뻐하라" (개역 개정).

5 원문은 '亦'(역)이다. 이것은 '또한, 또'를 뜻하기에 원문을 살리기 위하여 같은 뜻인 '역시(亦是)'로 번역함.

주께 나아갈 동기를 일으키실 것이다.

노상(路上)에서 혹 차간(車間)에서 한 조각의 전도지 한 마디의 전도가 쓸데없는 것이라고 하기 쉬울 것이나 이 여인을 보니 그렇지 않은 것이 분명하다. 그런고로 믿는 자들은 언제든지 이 복음을 항상 전할 것뿐이라 전하지 아니하여 못 듣고 주께 나오지 못한다면 그 영(靈)의 책임은 뉘게 올 것인가? 이 여인이 「예수의 행하신 일을 듣고」 주께 나아감을 생각하자.

2. 그의 신앙. 옷만 만져도 나음을 얻을 줄 확신한 그 신앙이야말로 얼마나 귀한 것이 있는가? 감히 천한 몸으로 주를 불러 고침을 받으려 못하고 옷 가 만이라도 만져 깨끗함을 얻고자 한 겸손하고 간절하고 또 순결한 신앙이었다. 이러한 신앙이란 실로 위대하도다. 수많은 군중이 이리 밀치며 저리 밀치며 주를 옹위하여 주의 몸에 부닥쳤겠건만 오직 주님은 가던 길을 멈추고 한 사람이 옷 만진 것으로 들러 말씀하였으니 어찌하여 저 대중은 이런 은혜를 받지 못하였는고? 그 많은 사람 중 이 여인만이 주의 은혜의 권능을 받은 까닭은 무슨 이유이었는가? 그의 신앙에 있었던 것이다. 은혜는 주를 따르는 자가 다 받을 것이 아니라 오직 이런 신앙을 소유한 자가 받는 것이다.

3. 결과

(가) 여인은 실상을 고함. 누가 내 옷을 만졌느냐 물으시는 주님의 말씀에 이렇게 사람이 옹위(擁衛)하였사오니 옷 만진 것을 물으시나이까? 제자들은 대답하였으나 예수께서 이 여인을 보려고 찾으시니 (32) 여인이 제게 하신 일을 알고 두려워 떨며 앞에 나아가 실상을 직고(直告)하게 되었다. 혹 그 병 근원이 불의(不義)한 죄 가운데서 기인(基因)되지나 않았는지 확실히 모르나 자기의 모든 실상을 고(告)할 수밖에 없었다. 주를 찾아 나

간 사람이 언제든지 할 바는 이것이었나니 자기 실상을 숨김없이 고할 것이다. 또 생각하면 안 고할 내야 할 수 없는 것이다. 고하기 전에 벌써 아시는 주님이 아니신가?

이 여인은 슬그머니 옷을 만졌으나 이 사실을 주님은 아셨다. 주님께서는 우리의 사정을 잘 아시면서도 우리의 직고함을 매우 귀히 보신다. 그러나 사람 앞에 숨기듯이 주 앞에 나가서도 숨기려는 형편이 종종 우리에게 있는 것이 사실이니 진실로 어리석도다. 이 사실을 분명히 각득(覺得)한다면 우리의 숨은 죄가 있을 까닭이 없다.

(가) 주님의 축복. 자기 실상을 고(告)한 이 여인에게는 주님의 축복은 임하였다. 우리가 주님이 아시는 우리 모든 사정을 고하자. 아니하여 주님의 축복을 받지 못한다. 언제든지 겸손히 주 앞에 나아가 주님 나는 이러한 죄인이옵나이다. 다 떨어 고할 때 주께서 귀히 보신다. 「예수 가라사대 딸아 네 믿음이 너를 낫게 하였으니 평안히 가라 네 병이 나을지어다」 (34) 우리도 이런 주님의 축복을 받아지이다.

유다서 공부(4)

삼(三), 반역군(叛逆軍) 5-16

삼(三) 반역군의 종말 11-16

「화가 있을진저」(11상) 반역군의 종말은 멸망이다.

1. 과거의 개인(個人) 반역자(叛逆者)의 멸망한 삼종(三種)의 예(例)를 시(示)한다.

(1) 가인류(類) 반역자. 아벨은 대속의 뜻 있는 양을 잡아 제물로 드렸으나 가인은 자기를 자족(自足)히 여기는 마음으로 제사의 본의(本意)를 거슬려 드린고로 하나님은 받지 않으시매 (창 4:5)[1] 아우를 시기하여 죽였다. 이런 반역자 금일(今日)에도 많이 있는 것이다. 자기의 부족을 감(感)치 아니하고 남의 은혜 받는 것을 시기한다. 가인류(類)의 반역됨이여 멸망할 것이다.

(2) 발람류(類)의 반역자. 발람은 (민 22:7)[2] 도(道)에 아주 밝고 예(禮)

---

* 『게자씨』 제3권 제3호(1934.3), 10-11, 『게자씨 1933-1934 (영인본)』, 116 [영인본에는 원본의 본문 11쪽에 해당하는 내용은 없다. 영인본 117쪽은 원본의 본문 15쪽임].

1 창 4:5, “가인과 그의 제물은 받지 아니하신지라 가인이 몹시 분하여 안색이 변하니” (개역 개정).

2 민 22:7, “모압 장로들과 미디안 장로들이 손에 복채를 가지고 떠나 발람에게 이르러 발락의 말을 그에게 전하매” (개역 개정).

를 아는 자나 탐심이 심저(心底)에 잠재하여 양심을 거역하고 불의의 삯을(벧후 2:15)[3] 취하러 가더니 하나님은 나귀를 시켜 저를 책(責)하였다. 사람이 이렇듯 불의의 재물을 탐함은 짐승보다 못함을 가르쳐주나니 오늘이 세대는 어찌하여 재물에 눈들이 멀어서 교내외(敎內外)를 막론하고 돈돈 때문에는 눈이 벌게 붐비는가?[4] 이것을 취하여는 의리도 도리도 다 없어져 간다. 이것을 아모스와 같이 말하는 사람도 있지 아니하다. 하나님은 이제 금수(禽獸)를 시켜 책(責)하시리라. 이런 유의 반역자 되기에[5] 발람의 망(亡)함같이 망할 수밖에 없다.

(3) 고라류(類)의 반역. 고라는 모세와 아론의 권위를 시기하여 250인으로 더불어 결당(結黨)하여 대적하다가 (민 16장) 하나님의 진노의 지진(地震)의 화염에 함몰을 당하고 말았다. 저는 제사의 책임이 있는 레위족이었다. 금일(今日)에 소위 지도 계급에 처하여 지방별로 무슨 별로 당을 지어 자기 당만은 서로 옹위하나 불연(不然)이면 무조건 배척(排斥)[6]이니 고라 당의 종말이 가외(可畏)로라.

2. 반역자(叛逆者)는 암초(暗礁)

바다에 항행(航行)의 큰 위험은 숨은 바위다. 배가 잘못하여 여기 걸리기만 하면 오도 가도 못하고 큰 걱정이다. 교회가 이 고해(苦海)의 세상에서 저 언덕까지 뭇 죄인들을 싣고 나가는 중 종종 이런 암초에 걸리어 있는 때가 있다. 오늘날 어떤 교회는 어찌하여 그리도 침체(沈滯)된 상태에

3 벧후 2:15, "그들이 바른 길을 떠나 미혹되어 브올의 아들 발람의 길을 따르는도다 그는 불의의 삯을 사랑하다가" (개역 개정).

4 원문은 '범비는가?'이다. 이것을 '붐비는가?'로 번역함.

5 원문은 '디디에'이다. 이것을 '되기에'로 번역함.

6 원문은 '背拆'(배탁)이다. 이것은 '따돌리거나 거부하여 밀어 내침'이라는 뜻의 '排斥'(배척)이라는 한자어를 잘못 쓴 것이다. 따라서 '배척(排斥)'이라고 수정하여 번역함.

있는가? 거기는 암초가 있기 때문이 아닌가! 가인류(類), 발람류(類), 고라류(類)의 반역자들은 곧 이 암초인 것이다. 이 암초에 교회가 딱 올라앉아 오도 가도 이는 천국의 영자(影子)[7] 도 아니요, 세상도 아닌 아무것도 아닌 것이 되어 버리고 마는 일이 얼마나 많으냐. 이런 자리에서 어떻게 바로 순로(順路)를 얻어 항해시킬 것인가? 암초를 찾는 데야 찾을 수도 없는 것이고 다른 도리는 없다. 오직 은혜의 창수(漲水)가 나서 배가 암초에서 뜨고 성신(聖神)이 바람이 배를 몰 때에 비로소 순로(順路)를 찾아 피안(彼岸)까지 안착되리라. 고로 언제든지 교회는 암초에 걸릴 때 암초에 걸린 것을 깨달아 풍성한 은혜를 간절히 사모하여 은혜에 밀려가기 전에는 다른 방도로써는 할 수가 없는 것이니 그런고로 언제든지 풍성한 은혜 속에만 있다면 만사(萬事)는 해결이다.

3. 최후의 심판을 받음.

에녹의 예언(豫言)[8]이라 함은 구전(口傳)으로 내려왔는데 유다가 이를 인용(引用)하였다. 즉 주께서 대 위엄으로 이런 반역자를 심판하실 것을 말하였다. 이상 세 종류의 반역자들! 교회의 암초 되는 반역자는 주님의 심판을 받을 수밖에 없다. 사도 유다는 이 심판을 생각함에 떨리는지라 몇 번이나 거듭 반역자에 대하여 말하여준다. 유다의 간절한 심사(心思)를 한 번 생각하여 자신이 반역자이었는가를 반성할지라. 15절[9]에 와서는 반역군을 또 딴 모양으로 설명하니 즉 불경건한 것이 반역임을 말한다. 경건한 모양은 있으나 경건한 능(能)은 버렸다고 하였나니 오늘날은 왜 이다지도

---

7 원문의 '影子'(영자)는 '그림자'라는 뜻이다.

8 원문의 한자어(漢字語) '預言'(예언)을 '예언(豫言)'으로 수정하여 번역함.

9 유 1:15, "이는 뭇 사람을 심판하사 모든 경건하지 않은 자가 경건하지 않게 행한 모든 경건하지 않은 일과 또 경건하지 않은 죄인들이 주를 거슬러 한 모든 완악한 말로 말미암아 그들을 정죄하려 하심이라 하였느니라" (개역 개정).

불경건한 자가 많은가? 16절[10]에 경건치 못한 자의 결과를 말하였으니 왈(曰) 한탄하는 자, 왈(曰) 정욕대로 행하는 자,[11] 왈(曰) 자기 입으로 자랑하는 자,[12] 왈(曰) 탐리자(貪利者) 등등 반(叛)이라 하였다.

이런 반역자(叛逆者)[13] 저런 반역자 모조리 최후에는 주의 심판을 받으리라 하였나니 반역자의 종말이여 그러하도다.

10 유 1:16, "이 사람들은 원망하는 자며 불만을 토하는 자며 그 정욕대로 행하는 자라 그 입으로 자랑하는 말을 하며 이익을 위하여 아첨하느니라" (개역 개정).

11 원문은 '欲行情慾者'(욕행정욕자)이다. 이것을 '정욕(情慾)대로 행(行)하는 자(者)'로 번역함.

12 원문은 '自口自矜者'(자구자긍자)이다. 이것을 '자기(自己) 입으로 자랑하는 자(者)'로 번역함.

13 원문은 '類逆者'(유역자)이다. 앞뒤 문맥을 살펴볼 때 이것은 '叛逆者'의 잘못이다. 따라서 '반역자(叛逆者)'로 수정하여 번역함.

활동의 시기

생명 충만의 시기

양춘가절(陽春佳節)이라. 생명의 시절이다. 생명 있는 어느 것의 가절(佳節)이 아니라 보잘것없는 듯한 적은 게자 씨 같은 씨 한 알도 땅에 묻혀 위로 양기(陽氣)와 아래로 양분(養分)을 섭취하여 생명이 움직일 때 공중을 나는 새도 깃 드릴 만큼 큰 나무가 되는 것이다. 고목 같던 나무들도 봄바람을 맞으매 잎이 피고 꽃이 피어 훌륭한 열매를 맺힐 수 있나니 이 과연 생명 약동의 활절기(活節期)라 안 할 수 없다. 이렇듯 자연계에 생물들도 때를 따라 생명의 활동이 있거늘 그리스도의 산 생명을 가진 우리들에게 어찌 생명의 활동이 없으랴. 양춘(陽春)을 맞아 수분(水分)을 가졌든[1] 나무에 수분(水分)이 돌고 위의 가지로 아래 뿌리로서 작용을 시작함 같이 생명을 받기는 받았으되 겨울나무처럼 메마르게 있던 중에서 좀 산 생기있게 생명의 충만한 생활을 재촉하자. 생명을 받을 뿐 외 이 생명에 충만하지 않아서는 거기서 잎이 피고 꽃이 피어 열매를 맺을 수 없나니 열매를 맺지 않는 나무는 찍어 불에 던지더라. 그런고로 생명의 충만함은

일(一) 첫째로 나를 위하여 필요하니 생명이 충만하지 안아서는 선한 열매를 맺을 수 없으니 내 자신의 생을 위하여 냉각(冷却)한 자리에서 열(熱) 있는 생명 충만에 나갈 것이다.

---

* 『게자씨』 제3권 제4호(1934.4), 1-2, 『게자씨 1933-1934 (영인본)』, 129-130.

1 원문은 '水分을 갖앗든'이다. 이것을 '수분(水分)을 가졌든'이라고 번역함.

이(二) 둘째로 다른 사람을 위하여 냉각한 자리에 있어서는 되지 않을 것이니 내가 냉각하여서는 아무리 용(龍)의 알을 품었을지로되 다른 사람을 인도할 수가 없는 것이다. 그리스도를 신앙하는 신자는 누구를 물론하고 생명을 전하며 생명으로 죽은 영들을 인도하는 책임이 확실히 있는 것이니 이런 사람을 살리는 그 최귀(最貴)한 생명 열쇠를 맡은 자들로서 어찌 생명의 충만함을 필요치 않으랴. 생명이 충만하여야 생명을 전할 수 있는 것이다. 생명 충만의 유일한 방도는 오직 기도에 있나니 기도는 생명인 것이다. 기도 없이 죽은 사람이요 기도 있어 산 사람이니 기도 아니하여서는 생명의 충만함을 얻지 못한다. 봄바람은 분다. 은혜의 바람은 항상 불고 있다. 봄바람에 불려 산과 들에 산재(散在)하는 사람들은 많이 있다. 은혜의 바람을 따라 골방에 엎드리는 자는 얼마나 되는고? 산과 들에 생명의 활동은 있는데 사람의 심령에 생명의 활동이 없어서야 되겠느냐? 사람들은 풀과 꽃을 보러 산과 들을 찾건만 풀과 꽃은 사람들을 조소(嘲笑)하리라. 대지에 생명이 움직이는 이때 사람의 심령에는 냉각(冷却)이 웬일이랴. 초목이 주는 교훈 아니 하나님이 때로 주시는 대자연의 큰 성훈(聖訓) 속에서 산에 갔거든 나무 아래 엎드리자. 들에 갔거든 숲속에 엎드리자. 「주여! 주님의 생명을 쏟아 냉각한 우리에게 주려고 얼마나 애쓰시나이까? 주님! 봄바람을 몰아 대지에 생명을 움직이심같이 냉각한 인간들의 심령에 생명의 충만을 주시오며 우리들! 피는 잎과 꽃을 볼 때 주님이 주시는 성훈(聖訓)으로 알아 고맙게 받을 수 있도록 인도하여 주소서. 이제 초목은 도리어 때를 아오나 마땅히 알 인간들은 이때를 알지 못하나이다. 찬바람이 불기 전 눈보라 치기 전 생명의 충만함을 얻어 마땅히 맺을 열매를 맺게 도와주옵소서. 아멘」

뿌리는 시기

천하만사(天下萬事)가 각각 시기가 있나니 (전도서 3장)[2] 뿌릴 때도 있고 거둘 때도 있다. 양춘(陽春)이라 감초였던 생명들은 기운을 뻗칠 때이다. 생명의 역사(役事)는 시작하는 시기이다. 그리스도의 산 생명의 역사(役事)는 어떤 시기에 한하여 움직이는 바 아니라 꾸준히 계속하거니와 사람을 통하여 일하시기 원하시는 하나님 사람들은 종종 때를 기다리기도 하고 침체 상태에 있기도 하는지라 천계(天界)의 운행으로 우리에게 큰 교훈을 주신다. 이제 또 뿌리는 시기를 우리에게 주시었다. 금년(今年)이 풍년이 되겠는지 흉년이 되겠는지 이는 알 수 없다. 이 지방의 땅이 더 잘 되겠는지 저 지방의 땅이 더 잘 되겠는지 물이 많겠는지 가물이 들겠는지 전연(全然) 알지 못한다. 충재(蟲災)[3]가 있을는지 풍재(風災)가 있을는지 혹은 화산(火山)이 있는 근방에 불세례나 안 받을는지 도무지 모른다. 그러나 뿌리는 때는 왔으매 씨를 버린다. 작년에는 저 지방이 잘 되었으나 금년에는 이 지방이 잘 되기도 한다. 저기는 논이 잘 되었으나 여기는 밭이 잘 되기도 한다. 잘 되고 못 되는 것 풍작(豐作)[4]이고 흉작(凶作)은 어느 힘 믿는 데까지 사람의 힘일 터이나 이는 위에 있는 것이다. 사람이 할 수 없는 것이다.

씨 뿌리는 이때를 당하여

산 생명인 복음의 씨를 방방곡곡(坊坊曲曲)에 뿌리자. 이는 주님의 최

---

2 원문은 '전도三章'이다.

3 원문은 '虫災'(충재)이다. '충(虫)'은 '충(蟲)'의 약자(略字)로 사용. 따라서 '충재(蟲災)'로 번역함.

4 원문은 '豊作'(풍작)이다. '풍(豊)'은 '풍(豐)'의 약자(略字)로 사용. 따라서 '풍작(豐作)'으로 번역함.

후의 부탁이었다(마태 28:16).[5] 이 씨는 시기를 가리지 않고 뿌릴 것이며 지방을 가리지 않고 시대를 가리지 않고 사람을 가리지 않고 뿌릴 것이다. 우리들의 먼저 할 바는 다만 뿌리는 데 있는 것이다. 자라나게 하는 것은 오직 위에 있는 것이니 때가 지나기 전에 뿌릴 것이다. 어찌하여 오늘은 생명을 속에 감추고 뿌리지 아니하는가? 아직도 이 땅에 기경할 묵은 땅이 얼마나 많은가? 또 기경한 땅이었으되 사람이 먹고 살기 위하여서는 해마다 뿌리 나니 주님이 오실 때까지 우리는 항상 뿌릴 것이거늘 아직 묵은 땅이 이렇게도 많은데 어찌하여 한가히 있을 것인가. 생명을 받지 못한 가련(可憐)[6]한 영(靈)들이 얼마나 헤매는가? 눈앞에 보이는 사람 전부가 아닌가? 이제 때는 왔나니 사람을 볼 것도 아니요. 지방을 구별할 것도 아니다. 암흑한 조선에 처음으로 복음이 들어올 때 사람의 생각으로 무슨 소망이 있었으랴. 대동강 상에서 토마스 목사를 태울 때 같아서는 한심하였겠건만 저 하나님의 사자(使者)의 뿌린 씨는 사라져 버리지 않은 것이었다. 생명의 씨를 간단없이 메마를 심령에 뿌리자. 하나님이 기르시리라.

5 마 28:16, "열한 제자가 갈릴리에 가서 예수께서 지시하신 산에 이르러" (개역 개정).

6 원문은 '可隣'(가린)이다. '린(隣)'은 '이웃 린'이다. 앞뒤 문맥으로 살펴 '린(隣)'을 '불쌍히 여길 련/연'으로 바꾸어 '가련(可憐)'으로 수정 번역함.

유다서 공부(5)

사(四), 십자군(十字軍)에게 권면 17-23

3, 4절에 십자군(十字軍)의 격려문(激勵文)을 말하여주고 5절로 16절(節)까지 십자군의 반역(叛逆)을 여러 모양으로 말한 후 다시 붓을 놓으려고 하면서 17절로 23절까지 의미 있는 간절한 권면을 소극적으로 하지 말 것과 적극적(積極的)[1]으로 하여야 할 것을 가르치셨다. 말세에 신앙을 잡기 어려운 우리들에게 무한한 힘이 되리라.

일(一), 염려 말라 (소극적) 17-19

위에 반역군에 대하여 과거의 반역군(5-7)이라든지 그 망동(8-10)이라든지 그 최후의 멸망(11-16)할 것을 상세히 말하였는 바 금일 이를 비추어 생각함에 참으로 떨리는 일이 많은지라. 이런 위험을 만나도 하등의 두려워할 것이 없음을 말씀하여 우리를 위로하신다. 「오직 사랑하는 자들아」 그리스도의 사랑함을 입은 자 곧 진실한 성도들을 가리킨 말씀이니 진실한 성도 너희들만은 아무리 세상이 들끓어도 두려워할 것이 없다는 말씀이다. 이런 반역(叛逆)이 반드시 있을 것을 주의 사도들이 벌써 미리 말

---

* 『게자씨』 제3권 제5호(1934.5), 17-19, 『게자씨 1933-1934 (영인본)』, 169-171.

1 원문은 '極積的'(극적적)이다. 이것은 '積極的'(적극적)을 잘못 적은 것으로 보아 '적극적(積極的)'으로 수정 번역함.

씀하신 것이니 곧「내가 떠난 후에 악한 이리가 너희 중에 들어와 그 무리를 아끼지 아니할 줄 아노니」(행 29:29)[2] 그 밖에도 딤전 4:1, 딤후 3:1-9, 4:3, 벧후 2장[3]에 가르치셨다. 사도뿐이었으랴. 내 주(主)[4]께서도 마태 24:11[5]에 또 그밖에 말세에 위험할 것을 여러 번 가르치신 것이 아닌가? 즉 저 말세에 기롱(譏弄) 하는 무리 곧 불경건자들! 위에도 말하였거니와 다시 말하였다. 이런 자들은 자기 정욕대로 행함으로 당을 짓는 자라. 보라 금일 교내(敎內)에도 암암(暗暗)한 중에 혹은 드러내 놓고까지 당들이 있지 아니하냐? 그러나 벌써 내 주께서 또 그 사도들이 미리 말씀하여 이런 일이 있을 것을 가르치셨나니 걱정할 것은 없다. 이렇게 당을 짓고 있는 자는 진정한 인격을 소유한 인간이 아니요. 금수(禽獸)에 불과한 것을 가르친다. 금수(禽獸)도 신(身)과 혼(비영혼)은 있어 상당히 알 바를 알고 어느 정도까지 가르칠 수도 있는 것이다. 사람은 이와는 달라 신(身)과 혼(魂) 외에 신(神)이 있어 (살전 5:23)[6] 하나님과 교통하며 성신(聖神)의 감동을 받을 수 있어 만물의 영장이거늘 저 불경건한 자[7]들은 혼(魂)은 있으나 성신(聖神)은 없다고 하였나니 금수(禽獸)에 다름이 최후에야 어디 나타나랴? 이상히 생각 말라! 염려 하지도 말라. 말세에, 교내(敎內)에 이런 류(類)의 사람들이 반드시 있으리라.

---

2 행 20:29, "내가 떠난 후에 사나운 이리가 여러분에게 들어와서 그 양 떼를 아끼지 아니하며" (개역 개정).

3 원문은 '딈전四1딈후三1-9四3 벳후二章'이다.

4 원문은 '吾主'(오주)이다. 이것을 '내 주(主)'라고 번역함. 이후에도 동일하게 번역함.

5 마 24:11, "거짓 선지자가 많이 일어나 많은 사람을 미혹하겠으며" (개역 개정).

6 살전 5:23, "평강의 하나님이 친히 너희를 온전히 거룩하게 하시고 또 너희의 온 영과 혼과 몸이 우리 주 예수 그리스도께서 강림하실 때에 흠 없게 보전되기를 원하노라" (개역 개정).

7 원문은 '不敬虔之者'(불경건지자)이다. 이것을 '불경건(不敬虔)한 자(者)'라고 번역함.

이(二), 신앙에 확립하라 (적극적) 20-23

1. 자신(自身)[8]을 위하여 (20-22)

나를 위하여 신앙에 굳게 서야만 되겠다. 이런 위태한 때 교내(敎內)까지 불경건한 당을 짓는 일이 있는 이때 우리들의 신앙을 바로 세우지 않아서는[9] 아무래도 위태할 것이다. 할 수 있는 대로 더욱 잘 믿는 자를 저 사탄은 꺼꾸러뜨리려 한다.[10] 이런 일이 있음을 걱정할 것은 없고 내 신앙에 확립(確立)을 도모하며 힘쓸 것이니 사도 유다는 또 이에 대하여 그 어떻게 할 것을 말하여 준다.

가. 믿음에 자립(自立)할 것 (20) 우리에게 자립적 신앙은 절대 필요하다. 너무나 과거에는 주입적 신앙이었다. 아직도 대부분이 그렇다. 교회당에서 성경 말씀 한 번 들어본 후로는 한 주일 가야 성경 한 절 외우지 않으니, 기도 한 번 하지 않으니 이 어떻게 자립한 신앙이 되랴. 그런고로 여기서 이 말을 들으면 그런가? 저기서 저 말을 들으면 그런가? 뜬구름처럼 신앙의 방향이 없어 어떤 때는 불신앙자의 훌륭한 지식적 설명 등이 있을 때는 배신할 수밖에 없는 것이다. 신앙에 자립은 필요하다. 내 믿음은 내가 세워야 언제든지 튼튼하다.

나. 성신(聖神)의 감동 (20) 믿는 사람이 항상 성신(聖神)의 감동함을 받아 성신의 인도함을 받지 않을 때는 언제든지 바른길을 걸을 수 없고 사탄의 유혹을 이길 수가 없다. 성신의 감동함은 절대 필요할 뿐 아니라 참 신자 노릇을 할진대 반드시 성신과 하나가 되어야 하는 것이다.

다. 기도 (20) 기도에 대하여서는 너무나 잘 안다. 우리 생명인 기

---

8 원문은 '自信'(자신)이다. 그러나 앞뒤 문맥을 살펴 '자신(自身)'으로 수정하여 번역함.

9 원문은 '안아가지고서는'이다. 이것을 '않아서는'으로 번역함.

10 원문은 '꺽구러치려한다'이다. 이것을 '꺼꾸러뜨리려 한다'로 번역함.

도를 떠나서야 어찌 바른 신앙을 얻을 수 있으랴?

라. 자수(自守)[11] (21) 하나님의 사랑 안에서 스스로 지키라. 야고보 1장 끝 절에 나타나는 경건(敬虔)은 곧 경신(敬神)[12], 애인(愛人)[13], 수기(守己)[14]니 나를 지키는 것은 경건 생활의 일부분이다.

마. 최후의 소망 (21) 신자들의 소망은 육(肉)에 있지 아니하여 땅에 있지 아니하다. 우리 주 예수 그리스도의 긍휼을 받아 영생을 확신하는 소망이 있나니 이 귀한 소망을 바라고 항상 기도하여 굳건한 신앙에 확립할 것이다.

2. 타인을 위하여 (23)

타인이라 함은 죄 중에 사는 사람들이니 이들을 위하여 신앙에 확립하여야 할 것이다. 위에 말한 반역자들까지 저들을 구하여 내기를 힘쓰라는 말이다. 여기에 기독교는 위대한 것이다. 즉 원수까지 사랑하는 것이다. 의심하는 어떤 자들 위하여 그를 긍휼히 여김으로 구(救)할 것이요 어떠한 자는 불 가운데서 구해 내는 것같이 급히 구원(救援)[15]할 것이요 어떠한 자에게는 저의 멸망을 두려워함으로 긍휼히 여겨 구원할 것이다. 총(總)이[16] 말하면 저들이 우리의 원수 같으나 종말의 멸망을 생각함에 어찌 참아 그리스도의 사랑을 받은 신도들이 그 참상을 볼 수 있으랴. 그리하여 저들을 긍휼히 여기는 마음이 있을 수밖에 없고 저들을 불에서 끄집어내듯 하지

---

11 '자수(自守)'의 뜻은 '행실이나 말을 스스로 조심하여 지킴'[한컴오피스 흔글 한자로 바꾸기].

12 원문의 '敬神'(경신)은 '신을 공경함'이라는 뜻임.

13 '애인(愛人)'은 '남을 사랑함'이라는 뜻임.

14 '수기(守己)'는 '자기를 지킴'이라는 뜻임.

15 원문은 '教援'(교원)이다. 이것은 앞뒤 문맥을 살펴보면 잘못이다. 따라서 '구원(救援)'이라고 수정 번역함.

16 원문은 '總이'(총이)다. 이것은 '모두 합쳐서'라는 뜻이다.

않을 수 없고 저들에게 내릴 죄를 어찌 무서워 구원하려 애쓰지 않으랴. 이같이 저들을 구원하려 여인이 해산하는 수고 같은 수고가 있어야겠다. 그러나 저들을 구원하려고는 할지로되 결코 저들과 같이하여 죄에 물들어서는 안 될 것을 힘 있게 말하니 곧 의복(衣服)이라도 육체의 더러운 것을 쓸어버리라 (33) 하였다.

처음 신앙가 아벨

아벨은 신앙의 조상(祖上)이다. 신앙가 중에 첫째 사람이었다. 그리하여 저는 여러 방면의 첫 기록자(記錄者)이었다.

일(一), 처음 신앙가(信仰家)

신앙가를 꼽는다면 아벨을 첫손에 꼽지 않을 수 없다. 형 가인은 불신앙자이었으나 아우 아벨은 참 신앙자여 하나님의 사랑을 입은 것이다. 조선(祖先)[1]은 하나님을 불순종 불신하여 쫓김을 받았으나 그는 하나님을 신앙하여 그의 보호 아래 있었고 그의 권고 아래 있었다. 저의 조선(祖先) 아담은 육(肉)의 조선(祖先)이었으나 아벨은 신앙의 조선(祖先)이었다. 과거에 많은 신앙가가 있었고 또 현대에도 있고 미래에 허다한 신앙가 있을 것이다. 이는 다 아벨의 뿌리[2]에서 나오는 싹[3] 혹은 가지에 불과할 것이다. 저는 누구의 지도도 있었을 바 아니다. 도리어 추락의 계단으로 내리 숙이는 그중에서 하나님을 신앙한 그 점은 위대하다고 하지 않을 수 없는 것이다. 비록 그 사업(事業)이 남아 믿지 않을지로되 그는 위대한 신앙가이었나니 신앙가는 큰 사업자 아니라 위대한 인격자 아니라 적은 것 같으나 하나님

---

* 『게자씨』 제3권 제6호(1934.6), 12-15, 『게자씨 1933-1934 (영인본)』, 190-193.

1 조선(祖先)은 조상(祖上)을 말한다.

2 원문은 '뿌럭지'이다.

3 원문은 '엄(芽)'이다. '엄'의 한자어 '아(芽)'는 '싹'을 뜻하므로 '싹'이라고 번역함.

의 뜻을 따라 순복(順服)하며 하나님을 철저히 신앙하는 그는 참으로 위대한 신앙가이다. 이런 신앙가 사람은 모르되 하나님은 아시고 세상에서 한 일이 없는 것 같되 하늘의 큰 일군이 되나니 금일(今日)에도 이런 처음 신앙가 아벨 같은 순전한 신앙가 많아지이다.

일(一), 처음 의인(義人) 대접(待接) 받은 자

죄인의 자식들이 의인(義人)될 리 없는 것이나 죄인 아담의 자손이었으되 아벨을 하나님 앞에 의인 대우를 받은 것이다. 이는 아담 편으로 하등의 관계를 가지었음이 아니라 아벨의 신앙은 하나님으로부터 의인 대우를 받게 된 것이다. 의인은 사람의 계통이 아니요. 온전히 하나님의 계통으로 되는 것이니 언제든지 의인의 자손이 응당 의인이 될 것이 아니라 누구든지 하나님을 신앙하여 하나님과 관계를 지을 때 의인이 되는 것이다. 아벨 이후 모든 의인은 하나님을 신앙한 신앙가들 뿐이었다. 에녹이 그랬고 노아가 그랬고 아브라함이 그런 사람이다. 누구든지 신앙 없이 의인 대우 받을 수 없는 것이니 선행을 한다고 의인이 아니요. 마음이 좋다고 의인이 아닌 것이다. 하나님은 예로부터 지금까지 당신을 바로 신앙하는 자를 의인으로 여기신다. 아벨은 처음 신앙자이오. 또 처음 의인이었다.

일(一), 처음 제사자(祭祀者)

죄인들로서 하나님 앞에 제사할 수 있는 특권은 말할 수 없이 귀하다. 가인도 아벨과 같이 제사를 드리지 않음이 아니었으나 불신앙의 허위의 제사이었음에 말할 것 없고 신앙가인 아벨은 진정한 제사를 드린 처음 제사자(祭祀者)이었다. 오늘날 우리의 예배의 창시자는 곧 이 아벨이다. 하나님을 찾아 그를 기쁘게 하는 그 제사 그 예배는 그 얼마나 향기로운 것인가? 하나님은 이렇게 참되게 자기를 찾는 자를 돌보시지 않을 수 없다. 가인의 제사는 돌보지 않으시고 아벨의 제사는 돌보신 그 이유는 어디에 있었는가?[4]

1. 그의 신앙에 있었다.

신앙으로 예배하는 그 예배만을 천부(天父)께서 받으실 것은 너무 쉬운 사실이다 (요 4:24)[5] 보라. 신앙 없이도 예배 제사를 드릴 수가 있는가? 신앙이 없이 제사 예배 말도 못 하겠지만 가인 이후로 그 계통을 이어 신앙 없는 예배는 얼마나 많은가? 이것은 곧 우상 예배하는 것이다. 아벨의 신앙 있는 제사를 보라! 하나님이 사람을 구원하실 길을 열어 주신 것을 확신하는 제사였다. 피 흘림이 없이는 사유함이 없다 (히 9:22)[6]는 성구(聖句)! 아담이 범죄 후 부끄러워함에 저에게 가죽옷을 입히시고 또 장차 구주 주실 것을 허락하신 것을 아벨은 신앙하고서 제사를 드린 고로 하나님이 이 제사를 돌보시지 않을 수 없다. 그러나 가인은 제사에 뜻조차 알지 못하고 있는 것에서 얼마를 예사(例事)로이 드리었으니 그 제물에 하나님의 축복은 내릴 수가 없었다. 아벨 같은 신앙 있는 예배가 아닐진대 하나님 앞에 도로 가증한 것이나 될 수밖에 없는 것이다.

4 원문은 '那邊에 在하엿는가?'이다. '那邊'(나변)은 그 뜻이 '어느 곳, 어디'이다. '在'(재)는 '있다'라는 뜻이므로 따라서 '那邊에 在하엿는가?'를 '어디에 있었는가?'라고 번역함.

5 요 4:24, "하나님은 영이시니 예배하는 자가 영과 진리로 예배할지니라" (개역 개정).

6 히 9:22, "율법을 따라 거의 모든 물건이 피로써 정결하게 되나니 피 흘림이 없은즉 사함이 없느니라" (개역 개정).

2. 진실하고 정성 있는 제사

아벨은 목양(牧羊)하던 자라. 조석(朝夕)으로 양을 몰아 잔잔한 물가로 푸른 풀밭으로 다니며 양을 먹이고 악한 짐승의 해를 돌보아 막으며 친수(親手) 귀엽게 기르는 양 또 양은 주인 아벨을 맴매 거리며 항상 따라다닐 때 비록 짐승이나 이 양을 얼마나 사랑하였으랴. 이런 친히 기르던 양을 자기 친히 손을 들어 피를 짜내 하나님께 드린 것은 그 정성이 얼마나 한 것이었는가? 하나님 앞에는 아까운 것이 없이 바칠 수 있는 아벨이었다. 진정으로 하나님을 사랑할진대 어찌 아까운 것이 있으랴? 이러한 정성 있는 제사는 하나님이 닉닉히 받으실 수가 있었다.

3. 통회(痛悔)의 제사

죄를 각오(覺悟)하지 아니하고 드리는 제사는 하등의 의미는 없는 것이다. 가인은 여기에 불급(不及)하였으나 아벨은 이에 미쳐 통회(痛悔)의 제사 즉 속죄의 제사를 드린 것이다. 무엇보다 이는 그의 합당한 제사를 드린 큰 조건이었다. 그는 신앙으로 이것을 발견한 것이다. 신앙이 없이 통회할 수가 없다. 하나님 앞에 진정으로 통회하는 그 아름다움의 이상이 또 어디 있으랴? 손을 들어 양을 잡으려 할 때 그의 통회하는 마음은 참으로 간절하였던 것이다. 그렇지 않아서는 자기를 올려다보고 살려주기를 기다리는 사랑하는 양의 피를 내어 하나님께 드릴 수는 없었을 터이다. 죄인임을 깨달은 그는 통회하지 않을 수 없는 것이었다.

하나님의 제사는 상한 심령이니 하나님이여 상하고 통회(痛悔)하는 마음을 경홀히 여기지 아니하시겠나이다 (시 51:17)[7] 통회(痛悔)하는 자를 구

7 시 51:17, "하나님께서 구하시는 제사는 상한 심령이라 하나님이여 상하고 통회하는 마음을 주께서 멸시하지 아니하시리이다" (개역 개정).

원하시리로다 (시 34:18)[8]

다윗의 통회 시의 일절(一節)이다. 어찌하여 아직도 우리들 중에서는 통회함이 없이 하나님께 나가는고? 하나님의 사랑을 원하며 자비를 원하여 하나님의 구원을 원하거든 아벨과 같이 통회의 제사를 드리라. 주의 자비와 구원이 우리에게 내릴 것이다.

일(一), 처음 순교자(殉教者)

신앙으로 말미암아 처음으로 피를 흘린 이는 아벨이었다. 그는 하나님이 받으시는 제사를 드린 까닭으로 죽임을 당하였다. 다른 무엇을 위하여서가 아니요, 신앙을 위하여 생명을 쏟는 일은 그 무엇보다 귀하다. 저는 그렇듯 지상에서 생명을 잃은 자 같았으나 오늘까지 그 생명은 빛나고 있지 않은가? 저는 처음으로 순교한 까닭이다. 어찌하여 우리는 신앙을 위하여 생명 전부(全部)를 내놓지 않으랴. 이 이상에 더 원할 것이 또 지상에 남아 있는가? 내 생명을 바칠 지경까지 믿는 그 신앙이야말로 사람의 생명을 좌우할 수 있는 위력이 있을 것이다!

일(一), 메시야의 처음 표상자(表象者)

하나님께서는 종종 위대한 신앙가를 택하여 예수의 표상(表象)으로 세웠다. 그중에 아벨은 첫 사람이다. 그는 좌기(左記)[9] 조목(條目)의 예수 표상자이었다. 일(一) 목자(牧者) 이(二) 헌제(献祭)[10] 삼(三) 무죄(無罪)(비원죄(非

8 시 34:18, "여호와는 마음이 상한 자를 가까이하시고 충심으로 통회하는 자를 구원하시는도다" (개역 개정).

9 원문의 '좌기(左記)' 세로쓰기를 한 글에서 본문의 왼쪽에 쓰여 있는 글귀를 말한다.

10 원문의 '献祭'(헌제)의 '献'(헌) 자(字)는 '바칠 헌(獻)' 자(字)의 속자(俗字)이다. '헌제(獻祭)'는

原罪)[11]) 사(四) 죄를 아는 것 오(五) 피살(被殺) 육(六) 죽었으나 오히려 산 것 칠(七) 신앙의 계승자(繼承者)가 있는 것 등이다. 예수께서 오시지 않았을 때 였것만 신앙으로 예수의 칠대(七大) 표상이 되었나니 우리는 오시었다 가신 예수 또는 우리와 같이 거하신 예수의 행하신 그 발자취를 어찌 이다지도 못 따르랴? 저는 칠대(七大) 표상(表象)이 되었다면 우리는 칠십 내지 칠백으로 주 예수의 발자취를 따름이 있어야겠거늘 한가지 조건에 있어 주의 뜻대로 살지 못하고 반하여 주를 섭섭하게 하는 것은 얼마만큼 반역이냐? 이는 배은망덕(背恩忘德)이로다. 아벨은 오대(五大) 선각(先覺)에 제일인(第一人)이었나니 우리들[12] 역시(亦是)[13] 아벨의 계통에 속하였을진대 우리 신앙의 조선(祖先)된 저의 신앙을 통(通)하여 각득(覺得)함이 있어야겠다.

'바쳐진 제물'이라는 뜻이다.

11 원문의 '비원죄(非原罪)'는 '원죄가 아니다'는 뜻임.

12 원문은 '吾等'(오등)이다. 이것을 '우리들'로 번역함.

13 원문은 '亦'(역)이다. 이것을 '역시(亦是)'로 번역함.

유다서 공부(終)

오(五), 영광을 하나님께 돌림 24-25

모든 일에 있어서 최후에는 하나님께 영광을 돌림은 합당(合當)한 일이니 오직 모든 영광은 그에게 있음이로다. 유다도 최후(最後) 그에게 영광을 돌리니 끝을 막는다.

(1) 마땅히 그에게 영광과 찬송을 돌릴 것이니 그는 사람을 얼마나 은혜와 사랑으로 보호 인도하는가?

1. 「보호하사」 사람은 약자이었음에 이 악한 세상에서 보호자 없이 구원의 자리에 들어가지 못한다. 이에 인생의 보호자는 절대 필요하니 이제 만능의 능력자 하나님의 보호를 받는 사람의 안전함은 그 어떠하리오.

2. 「거리낌이 없게 하시고」 마귀의 유혹에 거리낌 없도록 지켜주신다.

3. 「즐거움으로」 무릇 하나님의 자녀된 자의 즐거움을 말해 무엇하리오. 하나님께서도 우리를 부득이하여 구하심이 아니라 즐거운 가운데 인도하시매 그 사랑을 어찌 이제 측량하리오.

4. 「흠이 없게」 천당의 복은 깨끗한 자가 받는 것이니 우리를 깨끗이 씻어 흠이 없게 완전히 만드신다는 뜻이다.

5. 「그 영광 앞에 세우실」 끝까지 인도하시어 그 영광 자리까지 이

---

* 『게자씨』 제3권 제6호(1934.6), 17-18, 『게자씨 1933-1934 (영인본)』, 195-196.

르게 하신다고 하시었나니 하나님이 사람을 구원하심이여 그 자리에까지 끌어가시도다. 우리를 이 지경까지 끌어 인도(引導)하는 천부에게 어찌 영광을 마땅히 돌리지 않으리오.

(2) 그리스도로 말미암아 영광을 돌릴 것이니 우리를 그 영광 앞에까지 세우실 자 곧 우리 구주 독일(獨一)이신 하나님께 (25) **우리 주(主) 예수 그리스도로 말미암아** 영광을 돌릴 것뿐이다. 우리 죄인들로서 어찌 그 하나님께 영광을 돌릴 수 있으랴. 그러나 우리의 중보(中保) 되신 그리스도 오직 그로 말미암아서야만 하나님께 영광을 돌릴 수 있는 것이다.

(3) 모든 영광을 다 돌릴 것이다. 어떤 부분의 영광만 그에게 돌릴 것이 결코 아니다. 모든 영광이 그에게 충만한 것임에 그에게 모든 영광을 다 돌릴 것이다. 그런고로 영광과 위엄과 능과 권세를 돌릴 것이라고 말하였다.

(4) 시간을 초월하여 영원부터 영원까지 영광과 찬송을 그에게 돌릴 것이다. 일시적이 아니오. 과거 현재 미래 영원무궁토록 모든 영광을 그리스도를 통하여 마땅히 그에게 돌릴 것을 끝으로 힘 있게 말하여 유다서를 끝 막았다.

확실한 구원은!

벧전 1:3-5[1]

사람을 구원하심은 하나님이 하시는 일이심에 그 구원하심에 확실함을 말하여 무엇하랴.

하나님의 긍휼과 사랑으로 사람을 구원하시는 이 일 하나님이 하시는 것이니 자기의 형상(形像)으로 지은 사람을 구원하시는 것임에 하나님 자신이신 그리스도를 통하여 그 긍휼과 사랑을 나타내시고 구원받을 사람으로 하여금 그 긍휼과 그 사랑을 받게 하시어 구원은 확실히 이루어진다. 사도 베드로는 이 사실을 밝히 설명하여 준다. 첫째로 하나님의 사랑의 표현 즉 그 많으신 긍휼대로

일(一), 예수 그리스도 죽은 가운데서 다시 사심으로 말미암아 (3) 구원의 문을 여시었다. 이것을[2] 단계적(段階的)[3]으로 말하여 설명하니

(1) 「중생(重生)하게 하사」 (3) 「진실로 너에게 이르노니 사람이 중생

---

* 『게자씨』 제3권 제7호(1934.7), 6-8, 『게자씨 1933-1934 (영인본)』, 210-212.

1 벧전 1:3-5, "우리 주 예수 그리스도의 아버지 하나님을 찬송하리로다 그의 많으신 긍휼대로 예수 그리스도를 죽은 자 가운데서 부활하게 하심으로 말미암아 우리를 거듭나게 하사 산 소망이 있게 하시며 썩지 않고 더럽지 않고 쇠하지 아니하는 유업을 잇게 하시나니 곧 너희를 위하여 하늘에 간직하신 것이라 너희는 말세에 나타내기로 예비하신 구원을 얻기 위하여 믿음으로 말미암아 하나님의 능력으로 보호하심을 받았느니라" (개역 개정).

2 원문은 '此를'이다. '이것을'로 번역함.

3 원문은 '階段的'(계단적)이다. 이것을 '단계적(段階的)'으로 수정하여 번역함.

하지 아니하면 하나님 나라를 보지 못하나니」 (요 3:3)[4] 육(肉)의 조상 아담의 계통으로 한 번 난 자다 육에 속한 자들이니 육에 속한 자는 누구나 다 사망을 면치 못할 것이다. 영생이신 예수 그리스도의 계통으로 난 자 영(靈)에 속한 자니 오직 이 영에 속한 자뿐 이 영생을 누릴 수 있는 것이다. 그런고로 죄에 죽은 모든 인간은 누구를 물론하고 다시 한번 새로 나야 할 지니 오직 이 중생(重生)은 구주 그리스도로 말미암아서야 얻는 것이다. 그런고로 그리스도 예수 죽은 가운데서 다시 사심으로 말미암아 첫째로 우리들이 얻는 것은 그리스도 사심과 같이 우리도 다시 사심에 있는 것 곧 중생(重生)을 얻음이니 중생은 천국 들어가는 첫째 계단이 되는 것이다. 어느 뉘가 육생(肉生)에서 영생(靈生)으로 사망에서 영생으로 드러가기를 원치 않으랴. 새사람 되기를 원치 않으랴? 이것을 원하여 입산수도자(入山修道者)도 있는 것이오 수양을 쌓는 자도 있는 것이다. 그러나 어찌 인위적으로 변화된 창조 곧 영생을 거듭 얻을 수 있으랴? 오로지 이 영생은 그리스도를 통하여서야만 얻는 것이니 예수를 믿는 자만 이 중생함을 얻는다.

(2) 「산 소망」 (3) 소망이 없는 자는 벌써 죽은 사람이다. 육생(肉生)에 무슨 소망이 있으리오. 있다면 죽을 소망이었나니 곧 멸망이다. 오직 그리스도를 통하여 중생(重生)함을 얻은 자만이 산 소망에 날뛸 것이니 여기서 헤엄치는 자 환난이 올 터이냐? 핍박이 올 터이냐? 어떠한 어려움이 온다고 할지라도 그 무슨 관계가 있을 것일까? 오직 소망 중에서 즐거워할 것뿐이다. 이런 소망이 없는 자는 생(生)의 가치를 알지 못하는 자이다. 어찌하여 사는가? 이 한 문제에 있어서 무슨 대답을 할 수 있겠는가? 그래도 살기는 산다. 이는 꺾어진 가지가 아직 때가 이르지 않음에 물에 담겨 사는 것과 마찬가지일 것이다. 잎이 핀들 꽃이 핀들 그 무슨 소망이 있는 것

4 요 3:3, "예수께서 대답하여 이르시되 진실로 진실로 네게 이르노니 사람이 거듭나지 아니하면 하나님의 나라를 볼 수 없느니라" (개역 개정).

이 아니다. 때가 이름에 스러지고 말 뿐이다. 육생(肉生)에 속한 자 이 화를 불면(不免)할지니 지금 푸른 잎과 지금 핀 꽃에 만족을 갖지 말라. 이제라도 그리스도에게 접붙임을 받아 새 생명을 얻어 산 소망을 가질 것이다.

(3) 기업(基業)을 잇게 하시나니 (4) 「그런고로 네가 이후로 종이 아니요 아들이니 아들이면 하나님으로 말미암아 기업을 이을 자니라」 (갈 4:7)[5] 무엇을 산 소망 중에 바랄 것이냐? 하나님 나라를 기업으로 얻는 것이니 이 기업은 1. 완전한 기업이다. 불후(不朽)[6] 불오(不汚)[7] 불쇠(不衰)[8]하는 기업이니 땅 위에 기업들과는 다르다. 2. 안전한 기업이다. 땅에 있는 것은 어느 것을 물론하고 안전한 것이 하나도 없다. 과연 예수님의 말씀과 같다. 「보물을 땅에 쌓아 두지 말라.... 오직 하늘에 쌓아두라....」 (마 6:19-20)[9] 하늘에 쌓아두는 그 안전함보다 더한 안전함이 어디 있으랴. 이제 우리에게 주실 기업은 다른 데 두었다가 줄 것이 아니라 하늘에 간직하였다가 줄 것이라(4하)[10] 하였나니 원수가 빼앗을 수도 없고 어떠한 해도 침범치 못할 하늘에 간직하였으니 이 기업이야말로 완전 안전한 확실한 기업이니 이 기업은 오직 그리스도 예수로 말미암아 새로 남을 얻고 산 소망을 가진 자들이 확실히 얻는 것이다.

하나님의 사랑의 표현은 그리스도를 통하여 중생(重生)과 소망과 기업을 얻게 하시고 사람으로 하여금 그 구원을 받게 하심에는

---

5 갈 4:7, "그러므로 네가 이후로는 종이 아니요 아들이니 아들이면 하나님으로 말미암아 유업을 받을 자니라" (개역 개정).

6 원문의 '不朽'(불후)는 그 뜻이 '썩어 없어지지 않는, 곧 오래도록 없어지지 않는'이다. [한컴오피스 훈글 한자로 바꾸기].

7 원문의 '不汚'(불오)는 '더럽지 않은'이라는 뜻이다.

8 원문의 '不衰'(불쇠)는 '쇠(衰)하지 않는'이라는 뜻이다.

9 마 6:19-20, "너희를 위하여 보물을 땅에 쌓아 두지 말라 거기는 좀과 동록이 해하며 도둑이 구멍을 뚫고 도둑질하느니라 오직 너희를 위하여 보물을 하늘에 쌓아 두라 거기는 좀이나 동록이 해하지 못하며 도둑이 구멍을 뚫지도 못하고 도둑질도 못하느니라" (개역 개정).

10 원문은 '4下'이다.

이(二), **사람의 믿음으로 말미암아**(5) 구원을 완성하신다 – 믿음도 보혜사를 보내시어 아버지께서 주신 믿음이지만은 – 일찍이 은혜로 주신 말씀「누구든지 저를 믿으면 멸망치 않고 영생을 얻으리라」(요 3:16) 하나님의 구원의 역사(役事)에 참여한 것도 감사하거니와 그 공역(功役)을 믿으면 된다고 공포(公布)하였으니 복되도다. 이 복음이여! 어찌하여 하나님이 하시는 이 구원을 물리치는 자가 있는가? 저는 반드시 큰 화를 불면(不免)하리라. 죄 중에 대죄(大罪)는 곧 이 불신앙이니 불신앙자(不信仰者)들이여! 언제까지나 신앙하지 않으려는가? 보라 신앙자(信仰者). 하나님이 여하히 인도하시어 확실한 구원의 자리까지 도달케 하는가?

(1) 하나님의 능력으로 보호하신다. 인간은 다 약하다. 약자들인 인간으로서 이 고해(苦海)의 파도를 저어가기에는 너무나 힘들다. 아니 불가능이다. 할 수 없는 것이다. 그러므로 사람으로 독생자를 보내신 하나님은 그 구원에 참여한 자를 자기의 권능으로 보호하시는 것이다. 하나님의 능력의 보호를 받는 성도들이여! 이제 그대들께도 위험이 있으며 두려움을 절망이 아직 남아 있는가? 그러면 아직 신앙의 부족함을 자각(自覺)할지라. 보라! 대 성도 바울의 절규를!

뉘가 능히 우리를 그리스도의 사랑에서 끊으리오 환난이나 곤고나 핍박이나 기근이나 적신이나 위험이나 도검이랴! 롬 8:35[11] 그렇다. 하나님의 능력의 손이 나를 보호하시는데 어찌 다른 무엇이 나를 해칠 수 있으랴. 이 위력의 능력의 보호를 받는 성도여! 거슬리는 시대를 담대히 직면하라.

(2) 구원을 얻게 하신다. 이것은 우리 최후의 소망이요 승리다. 하나님의 구원의 완성이다. 우리가 승리한 것은 아니나 우리의 승리로다.

11 롬 8:35, "누가 우리를 그리스도의 사랑에서 끊으리요 환난이나 곤고나 박해나 기근이나 적신이나 위험이나 칼이랴" (개역 개정).

대 구원의 역사(役事)는 이렇게 완성된다. 하나님이 전연(全然) 하시는 것이었건만 사람을 시켜 믿게 함으로 최후의 구원을 얻게 하시니 찬송하리로다 (3). 한 번 더 본문대로 이 대 구원의 사실을 보라. 예수 그리스도 죽은 가운데서 다시 사심으로는 중생과 산 소망과 하늘에 간직한 불후(不朽) 불오(不汚) 불쇠(不衰)의 기업을 잇게 하신다. 이렇게 큰 문을 열으시어 놓았다. 이제 사람들이 이 믿음으로는 보호하여 구원의 자리까지 나가게 하신다고 하였으니, 하나님의 구원 역사에 인간이 참여하여 이를 완성하는 것이니 크-다 하나님의 구원의 방법이여! 천하 창생(蒼生)아, 속히 다 이 구원의 역사에 참여하여 다 각각 구원을 얻어라. 참여한 자 영광과 찬송을 천부께 영세 무궁토록 돌릴지어다.

한 사람의 힘

롬 5:12-21

빛과 흑암, 선과 악, 의와 불의, 진리와 허위, 생명과 사망, 양자(兩者)의 대립. 빛에 속하였는가? 흑암에 속하였는가? 선이냐 악이냐? 의냐 불의냐? 즉 다시 말하면 빛과 선과 의와 진리 또 생명이 되신 예수에게 속하였는가? 그렇지 않으면 흑암과 악과 불의와 허위 또 사망의 사자 사탄에게 속하였는가? 같은 사람이었건만 이 두 큰 노력의 지배하에 있어 두 큰 결과를 현출(現出)하나니 전자 곧 생명의 지배하에 있어 사는 사람 영생의 큰 결과, 후자 곧 사망의 그늘 아래 사는 사람 멸망의 결과를 얻는 것이다. 한 사람으로 여기 가입하여 영생 저기 가입하여 멸망 이렇게 큰 힘을 가지는 것이다. 한 사람의 힘은 위대하다. 생명의 본체와 그렇지 않으면 사망의 사자와 합하여 큰 결과를 나타낼 수 있는 위대한 힘을 가진 것이다.

일(一), 범죄하는 한 사람의 힘

한 사람이 후자(後者) 곧 사망의 사자(使者)와 합하여 범죄의 결과를 나타내는 힘은 크다. 이 땅에 죄가 어떻게 들어왔는가? 「한 사람으로 말미암아 세상에 들어」(12) 온 것이다. 중인(衆人)이 사망을 받게 됨은 「한 사람의 죄로 인」(15) 함이었다. 많은 사람으로 이 세상이 주저(呪咀)[1] 아래 있는

---

* 『게자씨』 제3권 제8.9합호(1934.8-9), 15-16, 『게자씨 1933-1934 (영인본)』, 242-243.

것이 아니라 오직 한 사람 아담 때문이었다. 속담에도 열 고기물을 한 고기가 흐린다고 한 사람이 그릇 나아가 사탄과 합하여 역사(役事)할 때 놀라운 결과를 지어 자기 자신뿐 아니라 대중(大衆)에게까지 적지 않은 큰 영향을 주는 것이다. 일개(一個) 여자 우리야의 처 밧세바의 망령된 행동과 한 사람 다윗의 실수는 전 이스라엘로 하여금 일시적 대환난에 들어가게 하였고 일 요녀(妖女) 이세벨의 범죄는 이스라엘의 선지(先知)[2]를 전부 죽이고 엘리야의 생명까지 살해하려 찾아다녔다. 기타 이스라엘 유대 나라 역대의 열왕(列王)[3] 중 범죄한 왕들 많아 저들 한 사람으로 말미암아 그만 전 백성이 난관에 처하곤 하였음이 한두 때가 아니었다. 신약시대에 왔어도 악한 헤롯 한 사람으로 많은 어린 생명을 학살하였고 한 사도 유다가 사람과 합하여 하나님의 아들을 팔아먹었다. 보라. 한 사람이 범죄하는 힘은 사망의 사자(使者) 사탄과 합하는 것임에 그렇듯 큰 힘이 있어 제물을 망치는 일은 물론 자기 동족 자기 백성 한 큰 단체를 망치는 일이 많이 있었으며 또 지금도 얼마든지 있다.

생각하라. 한 사람의 힘을! 나 한 사람이 범죄하는 일은 결코 나만을 망치는 일만이 아니다. 더욱 하나님의 부르심을 받았던 성도 중 한 번 범죄하는 일은 교회나 교회의 머리 되신 그리스도에게 얼마만큼 욕이 되는 것인가? 그러므로 사탄은 기회를 엿보아 한 사람을 사서 모든 사람에게 큰 환난을 던지려 하는 것이다. 이 범죄의 힘은 이러한 것이니 나만 아니라 다른 사람까지 범죄케 하거나 또 욕 돌리는 그 악한 죄의 결과는 무서

---

1 원문의 '呪咀'(주저)는 '주저(呪詛)'와 같이 쓰인다. 이 둘은 모두 '저주(咀呪), 저주(詛呪)'와 같은 뜻으로 '남에게 재앙이나 불행이 일어나도록 빌고 바람, 또는 그런 재앙이나 불행'이라는 뜻 [한컴오피스 훈글 한자로 바꾸기].

2 원문의 '先知'(선지)는 '선지자(先知者)'를 뜻한다.

3 원문에는 '烈王'(열왕)으로 되어있다. 그러나 앞뒤 문맥을 살펴 '열왕(列王)'으로 수정하여 번역함.

운 심판대에서 여하(如何)히 나타날까?

일(一), 봉사(奉仕)하는 한 사람의 힘

전제(前題)의 정반대(正反對)로 한 사람이 이제 전자(前者) 곧 생명의 본체이신 그리스도와 합하여 그 결과가 나타날 때 이 결과야말로 참으로 무서운 결과이다. 보라! 한 사람 아담으로 인하여 죄가 들어와 모든 사람이 사망을 불면(不免)케 되었으나 이 사망의 권세를 여지없이 깨뜨린 사람은 그 누구인가? 오직 생명 자체이신 하나님 예수가 아니신가! 보라 이 성구(聖句)를! 「하나님의 은혜와 한 사람 예수 그리스도로 주신 은혜가 뭇사람에게 흡족치 못하겠느냐」(15) 그리스도 예수의 힘은 여기에 미친 것이니 이 그리스도와 합하는 자 어찌 위대한 노력을 발휘치 못하랴? 이 세력에 합하는 자의 그 힘 어떠하랴? 법로(法老)[4] 바로의 수중(手中)에서 60만 백성을 건져내온 한 사람 모세의 위대한 힘! 저는 적수(赤手)[5] 공권(空拳)[6]으로 양 몰던 지팡이가 오로지 자기 손에 있었건만 바로의 대병(大兵)을 물리친 그 힘! 혈혈단신으로 살아계신 하나님의 힘을 받아 갈멜산에서 450인의 바알 선지(先知)[7]를 격살(擊殺)한 엘리야의 힘! 거슬리는 시대에 처하여 진리를 외친 역대의 선지자들! 400년간이나 선지(先知)[8] 없는 시대에 광야에서 힘 있게 회개를 외치는 세례 요한의 힘! 기독교 제일 선교사 바울 사도의 힘! 그 밖에서 여러 성도들의 힘! 이 모든 힘은 다 그리스도를 힘입어

---

4 원문의 '法老'(법로)의 '法老'는 '바로, 파라오(Pharaoh)'를 한자식으로 쓴 글자이다[上海大美國聖經會, 『新舊約聖經』(1912), 聯合聖經公會, 『聖經』(1961)].

5 원문의 '赤手'(적수)는 '맨손'이다.

6 원문의 '空拳'(공권)은 '맨주먹'이다.

7 원문의 '先知'(선지)는 '선지자(先知者)'를 뜻한다.

8 원문의 '先知'(선지)는 '선지자(先知者)'를 뜻한다.

나타난 각 개인의 힘이었다. 더욱 기독교는 개인의 종교였음에 한 사람 한 사람의 나타나는 그 힘으로 기독교는 이렇게 자라게 된 것이다.

성도들이여! 그리스도와 합하는 내 힘은 이렇듯 위대한 것이었나니 어찌 침묵이 있으랴. 나 한 사람으로 말미암아 어떻게 하나님은 크신 일을 경영하시고 계시는 것인가? 이제 하나님의 부르시는 음성을 들을지라! 사람은 연약한 자임에 위대한 힘을 발휘하던 엘리야도 이세벨의 말에 의기(意氣)가 저상하여[9](왕상 19:1[10]) 호렙산 굴(窟)속에 숨어 죽기를 기다림에 (19:9)[11]「여호와 임하여 가라사대 엘리야야 네가 어찌하여 여기 있느냐」 (19:9) 부르시어 엘리야의 할 일을 명하였다.「네가 어찌하여 여기 있느냐」 부르시는 하나님의 성호(聖呼)를 들으시라! 어찌하여 아직 여기 있는가? 하나님의 부르심에 순종하여 앞으로 나아가 하나님의 시키는 대로 하는 그 사람의 힘! 앞에 태산(泰山)이 있느냐? 대해(大海)가 있느냐? 용진(勇進)하라. 한 사람의 힘은 이러하다. 땅 위에 한 번 난 사람치고 이런 힘 나타내지 못하는 까닭은 오직 참 생명의 본체이신 예수와 합하지 않은 때문이다. 그러나 종종 사탄의 사자가 되어 사탄과 합하는 자 영원한 사망에 들어가나니 생명의 힘이냐? 멸망의 힘이냐? 어느 편에 가담하여 한 사람의 힘을 나타내려는가?

9 원문의 '저상하여'라는 말은 '기운을 잃어'라는 의미의 한자어로 '저상(沮喪)하여'이다.

10 원문은 '王上十九1'이다. 왕상 19:1, "아합이 엘리야가 행한 모든 일과 그가 어떻게 모든 선지자를 칼로 죽였는지를 이세벨에게 말하니" (개역 개정).

11 왕상 19:9, "엘리야가 그곳 굴에 들어가 거기서 머물더니 여호와의 말씀이 그에게 임하여 이르시되 엘리야야 네가 어찌하여 여기 있느냐" (개역 개정).

나는 안다(사랑하는 벗의게)

나는 누구든지 잘 알 수 있는 그 사람을 잘 알고 있다.
무엇이든지 잘할 수 있는 그를 나는 잘 안다.
그는 믿을만한 사람이요 정직한 사람이요 친절한 사람이다. 다정한 사람이다.
그대는 그 사람이 누구임을 알고자 하는가?
곧 그 사람은 그대가 될 수 있는 사람임을 잊지 말라.

나는 누구든지 잘 알 수 있는 그 사람을 잘 알고 있다.
그는 무엇이든지 잘할 수 있는 사람이다.
그는 다른 사람을 위하여 희생할 수 있는 사람
곧 자기의 십자가(十字架)를 질 수 있는 그 사람이다.
또 그는 사랑의 대(大) 사도이다. 위로부터 난 자이다.
그대는 그가 누구임을 알고자 하는가?
그 사람은 곧 그대가 될 수 있는 사람임을 잊지 말라.

사랑하는 벗이여!
무엇이든지 할 수 있는 그 사람을 나는 분명히 아나니
「능력 주시는 자 안에 능치 못한 일이 없다.」(빌 4:13)

---

* 『게자씨』 제3권 제10호(1934.10), 8, 『게자씨 1933-1934 (영인본)』, 268. "벗의게"는 "벗에게"라는 말이다.

그대는 주 예수를 신앙하여 그의 능력을 받아 못 할 것이 없는 무엇이든지 할 수 있는 그 사람이 되는 것을 영원토록 기억하라.

멀니 지우(誌友)의게

때로는 멀리 있는 벗을 생각하지 않는 바 아니나 무정하여 그런지 한 번 위로의 글조차 못 썼습니다. 마음에 미안함보다는 너무 섭섭한 생각, 더 나가 분한 생각이 북받치나이다. 지난[1] 주일(主日)도 형의 자친주(慈親主)[2]로부터 형의 소식을 듣고 은근히 감사하였나이다.

이역(異域)에 가시어 남다른 쓰라린 고(苦)를 겪는 형이여 주 예수의 위로가 형과 같이하시기를 성심(誠心)으로 축도하나이다. 죄악의 물결이 솟아오르는 불구덩이에서라도 주 예수를 의지하여 그 힘을 힘입어 살아 나가는 그리스도의 용사가 되어지이다. 죄악으로 주저(呪咀) 받은 세상에 태어난지라「죄 없다고 하면 스스로 속임이니 진리가 우리 속에 있지 아니하고 만일 우리가 우리의 죄를 고하면 저는 미쁘고 의로우사 우리 죄를 사하시며 우리 모든 옳지 않은 것을 깨끗하게 씻을 것이요」(요일 1:8-9)[3] 벗이여 이 성구(聖句)를 재삼(再三) 낭독하시고 주 예수의 크신 위로로써 주 앞에 나아가 그 밝고 밝은 빛 앞에 숨김없이 때때로 검사(檢查)를 받고 깨

---

* 『게자씨』 제3권 제10호(1934.10), 18-19, 『게자씨 1933-1934 (영인본)』, 278-279. 목차에는 "멀-리 誌友에게"로 되어 있다.

1 원문은 '昨'(작)이다. '작(昨)'은 '어제, 앞서'의 뜻으로 여기서는 '지난'으로 번역함.

2 원문의 '慈親主'(자친주)에서 '자친(慈親)'은 '남에게 자기의 어머니를 높여 이르는 말'이다. '주(主)'는 '임금 주'로 '님'이란 뜻이다. 따라서 '형(兄)의 자친주(慈親主)'는 '형의 어머님'이라는 뜻이다.

3 요일 1:8-9, "만일 우리가 죄가 없다고 말하면 스스로 속이고 또 진리가 우리 속에 있지 아니할 것이요 만일 우리가 우리 죄를 자백하면 그는 미쁘시고 의로우사 우리 죄를 사하시며 우리를 모든 불의에서 깨끗하게 하실 것이요" (개역 개정).

끗이 씻음을 받으시라. 어찌 그런 환경에서 유혹이나 시험이 없을까! 원수 사탄은 형을 둘러 꺼꾸러지려 얼마나 애를 쓰고 있는지. 형이여! 만일 부주의하면 양심까지 마비되고 말아 앞으로 그런 경험을 하여도 죄인 줄 인식지 못하는 때가 올 것인데! 오! 무섭도다. 이 지경에 삶이여! 지금 마음에 가책이 있을 때마다 곧 주 예수 앞으로 나아가 그의 위로와 그의 힘을 입을지이다. 형이여! 하나님의 절대의 그 사랑! 그 독생자를 주신 것은 누구를 위함보다 형을 위함이었고 주 예수께서 십자가를 지심이 형을 위함이었거늘 그 위대한 사랑을 생각함에 내게서 힘이 나지 않으리오. 다시 성구(聖句)를 들어보시라. 「여호와 가라사대 너희는 와서 같이 의론하자. 너희 죄가 비록 주홍(朱紅) 같을지라도 반드시 눈과 같이 희게 하고 붉기가 진홍 같을지라도 반드시 양털 같게 하리라」(사 1:18)[4] 오! 크다. 여호와의 이 말씀이여! 형이여! 죄 중에 사는가? 여호와 앞에 나아가 의론(議論)할지니 아무리 주홍 진홍 같은 붉은 죄라도 백설같이 양털같이 되리라 하셨나니 주 여호와를 때때로 찾아 그 앞에 나아가 머리를 숙이며 옛날 다윗이 우리야의 처 밧세바를 통간한 후 뉘우친 시(51편) 눈물로 하나님을 대함 같이 눈물로 하나님을 찾으시라! 자비하신 아버지 목을 안고 입을 맞추어 위로 하시리라. 형(兄)이여 염려 말라. 주 예수만 어느 지경에 처하였든지 절규(絶叫)하라. 여리고 소경처럼(마 20:29)[5] 그리스도 귀를 막지 않으시리라.

내 미성(微誠)[6]이나마 형을 위하여 기도합니다. 형의 자친(慈親) 더욱! 형의 자(姊)형 날마다 형의 믿음을 위하여 비시나니. 형도 이 기도에 가담

4 사 1:18, "여호와께서 말씀하시되 오라 우리가 서로 변론하자 너희의 죄가 주홍 같을지라도 눈과 같이 희어질 것이요 진홍같이 붉을지라도 양털같이 희게 되리라" (개역 개정).

5 마 20:29, "그들이 여리고에서 떠나갈 때에 큰 무리가 예수를 따르더라" (개역 개정).

6 원문의 '微誠'(미성)은 '조그마한 정성'이란 뜻으로 자기의 정성을 낮춘 표현임.

(加擔)하시라. 안광국[7] 형도 안녕하시지요. 대신 문안하시며 이역(異域)에 계시는 형제는 사탄 원수의 궤계를 끝까지 치소서.

7 원문은 '안덩국'이다. '안덩국'은 『게자씨 (영인본)』의 '<게자씨> 영인본 발행에 부쳐'에 "그러다가도 남은 빚이 있어 그 빚을 내가 책임지기로 하고 안광국에게 맡긴 후 나는 중국으로, 김진홍과 박윤선은 미국으로 떠났다."에 나오는 안광국으로 여겨진다.

안 지실 십자가 질 십자가

금일(今日) 십자가(十字架)는 너무 불러 모든 사람들의 관용어(慣用語)[1]가 된 까닭인지 십자가를 말하는 자 그 심각한 맛을 감상(感想)하지 아니하며 십자가를 듣는 사람 또한 이와 같음[2]을 종종 감(感)케 된다. 십자가의 진의를 각득(覺得)할진대 십자가를 말하고 들을 때 자던 잠이 깨는 듯한 깊은 감촉이 있지 않으랴? 십자가는 곧 사형 틀이니 형(刑) 중 최고형이라 당초에 로마에서 노예를 위하여 안출(案出)[3]한 형으로 고통의 극(極) 함은 물론 그 수치의 극(極) 함도 말할 바 없어 자래(自來)로 이 십자가는 극히 공포롭게 생각하지 않을 수 없었던 것이다. 이 십자가를 우리 주 예수께서 심문받으신 후 「자기의 십자가를 지시고」(요 19:19)[4] 해골 곳을 향하시었다. 어찌하여 아무 죄도 없으신 또 뿐만 아니라 그 계심과 지혜와 권능과 거룩하심과 공의와 인자하심과 진실하심이 무한 무궁 불변하신 하나님이신 (요리문답 제4)[5] 이 예수께서 이런 십자가를 지시었는가? 이는 마땅히 자기의 지실 십자가이었든가? 십자가는 예수와 같이 무죄 성결하신 이에게는 결

---

* 『게자씨』 제3권 제11호(1934.11), 1-2, 『게자씨 1933-1934 (영인본)』, 287-288.

1 원문은 '貫用語'(관용어)이다. 여기에서 '관(貫)'을 '관(慣)'으로 수정하여 '관용어(慣用語)'로 번역함.

2 원문의 '如此함을'(여차함)을 '이와 같음'이라고 번역함.

3 원문의 '案出'(안출)은 '생각하여 냄'이란 뜻이다.

4 요 19:19, "빌라도가 패를 써서 십자가 위에 붙이니 나사렛 예수 유대인의 왕이라 기록되었더라" (개역 개정).

5 원문은 '요리문답第四'이다. 요리문답 4, "문: 하나님은 어떤 분이십니까? 답: 하나님은 그의 존재, 지혜, 능력, 거룩, 공의, 선하심, 그리고 진리에 있어서 무한하시고 영원불변하시는 영이십니다." [한국장로교출판사, 『대한예수교장로회총회 헌법』, 2023, 52].

단코 지실 바 아니다. 그러나 「자기의 십자가를」 지신 것이었다. 무슨 까닭으로 이런 십자가를 지시랴? 그러나 다만 인류를 구속(救贖)하시기 위하시어서는 무죄 성결하신 예수시로되 이 십자가를 지시지 않을 수 없었나니 이 예수의 십자가야말로 자기 자신으로 하등(何等)의 지실 이유 없는 안 지실 십자가이었다. 그러나 이 예수는 이 안 지실 십자가이로되 자기 자신 십자가로 알아 지신 것이었다.

그러면 져야만 될 질 십자가는 어떠한 것인가? 「누구든지 나를 따라오려거든 자기를 이기고 제 십자가를 지고 나를 따르라」(마 16:24)[6]의 제 십자가는 곧 우리들의 마땅히 지고야 주를 따를 질 십자가인 것이다. 생각하여 보라! 우리 주 예수 자기는 안 지실 십자가였건만 지시고 해골 곳을 향하셨거늘 또 그 위에 높이 강도의 중앙에 달리셨거늘 어찌 나 죄인 마땅히 지어야 할 이 십자가를 지고 나아가지 않으랴. 그러나 이미 우리 주 예수께서 나 죄인이 마땅히 질 십자가는 자기 친히 안 지실 십자가이로되 내 죄를 대속하여 죽으셨다가 다시 사시었음에 내 죄를 위한 십자가는 벌써 지나갔다. 내 죄 때문에 십자가를 진다고 하되 나로서는 이 십자가를 지고 나가 죽을 일밖에 아무 할 일이 없는 것이다. 죽을 죄인임에 마땅히 질 십자가를 지고 그 사형 틀에서 죽을 것밖에 더 무엇이 있으랴. 그리함에 이 십자가는 죄인인 나에게는 무필요(無必要)한 고로 내 주 예수께서 내 죄를 위하시사 죽으시어 죄를 도말하시고 다시 사심으로 대속을 성취하신 것이다. 그러면 이제 나의 마땅히 질 십자가는 어떠한 것인가? 곧 주께서 명하신 주를 따르는 십자가(마 16:24) 곧 그 십자가 그것이다. 주께서 이미 다 지내셨음에 나는 주 예수의 가실 발자취를 따라가 내 십자가를 지는 것이니 안 지실 십자가도 지시고 나가시었는데 어찌 나는 질 십자가를 지고 주

---

6 마 16:24, "이에 예수께서 제자들에게 이르시되 누구든지 나를 따라오려거든 자기를 부인하고 자기 십자가를 지고 나를 따를 것이니라" (개역 개정).

의 뒤를 따라 나아가지 않으랴. 마땅히 각각 제 십자가를 지고 주의 뒤를 따라나서자!

아기 예수를 증거한 「안나」

눅 2:36-39

죄인을 구속(救贖)하여 영생(永生)의 복을 얻게 하시러 오신 주님의 탄생을 맞이하는 금년의 성탄 성절(聖節)도 앞으로 얼마 남지 아니하였다. 예수를 믿지 아니하는 불신자들까지도 혹시는 이날을 기다리거든 하물며 아등(我等) 그의 피로 삶을 얻은 성도들의 간절함이야 그 어떠하리오? 성도들의 가장 즐겁고 기쁘고 가장 감사한 이날을 금년도 여하히 맞이할 것인가? 즐거운 날이니 즐겁게도, 기쁜 날이니 기쁘게도, 감사한 날이니 가장 감사하게도 마땅히 맞이할 것이로다. 기쁘고 즐겁고 감사하게 맞이할진대 또한 그 나타남이 있어야 할지니 그 나타냄은 무엇을 할 것인가? 천사와 같이 찬송도, 목자와 같이 경배도, 박사들과 같이 예물도 우리에게 마땅히 있어야겠거니와 아기 예수를 증거한 안나와 같이 더욱 죄인을 부르러 오신 주님을 알지 못하는 어두운 백성들에게 이 예수를 증거하는 일로서 이 성절(聖節)을 뜻깊게 맞이하여보자! 어느 날이나 어느 때나 어느 곳에든지 우리들의 할 바는 이 오신 예수를 증거할 것이니 비단 이 성절(聖節)에 한하랴만 이 예수께서 죄인을 구속하시려고 오신 이 성절(聖節)을 당하여 더욱 한 번 더 마음 깊이 이 귀한 의무를 느껴 우리 구주 예수를 증거하여 성절(聖節)을 축하하자. 예수께서 나시던 새벽 찬송하던 천사들은 한 죄인이 회개할 때 또한 찬송하나니 이 성절(聖節)을 당하여 한 죄인에게 이 복음(눅 2:11)[1]을 전하여 저 죄인이 회개할 때 위에서 천군들의 할렐루야

---

* 『게자씨』 제3권 제12호(1934.12), 2-5, 『게자씨 1933-1934 (영인본)』, 313-316.

찬송 소리는 천지를 진동하리라!

이제 아기 예수를 알아 뭇사람에게 증거한 안나의 신앙을 성경에 나타난 대로 살피어 우리도 그 신앙을 체받아[2] 나신 아기 예수, 오신 구주 메시야를 뭇 죄인들께 힘 있게 증거(証據)[3]하여보자! 나이 많은 여선지 과부 안나는 여하한 신앙의 정성을 나타낸 신앙의 소유자였던가?

1. 성전을 지키는 신앙

그의 신앙의 정성은 첫째로 성전을 떠나지 않음이었다. 출가(出嫁)한 지 7년 만에 과부되어 84년이란 긴 세월을 성전지기와 같이 성전을 떠나지 않은 그 정성은 어떻다고 말할 것인가? 종교적으로, 도덕적으로 여지없이 떨어진 백성을 위하여 참된 구주 메시야 오시기를 심히도 갈망하여 성전을 떠날 수 없이 기도하였던 것이었다. 물론 저 유대인들로서 메시야를 바라지 아니한 사람이 별로 없었으나 이렇듯 간절한 정성을 들인 안나는 과연 나이 많았으되 죽지 않고 그 눈으로 메시야를 보고 그 품에 안고 아기 예수를 증거한 것이었다. 누가 그리스도를 볼 수 있는가? 누가 아기 예수를 안고 뭇사람에게 증거할 수 있는가? 성전을 지키고 기도하는 그 사람이 아니냐? 어떤 성전을 우리는 다 지킬 수 있는가? 자나 깨나 일하나 어느 때나 성전을 지킬 수 있는 그 성전은 어느 성전인가? 바울 사도의 말을 들어보자!

「너희가 하나님의 성전이 된 것과 하나님의 성신(聖神)이 너희 안에 거

---

1 눅 2:11, "오늘 다윗의 동네에 너희를 위하여 구주가 나셨으니 곧 그리스도 주시니라" (개역 개정).

2 원문은 '테받아'이다. 이것을 '체받아'로 번역함. '체(를) 받다'는 '문장, 그림, 글씨 따위의 체를 본받다'는 뜻[Daum 한국어 사전].

3 원문의 '証據'(증거)의 '증(証)'은 흔히 '증(證)' 자(字)의 약자로 쓰인다. 따라서 '증거'의 한자를 '증거(證據)'로 쓰지 않고 원문에 있는 대로 '증거(証據)'라고 번역함.

하심을 알지 못하느냐? 누구든지 하나님의 성전을 더럽게 하면 하나님께서 멸하실지라. 하나님의 성전은 거룩하니 너희도 또한 그러하니라」(고전 3:16-17)[4] 성전은 곧 거룩하신 하나님이 거하시는 곳이니 내가 거룩함에 하나님은 내 안에 거하시나니 곧 나는 성전이 되는 것이다. 이 성전을 깨끗이 더럽히지 아니하는 데 우리들이 힘쓸 것이로다. 이 성전을 무엇보다 떠나지 않고 지킬 것이로다. 아버지의 아들이신 우리 주님 아버지의 집인 이 성전에 오시리니 아기 예수를 볼 수 있고 그리스도를 안고 증거할 수 있을 것이로다. 내 안에 하나님이 거하실 수 있게 주 예수께서 오실 수 있게 하나님의 성전을 떠나지 말고 거룩하게 지킵시다.

2. 금식(禁食)하며 기도한 정성

흔히 일부러 혹은 억지로 금식하며 기도하는 일이 있다. 어떤 의미에서 또는 혹시에 필요하다. 일부러 억지로 은혜를 얻기 위하여 할 수 있고 또 유익함이 있을 것이다. 그러나 진정한 의미의 금식기도는 여기 있는 줄 안다. 어떤 난처한 일[5]을 봉착할 시나 어떤 때 갈급히 은혜를 사모할 시나 특별한 일을 위하여 간구할 시 그 사건이 중함에 그 사건의 사실과 내 심정(心情)이 간절함에 내 온 심신(心身)이 거기 묻혀 내 정성을 들일 때 거기에 쏠려 내 식음(食飮)을 잊으리만큼 되어 금식하고자 하여 하는 것보다 금식하지 않을 수 없어 하는 그 금식은 참된 뜻이 있는 것이 아니냐? 모든 사정이 불허(不許)함에 억지로 함보다 내 생각이 간절한 때 자연히 금식하게 되는 그 정성이 간절하다는 것이다. 이 과부 안나는 억지로 하지는 않

4 고전 3:16-17, "너희는 너희가 하나님의 성전인 것과 하나님의 성령이 너희 안에 계시는 것을 알지 못하느냐 누구든지 하나님의 성전을 더럽히면 하나님이 그 사람을 멸하시리라 하나님의 성전은 거룩하니 너희도 그러하니라" (개역 개정).

5 원문의 '難處之事'(난처지사)를 '난처(難處)한 일'로 풀어 번역함.

았으리라. 노년에 메시야 구주를 사모하는 그 심정 간절함에 식음을 잊기까지 하여 기도하였다는 말이다. 우리들[6]의 소원이 있는가? 이 교회 이 백성들의 구원을 얼마나 간절히 구하여 보는가? 한때의 점심(点心)[7]을 잊고 생각이라도 해보는가? 생각하고 기도하자. 식음을 잊으려고 할 것이 아니라 식음을 잊으리만큼 주 예수를 저 불상(不詳)한 무리들께 아뢰려 심정(心情)을 드려보자! 이 기도에 응답함이 있지 않으랴?

3. 주야(晝夜)로 봉사(奉事)[8] 생활

「인자가 온 것이 섬김을 받으려 함이 아니라 섬기려 하고 뭇사람을 위하여 목숨을 버려 속죄하여 주려 함이니라」(마 20:28)[9] 봉사. 이는 곧 그리스도의 오신 목적인 것이니 위로 하나님은 물론 아래로 사람을 섬김은 또 주를 따르는 성도의 마땅히 행할[10] 본분임을 잊어서는 아니 된다. 어떤 의무감에 몰리어 억지로 하다가는 시간적 혹은 체면적[11] 봉사가 되기도 쉽다. 물론 이도 안 하는 것보다는 귀하나 보다도 주님을 따르는 그 심정이 간절하여 하나님을 섬기는 그 성심(誠心)이 간절하여 주를 섬기나 사람을 섬길 때 시간이나 체면 경우에 억지를 받지 않는 것이다. 안나의 봉사 생활! 밤낮으로 하나님을 받들어 섬기기에 백성을 받들어 가르치는 섬김에 쉬지 않았다고 하였다. 금일(今日)도 중심이 끄는 지사(志士) 중에 밤과 낮

6 원문의 '我等'(아등)을 풀어 '우리들'로 번역함.

7 원문의 '点心'(점심)의 '점(点)'은 '점(點)' 자(字)의 속자(俗字)이다.

8 원문은 '奉事'(봉사)이다. '봉사(奉事)'는 '웃어른을 받들어 섬김'이라는 뜻이다. 보통 '봉사(奉仕)'는 '국가나 사회 또는 남을 위해 헌신적으로 일함'이라는 뜻이다.

9 마 20:28, "인자가 온 것은 섬김을 받으려 함이 아니라 도리어 섬기려 하고 자기 목숨을 많은 사람의 대속물로 주려 함이니라" (개역 개정).

10 원문은 '當行할'이다. 이것을 '마땅히 행(行)할'로 풀어 번역함.

11 원문의 '体面的'(체면적)의 '체(体)'는 '체(體)' 자(字)의 약자(略字)이다.

을 불고(不顧)하고 사회봉사나 교회봉사에 헌신하는 이 불무(不無)하다. 참으로 하나님을 섬기기에 잠을 잊어버리는 그 생활, 백성을 섬기기에 시간을 모르는 그 생활의 귀함이야 더 말할 것 있으랴! 하나님을 섬기기에 해를 지워 본 사람이 있는가? 밤을 새워 본 일이 있는가? 자문(自問)할 것이로다! 이런 심정을 한 만큼[12] 가지고서야 주를 증거할 수 있으리라.

결사(結辭)

성전을 떠나지 아니하고 식음을 잊고 기도하며 잠을 잊고 시간의 구속을 받지 않고 하나님을 충성이 섬기며 메시야를 기다리던 안나는 이제 확실히 아기 예수를 메시야로 알아 메시야를 기다리는 모든 사람에게 이 아기 예수를 증거하였다. 아기 예수를 메시야로 알아 증거한 안나의 확신은 그 어떠하였으랴? 그는 그 심정이 그리스도를 증거하기에 이렇듯 간절하다면 이미 대(大) 구속자(救贖者) 그리스도를 증거(証據)[13]하는 일에 더욱 배(培)에 배(培)의 힘을 낼 것이 아닌가?

주 예수의 탄생을 맞이하는 성도여! 간절하고 간절한 심정을 가지어 이미 오신 메시야 대 구속의 대 사실을 실현한 내[14] 주 예수를 힘 있게 증거하십시다.

12 원문은 '만츰'이다. 이것을 '한 만큼'으로 번역함.

13 원문의 '証據'(증거)의 '증(証)'은 흔히 '증(證)' 자(字)의 약자로 쓰인다. 따라서 '증거'의 한자를 '증거(證據)'로 쓰지 않고 원문에 있는 대로 '증거(証據)'라고 번역함.

14 원문의 '吾'(오)를 '내'로 번역함.

복음의 사람,

방지일

1935년

하나님은 계시다

「하나님은 계시다」[1] 영원 전부터 영원까지 하나님은 계시다. 저가 계시어 없는 가운데서 우주를 창조하시었고 저가 계시어 인류를 창조하시어 다스리시며 보호하시며 감찰하신다. 크게 전 인류 국가 사회(社會)도 물론이거니와 적게 나 개인에게 있어서도 머리털 한 올이라도[2] 헤시는 하나님이시다. 이 하나님을 진실히 힘 있게 믿어 사는 자의 생활이 과연 얼마나 행복되랴. 참으로 신앙다운 신앙으로 신앙생활을 함에는 행복의 생활을 누릴 수 있을 것이다. 낡은 해를 보내고 새해를 맞을 때마다 좀 더 지난 해보다는 합당(合當)이 살아보려 별별 생각과 결심이 많이 있다. 물론 좋은 방면의 것도 많이 있을 터이다. 계신 하나님을 신앙하는 우리로서는 이미 계신 하나님을 신앙하는 바이지만 더욱 나의 신앙하는 하나님이 어떠하신 이인 것을 깊이 생각하여 그 하나님을 신앙하는 자의 합당한 생활을 마땅히 힘쓸 것이다. 이는 별다른 새 결심이 아니요, 우리가 일상(日常) 하나님을 섬기는 바이지만 더 하나님을 섬기는데 나아가지는 것이다. 다른 모든 좋은 결심이나 생각보다도 신자의 생활은 마땅히 이에 치중할 것이다. 계신 하나님은 어떠하신 하나님이신가? 두 방면으로 생각한다면

일(一), 지극한 사랑을 베푸신 아버지이신 것을 잊지 말 것이다. 과연

* 『게자씨』 제4권 제1호(1935.1), 3-6, (사)방지일목사기념사업회 엮음, 『게자씨 1935 (영인본)』 (서울: 홍성사, 2011), 15-18.

1 원문은 "하나님은 게시다"이다(제목도 마찬가지). 이것을 "하나님은 계시다"로 번역함.

2 원문은 '머리털한아이라도'이다. 이것을 '머리털 한 올이라도'라고 번역함.

계신 하나님은 나의 아버지이시다. 형언을 할 수 없는 측량할 수 없는 사랑을 우리에게 베푸시는 독일무이(獨一無二)하신 아버지시다. 그 아버지 이름이 곧 사랑(요일 4:8)[3]이시며 곧 빛이시다(요일 1:5).[4] 빛이시며 사랑 자체(自体)[5]이신 하나님은 나를 위하여 독생자 자기 몸 된 예수를 보내시어 죽기까지 나를 사랑하신 것이니 그 지극한 사랑을 가히 측량할 수 있으랴. 이 사랑을 믿어, 또 그 빛을 받아 사랑 가운데서 광명(光明)한 생활을 하시게 하신다. 또 하나님을 무소부재(無所不在)[6] 무소불능(無所不能)[7] 무소부지(無所不知)[8]하시니 나에게 있어서 못 할 것이 없으신 아버지시로다. 이제 더 긴 설명할 것 없는 이 절대의 능력자 절대의 사랑을 소유한, 아니 그 사랑 자체이신 하나님이 나의 아버지 되시나니 이를 진실되게 충심으로 간절히 신앙하여 내가 사는 동안 어려운 일이 있을 터인가? 전능(全能)하신 내 아버지가 계시지 않은가? 내게 답답한 일이 있는가? 전지(全知)의 아버지 위로하시는 사랑하는 내 아버지 계시지 않은가? 나에게 병든 일 나에게 핍박 나에게 기타 난사(難事)[9]보다 불능(不能)이라고 하는 일체는 아버지께 가지고 나아가 전연(全然) 해결되나니 이 계신 아버지를 신앙하는 위대한 힘을 한 번 더 힘 있게 생각하여 보자. 나는 신앙 가운데 살기를 힘써 보자! 보라 이 절대의 능력 절대의 사랑의 아버지를 모셔 산 옛 신앙가(信仰家)들의 힘 있는 절규(絶叫)를!

---

3 요일 4:8, "사랑하지 아니하는 자는 하나님을 알지 못하나니 이는 하나님은 사랑이심이라" (개역 개정).

4 요일 1:5, "우리가 그에게서 듣고 너희에게 전하는 소식은 이것이니 곧 하나님은 빛이시라 그에게는 어둠이 조금도 없으시다는 것이니라" (개역 개정).

5 원문의 '自体'(자체)의 '체(体)'는 '체(體)'의 약자(略字)이다.

6 무소부재(無所不在)의 한자어 의미는 '있지 아니한 곳이 없다'이다.

7 무소불능(無所不能)의 한자어 의미는 '능(能)히 하지 못할 일이 없다'이다.

8 무소부지(無所不知)의 한자어 의미는 '알지 못한 것이 없다'이다.

9 원문의 '難事'(난사)는 '처리하기 어려운 일이나 사건'이다.

여호와 나의 목자시니 내게 부족함이 없으리로다.... 또한 내가 비록 사망의 음침한 골짜기로 행할지라도 해(害) 받음을 두려워하지 아니함은 주 나와 함께 계심이라.... (시편 23편) 다윗의 여호와 아버지를 그 얼마 만치나 의지하여 힘 있는 생활을 하였는가? 그가 골리앗의 머리를 벤 용기도 여기서 얻은 것이었다. 또 이사야의 외침을 들어보라! 「볼지어다. 유암(幽暗)이 땅에 덮이고 침침함이 열국(列國)[10]에 가리웠으나 오직 네 위에는 여호와 비추시고 그 영광이 네 위에 나타나리니」(사 60:2)[11] 천하가 떠든다고 한들 아버지 품 안에 너는 무슨 염려가 있겠는가? 여호와 위에서 너를 비추신다. 또 사도 바울의 역설(力說)을 들어보라. 「뉘가 능히 우리를 그리스도의 사랑에서 끊으리오 환난이나 곤고나 핍박이나 기근이나 적신(赤身)이나 도검(刀劍)이나」(롬 8:35)[12] 절대 능력자의 사랑에서 감히 무엇이 우리를 끊을 수 있을 것인가? 주 예수의 사랑에 단단히 드리매워진 것을 확실히 체득(体得)한 성 사도의 역설(力說)이로다. 이제 주 예수의 말씀을 들어보라. 온유하시고 평범하게 말씀하시기를 「너희는 마음에 근심하지 말라. 하나님을 믿으니 또 나를 믿으라」(요 14:1).[13] 아! 얼마나 고마운 말씀이신가? 외롭고 답답한 때마다 이 성구(聖句)를 읽어보라. 감루(感淚)가 자연히 떨어지리라. 하나님은 계시다. 이런 사랑을 베푸시는 하나님은 계시다.

또 들어보라. 「평안함을 너에게 보내노니 나의 평안함을 너희에게 주는 것은 이 세상이 주는 것 같이 내가 너에게 주는 것이 아니라」(요

---

10 원문은 '烈國'(열국)이다. 이것을 '열국(列國)'으로 수정하여 번역함.

11 사 60:2, "보라 어둠이 땅을 덮을 것이며 캄캄함이 만민을 가리려니와 오직 여호와께서 네 위에 임하실 것이며 그의 영광이 네 위에 나타나리니" (개역 개정).

12 롬 8:35, "누가 우리를 그리스도의 사랑에서 끊으리요 환난이나 곤고나 박해나 기근이나 적신이나 위험이나 칼이랴" (개역 개정).

13 요 14:1, "너희는 마음에 근심하지 말라 하나님을 믿으니 또 나를 믿으라" (개역 개정).

14:27)[14] 주 예수를 신앙하는 성도여! 여하(如何)한 평안을 누리고 있는지 인식하는가? 이 하나님 아버지는 확실히 계시나니 힘 있게 담대하게(히 4:16)[15] 주의 거룩하신 뜻 가운데서 만난(萬難)을 웃음으로 승리의 생활을 지속하자! 새해라고 다른 결심보다 일상(日常) 섬기는 내 아버지 하나님의 거룩하신 그 지극하신 사랑을 받아 그 거룩하신 빛 가운데서 거룩하신 뜻 가운데 사는 승리자 되려는 힘을 갖자는 것이다. 예수를 믿는다고 하면서 하나님을 공경한다고 하면서도 어찌하여 낙심하며 어찌하여 실패하며 타락하여 하나님의 형상을 입은 사람의 걸 길을 바로 걷지 못하는가? 이는 다름이 아니다. 온전히 하나님의 계심 내 아버지가 되신 하나님이 계심을 내 생활에 있어 힘 있게 믿지 않으며 의지하지 못하기 때문이 아닌가? 절대 능력의 사랑을 소유한, 아니 그 사랑 자체 되신 하나님 내 아버지를 믿으라.

이 땅에 마귀 꽉 차서　　　인민을 삼키려 하나
겁내지 말고 있어라　　　진리로 이기리로다
친척과 재물과　　　명예와 생명을
원수가 취한들　　　상관이 무에뇨
내 주께 있으리로다

이(二), 공의로우시사 은밀하신 하나님이 계심을 다시 기억하자. 한편으로 지극한 사랑을 깨쳐 주시는 아버지 하나님이신 동시에 지극히 공의

---

14 요 14:27, “평안을 너희에게 끼치노니 곧 나의 평안을 너희에게 주노라 내가 너희에게 주는 것은 세상이 주는 것과 같지 아니하니라 너희는 마음에 근심하지도 말고 두려워하지도 말라” (개역 개정).

15 히 4:16, “그러므로 우리는 긍휼하심을 받고 때를 따라 돕는 은혜를 얻기 위하여 은혜의 보좌 앞에 담대히 나아갈 것이니라” (개역 개정).

로우시사 은밀히 감찰하시어 털끝만한 숨은 죄라도 모르심이 없으신 엄격하신 하나님이신 것을 잊지말자는 것이다. 하나님의 지극하신 사랑을 받으려고할진대 공의의 은밀한 감찰하심에 조금도 부족함이 없이 모든 은밀한 적고 적은 숨은 죄를 낱낱이 고하여 깨끗이 씻음을 받을 것이다. 아! 어리석은 인생 죄를 고하지 않은들 전지(全知)의 신(神)이심에 그 죄를 아시지 못하실 것인가? 누가 하나님 앞에 죄를 숨길 자 있는가? 그러나 참으로 밝히 떨어 고하는 자는 얼마나 있는가? 할 수만 있으면 싸매두어 없는 척하여 보려는 때가 얼마나 많은가? 「만일 우리가 죄 없다고 하면 스스로 속임이니 진리가 우리 마음에 있지 아니하고 만일 우리가 우리의 죄를 고하면 저는 미쁘고 의로우사 우리의 죄를 사하시고 우리의 모든 옳지 않은 것을 깨끗하게 씻을 것이오」(요1서 1:8-9)[16] 죄 없는 자 누가 있는가? 이는 곧 스스로 속이는 자요 죄를 고하는 자 있는가? 이는 곧 깨끗할 것이니! 아! 어찌하여 하나님이 아시는 그 죄를 고하지 않는가? 이는 하나님의 계심을 믿는다고 하면서 믿지 아니하는 자의 생활이다. 이런 사람의 생활은 아무래도 하나님의 정체(正体)를 체득(体得)하지 못하는 까닭이다. 「오직 너희 허물이 너희와 너희 하나님 사이를 막았으며 너희의 죄가 하나님의 얼굴을 가려 너희 말을 듣지 아니하시게 하도다」(사 59:2)[17] 어찌하여 하나님의 얼굴을 뵈옵지 못하며 어찌하여 하나님 앞에 소원을 이루게 구하지 못하며 어찌하여 그 빛을 받지 못하는가? 허물과 죄가 나와 하나님 사이에 담을 친 까닭이 아닌가? 어찌하여 하나님의 그 지극하신 사랑을 받지 못하는가? 그리하여 절대 안전(安全)한 생활을 지속(持續)치 못하는가? 은

16 요일 1:8-9, "만일 우리가 죄가 없다고 말하면 스스로 속이고 또 진리가 우리 속에 있지 아니할 것이요 만일 우리가 우리 죄를 자백하면 그는 미쁘시고 의로우사 우리 죄를 사하시며 우리를 모든 불의에서 깨끗하게 하실 것이요" (개역 개정).

17 사 59:2, "오직 너희 죄악이 너희와 너희 하나님 사이를 갈라놓았고 너희 죄가 그의 얼굴을 가리어서 너희에게서 듣지 않으시게 함이니라" (개역 개정).

밀한 숨은 죄를 아직 두어둔 때문이다. 사람의 생활 중 가장 유쾌하고 경쾌한 순간은 은밀한 숨은 적은 모든 죄를 전연(全然) 주께 고하여 용서함을 얻었다고 생각하는 그 순간이다.

하나님은 계시다.

「너희는 마음에 근심하지 말라. 하나님을 믿으니 또 나를 믿으라」(요 14:1)[18]

하나님은 계시다.

「우리의 죄를 고하면 저는 미쁘고 의로우사 우리의 죄를 사하시며 우리의 모든 옳지 않은 것을 깨끗이 씻을 것이오」(요1서 1:9)[19]

---

18 요 14:1, "너희는 마음에 근심하지 말라 하나님을 믿으니 또 나를 믿으라" (개역 개정).

19 요일 1:9, "만일 우리가 우리 죄를 자백하면 그는 미쁘시고 의로우사 우리 죄를 사하시며 우리를 모든 불의에서 깨끗하게 하실 것이요" (개역 개정).

초대교회(1)

근일(近日)에 설교가(說教家)의 입을 통하여 집쟁자(執爭者)의 붓을 통하여 흔히 초대교회로 돌아가자는 소리가 많이 떠돈다. 과연 초대교회에 돌아가 그대로 살 수 있다면 얼마나 좋을 것인가? 그러면 초대교회는 그 어떠한 모본(模本)을 끼쳐주었는가?

서론(緒論)

일(一), 기독교회(基督敎會)의 정의

죄의 멍에 아래 있던 인생들 그리스도의 은혜로운 속죄함을 입어 그 이름을 믿는 신자 다 같이 천국의 기업(基業)을 얻을 자들이니 그리스도를 신앙하는 신자는 다 천국 가정(家庭)에 속한 가족이라 고로 이 가정에 속한 가족들이 자연히 논이지 못할지니 이런 장차(將次) 천국의 그림자로 세상에 있는 신령적(神靈的) 가정을 교회라 하겠다. 또 성경에 가르친 대로 그리스도는 머리요 우리는 그[1] 지체(肢体)[2]라 하였으니 지체가 머리에 떨어질 수 없음 같이 그리스도를 머리로 하여 지체들이 모인 몸을 교회라고 가르쳤다

* 『게자씨』 제4권 제1호(1935.1), 16-18, 『게자씨 1935 (영인본)』, 28-30.

1 원문은 '其'이다. '기(其)'는 '그'라는 지시대명사이다. 따라서 원문의 '其'를 '그'라고 번역함.

2 원문의 '肢体'(지체)의 '체(体)'는 '체(體)'의 약자(略字)이다.

(골 1:18, 엡 1:23).[3] 교회를 여러 말로 정의할 수 있을 것이나 간단히 세상에 있는 천국의 그림자요 그리스도의 몸이라고 함에 합당할 것이다.

이(二), 교회의 어의(語義)

영어(英語)로 철-취(Church)는 헬라어 퀴리아케의 와어(訛語)[4]이니 주께 속한 자라는 뜻이다. 교회로 번역한 에클레시아는 집회(集會)의 뜻이 있다. 하나님의 권속이요 그리스도의 몸 된 신도(信徒)들 어찌 떠나 있을 수 있으랴? 모일 뿐 아니라 지체가 몸에 떨어지지 못하는 것 같이 떨어져 나가면 이는 신도(信徒)는 아니다. 아직 신도는 그리스도의 몸 이룬 것을 잊지 못할 것이다.

삼(三), 교회의 기원(記源)[5]

흔히는 오순절일(五旬節日)을 교회의 생일이라 한다. 이는 그 시(時)부터 비로소 신도(信徒)가 성신(聖神)의 충만함을 받는 고로 한 신령한 단체를 이룸이다. 그러나 요한 1장 35절에 나타난 대로 세례 요한이 두 제자에게 예수를 소개하여 저 두 제자가 예수를 따르게 된 때부터 기독교회는 지상에 나타났다고 할 수 있고 석일(昔日)[6] 이스라엘 사람의 출애굽[出埃及]은

---

3 골 1:18, "그는 몸인 교회의 머리시라 그가 근본이시요 죽은 자들 가운데서 먼저 나신 이시니 이는 친히 만물의 으뜸이 되려 하심이요" (개역 개정). 엡 1:23, "교회는 그의 몸이니 만물 안에서 만물을 충만하게 하시는 이의 충만함이니라" (개역 개정).

4 원문의 '訛語'(와어)는 사투리라는 뜻이다.

5 원문의 '記源'(기원)은 일상적으로 쓰이지 않는 한자어(漢字語)이다. '나라나 종교를 세운 해'를 의미하는 한자어는 '기원(紀元)'이며 '사물이 발생한 근원'을 말하는 한자어는 '기원(起源)'이다.

6 원문의 '昔日'(석일)은 '옛날, 옛적'이라는 뜻임.

미래교회의 영자(影子)[7]로 생각할 수 있나니 교회의 기원은 옛날부터 하나님이 그림자로 보여 주시다가 교회의 머리 되신 그리스도 오심으로 땅 위에 나타났고 성신(聖神) 강림으로 교회는 유형화(有形化)하여 크게 발전하여 금일(今日)까지 이르렀다. 내 주께서는 비로소 마태복음 16장 18절[8]에 교회란 말씀을 하시었고 신약(新約)에 백여 번 교회란 말이 있다.

사(四), 기독교의 사명

간단히 말하면 육신이 음식을 먹어 자라고 생활함같이 신령(神靈)한 양식(糧食)인 하나님의 말씀을 그리스도를 통하여 지체된 신도(信徒)들이 받아먹어 나날이 지체가 자라며 건강하여지게 하며 또 받은 말씀을 아직 받지 못한 자들에게 전하는 것이다. 곧 복음을 받으며 전하는 것이 사명이다. 안으로 생명 충만 밖으로 복음 전파 곧 이것이다. 주의 명령이다.

본론(本論)

일(一), 초대교회의 한계

예수님의 전도 시작으로부터 주후 백년까지 보통 말한다. 이때는 사도 시기이었다. 친히 예수를 본 사도들이 직접 활동하던 시대이었다. 고로 사도행전 전부는 초대교회에 속한 교회들이다. 본론에 있어서는 더 원

7 원문의 '影子'(영자)는 '그림자'라는 뜻임.

8 마 16:18, "또 내가 네게 이르노니 너는 베드로라 내가 이 반석 위에 내 교회를 세우리니 음부의 권세가 이기지 못하리라" (개역 개정).

시시대(原始時代)로 올라가서 시작되던 때의 발전을 주(主)로써 논하여보자.

이(二), 초대교회 발전 순서의 대략(大畧)[9]

초대교회는 비상(非常)한 대세력(大勢力)으로 발전하였다. 그 발전한 순서를 대략만으로 기록한다면

1. 기도. 첫째로 초대교회는 기도로 시작하여 기도로 터를 닦았다. 언제나 교회는 기도로 반드시 터를 닦아야 하는 것이다. 초대교회가 훌륭한 신앙을 소유하였다면 이는 기도의 힘이었다. 기도 없이는 교회는 될 수 없다. 기도 없는 교회는 죽은 교회이다. 예수님이 승천(昇天)하신 후 제자들과 여인들과 예수의 모친과 및[10] 동생들은 합심하여 항상 한 것이다(행 1:15).[11] 그들의 기도가 얼마나 간절하였으랴? 또 합심기도(合心祈禱)하였다고 하였다. 다른 일에도 마음을 한데 합하는 일은 큰 힘을 내는 것이다. 마음을 똑같이 모아 기도하는 것은 참으로 그 얼마나한 힘의 뭉치랴.

2. 성신충만(聖神充滿). 구하는 자에는 물리치지 않고 주시마 약속하신 주님께(마 7:7)[12]서 구하는 자에게 안 주실 리 없는 것이다. 교회의 터를 기도로 닦은 저들께 활동할 힘 즉 성신(聖神)의 충만함을(행 2) 허락하

---

9 원문의 '大畧'(대략)은 '대략(大略)'과 똑같은 한자어(漢字語)이다.

10 원문은 '及'(급)이다. '급(及)'은 '및'이란 뜻의 접속 부사이다.

11 행 1:15, "모인 무리의 수가 약 백이십 명이나 되더라 그 때에 베드로가 그 형제들 가운데 일어서서 이르되" (개역 개정).

12 마 7:7, "구하라 그리하면 너희에게 주실 것이요 찾으라 그리하면 찾아낼 것이요 문을 두드리라 그리하면 너희에게 열릴 것이니" (개역 개정).

시었다. 이는 벌써 행 1:8[13]에 말씀하였던 것이다. 힘 있게 일하려 하면 아무래도 성신(聖神)을 충만(充滿)이 받아야 하는 것이다. 이는 교회의 참 생명인 것이다. 이 충만함이 없이는 사람의 뜻으로 밖에 할 수 없나니 사람의 뜻으로 운전(運轉)하는 그 교회는 하나님의 교회는 되지 못한다.

3. 무리들의 회개. 기도로 시작하여 성신충만의 힘을 얻은 저 사도들이 외침에 이는 저들의 일이 아니라 성신(聖神)의 역사(役事)이었나니 이 역사(役事)에 대중(大衆)이 어찌 마음에 찔리지 않으랴(행 2:29).[14] 성신이 거하시사 충만하신 그 마음에 어찌 불결한 아무 적은 것이라도 그대로 둘 수 없나니 성신의 명을 받아 그대로 고할 수밖에 없는 것이다. 삼천이나 되는 대중은 회개하고 세례를 받았다. 3천 명뿐이었으랴. 성신(聖神)의 역사(役事)가 가는 곳마다 회개의 눈물이 강같이 흘렀으리라. 이렇듯 교회의 세력은 불붙었다.

4. 유무상통(有無相通). 참으로 회개하여 세례를 받았다면 저는 비록 지상(地上)에 있으나 천국 백성이요 하나님의 아들이 되었나니 저들의 모임에는 천국의 사랑 곧 아버지의 사랑이 나타날 것이다. 그리하여 그리스도 안에서 한 천국 백성 모두 한 가족이 되었으니 내 것이니 네 것이니 분간(分揀)[15]할 처지(處地)가 아니었다. 서로 있고 없는 것을 호상통용(互相通用)하고(행 2:44)[16] 한데 모여 항상 기도하며 찬송으로써 사랑에 충만한 생

---

13 행 1:8, "오직 성령이 너희에게 임하시면 너희가 권능을 받고 예루살렘과 온 유대와 사마리아와 땅끝까지 이르러 내 증인이 되리라 하시니라" (개역 개정).

14 행 2:29, "형제들아 내가 조상 다윗에 대하여 담대히 말할 수 있노니 다윗이 죽어 장사 되어 그 묘가 오늘까지 우리 중에 있도다" (개역 개정).

15 원문은 '分間'(분간)이다. 그러나 '사물의 선악, 대소, 경중, 시비 등을 가려서 앎'이라고 뜻을 가진 한자어(漢字語)인 '분간(分揀)'을 잘못 사용한 것으로 '분간(分揀)'으로 수정하여 번역함.

16 원문은 '行二48'이다. 사도행전 2장 48절이다. 그러나 사도행전 2장 48절은 없다. 이것은 사도

활을 하였다(행 2:42-47, 4:32-37).

5. 떡을 떼는 일(행 2:42).[17] 떡을 떼는 일은 금일(今日)과 같이 일년에 몇 번씩만 하는 성찬(聖餐)과는 다르나 애연(愛宴)이라고 하여 모이면 떡을 같이 떼며 주 예수의 죽으신 것을 기념(紀念)하며 그 크신 은혜를 깊이 생각하였다. 예배하는 자로서 항상 이를 기념하여 마땅하다. 매일 지금 같은 상찬식은 못 하되 성령(聖靈)과 진리로 예배하시는 것을 받으시는 하나님 앞에서 주 예수께서 나를 위하여 자기 몸 드리신 것을 눈앞에 보며 예배드리는 그 경건(敬虔)한 예배는 그 얼마나 아름다우랴. 저 초대교회 교인들이 떡을 떼며 기도하였다는 것은 곧 주 예수의 죽으심을 기념(紀念)하는 것이었을 것이다. 속(續)[18]

행전 2장 44절을 잘못 기록한 것으로 보인다. 행 2:44, "믿는 사람이 다 함께 있어 모든 물건을 서로 통용하고" (개역 개정).

17 행 2:42, "그들이 사도의 가르침을 받아 서로 교제하고 떡을 떼며 오로지 기도하기를 힘쓰니라" (개역 개정).

18 원문의 '續'(속)은 다음 호(號)에서 계속된다는 뜻.

하나님의 계신 곳은 어덴가?

(벧엘은 何處在?)[1]

창 28:10-22

무소부재(無所不在)하시사 그 계시지 않는 데가 없으신 하나님이시니 어찌 그 계신 곳이 어디임을 논(論)할 수 있으랴? 그러나 형의 노한 눈을 피하여 부모를 떠나 외삼촌 댁을 외롭게 허덕여 찾아가던 야곱은 루스라는 곳에 이르러 저물어 더 갈 수 없이 되매 돌을 베개하고 자던 밤 하나님을 거기서 만나『여호와 과연 이에 계시도다』탄(歎)하며 루스를 변하여 하나님이 거기 계시다고 하여 벧엘이라 명명(命名)하였다. 히브리 말로 벧은 집이요 엘은 하나님을 가리키는 말이니 벧엘 합하여 하나님의 집이라고 하는 말이다. 야곱은 그 밤 거기서 하나님을 만나 거기가 곧 하나님의 집 벧엘인 것을 알았다. 그러면 야곱에게 있어서 벧엘 곧 하나님이 거하시는 곳은 어디였는가? 벧엘이었던 것이다. 그리하여 이튿날 아침 베개 하였던 돌로 단을 쌓지 아니하지 못하였다.

야곱은 다른 곳에서 하나님을 만나지 못하였는가? 다른 곳에는 하나님이 계시지 아니하시었는가? 그는 하나님을 모르고 살았던 사람이었는가? 아니라! 특별(特別)이 택함을 입은 믿음의 조상 되는 조부(祖父) 아브라함의 직손(直孫)으로 온유의 덕이 후(厚)한 부친 이삭으로부터 또는 슬기로

---

* 『게자씨』 제4권 제2호(1935.2), 9-11, 『게자씨 1935 (영인본)』, 51-53.

1 원문의 '벧엘은何處在?'는 부제(副題)로서 '벧엘은 어느 곳에 있는가?'이다. 원문은 '벳엘'이라고 썼으나 여기에서는 현재 표기법으로 '벧엘'로 바꾸었다.

운 어머니 리브가로부터 과거에 하나님께서 조상 아브라함에게 주신 허락, 자기들에게 주신 허락을 조석(朝夕)으로 저 두 쌍동(双童)이[2] 에서와 야곱은 들었으리라. 그리하여 야곱은 물론 지혜 있는 사람이라 어떻게 해서라도 그 하나님이 허락하신 복을 받고자 간교한 수단(手段)을 꾸며 아버지와 형을 속이는 지경(地境)에 그리하여 사랑하는 부모의 슬하(膝下)도 떠날 수밖에 없었던 것이었다. 그는 날마다 하나님을 배울 뿐 아니라 부모와 같이 하나님 앞에 제사(祭祀)[3]도 여러 번 드려 보았을 것이며 지금과 같은 신자의 가정에 기도회(祈禱會)가 있었는지 모르나 여호와 하나님을 공경하는 어떤 예(禮)든지 있었을 터이니 그는 여기에 참여할 뿐 아니라 종종 하나님께 기도한 적도 많았을 것이다. 일언이폐지(一言以蔽之)[4]하고 야곱은 가정에서 충분한 종교교육을 받은 청년이었다. 그리하였는데 어찌 비단 루스 땅에 와서 탄(歎)하여 말하기를[5] 하나님이 여기 계신다고 하여 벧엘이라 명명(命名)하였는가? 과거에 그가 조물주 되신 하나님을 모름이 아니었고 섬기지 않음이 아니었으나 과거에 알았던 그 하나님, 과거에 섬기던 그 하나님과의 관계보다는 더욱더 확실히 깨달은 까닭이었다. 야곱은 집에서 조상으로부터 유전적(遺傳的)으로, 지식적(知識的)으로, 예식적(禮式的)으로, 형식적(形式的)으로 하나님을 잘 알았었고 충성스레 섬기었던 것이다. 이제 루스 땅에 와서 자기 개인으로 더불어 어떠한 관계를 가지었는지 심각하게 한 번 더 크게 각득(覺得)한 것이었다.

여하(如何)한 경험을 통하여 그는 이러한 은혜를 받았던가? 야곱은 지금 망명객이었다. 그의 신세는 말할 수 없이 가련한 처지였다. 사랑하는

---

2 원문의 '双童'(쌍동)의 '쌍(双)'은 '쌍(雙)'의 속자(俗字)이다.

3 원문은 '祭司'(제사)이다. '제사(祭司)'는 '사제(司祭)'를 말하는 한자어로 본문의 문맥을 살펴 '제사(祭祀)'로 수정하여 번역함.

4 원문의 '一言以蔽之'(일언이폐지)는 '한 마디로 그 전체의 뜻을 다 말함'이다.

5 원문은 '曰'(왈)이다. 이것을 '말하기를'로 번역함.

부모의 슬하(膝下)도 어이지 않을 수 없는 형편(形便)으로 노한 형의 억울을 피하여 외롭게 서투른 광야의 길을 나섰다. 무변광야(無邊曠野)[6]를 좁은 발 걸음으로 한 걸음 두 걸음 재여 나아갈 때 앞이 아직 요원(遼遠)하였는데 해는 서산(西山)에 걸리고 황혼은 찾아 외롭게 나선 야곱의 전신(全身)을 침범(侵犯)할 때 그의 두발(頭髮)은 위로 바짝바짝 그의 가슴에서는 공포의 맥박이 망치질하듯 할 때 그의 신세는 여하(如何)하였을 것인가? 앞길이 먼지 가까운지 미지(未知)이나 날 저물어 할 수 없이 돌을 베개하고 누우려 하니 사방으로 조여드는 공포 부는 바람 우는 벌레 소리 어느 것이든지 공포(恐怖)롭지 않은 것이 없었다. 때로 검은 손이 그를 잡는 듯 포학한 짐승이 자기를 삼키는 듯 이런 위험 절정(絶頂)에 처하여 그 심사(心思)가 여지없이 짓밟힘을 당할 때 그때 오직 그가 부르짖고 의지할 때는 하나님밖에 없음을 알았다! 이제 하나님을 찾는 야곱은 하나님의 밝은 빛 아래 엎어진 야곱은 자기의 부족한 과거의 죄를 그대로 가슴에 두고서는 하나님 앞에 있을 수 없고 하나님을 찾을 수도 없었다. 빈 들에서 홀로 한 분만 되시는 하나님 앞에 선 야곱은 이제 자기 영(靈)에 병이 들고 병든 모든 뿌리 죄까지 낱낱이 대수술(大手術) 받지 아니하지 못하였다. 자기의 모든 죄 곧 형을 속이며 부친을 속이며 형을 시기하며 아버지를 근심케 한 모든 불의를 그대로 숨김없이 내놓게 될 때 하나님의 예리(銳利)한[7] 칼은 그의 심혼(心魂) 골수까지 쪼개시는지라 외위(外圍)[8]에 들렀던 공포는 간데없고 죄의 공포가 그를 둘러 이제 하나님을 든든히 부여잡고 대수술을 간구하였다. 이 순간을 지난 야곱! 전에 무겁던 몸 이제 하늘에 날듯! 전에 공포에 짓밟히던 그 마음 이제는 유암(幽暗)이 땅에 덮이고 침침함이 열국(列國)에 가렸으나 오직 내

6 원문의 '無邊曠野'(무변광야)는 '끝없이 너를 벌판'이라는 뜻[한컴오피스훈글 한자로바꾸기].

7 원문은 '利한'(이한)이다. 이것을 '예리(銳利)한'으로 번역함.

8 원문의 '外圍'(외위)는 '바깥 둘레'라는 뜻임.

위에는 여호와 비추신다는(사 60:2)[9] 옛 선지(先知)[10]의 외친 외침을 외쳤으리라. 야곱은 여기서 갱생(更生)하였다. 여기서부터 다른 코스(길)를 걷기 시작하였다. 과연 루스 땅이야말로 야곱에게 있어서 제2 출생지가 아니었느냐?

하나님이 여기에 계시고나 벧엘이라 명명하였다. 앞으로 오는 야곱의 모든 성공 더욱 아브라함 이삭 야곱 3대 조상 중 1인이 된 것도 이 루스 땅 곧 벧엘에서 하나님을 만나 모든 죄를 대회개(大悔改)로 대수술(大手術)을 받은 까닭이 아니었는가? 과거에 하나님을 모름은 아니었으나 이제 안 하나님은 더욱 그 마음 속에 분명하였다. 과거에 야곱은 조상들의 하나님으로 알았으나 이제 내 하나님인 것을 알았다. 과거에는 희미했으나 이제 명명백백하여졌다. 이 경험이야말로 얼마나 귀한 것이냐. 하나님은 다른 누구의 하나님이 아니시라 내 하나님이다. 나를 먹이시며 나를 보호하시며 나에게 하늘나라를 주실 내 하나님이시로다.

하나님이 계신 곳이 어디인가? 야곱이 이름한 벧엘은 어디인가? 우리 신자는 가는 곳마다 있는 곳마다 벧엘을 찾을지라. 하나님은 아니 계신 곳이 없으시나니 어느 때 나 어느 곳에서나 벧엘의 경험을 가져 볼지라. 내 중심에 있는 선이든지 악이든지 전부를 주 하나님께 적나라(赤裸裸)하게 내놓아라. 하나님은 내 하나님 됨을 분명히 각득(覺得)할 것이로다. 하나님의 계신 곳은 어디인가? 벧엘은 어디 있는가?

---

9 사 60:2, "보라 어둠이 땅을 덮을 것이며 캄캄함이 만민을 가리려니와 오직 여호와께서 네 위에 임하실 것이며 그의 영광이 네 위에 나타나리니" (개역 개정).

10 원문의 '先知'(선지)는 '선지자(先知者)'를 뜻한다.

초대교회(2)

서론(緖論)

일(一), 기독교회(基督敎會)의 정의

이(二), 교회의 어의(語義)

삼(三), 교회의 기원

사(四), 기독교회의 사명

본론(本論)

일(一), 초대교회의 한계

이(二), 초대교회 발전 순서

1. 기도 2. 성신충만(聖神充滿) 3. 무리들의 회개

4. 유무상통(有無相通) 5. 떡을 떼는 일

(이상 전호(前號)[1] 술(述)[2])

6. 이적이 나타남. 성신(聖神)이 저들을 주장(主掌)하심에 못할 것이 무엇인가? 주께서 원하시어 허(許)하심에 할 수 있는 것이다. 베드로, 요한은 이미 성신이 충만하였음에 주의 도(道)를 전하는 일에 만일 필요하다면 태산(太山)과 대해(大海)라도 옮길 수 있는 것이다. 나면서 앉은뱅이 된

---

* 『게자씨』 제4권 제2호(1935.2), 13-15, 『게자씨 1935 (영인본)』, 55-57.

1 『게자씨』 제4권 제1호(1935.1), 16-18, 『게자씨 1935 (영인본)』, 28-30.

2 '술(述)'은 전호(前號)에 기술(記述)되었다는 뜻임.

자의 분전(分錢)[3] 요구하는 원(願)을 바꾸어 그리스도 예수의 이름을 주어 저를 일으켰다. 분전보다 아니 천하보다 예수의 이름은 귀하다(행 3:6).[4] 이적을 위한 이적이었느냐? 아니었다. 예수의 이름을 주기 위한 이적이었다. 이적을 위한 이적은 주께서 원치 않으신다. 또 주시지도 않는다. 그런 고로 이적이라고 떠들 때마다 사람은 다 어리석은 고로 경동(輕動)하기 쉽나니 그 이적이라고 하는 것이 주를 위함이냐, 사람을 위함이냐를 보아 판단할 것이로다. 제자들은 이 일 밖에도 필요에 응하여 주의 이름을 주기 위하여 많은 이적을 많이 행하였다(9:36).[5]

7. 핍박 세상은 참으로 죄의 세상이다. 호사다마(好事多魔)로 이렇듯 성신(聖神)의 역사(役事)가 불리는 중에 악마도 한편 맹렬(猛烈)이 역사(役事)하였다. 사탄은 저 유대교 교권자(敎權者)들을 써서 사도들을 핍박하기 시작하여 먼저 두 사도를 잡아(4:3)[6] 힐문하는 일을 시작하여 아나니아 일 후에도 사도를 힐문하였고(5:18)[7] 드디어 스데반을 죽이는 일(7:60),[8] 야고보를 베는 일(12:1)[9]까지 있었다. 하나님의 독생자를 십자가에 단 세상이거늘 하물며 사도들이랴.

8. 영광을 돌림. 사도들이 잡혔다가 놓이니(4:23, 5:40)[10] 놓임 받

---

3 원문의 '分錢'(분전)은 한자어의 뜻으로는 '돈을 나누다'이지만 '분전(分錢)'은 '푼돈'의 비표준어로서 '얼마 되지 않는 몇 푼의 적은 돈'을 말한다[Daum 사전의 한국어 사전].

4 행 3:6, "베드로가 이르되 은과 금은 내게 없거니와 내게 있는 이것을 네게 주노니 나사렛 예수 그리스도의 이름으로 일어나 걸으라 하고" (개역 개정).

5 행 9:36, "욥바에 다비다라 하는 여제자가 있으니 그 이름을 번역하면 도르가라 선행과 구제하는 일이 심히 많더니" (개역 개정).

6 행 4:3, "그들을 잡으매 날이 이미 저물었으므로 이튿날까지 가두었으나" (개역 개정).

7 행 5:18, "사도들을 잡아다가 옥에 가두었더니" (개역 개정).

8 행 7:60, "무릎을 꿇고 크게 불러 이르되 주여 이 죄를 그들에게 돌리지 마옵소서 이 말을 하고 자니라" (개역 개정).

9 행 12:1, "그 때에 헤롯 왕이 손을 들어 교회 중에서 몇 사람을 해하려 하여" (개역 개정).

10 행 4:23, "사도들이 놓이매 그 동료에게 가서 제사장들과 장로들의 말을 다 알리니", 행 5:40, "그들이 옳게 여겨 사도들을 불러들여 채찍질하며 예수의 이름으로 말하는 것을 금하고 놓으

은 사도들은 더욱 힘을 얻어(5:41)[11] 열심을 내고 뭇 신도들은 찬송하며 하나님께 영광을 돌리었다(4:24).[12] 주의 신도 또는 일꾼에게 핍박받은 힘을 내게 하는 방편(方便)이 되어 하나님께 더욱 영광을 돌리는 것이다.

9. 내부(內部)의 병. 밖으로(외부) 핍박을 받는 교회는 안으로 또 병(病)통이 생김은 고금(古今)이 일반이다. 사탄의 활동은 이런 것이다. 아나니아 부처(夫妻)[13]도 그만 이 궤휼에 넘어가 아름답게 행진(行進)하는 초대 교회의 불상사(不祥事)[14]를 일으키었고(5장)[15] 또 헬라를 쫓는 유대 사람들 중에서는 시제(施濟)[16]의 불평이 있었다(6:1).[17] 이런 내부적 병통은 외부적 큰 핍박보다 더 어려운 일이다.

10. 교회 처음 직원. 시제(施濟)의 불평을 들은 사도들은 시제(施濟)만이 자기들의 사명이 아닌 줄 안고로 이 일 볼 사람 7인을 택한 것이니 가룟 유다 대신 맛디아를 택한 것은 딴 문제고 교회의 필요로 택한 것은 이번이 처음이었다. 교회가 발전함에 따라 조직은 아무래도 인간사회에서는 필요하다.

11. 순교. 기독교는 피의 종교인지라 피 흘림 없이는 사유하심이 없다고 성경에 가르친 바 있다. 고로 그리스도 성자(聖子)이었건만 피를 흘

니" (개역 개정).

11 행 5:41, "사도들은 그 이름을 위하여 능욕 받는 일에 합당한 자로 여기심을 기뻐하면서 공회 앞을 떠나니라" (개역 개정).

12 행 4:24, "그들이 듣고 한마음으로 하나님께 소리를 높여 이르되 대주재여 천지와 바다와 그 가운데 만물을 지은 이시오" (개역 개정).

13 '부처(夫妻)'는 '부부(夫婦)'를 말한다.

14 원문은 '不詳事'(불상사)이다. '상서롭지 못한 일'을 의미하는 한자어는 '불상사(不祥事)'로 쓴다. 따라서 원문의 한자를 수정하여 번역함.

15 원문은 '五'이다. 이것은 사도행전 5장을 말한다.

16 원문의 '施濟'(시제)는 '구제(救濟)'를 말한다.

17 행 6:1, "그 때에 제자가 더 많아졌는데 헬라파 유대인들이 자기의 과부들이 매일의 구제에 빠지므로 히브리파 사람을 원망하니" (개역 개정).

리지 아니하지 못하였다. 열렬한 전도자 스데반은 제일보(第一步)로 순교단(殉敎壇)에 나서셨다(7:60).[18] 이로 시작하여 야고보가 베임을(12:1)[19] 당하였고 제(諸) 사도가 뒤따라 순교단(殉敎壇)을 향하였나니 밀 한 알이 땅에 들어가 썩지 않으면 열매를 못 맺는다는 주님 말씀에 비취어 저 대전도자(大傳道者)들의 흘린 피가 없었던들 금일(今日)에 이런 열매를 맺을 수 있었으랴!

12. 교회 산포(散布).[20] 불은 쳐서 더 일어나는 것과 마찬가지로 순교자를 낼수록 교회는 성(盛)할 수밖에 없다. 스데반을 돌 속에 묻는 큰 핍박으로 인하여 뭇 신도들은 유대와 사마리아와 모든 지방에 흩어져(8:1)[21] 복음을 전하게 되었다. 7인 중 빌립 같은 이는 그의 한 일까지 나타났나니 사마리아에서 천국 백성을 많이 얻고(8:5)[22] 또 성신의 인도(引導)[23]로 가사로 가는 들에 가(8:26)[24] 구스 내시에게 복음을 전하였다. 기록이 없으니 상세히 안다고 못하겠지만 추측건대 내시는 본향(本鄕)에 가서 전도하지 아니하지 못하였을 것이니 벌써 애굽[埃及]까지 교회는 퍼진 것이다.

13. 사울의 개종(改宗). 초대교회에 있어서 아니 기독교회에 있어서 사울의 개종은 큰일이니 하나님 밖에 저 열렬한 대박해자(大迫害者) 청년 사울이 대사도(大使徒) 바울이 될 줄 뉘 알았으랴마는 저는 그리스도의 부

18 행 7:60, "무릎을 꿇고 크게 불러 이르되 주여 이 죄를 그들에게 돌리지 마옵소서 이 말을 하고 자니라" (개역 개정).

19 행 12:1, "그 때에 헤롯 왕이 손을 들어 교회 중에서 몇 사람을 해하려 하여" (개역 개정).

20 원문의 '散布'(산포)는 '흩어져 퍼짐'이라는 뜻.

21 행 8:1, "사울은 그가 죽임당함을 마땅히 여기더라 그날에 예루살렘에 있는 교회에 큰 박해가 있어 사도 외에는 다 유대와 사마리아 모든 땅으로 흩어지니라" (개역 개정).

22 행 8:5, "빌립이 사마리아 성에 내려가 그리스도를 백성에게 전파하니" (개역 개정).

23 원문은 '引道'(인도)로 되어 있다. 이것을 '인도(引導)'로 수정하여 번역함.

24 행 8:26, "주의 사자가 빌립에게 말하여 이르되 일어나서 남쪽으로 향하여 예루살렘에서 가사로 내려 가는 길까지 가라 하니 그 길은 광야라" (개역 개정).

름에(9:1)[25] 꺼꾸러질 수밖에 없었다. 금일(今日)도 무종교자(無宗敎者) 혹은 반기독교자(反基督敎者) 중에서 힘 있는 그리스도의 종이 종종 나오는 일은 이상한 일이 아니다. 기독교는 진리니 진리를 찾는 자 비록 반대운동에 투신하였으나 돌아올 수밖에 없다.

14. 이방전도(異邦傳道). 아직까지도 유대주의에 젖은 저 사도들은 사마리아인들까지 성신(聖神) 받음으로 보고도(8:16)[26] 이방 사람을 생각할 생각은 없었다. 그러나 경건한 사람 고넬료의 신앙은(10:1)[27] 신(神)의 아시는 바 되어 부정(不淨)[28]한 것을 먹지 않겠다는 베드로를(10:14)[29] 몰아 이방인에게 끌었다. 이로써 완전히 이방전도가 개시(開始)되었다. 율법주의에서는 유대인이었으나 복음주의에서는 신자와 불신자의 분간이 있을 뿐이다.

15. 선교사 파송(13:1-4).[30] 초대교회의 발전은 벌써 선교사를 파송하게 되었으니 세계적 전도에 나섰다. 처음으로 그리스도인이란 이름을 얻은 안디옥교회에서 성신(聖神)의 인도로 바나바, 바울을 선교사로 안수(按手)하여 파견하였다. 예루살렘에서 유다, 사마리아, 온 땅끝까지의 대

---

25 행 9:1, "사울이 주의 제자들에 대하여 여전히 위협과 살기가 등등하여 대제사장에게 가서" (개역 개정).

26 행 8:16, "이는 아직 한 사람에게도 성령 내리신 일이 없고 오직 주 예수의 이름으로 세례만 받을 뿐이더라" (개역 개정).

27 행 10:1, "가이사랴에 고넬료라 하는 사람이 있으니 이달리야 부대라 하는 군대의 백부장이라" (개역 개정).

28 원문은 '不正'(부정)이다. 앞뒤 문맥을 살펴 '부정(不淨)'이라고 한자어를 수정하여 번역함.

29 행 10:14, "베드로가 이르되 주여 그럴 수 없나이다 속되고 깨끗하지 아니한 것을 내가 결코 먹지 아니하였나이다 한 대" (개역 개정).

30 행 13:1-4, "안디옥 교회에 선지자들과 교사들이 있으니 곧 바나바와 니게르라 하는 시므온과 구레네 사람 루기오와 분봉 왕 헤롯의 젖동생 마나엔과 및 사울이라 주를 섬겨 금식할 때에 성령이 이르시되 내가 불러 시키는 일을 위하여 바나바와 사울을 따로 세우라 하시니 이에 금식하며 기도하고 두 사람에게 안수하여 보내니라 두 사람이 성령의 보내심을 받아 실루기아에 내려가 거기서 배 타고 구브로에 가서" (개역 개정).

복음 전도는 개시되었었다.

16. 각 지방에 교회발전. 바나바, 바울 두 선교사는 도처에 큰불을 떨어쳤고 후에도 바울과 실라, 바나바와 마가(15:38-40) 2대(二隊)의 선교대(宣教隊)로 갈리어 선교함에 각지에 교회는 봉기(蜂起)하였다.

17. 교회의 난문제(難問題). 교회가 이렇듯 발전하여 가는 데는 아무래도 사람들이 모인 까닭인지 어려운 문제가 생김은 고금(古今)이 동일한 바 이 난문(難問)은 보통으로 교리문제 즉 이단발생인데 처음 선교사들 파송한 아름다운 교회인 안디옥교회에서 이단이 생겨서(15장) 예루살렘 공의회(公議會)를 열어(장로와 사도들) 결의문을 발송하였다. 이 공의회는 기독교 제1회(第一會) 대회이었다. 성신(聖神)이 인도로 결의문을 발송(發送)함에 난문(難問)은 해결되어 큰 기쁨을 얻었다(15:30).[31] 성신이 함께 하실 때 무슨 문제든지 해결 안 될 수 없는 것이다.

18. 바울의 대전도(大傳道). 사도행전의 반부(半部) 이상이 바울의 전도 기사인 것을 잘 아는 것이다. 선일(先日)에 대핍박가이었으나 후일(後日)에 대전도자로 동분서주(東奔西走)하였다. 구브로를 위시하여 소아세아, 유럽 천지 힘 미치는 대로[32] 힘을 다하여 저는 전도하였다. 어떤 때는 신(神)의 대우(14:12)[33]도 받았으나 어떤 때는 천대(賤待)와 멸시를 받아 축출을 당하기도 하고 최후(最后)[34]에 (어디서 순교하였는지는 몰라도) 순교단에서 자기 영혼을 주께 부탁하고 말았다. (속(續))[35]

---

31 행 15:30, "그들이 작별하고 안디옥에 내려가 무리를 모은 후에 편지를 전하니" (개역 개정).

32 원문은 '힘및는대로'이다. 이것을 '힘 미치는 대로'로 번역함.

33 행 14:12, "바나바는 제우스라 하고 바울은 그중에 말하는 자이므로 헤르메스라 하더라" (개역 개정).

34 원문의 '最后'(최후)는 '최후(最後)'를 말한다.

35 원문의 '續'(속)은 다음 호(號)에 계속된다는 뜻임.

내게 있는 것

행 3:6[1]

일(一)

위로 하나님께서 나를 향하여 요구하시는 것이 무엇인가? 내게 있는 것 이상을 요구하시지 않는다. 장차 자기 백성을 악한 법로(法老)[2] 바로의 손에서 구원할 모세가 하나님 앞에 섰을세 『네 손에 있는 것이 무엇이냐?』(출 4:2)[3] 모세의 손에 있는 것을 물으시었다. 『지팡이니이다.』 모세의 손에는 지팡이가 있을 뿐이었다. 모세의 손에 잡힌 지팡이 위에 하나님의 능력이 같이 하시어 십재앙(十災殃)으로 당신의 크신 위엄과 능력을 나타내시어 자기 백성을 건져내사 이 지팡이로써 저 60만 대중을 인도케 하시며 이 지팡이로써 홍해(紅海)를, 이로써 반석(盤石)에서 샘물을 내어 먹이시며 마시게 하였다. 하나님은 더 원하시지 않으신다. 있는 무엇이든지 원하신다. 만일 모세가 지팡이가 없고 다른 것이 있을지로되 그것을 쓰셨을 것이다. 그 지팡이에 능력이 있음이 아니었고 다만 사람이 가지고 있는 그 어떤 것이든지 그것에 큰 능력이 가(加)하신 것뿐이다. 부채(負債)로 말미암아

---

* 『게자씨』 제4권 제3호(통권 43호)(1935.3), 17-19, 『게자씨 1935 (영인본)』, 89-91.

1 행 3:6, "베드로가 이르되 은과 금은 내게 없거니와 내게 있는 이것을 네게 주노니 나사렛 예수 그리스도의 이름으로 일어나 걸으라 하고" (개역 개정).

2 원문의 '法老'(법로)는 '바로, 파라오(Pharaoh)'를 한자식으로 쓴 글자이다[上海大美國聖經會, 『新舊約聖經』(1912), 聯合聖經公會, 『聖經』(1961)].

3 출 4:2, "여호와께서 그에게 이르시되 네 손에 있는 것이 무엇이냐 그가 이르되 지팡이니이다" (개역 개정).

두 아들까지 잃어버릴뻔한 한 선지(先知)[4]의 미망인(未亡人)이 엘리사에게 나아옴에 물어 가로되 『네 집에 무슨 물건이 있느냐?』(왕하 4:2)[5] 『잘 아시되[6] 기름 한 병 외에는 종의 집에 다른 것이 없나이다』(2)[7] 엘리사는 이 불상(不祥)한 과부의 집에 있는 그것으로써 위로 내리는 은혜를 축원(祝願)한 것이다. 그같이 있는 것이 없는 과부의 집에 기름 한 병은 넉넉한 것이 되었다. 하나님은 많은 것을 원하시지 않는다. 내게 있는 것을 물으신다. 네게 있는 것이 무엇이냐? 우리의 거금 처지로, 물질(物質)로는 남에게 무엇을 줄 수 없다는 것이 거의 사실이라 할 것이다. 하나님은 그래도 물으신다. 네가 가진 것이 무엇이냐고 줄 것이 없는가? 있는가? 내게 있는 것이 무엇이냐? 있는 그것을 내어놓을 것뿐이로다.

이(二)

기도하러 올라가던 베드로, 요한(행 3장)은 미문(美門)에 앉아 구걸하는 앉은뱅이에게 준 것이 무엇이었는가? 『은과 금은 내게 없거니와 내게 있는 것으로』 은과 금이 전도자 저들에게 있을 수 없다. 그러나 저들이 있는 것은 나사렛 예수 그리스도이시었다. 이 있는 것은 은보다 금보다 천하보다 어떠한 것보다! 저 두 사도는 비록 다른 물질(物質)이나 다른 권세(權勢)가 다른 명예(名譽)가 있지 아니하되 예수 그리스도를 중심에 소유하였

4 원문의 '先知'(선지)는 '선지자(先知者)'를 뜻한다.

5 왕하 4:2, "엘리사가 그에게 이르되 내가 너를 위하여 어떻게 하랴 네 집에 무엇이 있는지 내게 말하라 그가 이르되 계집종의 집에 기름 한 그릇 외에는 아무것도 없나이다 하니" (개역 개정).

6 원문의 '잘아대'를 앞뒤 문맥을 살펴 '잘 아시되'로 번역함.

7 원문은 '3'이다. 이것은 열왕기하 4장 3절을 말하나 그 내용은 2절이다. 따라서 '(2)'라고 수정하여 번역함.

음에 무엇보다 풍부(豊富)[8]한 생활이었다. 만족한 생활을 할 수 있는 것이었다. 예수만 있어 더 원할 것이 없다. 『저는 곧 볼 수가 없는 하나님의 형상이요 조성(造成)하신 것보다 처음 나신 자니 대개 만물이 저에게 지음을 받는 것과 무론(無論) 하늘과 땅에 있는 것과 나타나는 것과 나타나지 않던 것 중에 혹 위에 있는 것이나 정사(政事)나 권세(權勢)나 만물(萬物)이다. 저로 말미암고 저를 위(爲)하여 지음을 받은지라. 또한 만물보다 먼저 있고 만물이 저 안에 같이 섰도다』(골 1:15-17)[9] 그뿐만인가? 『나는 길이요 진리요 생명이니』(요 14:6)[10] 『내 말을 듣고 또 나를 보내신 자를 믿음 사람은 영생(永生)을 얻고 정죄하는데 이르지 아니하리니 사망에서 나의 영생으로 들어가느니라』(요 5:24)[11] 예수는 권세(權勢)로 말하면 우주를 한마디 말씀으로 지으신 이시오 풍부(豊富)하심을 말하면 만물이 다 자기의 소유이시요 조물주(造物主) 대주재(大主宰)이시오 우리의 생명의 근원이시며 죄인에게 구주가 되신 장차 영원한 낙원을 허락하여 우리에게 주실 예수시니 이 예수를 마음에 모셔 더 원할 것이 무엇이 있겠는가?

예수를 믿는 우리[12] 성도들이여! 이제 내게 있는 것이 무엇임을 생각하는가? 내가 줄 것이 있는가? 없는가? 천하를 얻어도 생명을 잃으면 무

---

8 원문의 '豊富'(풍부)의 '풍(豊)'은 '풍(豐)'의 속자(俗字)이다. '풍부(豐富)'를 원문대로 '풍부(豊富)'로 번역함.

9 골 1:15-17, "그는 보이지 아니하는 하나님의 형상이시요 모든 피조물보다 먼저 나신 이시니 만물이 그에게서 창조되되 하늘과 땅에서 보이는 것들과 보이지 않는 것들과 혹은 왕권들이나 주권들이나 통치자들이나 권세들이나 만물이 다 그로 말미암고 그를 위하여 창조되었고 또한 그가 만물보다 먼저 계시고 만물이 그 안에 함께 섰느니라" (개역 개정).

10 요 14:6, "예수께서 이르시되 내가 곧 길이요 진리요 생명이니 나로 말미암지 않고는 아버지께로 올 자가 없느니라" (개역 개정).

11 요 5:24, "내가 진실로 진실로 너희에게 이르노니 내 말을 듣고 또 나 보내신 이를 믿는 자는 영생을 얻었고 심판에 이르지 아니하나니 사망에서 생명으로 옮겼느니라" (개역 개정).

12 원문은 '我等'(아등)이다. 이것을 '우리'로 번역함.

슨 쓸데가 있겠는가? (마 16:26)[13] 이는 내[14] 주님의 말씀이로다. 천하를 호령(號令)[15]한 집권자(執權者)들께도 예수를 모시지 못한 어른들께는 우리가 모신 내게 있는 이 예수의 이름을 줄 것이 아닌가? 우주의 이치를 철학적으로, 과학적으로 아는 대지식가(大智識家)들에게도 이 예수를 알게 할 것이 아닌가? 내게 있는 줄 것이 풍부하며 받을 사람은 또 얼마나 많은가?

삼(三)

구걸하는 앉은뱅이는 예수를 구할 줄을 알지 못하였고 평상(平常)대로 분전(分錢)[16]을 구한 것이었다. 분전을 구하는 저 앉은뱅이에게 베드로, 요한이 준 것이 무엇이었는가? 앉은뱅이는 분전을 얻으면[17] 만족한 것이었다. 이상의 것을 바라지 못했고 생각지 못했다. 구하는 자에게 구하는 그것을 주지 않고도 그에게 큰, 아니 보다 더한 비할 수 없는 만족을 줄 수 있는가? 세상 이치로 그리 합하지 않을 것이다. 그러나 그 걸인은 불만족하였는가?(행 3:8)[18]

세인(世人)들의 요구는 각각이다. 무엇을 원하며 구하며 심히 갈급(渴急)한다. 심지어 구하는 그것을 위하여서는 자기 생명까지도 버리는 지경

13 마 16:26, "사람이 만일 온 천하를 얻고도 제 목숨을 잃으면 무엇이 유익하리요 사람이 무엇을 주고 제 목숨과 바꾸겠느냐" (개역 개정).

14 원문은 '吾'(오)이다. 이것을 '내'라고 번역함.

15 원문은 '呼令'(호령)이다. 앞뒤 문맥을 살펴 '호령(號令)'으로 수정하여 번역함.

16 원문의 '分錢'(분전)은 한자어의 뜻으로는 '돈을 나누다'이지만 '분전(分錢)'은 '푼돈'의 비표준어로서 '얼마 되지 않는 몇 푼의 적은 돈'을 말한다[Daum 사전의 한국어 사전].

17 원문은 '얻어'이다. 앞뒤 문맥을 살펴 '얻으면'으로 수정하여 번역함.

18 행 3:8, "뛰어 서서 걸으며 그들과 함께 성전으로 들어가면서 걷기도 하고 뛰기도 하며 하나님을 찬송하니" (개역 개정).

(地境)[19]에 이른다. 이 다다(多多) 만상(萬象)[20]으로 구하는 이 무리들에게 예수를 믿는 신도여! 줄 것이 무엇임을 아는가? 내게 없으니, 저들의 구하는 명예를 줄 수 없다. 분전(分錢)을 줄 수 없다. 지식, 권세를 줄 수 없다. 저들의 차고 넘치는 욕심을 채워줄 수 없다. 아니 있다고 하되 이는 줄 것이 아니다. 도리어 사망으로 인도하기 쉬운 까닭이다. 있어도 줄 필요 없거니와 없는 것을 줄 수는 없다. 그러나 『내게 있는 것으로 네게 주노니 곧 나사렛 예수 그리스도의 이름』이로다. 이에 예수 그리스도의 이름을 주어 나타나는 결과는 어떠할 것인가?

사(四)

『거저 받았으니! 거저 주어라』(마 10:8)[21] 내게 있는 것을 예수의 이름을 모시지 못한 가련한 무리들이 안전(眼前)[22]에 헤매지 않는가? 썩어질 육신과 허영을 구하는 불상(不祥)한 영(靈)! 악마와 그 사자들 위하여 예비한 영영(永永)한 불(마 25:41)[23]에 삼킬 저들에게 줄 것이 없는가? 내게 있는 다른 이상의 것이 필요치 않다. 아니 내게 있는 예수의 이름 이상의 것이 무엇이 또 있겠는가?

하나님은 예로부터 이제까지 무능한 인생들에게 있는 것을 찾으신다. 있는 그것에 축복하시어 큰일을 이루신 하나님께서 이제 자기 몸 된 독생

---

19 원문의 한자어는 '至境'(지경)이다. 이것을 앞뒤 문맥을 살펴 '지경(地境)'으로 수정하여 번역함.

20 원문의 한자어는 '萬像'(만상)이다. 이것을 앞뒤 문맥을 살펴 '만상(萬象)'으로 수정하여 번역함.

21 마 10:8, "병든 자를 고치며 죽은 자를 살리며 나병환자를 깨끗하게 하며 귀신을 쫓아내되 너희가 거저 받았으니 거저 주라" (개역 개정).

22 원문의 '眼前'(안전)은 '눈앞'이라는 뜻임.

23 마 25:41, "또 왼편에 있는 자들에게 이르시되 저주를 받은 자들아 나를 떠나 마귀와 그 사자들을 위하여 예비된 영원한 불에 들어가라" (개역 개정).

자 예수 그리스도를 우리에게 값없이 주시었다. 모세의 손에 있는 지팡이로도 과부의 집에 있는 적은 기름 한 병으로도 큰일을 나타내신 하나님이시어든 생명의 근원이시오 구주 되신 예수의 이름이 내게 있나니 이 이름을 들어 이 이름을 외쳐 그 어떠한 능력이 나타날 것인가?

철저한 신앙

마 5:37,[1] 계 3:15[2]

『오직 너희 말이 옳은 것은 옳다 하고 아닌 것은 아니라만 하라. 무엇이든지 이에서 지나면 악으로 좇아나느니라』(마 5:37) 솔직한 것은 양심적 생활의 표현이다. 그러나 솔직하다고 하여 경박(輕薄)[3]히 구는 것은 삼가 조심할 것이다. 물론 혹 경박한 사람이 솔직하여 양심을 바로 지킬 수 있으나 솔직하다고 하여 결코 다 경박한 것은 아니다. 다만 솔직한 사람이 경박(輕薄)한 단점(短点)[4]을 소유하기는 쉬울 것이다. 고로 가장 경박이 경거망동(輕擧妄動)을 피하여 모든 일에 그리스도 신자는 솔직히 살지니 본문(本文)에 나타난 대로 솔직하지 않고 이에서 벗어날 때는 악으로 좇아나기 쉬기 때문이다. 우리 신자는 더욱 그리스도와 같이 사는 자들이다. 그리스도 가르치는 대로 거짓 없이 솔직히 생활하여 내 양심을 잘 지킬 수 있는 것이다. 그리스도 안에 솔직은 경박을 피할 수 있다. 범사에 주를 영화롭게 할 수 있고 사람에게 덕을 끼칠 수 있을 것이다. 어떤 일은 당면(當面)할 때 양심적으로 지시함이 있음에 불구하고 어떤 이해타산(利害打算)에 양

* 『게자씨』 제4권 제4호(통권 44호)(1935.4), 15-18, 『게자씨 1935 (영인본)』, 119-122.

1 마 5:37, "오직 너희 말은 옳다 옳다, 아니라 아니라 하라 이에서 지나는 것은 악으로부터 나느니라" (개역 개정).

2 계 3:15, "내가 네 행위를 아노니 네가 차지도 아니하고 뜨겁지도 아니하도다 네가 차든지 뜨겁든지 하기를 원하노라" (개역 개정).

3 원문은 '輕迫'(경박)이다. 앞뒤 문맥을 살펴 '경박(輕迫)'은 모두 '경박(輕薄)'으로 수정하여 번역함.

4 원문의 '短点'(단점)의 '점(点)'은 '단점(短點)'의 '점(點)'의 속자(俗字)이다.

심을 기어이 강제로 항복(降服)[5]시켜 양심을 누르는 생활은 이는 참으로 주 앞에 가증한 생활이요 사람을 꺽 굴어 치는 악마의 사자될 것밖에 없을 것이다. 내게 이로운 일이든지 해로운 일이든지 막론하고 어떤 일이든지 어떤 곳에서든지 어느 때든지 내가 옳다고 하는 것이거든 생명이 나타날지로되 옳다고 할 수 있는 그 솔직 순결(純潔) 무흠(無欠)한 그 양심! 옳지 못한 일이라면 또한 옳지 못하다고 목숨까지 내댈 수 있는 그 사람의 맑은 양심을 주께서 어찌 귀히 보시지 않으랴? 여기에 정의와 용기가 솟아 나오는 것이다. 솔직한 것을 떠나 솔직한 양심을 떠나 정의 용기는 새빨간 거짓말이다. 혹 사람은 이렇게 말하리라. 그릇 양심의 판단(判斷)을 가지고 솔직이구면 이는 잘못된 데 이를 것밖에 없으리라 할 것이다. 그런고로 솔직하되 경박(輕薄)을 피할 것이라고 한 것이요 그리스도 안에 솔직은 그릇되게 양심의 판단을 가지지 않을 것이다. 또한 아, 생각할 것은 솔직은 직각적(直覺的) 동작을 운(云)함은 아니라는 것을 잊지 말 것이니 양심에 명확한 답이 없을 때 시간을 보내어 심사숙고하여 솔직히 양심대로 어디까지든지 살 수 있는 것이다.

설사 후에 그릇된 것이 판명(判明)된 일시적 착오에 짜졌으되 솔직한 생각으로 옳은 것은 옳다고 그른 것은 글다고 그 양심은 주 앞에서 귀한 것이다. 일시적 사람 앞에 오해를 받는다고 하되 하나님 앞에 거짓된 양심이 아니니 바로 깨달을 기회(機會)[6]가 있음이요 사람에게도 오랜 시일(時日)에 바로 나타나는 법이다. 이는 정의의 신(神)이 계신 때문이다. 그런고로 주 앞에 솔직함에 다른 위험이 없겠거니와 설사 여하한 위험이 일시적으로 있다고 할지로되 생명을 내대기까지 옳은 것을 옳다고 그른 것을 그르다고 나아가는 자에게 복이 있으리라. 더욱 솔직한 자에게 나타나는 큰

5 원문은 '抗服'(항복)이다. 앞뒤 문맥을 살펴 '항복(降服)'으로 수정하여 번역함.

6 원문의 '期會'(기회)를 앞뒤 문맥을 살펴 '기회(機會)'로 수정하여 번역함.

덕은 금(今)에 설(說)하려는 철저한 신앙생활을 소유할 수 있음이다. 곧 솔직은 철저(徹底)를 산출(産出)할 수 있다고 함이다. 인간사회에서도 모든 방면에 철저한 생활을 요(要)하거든 하물며 피의 종교인 우리 기독교에 있어서 철저함에 중요함을 말하여 무엇하랴. 『혹 차든지 덥든지 하기를 원하노라』(계 3:15)[7] 우리의 신앙이 흡족합니까?[8] 지킬만 합니까?[9] 각기(各其)[10] 자문(自問) 할지라. 내 신앙이 철저하냐? 사람이 알기에, 나아가 하나님이 아시기에 내 신앙이 철저하냐? 어떠한 곳이나 어떠한 때나 어느 사람에게나 이 복음을 힘 있게 전할만한 철저한 힘을 우리는 소유하였는가? 철저는 솔직한 양심에 기인(起因)하니만큼 지식이나 지위나 다른 어떤 부속(附屬) 조건을 불요(不要)한다. 내가 아는 대로 내가 가진 처지에서 내가 할 수 있는 그것에 철저히 해야 한다는 것이니 더욱 신앙의 철저함에 있어서야 이 생명의 문제니 나는 지식이 없다 하되, 지위와 인격이 없다 하되 내 받은 이 생명을 무엇보다 귀히 간수하고 귀히 힘 있게 증거(証據)[11]함에 무서운 힘이 나타난다. 오늘날 교회는 아니 기독교회는 철저한 신앙가(信仰家)를 요구한다. 상하(上下) 불급(不及)[12]의 희미한 회색분자를 『주께서 토하여 내』(계 3:16)[13] 버리신다. 좌(左)냐 우(右)냐? 철저하게 나아갈 것이로다. 예수도 믿어두고 이것도 좀 하고 저것도 좀 하자! 예수를 믿어 이것저것을

---

7 계 3:15, "내가 네 행위를 아노니 네가 차지도 아니하고 뜨겁지도 아니하도다 네가 차든지 뜨겁든지 하기를 원하노라" (개역 개정).

8 원문은 '洽乎?'(흡호?)이다. 이것을 '흡족(洽足)합니까?'라고 번역함.

9 원문은 '執乎?'(집호?)이다. 이것을 '지킬만 합니까?'라고 번역함.

10 원문의 '各己'(각기)를 앞뒤 문맥을 살펴 '각기(各其)'로 수정하여 번역함.

11 원문의 '証據'(증거)의 '증(証)'은 흔히 '증(證)' 자(字)의 약자로 쓰인다. 따라서 원문에 있는 대로 '증거'의 한자를 '증거(證據)'로 쓰지 않고 '증거(証據)'라고 번역함.

12 원문의 '不及'(불급)은 '미치지 못함'이라는 뜻임.

13 계 3:16, "네가 이같이 미지근하여 뜨겁지도 아니하고 차지도 아니하니 내 입에서 너를 토하여 버리리라" (개역 개정).

다 그만둘 것이 아니나 이것저것이 철저히 예수를 믿는 데야 무슨 관계가 있겠는가마는 불철저(不徹底)하게 해(害)가 없으니 어느 모로 보나 이로우니 믿어두자! 이는 벌써 이중생활(二重生活)을 하는 자 곧 두 주인을 섬기는 자는 아닌가? (마 6:24)[14] 그르다가도 믿는 이 있으니 좋지 않은가? 너무 극단지언(極端之言)[15]이라고 하리라. 그런고로 이런 불철저(不徹底)한 자를 제거할 수도 없거니와 제거하자는 것이 아니라 생각 있는 자 철저한 신앙을 소유하기를 힘쓸 것이라는 말이다. 불철저하다가도 철저함에 이르는 것이야 더욱 말할 것 있으랴.

보라. 어찌 철저한 신앙이 없이 예수를 믿는다고 할 수 있겠는가? 도리어 예수를 모욕함이 아니겠는가? 주께서는 우리를 불상(不祥)히 여기사 자기 몸을 스스로 비어 종의 형상을 취하시고 죽기까지 복종하사(빌 2:7-8)[16] 죽음으로, 피로 우리를 사셨나니 주, 우리를 위해 죽으셨거늘 어찌 주를 향하여 뜨겁지 않을까? 뜨겁지 않고도 철저하지 않고도 주를 영화롭게 할 수 있을까? 주께서는 죽기까지 하였거늘.

그런고로 철저한 신앙을 신자로서 소유할 것이라. 일례(一例)로 보통 우리들의[17] 신앙의 불철저(不徹底)함을 본다면[18] 보라! 일분(一分)의 경제의 관계나 그 타(他) 이해 문제가 있을 때 내 신경이 움직이고 생각이 간절하여 생각 처사(處事) 하나 신앙 문제에 관해서는 불연(不然)하여 이 주일(主日) 못

14 마 6:24, "한 사람이 두 주인을 섬기지 못할 것이니 혹 이를 미워하고 저를 사랑하거나 혹 이를 중히 여기고 저를 경히 여김이라 너희가 하나님과 재물을 겸하여 섬기지 못하느니라" (개역 개정).

15 원문의 '極端之言'(극단지언)은 '극단적(極端的)인 말'이라는 뜻이다.

16 빌 2:7-8, "오히려 자기를 비워 종의 형체를 가지사 사람들과 같이 되셨고 사람의 모양으로 나타나사 자기를 낮추시고 죽기까지 복종하셨으니 곧 십자가에 죽으심이라" (개역 개정).

17 원문은 '吾等의'이다. '오등(吾等)'이라는 한자어(漢字語)는 '우리들'이라는 인칭대명사이다. 따라서 '오등(吾等)의'을 '우리들의'로 번역함.

18 원문은 '視한다면'이다. 이것을 '본다면'으로 번역함.

지키면 오는 주일 잘 지키지, 이러한 태도를 가지고 있음이 거의 사실이 아닌가? 금일(今日)에 사회 경제 몰락은 떠들되 신앙 타락은 무서워하지 않으니, 집안의 자녀와 가족[19]의 무식(無識)은 탄(嘆)하여 구하되 그 심령의 구원 문제는 뒤로 세우니 육(肉)의 세상인지라 아무래도 육(肉)이 먼저 앞세워야 할 것인가? 육이 먼저냐? 영이 먼저냐? 살아서 돈이냐 죽어서 돈이냐? 뭐 우리들이 잘 알고 또 아는 논(論)이라. 『너희는 먼저 그 나라와 그 의를 구하라』(마 6:33)[20] 이렇게 못 살아 참으로 주의 가슴에 창을 꽂는 것이다. 그 무섭도다. 그런고로 『깨어 있으라』(롬 13:11)[21] 부탁한 것이다. 진정한 철저한 신앙생활은 육편(肉便)[22]에서 전연(全然) 불가능이니 그런고로 내 주(主)[23]께서 육편(肉便)에서 나오지 못하는 부자를 가르쳐 『약대가 침공(針孔)[24]으로 나가는 것보다 천국에 들어가기가 어려우리라』(마 19:24)[25] 하신 것이다. 이는 곧 그 심령이 육편(肉便)에 부(富)한 자를 가르치신 것이다.

이처럼[26] 철저한 신앙은 육(肉)으로 불가능이나 주 안에 불능(不能)함이 없나니 『믿는 자에게 능치 못할 일이 없느니라』(막 9:23)[27] 육(肉)에서 못하나 주 안에서 이룰 수 있나니 주 안에 굳게 서서 흘리지 않고 철저한 신

19 원문은 '子與族'(자여족)이다. 이것을 '자녀와 가족'이라고 번역함.

20 마 6:33, "그런즉 너희는 먼저 그의 나라와 그의 의를 구하라 그리하면 이 모든 것을 너희에게 더하시리라" (개역 개정).

21 롬 13:11, "또한 너희가 이 시기를 알거니와 자다가 깰 때가 벌써 되었으니 이는 이제 우리의 구원이 처음 믿을 때보다 가까웠음이라" (개역 개정).

22 원문의 '肉便'(육편)은 '육신적(肉身的)으로는'이라는 뜻임.

23 원문은 '吾主'(오주)이다. 이것을 '내 주(主)'라고 번역함.

24 원문의 '針孔'(침공)은 '바늘귀'를 말한다.

25 마 19:24, "다시 너희에게 말하노니 낙타가 바늘귀로 들어가는 것이 부자가 하나님의 나라에 들어가는 것보다 쉬우니라 하시니" (개역 개정).

26 원문의 '如此히'(여차히)를 '이처럼'으로 번역함.

27 막 9:23, "예수께서 이르시되 할 수 있거든이 무슨 말이냐 믿는 자에게는 능히 하지 못할 일이 없느니라 하시니" (개역 개정).

앙을 소유할 것이라.

끝으로 여하(如何)히 철저한 신앙을 소유할 것인가? 주 예수께서 나를 위하여 죽으심을 잊지 말 것이다. 이것을 오매불망하여 내 심령(心靈)에 새겨지기까지 기도하며 애쓰는 이 태도는 벌써 철저한 신앙생활의 출발이다. 다음으로 솔직한 생활 곧 주 안에서 주는 양심대로 하등의 육적 이해타산에 지배함이 없이 사는 그 생활은 철저한 신앙생활을 할 수 있게 한다. 총(總)히[28] 주 안에서 기도할 것뿐이니 기도는 만사의 시작이요 종점인 때문이다.

28 원문의 '總히'는 '모두 모아서'라는 뜻임.

영적 대수술

시편 51편

인간의 영적 병상(病狀)[1]

사람들은 다 죄인이다. 다 영적 병자들이다. 『사람이 땅에서 죄악이 관영(貫盈)[2]하고 마음에 생각하는 모든 꾀가 항상 간악하여(창 6:5)[3] 사람의 속마음에서 나오는 것은 악한 생각과 속임과 음탕과 시기와 훼방과 교만과 패역함이니 이것들이 사람의 속에서 나와서 사람을 더럽히느니라』(막 7:21-23)[4] 그리함으로『의인은 없나니 곧 한 사람도 없으며 깨닫는 사람도 없고 하나님을 찾는 사람도 없고 다 곁길로 나아가 한가지로 무익(無益)한 자가 되고 선을 행하는 자는 없나니 곧 한 사람도 없느니라. 목구멍은 열린 무덤 같고 그 혀로는 궤휼을 베풀며 그 입술은 독사의 독이 있고 그 입에는 저주와 악담이 충만하고 그 발은 사람의 피를 흘리는데 달음질하는지라 멸망함과 고생(苦生)이 그 길에 있어 평안한 길을 알지 못하고 저

---

* 『게자씨』 제4권 제5호(통권 45호)(1935.5), 7-9, 『게자씨 1935 (영인본)』, 145-147.

1 원문의 '病相'(병상)을 내용(內容)을 살펴 '병(病)의 상태(狀態)'를 말하는 '병상(病狀)'으로 수정하여 번역함.

2 원문의 '慣盈'(관영)을 앞뒤 문맥을 살펴 '관영(貫盈)'으로 수정하여 번역함.

3 창 6:5, "여호와께서 사람의 죄악이 세상에 가득함과 그의 마음으로 생각하는 모든 계획이 항상 악할 뿐임을 보시고" (개역 개정).

4 막 7:21-23, "속에서 곧 사람의 마음에서 나오는 것은 악한 생각 곧 음란과 도둑질과 살인과 간음과 탐욕과 악독과 속임과 음탕과 질투와 비방과 교만과 우매함이니 이 모든 악한 것이 다 속에서 나와서 사람을 더럽게 하느니라" (개역 개정).

희 눈앞에 하나님을 두려워함이 없느니라』(롬 3:10-18)[5] 고로 누구나 이렇듯 『범죄함이 주 앞에 심히 많으매 우리의 모든 죄가 우리를 쳐 증거하고 또 우리의 범죄한 것이 또 우리와 같이 있으니 우리의 죄악은 우리가 스스로 아는 바라』(사 59:12)[6] 『만일 우리가 죄 없다하면 스스로 속임이니라』(요일 1:9)[7] 이는 인간의 영적 병상(病狀)[8]을 그 얼마나 심절(深切)이 가르친 하나님의 말씀이시다. 그 병상(病狀)의 결과는 『곧 오직 너희 허물이 너와 너의 하나님 사이를 막았으며 너희 죄가 하나님의 얼굴을 가리워 너희 말을 듣지 않으시게 하는도다』(사 59:2)[9] 이렇듯 인간의 허물과 죄는 신인간(神人間)의 거래(去來)를 막아 버리는 것이 되어 드디어 사망에 도달할 수밖에 아무 것도 없는 것이었다.

구원의 길

1. 초대하심.

이렇듯 하나님께서는 악인이 죽는 것을 기뻐하시지 않으시사(겔

5 롬 3:10-18, "기록된 바 의인은 없나니 하나도 없으며 깨닫는 자도 없고 하나님을 찾는 자도 없고 다 치우쳐 함께 무익하게 되고 선을 행하는 자는 없나니 하나도 없도다 그들의 목구멍은 열린 무덤이요 그 혀로는 속임을 일삼으며 그 입술에는 독사의 독이 있고 그 입에는 저주와 악독이 가득하고 그 발은 피 흘리는 데 빠른지라 파멸과 고생이 그 길에 있어 평강의 길을 알지 못하였고 그들의 눈 앞에 하나님을 두려워함이 없느니라 함과 같으니라" (개역 개정).

6 사 59:12, "이는 우리의 허물이 주의 앞에 심히 많으며 우리의 죄가 우리를 쳐서 증언하오니 이는 우리의 허물이 우리와 함께 있음이니라 우리의 죄악을 우리가 아나이다" (개역 개정).

7 요일 1:9, "만일 우리가 우리 죄를 자백하면 그는 미쁘시고 의로우사 우리 죄를 사하시며 우리를 모든 불의에서 깨끗하게 하실 것이요" (개역 개정).

8 원문의 '病相'(병상)을 내용(內容)을 살펴 '병(病)의 상태(狀態)'를 말하는 '병상(病狀)'으로 수정하여 번역함.

9 사 59:2, "오직 너희 죄악이 너희와 너희 하나님 사이를 갈라놓았고 너희 죄가 그의 얼굴을 가리어서 너희에게서 듣지 않으시게 함이니라" (개역 개정).

33:11)[10] 그 풍성하신 긍휼로 죄를 알지도 못하신 자(예수)로 우리를 대신하여 죄를 삼으시사(고후 5:21)[11] 우리 무리의 죄악으로 하여금 그에게 담당케 하신지라(사 53:6)[12] 과연 주 예수께서 우리의 죄를 대신(代身)하여 죽으시려 악한 세상에 하강(下降)하시사 말씀하시기를 『수고하고 무거운 짐 진 사람들은 다 내게로 오라 내가 너희를 편히 쉬게 하리라』(마 11:28)[13] 『건강한 사람은 의원이 쓸데없고 병든 사람이라야 쓰나니 내가 온 것은 의인을 부르러 온 것이 아니요 죄인을 불러 회개시키러 왔노라』(눅 5:31-32)[14] 또 『여호와 이르시되 너희는 와서 같이 의론(議論)하자 너희 죄가 비록 주홍(朱紅) 같을지라도 반드시 눈과 같이 희게 하고 붉기가 진홍(眞紅) 같을지라도 반드시 양털 같게 하리라』(사 1:18)[15] 복되도다. 인간의 구원의 길은 열리었다. 그의 부르심에 순종하여 나아갈 것이다.

---

10 겔 33:11, "너는 그들에게 말하라 주 여호와의 말씀이니라 나의 삶을 두고 맹세하노니 나는 악인이 죽는 것을 기뻐하지 아니하고 악인이 그의 길에서 돌이켜 떠나 사는 것을 기뻐하노라 이스라엘 족속아 돌이키고 돌이키라 너희 악한 길에서 떠나라 어찌 죽고자 하느냐 하셨다 하라" (개역 개정).

11 고후 5:21, "하나님이 죄를 알지도 못하신 이를 우리를 대신하여 죄로 삼으신 것은 우리로 하여금 그 안에서 하나님의 의가 되게 하려 하심이라" (개역 개정).

12 사 53:6, "우리는 다 양 같아서 그릇 행하여 각기 제 길로 갔거늘 여호와께서는 우리 모두의 죄악을 그에게 담당시키셨도다" (개역 개정).

13 마 11:28, "수고하고 무거운 짐 진 자들아 다 내게로 오라 내가 너희를 쉬게 하리라" (개역 개정).

14 눅 5:31-32, "예수께서 대답하여 이르시되 건강한 자에게는 의사가 쓸 데 없고 병든 자에게라야 쓸 데 있나니 내가 의인을 부르러 온 것이 아니요 죄인을 불러 회개시키러 왔노라" (개역 개정).

15 사 1:18, "여호와께서 말씀하시되 오라 우리가 서로 변론하자 너희의 죄가 주홍 같을지라도 눈과 같이 희어질 것이요 진홍 같이 붉을지라도 양털 같이 희게 되리라" (개역 개정).

2. 수술대(手術台)[16] 위에 정체(正体)[17]를 내어놓자.

이렇듯 독생자를 보내시사 뭇 죽을 죄인을 부르신 하나님께서는『한 사람도 멸망치 않고 회개하기를 원하신다』(벧후 3:9)[18] 회개 곧 대수술(大手術) 받기를 원하신다. 한 사람이 회개하는 것을 하늘에서는 얼마나 기뻐하신다(눅 10:5)[19] 회개하지 않아서는 주의 부름에 나아가지 못한다. 금일(今日) 회개는 너무 불러 그런지 그 뜻의 심각함을 주지 않는듯하다. 그리하여 수술이란 술어(術語)로 대용(代用)하여 보고자 한다.

수술! 수술은 한 쉬운 일이 아니다. 적은 수술은 모르나 대수술(大手術)은 생명을 내 대고 하는 것이다. 생명을 내 대고라도 수술하지 않을 수 없음은 수술에 생명이 달림으로써이다. 그리함에 수술받을 사람은 이 어려운 일이나 생명이 이에 좌우(左右)하는 것임에 아니할 수 없는 일이다. 금일(今日)에 의학은 심히 발달하여 X(엑스) 광선 같은 것은 인체(人体)[20]를 막 투명하게 봄으로써 내부까지 들여다보고 병근(病根)을 찾아내어 수술한다.

이제 우리의 영적 병에 대하여 성경은 여하(如何)히 가르치느냐?『회개하라』(마 3:2)[21] 이는 세례 요한으로부터 시작하여 예수님도(막 1:15),[22] 모든 제자들도, 역대(歷代)의 모든 전도자들도 첫 외침은 곧 이 말씀이니

---

16 원문의 '手術台'(수술대)에서 '태(台)'는 현재 전혀 다른 글자인 '대(臺)'의 속자(俗字)로도 쓰인다[한국어문교육연구회,『한자능력검정시험 1급』, 544].

17 원문의 '正体'(정체)의 '체(体)'는 '체(體)'의 약자(略字)이다.

18 벧후 3:9, "악을 악으로, 욕을 욕으로 갚지 말고 도리어 복을 빌라 이를 위하여 너희가 부르심을 받았으니 이는 복을 이어받게 하려 하심이라" (개역 개정).

19 눅 15:10, "내가 너희에게 이르노니 이와 같이 죄인 한 사람이 회개하면 하나님의 사자들 앞에 기쁨이 되느니라" (개역 개정).

20 원문의 '人体'(인체)의 '체(体)'는 '체(體)'의 약자(略字)이다.

21 마 3:2, "회개하라 천국이 가까이 왔느니라 하였으니" (개역 개정).

22 막 1:15, "이르시되 때가 찼고 하나님의 나라가 가까이 왔으니 회개하고 복음을 믿으라 하시더라" (개역 개정).

『회개』 곧 영적 병의 대수술을 받으라는 말씀이다. 이 말씀을 위시하여 『만일 네 손이나 네 발이 너를 범죄케 하거든 찍어버리라.... 만일 네 눈이 너를 범죄케 하거든 빼어버리라』(마 18:9)[23] 이런 말씀은 죄악의 뿌리를 대수술하여 잘라 버리라는 심절(深切)한 말씀이 아닌가? 이만큼 손과 발을 찍듯이 눈알을 빼듯이 어려우나 주의 부름에 응하려 할진대 단연(斷然)이 그의 수술대 앞에 나아가 마땅히 받을 수술을 받을 것이다. 시편 51편은 다윗이 죄를 심각(深刻)히 주 앞에서 수술한 통회하는 명시(名詩)다. 이에 긴 설명보다 시 51편을 재삼(再三) 숙독(熟讀)하여 보라. 다윗의 정체(正体)는 바로 하나님 앞에 드러내놓은 것이 분명이 나타난다. 참 수술을 요(要)할진대 우리 정체를 바로 주 앞에 내놓아야 한다. 내놓지 않되 주 앞에 가릴 것이 있을 수 없으나(히 4:13)[24] 내가 자진(自進)하여 내 정체를 바로 내놓을 때 주 예수의 수술은 내 몸에 행하여지신다. 이제 다윗이 하나님 앞에 내어놓은 정체를 보라.

1 『내가 내 죄를 아오니』(3절)[25] 이 말씀, 다윗이 하나님 앞에서 자기의 죄를 아노라고 한 것이다. 그러니 이내 아는 죄를 사유(赦宥)해 주소서 하는 애원이다. 죄를 인식하지 못하는 자 하나님 앞에 바로 정체(正体)를 내놓지 못한다. 사도 바울도 보라 『나는 죄인의 괴수라』(딤전 1:15)[26] 이렇게 주 앞에 내놓아 대수술을 맨날[27] 받을 수 있는 고로 주의 손에 잡힌

23 마 18:9, "만일 네 눈이 너를 범죄하게 하거든 빼어 내버리라 한 눈으로 영생에 들어가는 것이 두 눈을 가지고 지옥 불에 던져지는 것보다 나으니라" (개역 개정).

24 히 4:13, "지으신 것이 하나도 그 앞에 나타나지 않음이 없고 우리의 결산을 받으실 이의 눈 앞에 만물이 벌거벗은 것 같이 드러나느니라" (개역 개정).

25 시 51:3, "무릇 나는 내 죄과를 아오니 내 죄가 항상 내 앞에 있나이다" (개역 개정).

26 딤전 1:15, "미쁘다 모든 사람이 받을 만한 이 말이여 그리스도 예수께서 죄인을 구원하시려고 세상에 임하셨다 하였도다 죄인 중에 내가 괴수니라" (개역 개정).

27 원문의 '맛날'을 앞뒤 문맥을 살펴서 '맨날'로 번역함.

주의 참 종이 될 수 있었던 것이다. 내가 지은 죄를 아느냐? 이것이 첫째 문제다.

2 죄악에 잠겨 사는 것을 알았다(5절).[28] 죄만을 알뿐 아니라 내가 죄악에 막 푹 잠겨 있으므로 전연(全然) 내 힘으로, 다른 힘으로 무소망(無所望)인 것을 자각하였다는 것이다. 다윗의 탄식을 들어보라. 『내 죄가 항상 내 앞에 있나이다. 볼지어다. 내가 날 때에 죄악이 있고 내 어머니가 나를 잉태하였을 때에 내게 죄가 있었도다(5절)』 아 얼마나 죄악 속에서 돋아나고 그 속에서 살고 있음을 탄(歎)하는 말인가? 여기서 다윗에게 구주가 필요하였던 것이요 아버지밖에 호소할 데 없음을 깨달은 것이다. 내가 어떠한 중에서 나서며, 어떠한 곳에 살며, 어떠한 곳에서 활동함을 아는가? 내 자신뿐 아니라 내 전 환경이 여하(如何)함을 부지(不知)할 때 내 정체는 주 앞에 바로 나타나지 않는다.

3 대수술을 간청(懇請)[29]함. 죄를 알고 죄 속에 사는 것을 안 다윗은 이제 주 앞에 상한 심령을 바친 것이다. 『하나님의 제사(祭祀)[30]는 상한 심령이니 하나님이여 상하고 통회하는 마음을 경홀히 여기지 아니하겠나이다』(17절)[31] 이는 대수술을 간청한 말씀이로다. 주 앞에 드리는 참 제사는 곧 상한 심령 곧 대수술을 받는 일이다. 내 이 불의하고 죄악에 묻힌 내 정체를 주 앞에 드리는 것을 주께서 심히 귀히 보신다.

---

28 시 51:5, "내가 죄악 중에서 출생하였음이여 어머니가 죄 중에서 나를 잉태하였나이다" (개역 개정).

29 원문의 '懇情'(간정)을 앞뒤 문맥을 살펴 '간청(懇請)'으로 수정하여 번역함.

30 원문의 '祭司'(제사)를 앞뒤 문맥을 살펴 '제사(祭祀)'로 수정하여 번역함.

31 시 51:17, "하나님께서 구하시는 제사는 상한 심령이라 하나님이여 상하고 통회하는 마음을 주께서 멸시하지 아니하시리이다" (개역 개정).

4 맡아주소서(11절).[32] 대수술적 통회가 있은 후 다윗의 태도는 『주의 성신(聖神)을 내게서 거두지 마옵소서』(11절) 그리하여 『순종할 심령을 주시옵소서』(12절)[33] 요컨대 나를 온전히 맡아 주시옵소서의 간청이다.

이밖에도 이 51편 자자구구(字字句句)의 모든 말씀은 참으로 다윗이 대수술 받아 갱생의 소망을 보여주는 명구(名句)들이다. 성경에는 이렇듯 여러 방면으로 대수술의 격려를 직접 교훈으로 한 역사적 사실을 절실히 가르쳐준다.

수술대 위에 정체를 내어놓으라. 육신의 병을 위하여 X 광선 앞에 내 몸을 비춰이듯이 주 예수의 밝은 빛 앞에 내 정체를 내어 비추라. 나에게 여하(如何)한 영적 병상(病狀)이 나타날 것인가? 그리고 주 앞에 밝히 수술을 받아라. 옛날 증자(曾子)[34]는 일일삼성오신(一日三省吾身)[35]하였다 한다. 내가 몸을 살펴서 부족한 것을 고치겠다는 옛 성현의 노력이 있었거늘 이제 밝은 주 예수의 빛 앞에 내 정체를 내놓아 이 얼마나 똑똑이 나타나겠는가? 그러나 사람들은 싫어한다. 믿는다고 하는 사람들 중에도 주의 거룩한 빛 앞에 내놓기를 싫어한다.

우리는 고요한 곳을 찾아 이른 새벽에 혹은 깊은 밤중에 어느 때든지 주의 밝은 빛 아래 정체를 내놓아 내 영의 병을 일일이 진찰받고 대수술을 받아야 한다.

---

32 시 51:11, “나를 주 앞에서 쫓아내지 마시며 주의 성령을 내게서 거두지 마소서” (개역 개정).

33 시 51:12, “주의 구원의 즐거움을 내게 회복시켜 주시고 자원하는 심령을 주사 나를 붙드소서” (개역 개정).

34 증자(曾子)는 유학(儒學)을 창시한 공자(孔子)의 제자로 춘추전국시대에 활동한 사상가이다 [https://namu.wiki/w/%EC%A6%9D%EC%9E%90 접속일 2024.6.20.].

35 원문의 ‘一日三省吾身’(일일삼성오신)은 논어(論語)의 학이(學而) 편(篇)에 나오는 말로 원래는 ‘曾子曰 吾日三省吾身하노니’(증자왈 오일삼성오신)이다. 이 말을 번역하면 ‘증자(曾子)가 말씀하였다. 나는 날마다 세 가지로 나의 몸을 살피노니’이다[성백효 역주, 『論語集註』 (한국인문고전연구소, 2018), 23].

초대교회(3)

서론(緖論)

일(一). 기독교회(基督敎會)의 정의

이(二). 교회의 어의(語義)

삼(三). 교회의 기원

사(四). 기독교회의 사명

본론(本論)

일(一). 초대교회의 한계

이(二). 초대교회 발전 순서

1. 기도 2. 성신충만(聖神充滿) 3. 무리들의 회개

4. 유무상통(有無相通) 5. 떡을 떼는 일 (이상 일월호(一月號)[1] 술(述)[2])

6. 이적이 나타남 7. 핍박 8. 영광을 돌림 9. 내부(內部) 병통(病痛)

10. 교회 처음 직원 11. 순교 12. 교회 산포(散布)

13. 사울의 개종 14. 이단 전도 15. 선교사 파송

16. 각 지방에 교회발전 17. 교회의 난문제(難問題)

18. 바울의 대전도(大傳道) (이상(以上) 이월호(二月號)[3] 술(述))

---

* 『게자씨』 제4권 제5호(통권 45호)(1935.5), 17-18, 『게자씨 1935 (영인본)』), 155-156.

1 『게자씨』 제4권 제1호(1935.1), 16-18, 『게자씨 1935 (영인본)』, 28-30.

2 '술(述)'은 전호(前號)에 기술(記述)되었다는 뜻임.

3 『게자씨』 제4권 제2호(1935.2), 13-15, 『게자씨 1935 (영인본)』, 55-57.

삼(三), 초대교회 발전의 원인

초대교회는 어떤 원인으로 그렇듯 장족(長足)의 발전을 하였는가? 크게 두어 가지로 분(分)하여 생각하면!

1. 사도들의 힘 있는 전도

전도는 어떤 것인가? 사람을 사지(死地)에서 건져내는 일, 사람을 구원하는 일이니, 사람을 도와주기는 쉬운 일이 아니거늘 구원하는 일의 힘듦을 말하여 무엇하랴. 그러나 이 힘은 사람이 낼 수 없는 힘이요 위로 오는 힘을 얻어 힘 있게 증거하는 것이니 힘을 얻는다면 과연 이 힘은 큰 세력(勢力)을 가진 것이다. 저 사도들이 힘 곧 성신(聖神)의 힘을 얻은 큰 이유는 크게 두어 가지로 생각하면

가. 순복음(純福音) 전도. 전도! 으레 이 복음을 전할 것이라고 할 것이다. 사실이다. 그러나 종종 실수하는 일이 많으니, 교육을 한 전도의 기관(機關)으로 이용하려다가 또는 어떤 다른 자선사업 기관을 처음에는 이용하다가 그만 아주 빠지는 일도 많다. 만일 전연(全然)이 복음전도를 위하여 교육을 하고 기타 사업을 하면 하는 이상의 효과가 있을 것이다. 그러나 생각할 것은 전도자로 총(總)히 주력할 것은 복음 전하는 데만 열중하리라는 것이다. 저 사도들의 전도를 보라. 뭇 신도 은혜가 풍성하여 유무(有無)를 상통(相通)할 때 헬라를 좇는 유대인의 불평을 들은 그 즉시(6:1)[4]로 자기들 할 바가 구제(救濟)하는 그것이 아닌 줄을 알아 곧 그 일 맡을 사람 7인(6:5)[5]을 택하여 맡기고 자기들은 전적(全的)으로 복음 전하는 데

---

4 행 6:1, "그 때에 제자가 더 많아졌는데 헬라파 유대인들이 자기의 과부들이 매일의 구제에 빠지므로 히브리파 사람을 원망하니" (개역 개정).

5 행 6:5, "온 무리가 이 말을 기뻐하여 믿음과 성령이 충만한 사람 스데반과 또 빌립과 브로고로와

만 노력한 것이니 이것이 교회발전에 큰 원인이라. 금일(今日) 우리 교회 내에 모든 하는 사업이 선미(善美)하나 더욱 복음전도에 열중할 것이로다. 예수께서도 오는 병자를 거저 보내지 않았으되 『내가 다른 고을에도 하나님 나라 복음을 전하여야겠노라 대개 내가 이 일로 나를 보내셨느니라』(눅 4:43)[6]

나. 간절하고 담대함. 저 사도들이 심히도 간절하였다. 복음을 저 불상(不祥)한 영(靈)에게 어서 속히 전하여야 되겠다는 간절한 생각, 주 예수의 십자가 은혜를 생각하는 간절한 생각, 위로 주께, 아래로 사람에게 이 간절한 생각이 저들을 몰아 활동하게 함에 저들의 외침이 힘이 있었고 또 담대하였다. 베드로 일찍 계집종에게 벌벌 떨었으나 보라 『하나님 앞에서 너희 말을 듣는 것이 하나님 말씀 듣는 것보다 옳은가 결단하라』(4:19)[7] 외칠 수가 있었다. 저들의 담대한 힘은 생명이라도 내댈 수가 있었다. 만유(萬有)의 하나님의 사신(使臣)들 무엇을 두려워하랴. 하나님의 복음을 가진 저들 앞에서는 사탄도 떨었을 것이며 저들을 잡아다 힐문하는 법관(法官)도 떨었으리라. 저들 앞에는 채찍이 쓸데 없고 철련(鐵鏈)[8]에 매여 가두는 것이(12:6)[9] 무용(無用)할 일이었다. 하나님을 순종하는 자의 담대함은 우주를 호령(號令)[10]하고도 남음이 있을 것이다. 『복음을 가진 자의 힘이여 위대하도다』 『강하고 담대하라』

니가노르와 디몬과 바메나와 유대교에 입교했던 안디옥 사람 니골라를 택하여" (개역 개정).

6 눅 4:43, "예수께서 이르시되 내가 다른 동네들에서도 하나님의 나라 복음을 전하여야 하리니 나는 이 일을 위해 보내심을 받았노라 하시고" (개역 개정).

7 원문은 '四20'이다. 그러나 인용(引用) 본문은 사도행전 4장 19절이다. 따라서 수정하여 번역함. 행 4:19, "베드로와 요한이 대답하여 이르되 하나님 앞에서 너희의 말을 듣는 것이 하나님의 말씀을 듣는 것보다 옳은가 판단하라" (개역 개정).

8 원문의 '鐵鏈'(철련)은 '쇠사슬'을 말한다.

9 행 12:6, "헤롯이 잡아 내려고 하는 그 전날 밤에 베드로가 두 군인 틈에서 두 쇠사슬에 매여 누워 자는데 파수꾼들이 문 밖에서 옥을 지키더니" (개역 개정).

10 원문은 '呼令'(호령)이다. 앞뒤 문맥을 살펴 '호령(號令)'으로 수정하여 번역함.

2. 신앙자(信仰者)의 생활

다음으로 교회발전의 원인은 신앙자(信仰者)들의 생활로 본다. 말보다, 선전(宣傳)하는 것보다 그 속을 들여다보는 세상이다. 말 잘함에 그리스도를 힘 있는 전하지 못한다. 산상(山上)에서 세운 빛과 같으니, 신자에게서 나타나는 것이 있어야 한다. 저들의 생활은 과연 천국의 그림자이었다. 주의 은혜 간절히 감사하며 사모하여 항상 모이기를 힘쓰며 예배하며 기도하며 또 열심으로 전도하며 주의 죽으심을 기념하여 성만찬을 행하여 신도의 교제가 더욱 친밀하고 기쁨과 즐거움이 충만하여 유무(有無)를 상통(相通)하였다(2:42-47).[11] 이런 생활은 간절한 중에서야 얻을 수 있다.

11 행 2:42-47, "그들이 사도의 가르침을 받아 서로 교제하고 떡을 떼며 오로지 기도하기를 힘쓰니라 사람마다 두려워하는데 사도들로 말미암아 기사와 표적이 많이 나타나니 믿는 사람이 다 함께 있어 모든 물건을 서로 통용하고 또 재산과 소유를 팔아 각 사람의 필요를 따라 나눠 주며 날마다 마음을 같이하여 성전에 모이기를 힘쓰고 집에서 떡을 떼며 기쁨과 순전한 마음으로 음식을 먹고 하나님을 찬미하며 또 온 백성에게 칭송을 받으니 주께서 구원 받는 사람을 날마다 더하게 하시니라" (개역 개정).

사(死)에서 생(生)으로

『사람이 만일 온 천하를 얻고도 생명을 잃으면 무엇이 유익(有益)하리오』(마 16:26)[1] 이는 내 주(主)[2] 예수님의 말씀이다. 그렇다. 생(生)을 잃고 다음에 무엇을 더 원할 것인가? 무엇을 찾아 얻으려 하는 것은 다만 생을 위한 따름이로다. 이만큼 생은 귀하다. 귀하기보다 생이 있어 다른 모든 것이 있고 생이 없어 곧 모든 것은 없어진다. 이만큼 생(生)의 가치, 생(生)의 그 자체를 아는 우리[3] 신도들! 위로 하늘나라 곧 영생의 나라를 올려다보면 아래로 지옥 곧 죽음의 나라를 내려다보면서! 『누구든지 저(예수)를 믿으면 영생을 얻고』 저 예수를 믿지 아니하는 사람은 하나님의 진노하심이 그 위에 있는 줄을 알면서도 어찌하여 사선(死線)에 방황하는 불상(不祥)하고 가련한 무리들을 불붙는 속에서 끄집어내듯이(유 23)[4] 구하려 하지 않겠는가? 사람의 생명은 풀낱[5]같으니 언제 그 생명이 여하(如何)히 될 것

---

* 『게자씨』 제4권 제6호(통권 46호)(1935.6), 11-15, 『게자씨 1935 (영인본)』, 177-181.

1 마 16:26, "사람이 만일 온 천하를 얻고도 제 목숨을 잃으면 무엇이 유익하리요 사람이 무엇을 주고 제 목숨과 바꾸겠느냐" (개역 개정).

2 원문의 '吾主'(오주)를 '내 주'로 번역함.

3 원문은 '吾'(오)이다. '오(吾)'는 '나, 내'의 뜻이나 '오등(吾等)'의 뜻인 '우리'라고 번역함.

4 유 1:23, "또 어떤 자를 불에서 끌어내어 구원하라 또 어떤 자를 그 육체로 더럽힌 옷까지도 미워하되 두려움으로 긍휼히 여기라" (개역 개정).

5 원문은 '풀낫'이다. '낫'을 앞뒤 문맥을 살펴 '낱'으로 보면 '낱'은 '하나'라는 뜻을 가지고 있으므로 '풀낱'은 '풀 하나'의 의미로 본다[https://blog.naver.com/saeneultomorrow/223451201602 접속일(2024.06.25.)], '실낱'이 '실의 가닥'의 뜻인 것과 비슷함[https://enomoosiki.tistory.com/329 접속일(2024.06.25.)].

을 가지(可知)[6]리오?

일(一), 주 예수의 오신 목적. 하나님의 아들 우리 구주 예수께서 무슨 까닭으로 보좌(寶座) 옥좌(玉座)를 버리시고 천한 이 땅에 하강(下降)하시었는가? 곧 사(死)에서 헤매는 인생을 생(生)으로 인도하려 아니 생명 자신이심에 생명을 부어 주시려 오심이 아니었는가? 불상(不祥)한 불구자(不具者) 병자를 보실 때 긍휼을 나타내시지 않음이 아니었으나 『내가 다른 고을에도 천국복음을 전하여야겠노라. 대개 이 일로 나를 보내셨느니라』(눅 4:43)[7] 이 말씀을 보면 하나님이 예수를 땅에 보내신 목적이 곧 이 일이시라는 말씀이다. 최후에 십자가상에서 자기 생명을 쏟으시고 크신 능력으로 부활하시어 구원의 역사(役事)를 끝내시었다.

일(一), 주님의 명령. 생명을 부어 주시기 위하여 오신 내 주(主)[8]님은 12 사도를 택하여 2인씩[二人式] 전도를 파송하시기도 하시고(마 10) 70인을 세워 2인씩[二人式] 전도를 파송(눅 10)하시기도 하시었다. 또 부활하시어 제자들에게 말씀하시기를 『너희는 가서 모든 백성으로 제자를 삼으라』(마 28:19)[9] 최후에 승천하시면서도 『성신(聖神)이 너희에게 임하시면 너희가 권능을 얻고 또 예루살렘과 온 유다와 사마리아와 땅끝까지 이

6 원문의 '可知'(가지)는 '가히 안다'는 뜻이므로 '가지(可知)리오'는 '가히 알 수 있으리오?'라고 번역할 수 있음.

7 눅 4:43, "예수께서 이르시되 내가 다른 동네들에서도 하나님의 나라 복음을 전하여야 하리니 나는 이 일을 위해 보내심을 받았노라 하시고" (개역 개정).

8 원문은 '吾主'(오주)이다. 이것을 '내 주(主)'라고 번역함.

9 마 28:19, "그러므로 너희는 가서 모든 민족을 제자로 삼아 아버지와 아들과 성령의 이름으로 세례를 베풀고" (개역 개정).

르러 나의 증인이 되리라』(행 1:8)[10] 이 모든 말씀은 곧 주님께서 우리[11] 신도들에게 복음 전함을 명하심이다.

일(一), 전도직(傳道職). 이는 우리 신도(信徒)[12]들 누구에게나 준 천부(天賦)의 직(職)이다. 어른이나 아이나, 약자나 강자나, 예수를 신앙하는 이는 누구든지 이 복되고 복된 직을 받은 것이다. 빛 자체는 흑암을 좇는 것과 마찬가지로 신도들이 가는 곳마다 할 것이다. 사람을 생명으로 인도하고 건지는 일, 이 이상에 더 고귀한 일이 있을 수 없다. 천하보다 귀한 한 생명! 태산(太山)과 대해(大海)를 옮길만한 능이 있는 것보다, 천하를 호명(呼名)[13]할 권(權)이 있는 것보다 하나님 앞에 얼마나 귀하고 또 귀한 것이다. 나에게 어떤 것이 있다고 하되 사람의 생명을 건질 수 없는 것이다. 기록한 바와 같으니 선한 복음을 전하는 자의 발이 어떻게 아름다운고(롬 10:15)[14]

일(一), 주를 사랑하는 마음. 『네가 나를 사랑하느냐』(요 21:15)[15] 이는 세 번이다. 주께서 베드로를 향하여 물으신 말씀이다. 베드로에게뿐이랴. 『내게도 네가 나를 사랑하느냐』 신령(神靈)한 귀를 열어 물으시는 주

---

10 행 1:8, "오직 성령이 너희에게 임하시면 너희가 권능을 받고 예루살렘과 온 유대와 사마리아와 땅 끝까지 이르러 내 증인이 되리라 하시니라" (개역 개정).

11 원문은 '吾等'(오등)이다. 이것을 '우리'로 번역함.

12 원문은 '吾信徒'(오신도)이다. 이것을 '우리 신도(信徒)'라고 번역함.

13 원문은 '呼命'(호명)이다. 이것을 '호명(呼名)'으로 수정하여 번역함.

14 롬 10:15, "보내심을 받지 아니하였으면 어찌 전파하리요 기록된 바 아름답도다 좋은 소식을 전하는 자들의 발이여 함과 같으니라" (개역 개정).

15 원문은 '요二十一10'이다. 이것은 요한복음 21장 10절이다. 그러나 인용 구절은 요한복음 21장 15절이다. 요한복음 21장 15절로 수정하여 번역함. 요 21:15, "그들이 조반 먹은 후에 예수께서 시몬 베드로에게 이르시되 요한의 아들 시몬아 네가 이 사람들보다 나를 더 사랑하느냐 하시니 이르되 주님 그러하나이다 내가 주님을 사랑하는 줄 주님께서 아시나이다 이르시되 내 어린 양을 먹이라 하시고" (개역 개정).

의 말씀을 들어보라. 그리고 대답하라! 베드로의 대답은 이러하였다. 『주여 그러하외다. 주를 사랑하는 줄 주께서 아시나이다』 이러한 겸손한 대답을 할 수가 있었다. 전지(全知)하시는 주님에게 주께서 아실 터입니다. 대답할 만한 자신력(自信力)이 있는가? 주를 사랑하는 태도는 이 방면에 나타나니 곧 주께서 『자기 백성을 사랑하시되 끝까지 사랑』(요 13:1)[16] 하신 이 사랑을 기분(幾分)의 일(一)이라도 나타내는 데 있다. 아무 죄가 없으신 내 주(主)[17] 예수는 무슨 까닭으로 겟세마네의 그 신산(辛酸)한 고(苦)를 겪으시었는가? 어찌하여 그 이마에서는 피땀을 흘리시었는가? 어찌하여 잡히시었으며, 어찌하여 십자가의 수욕(羞辱)을 당하시었는가? 어찌하여 피를 쏟으시었는가? 이는 사람을 사랑하시되 끝까지 사랑하신 그 사랑이 아닌가? 이러하셨거든 겟세마네의 신산(辛酸)한 고(苦), 십자가의 죽음! 이만큼 애를 쓰시었는데 주를 사랑한다고 하면서야 이 복음을 어찌 전하지 않을 수가 있겠는가? 『네가 나를 사랑하느냐?』 주께서 아실 것입니다.

일(一), 불상(不祥)한 영(靈)을 보느냐? 예수께서 사람을 외모로 보시지 않았다(마 9:36).[18] 그 중심이 죽겠느냐, 살겠느냐를 보시었다. 그리함에 불상(不祥)히 여기지 않을 수는 도무지 없었다. 우리[19] 신도들도 사람의 영(靈)을 살펴야 할 것이다. 그 사람의 외모에 나타난 것보다 그 사람이 살길을 걷느냐, 사선(死線)에 있느냐? 이제 눈을 들어 저 거리에 왕래하는 허다한 군중들! 식자(識者), 무식자(無識者), 빈자(貧者), 귀인(貴人), 천인(賤

16 요 13:1, "유월절 전에 예수께서 자기가 세상을 떠나 아버지께로 돌아가실 때가 이른 줄 아시고 세상에 있는 자기 사람들을 사랑하시되 끝까지 사랑하시니라" (개역 개정).

17 원문은 '吾主'이다. 이것을 '내 주(主)'라고 번역함.

18 마 9:36, "무리를 보시고 불쌍히 여기시니 이는 그들이 목자 없는 양과 같이 고생하며 기진함이라" (개역 개정).

19 원문은 '我等'(아등)이다. 이것을 '우리'라고 번역함.

人)! 한번 눈을 들어 우렁차고 힘 있게, 씩씩하게 교문을 나고 드는 뭇 청년 남녀! 소학생, 중학생, 전문학생, 대학생! 한번 눈을 들어 전야(田野)를 바라보라. 농민 대중, 이 대중 가운데 바로 주 예수의 피를 통하여 신생명(新生命)의 달고 감사한 맛을 맛보고 그 사랑에 엎드러진 자는 몇 퍼센트(%), 몇 할(割)이나 되며 주 예수의 피를 생각하지도 못하는 모르는 사선(死線)에 방황하는 자들이 얼마나 되는가? 천당을 바라다보며 지옥을 내려다보는가? 우리 신도 십자군(十字軍)들은 생각하지 않을 수 없는 것이다.

일(一), 전도의 책임. 에스겔 선지[20]를 통한 하나님의 말씀 『내가 만일 악인에게 이르기를 악인아 너는 진실로 죽으리라 하였는데 네가 악인에게 말하고 경계하여 그 길에서 떠나게 아니하면 이 악인은 반드시 그 죄악 중에서 죽으려니와 내가 반드시 그 피를 네 손에서 토죄(討罪)할 것이오』(겔 33:8)[21] 무서운 말씀이로다. 사도 바울의 말씀도 들어보라. 『내가 복음을 전할지라도 자랑할 것이 없음은 내가 아니할 수 없음이니 만일 전하지 아니하면 내게 화(禍)가 미치리라』(고전 9:16)[22] 내가 권하지 않아서 믿지 못한 피 값은 당장에 내 손에서 나갈 수밖에 없다고 하시었도다.

일(一), 할 수밖에 없다. 참된 신도일진대 아니할 수 없다. 바울의 말씀이 그 말씀이 아닌가? 내가 아니하면 화가 올 것인 고로가 아니라 내가 주를 사랑함에 뭇 영(靈)을 사랑함에 이는 하지 않을 수 없나니 어찌 나를

---

20 원문의 '선지'는 '선지자(先知者)'를 뜻한다.

21 겔 33:8, "가령 내가 악인에게 이르기를 악인아 너는 반드시 죽으리라 하였다 하자 네가 그 악인에게 말로 경고하여 그의 길에서 떠나게 하지 아니하면 그 악인은 자기 죄악으로 말미암아 죽으려니와 내가 그의 피를 네 손에서 찾으리라" (개역 개정).

22 원문은 '고전十16'이다. 그러나 인용(引用)한 본문은 고린도전서 9장 16절이다. 고전 9:16, "내가 복음을 전할지라도 자랑할 것이 없음은 내가 부득불 할 일임이라 만일 복음을 전하지 아니하면 내게 화가 있을 것이로다" (개역 개정).

위하여 죽음을 아끼지 않았는데 또 믿지 않는 영(靈)들은 사망의 골짜기에서 헤매는데 내 어찌 그냥 있을 것인가? 식자(識者)나 귀인(貴人)이나 권자(權者)나 누구나 불신(不信) 즉 멸망이니(요 3:16)[23] 영(靈)을 가련(可憐)[24]이 여길진대 누구에게든지 이 생명의 복음을 전할 것이다.

일(一), 전할 방법. 각 사람의 형편을 따라 각각 다른 방법으로 할 수 있으나 이렇게 못하면 저렇게 내 최선을 다하여 이 복음 전함을 생활의, 지고(至高)의 생활로 마땅히 신자는 할 것이다.

1. 말로. 『입으로 증거한 즉 구원에 이르느니라』(롬 10:10)[25] 『전파하는 자가 없으면 어찌 들으리오』(롬 10:14)[26] 가는 곳마다 언제든지 할 수 있는 대로 예수를 말로 증거할 것이다. 들을 사람에게 안들을 사람에게 벌써 들은 사람에게나 누구에게나 힘 있게 담대히 예수를 증거할 것이다. 우리는 하루에 몇 마디나 예수를 증거해 보는가? 내 지혜의 아름다운 말이 필요치 않다(고전 2:5)[27] 내 철학적 이론이 필요치 않다. 내 경험적 증거도 그다지 필요치 않다. 다만 하나님의 말씀이 우리에게 있으니 그 내 이론 내 경험이 그 이상으로 힘과 능력이 될 수 없다. 하나님께서 주신 말씀 그대로 전할 것뿐이다. 뿌리는 것이 내 할 일이요 믿게 하는 것은 하나님의 능력이다. 그런고로 시간을 내어 쓸데없는 허탄한 말을 그만두고 하나님의

23 요 3:16, "하나님이 세상을 이처럼 사랑하사 독생자를 주셨으니 이는 그를 믿는 자마다 멸망하지 않고 영생을 얻게 하려 하심이라" (개역 개정).

24 원문은 可隣이다. '隣'은 '憐'을 잘못 쓴 것으로 보여 가련(可憐)으로 수정하였다.

25 롬 10:10, "사람이 마음으로 믿어 의에 이르고 입으로 시인하여 구원에 이르느니라" (개역 개정).

26 롬 10:14, "그런즉 그들이 믿지 아니하는 이를 어찌 부르리요 듣지도 못한 이를 어찌 믿으리요 전파하는 자가 없이 어찌 들으리요" (개역 개정).

27 고전 2:5, "너희 믿음이 사람의 지혜에 있지 아니하고 다만 하나님의 능력에 있게 하려 하였노라" (개역 개정).

말씀을 듣고, 이 말씀 곧 하나님께로 오는 이 생명의 소식을 전할 것이다.

2. 내 행위로. 위에 말한 것을 간절한 열성으로 할 수 있다고 하면 이는 내 덕 있는 태도로 다른 사람을 감화시킨다는 것이다. 내 태도 전부가 주의 사랑을 나타냄으로 복음을 전할 수 있는 것이다. 이는 위에 말한 이상의 힘이 있는 것이다.

3. 문서로써. 신자로서 서신 거래나 기타(其他)[28] 문서(文書) 중에 항상 복음 전하는 것을 잊어서는 안 될 것이다. 윗사람에게 권면할 수 있고 아래 사람에게 가르칠 수 있다. 믿는 일 이상의 일이 없는 것이거늘 아무리 긴급한 소중한 사정이로되 예수 믿는 일 이상의 것이 어찌 있으랴. 천하를 얻는 이상의 일이니! 고로 안 믿는 사람에게는 무엇보다 믿으라는 권면의 말을 어떤 사정보다 중하게 말할 것이다. 불신자에게 다른 거래(去來)가 있어 혹 서신이 왕복될 때는 이 호기회(好機會)를 불실(不失)하고 복음을 전할 것이다. 이는 먼 거리에 있는 이에게 할 수 있는 최선의 방법이다. 그리고 할 수 있으면 전도지 발송 복음지(福音誌) 간행은 큰 전도사업일 것이다.

4. 물질을 희생함으로. 한 방면으로는 내 물질(物質)을 드려 복음을 전할 수 있다. 내 친히 못하나 돈을 내어 선교사를 파송하는 일, 전도인(傳道人)을 세우는 일, 기타 복음전도에 그 비용을 담당한 것은 곧 복음을 전하는 일이다. 우리들의 연보도 다 그런 것이다. 우리는 내 쓰고 싶은 거 혹 하고 싶은 것을 용기 있게 그만두고 그 비용을 전도에 써 본 일 있는가? 담배 피울 돈은 있을지언정, 오락(娛樂)[29] 기구 살 돈은 있을지언정,

28 원문은 '그 他'(그 타)이다. 이것을 앞뒤 문맥을 살펴 '기타(其他)'로 번역함.

29 원문은 '誤落'(오락)이다. 이것을 '오락(娛樂)'으로 수정하여 번역함.

기타 안일을 위하여 소모할 경제력이 있을지언정, 전도하기 위해서는 경제불급(經濟不及) 운운(云云)[30]하는 고약한 생각이 있지 않은가? 내 경제생활의 몇 분의 일[31]이 전도를 위한 지출이 되는지 각자는 한 번 숫자를 알아볼 필요가 있다. 내가 할 것을 한 가지 못한 그 비용이 한 생명을 구원하였다면 이는 얼마나 하나님 앞에 영광이며 영원한 복을 누릴 것인가?

5. 기도로. 이는 무엇보다 위대한 힘이 있다. 용신부동(容身不動)[32]할 어려운 자리에 있어서도 우리는 전도할 수 있나니 곧 이는 기도다. 아무것으로도 할 수 없지만 내 의식이 있는 한 기도할 수 있으니 나는 전도할 수 있다. 어떤 개인을 지목(指目)하여 혹 어떤 단체(團体)[33]를 지목하여 몇 번이나 혹 며칠이나 우리는 기도해 본 일이 있는가? 내 신이 닳토록 내 뒷산에 길이 나도록 내 무르팍에 굳은살이 박이도록 이마에 피땀이 흐르기까지 간절한 기도를 우리는 해보았는가? 이러한 정성이 없이도 나를 위하여 죽음을 아끼지 아니하신 주님을 부끄럼 없이 만날 것인가? 나는 다른 힘이 전혀 없다고 하되 다만 기도할 수는 언제든지 있나니 전능하신 주님께 조르면 안 될 리 만무(萬無)한 것이다. 이 밖에도 여러 방면으로 전도할 길이 많을 터이다. 방법이 이러하든 저러하든 좌우간 힘 있게 간절한 마음으로 전도할 것이다.

아! 사(死)에서 생(生)으로 인도하는 대생명(大生命)의 역사(役事). 이 대운동(大運動)에 참가하자.

---

30 원문의 '經濟不及云云'(경제불급운운)은 '경제(經濟)가 미치지 못한다는 등의 말을 한다'는 뜻이다.

31 원문은 '幾分之一'(기분지일)이다. 이것을 '몇 분의 일'로 번역하였다.

32 원문의 '容身不動'(용신부동)은 '방이나 장소가 비좁아 겨우 무릎을 움직이지도 못하다'는 뜻.

33 원문의 '團体'(단체)의 '체(体)'는 '체(體)'의 약자(略字)이다.

초대교회(完)

서론(緖論)

일(一), 기독교회(基督敎會)의 정의

이(二), 교회의 어의(語義)

삼(三), 교회의 기원

사(四), 기독교회의 사명

본론(本論)

일(一), 초대교회의 한계

이(二), 초대교회 발전 순서의 대략(大略)(1–18까지)

(이상 2월호[1] 술(述))

삼(三), 초대교회 발전의 원인

1. 사도들의 힘 있는 전도

2. 신자의 생활 (5월호[2] 술(述))

사(四), 초대교회의 사상(思想)

신자의 생활이 그리하였음에 그들의 사상에 대하여도 그 신앙이 여하

* 『게자씨』 제4권 제6호(통권 46호)(1935.6), 21–22, 『게자씨 1935 (영인본)』, 187–188.

1 『게자씨』 제4권 제2호(1935.2), 13–15, 『게자씨 1935 (영인본)』, 55–57.

2 『게자씨』 제4권 제5호(통권 45호)(1935.5), 17–18, 『게자씨 1935 (영인본)』, 155–156.

(如何)함을 잘 알 것이니 초대교회에 있어서 좀 다른 생각이라고 할는지 좀 불급(不及)한 사상은 곧 이방인 관념이었다. 신앙하는 바는 하나님과 자기 유대인 관계뿐인 줄 알 뿐이고 이방인에게 생각이 불급(不及)하였다. 이방인도 하나님의 자녀될 것을 전무(全無) 부지(不知)하였다. 그 증거는 여러 방면에 나타난다. 그러나 사도행전을 보면 이 사상이 점점 깨져 베드로의 고넬료 전도를 위시하여 바울의 세계 대전도에 나선 것까지 볼 수 있다. 이 점(点)[3]에서 또한 진리임을 명명백백이 볼 수 있다. 어찌 이 좁고 좁은 유대주의를 하나님께서 세계주의로 변화시키었는가? 과연 기독주의(基督主義)는 유대주의가 아니었고 그 세계주의(世界主義)이었다. 초대교회에서 벌써 이 사실이 나타났다. 그리하였는데 근일(近日) 혹 신도들 중 좁은 주의(主義)로 개인 혹은 한 교회 혹은 한 단체주의(團体主義)로 미끄러지는 경향은 위태하다. 주께서 나 개인을 붙으시고 한 교회를 세우시고 보호하심은 당신의 복음을 간수하며 전하기 때문뿐이다.

오(五), 초대교회 직원

초대교회에 어떠한 직원이 있었는지 분명한 기사(記事)가 없으니 미상(未詳) 하거니와 기록대로 구제에 전임(專任)할 7인을 택한 사실(행 6장)이 있고 15장에 예루살렘에 장로 사도들이 공의회 개최한 사실이 있어 장로 있음을 알 수 있고 또 13장에 안디옥교회에 수인(數人)의 직원이 있었고 바울 전도 시(時)에 장로를 회견(會見)하였다는 기사(紀事)뿐이다. 오늘날과 같은 복잡한 조직은 아닌듯하나 직원은 교회치리(教會治理)에 필요한 것이니 있을 수밖에 없다. 크게 여기 주의할 바는 초대교회 직원은 무엇을 위하여서보다 전도사업을 위하여서이었다. 7인을 택한 것도 사도들이 전도만 하

---

3 원문의 '点'(점)은 '점(點)'의 속자(俗字)이다.

려 함이었고 예루살렘 공의회의 결의문을 보아도 치리문(治理文)이 아니라 전도문(傳道文)이었다(행 15:13-29). 물론 치리(治理)가 전도될 경우도 불무(不無)할 터나 너무 교권(敎權) 주장만은 주님의 사랑을 가리기 쉽다. 교회의 직원들은 누구보다 더 복음을 전할 책임이 있음을 아는 것은 귀한 일이다.

육(六), 초대교회의 사업

초대교회의 최대 사업은 전도이었다. 교회는 이것 때문에 있는 것이니 이론(異論)[4] 없이 당연한 것이다. 다음으로 구제사업도 있어 7인이나 전무(專務)하였고 병 고치는 이적도 있었고 유대인 회당에서 교수(敎授)하는 일도 있었다고 하겠다. 그러나 그 어느 것이 전도를 위함이 아님이 없다. 오늘날 우리 교회가 어디에 주력(主力)하는가? 교회사업은 교육보다 한 명이라도 예수 믿게 하는 데 있다.

칠(七),[5] 초대교회의 승리

초대교회는 승리의 교회이었다. 생명의 씨를 대지(大地)에 힘 있게 뿌렸다. 초대교회에 환난이 없는 것은 아니다. 외적(外的) 핍박과 내적(內的)으로 아나니아 사건이나 불평이나 안디옥교회의 이단문제 등 만난(萬難)이 있었으나 외적(外的) 핍박을 담대하게 피를 흘림으로 이기었고 내적(內的) 병통(病痛)을 성령(聖靈)의 위무(慰撫)로 어루만져 낫게 하였다. 그리하여 주

4 원문은 '理論'(이론)이다. 그러나 앞뒤 문맥을 살피면 '이론(異論)'이 맞는 듯하다. 따라서 '이론(異論)'으로 수정하여 번역함.

5 원문은 '六'(육)이다. 바로 앞에 '육(六)' 항목이 있으므로 이것을 '칠(七)'로 수정하여 번역함.

님 교회의 위력(偉力)은 세계적으로 벌써 나타났다. 신앙의 용장(勇將)들은 죽음으로 최후까지 복음을 증거하였다. 아! 이 승리는 과연 큰 것이었다. 예루살렘 작은 다락방의 힘 있는 합심기도의 승리였도다.

결론(結論)

초대교회는 다만 그리스도의 사랑화(化)함으로 만사(萬事)에 주께 영광을 돌리었다. 대철공소(大鐵工所)에서 땅속에서 캐낸 쇳덩어리나 쓰다가 못 쓰게 된 파철(破鐵) 녹이 슨 것들이라도 다 같이 풀무에 넣고 불어 녹이면 한데 녹아 어느 것이 이 조각이요 저 조각이었든지 모르게 쇳물로 화하여 이미 만들어 놓은 형(型)틀에 붓는 대로 쓸만한 기구가 되는 것같이 초대교회의 모든 신도는 그리스도의 사랑 풀무 불에 녹아버려 한 덩어리가 되었던 고로 주님의 원하는 대로 쓰실 수가 있었다. 신자들은 마땅히 이 불에 녹아지이다.

결산 전에

결산(決算)이라고 하면 흔히 인간생활의 경제적 결산을 직각적(直覺的)으로 생각하게 된다. 시간으로는 월말, 연말을 연상케 된다. 그러나 결산을 육적(肉的) 방면으로만 보아서는 안 될 것이다. 더욱 신령한 생활을 하는 우리[1] 기독(基督) 신도들은 영적 결산을 자주자주 보아야겠다. 육방면(肉方面)에 결산도 중요한 것이 물론 대부분 연말이 되며 월말에 되겠거니와 날마다 혹 5일마다 1주마다 15일마다 여러 모양으로 편의(便宜)를 따라 결산을 요하는 형편이 많이 있다. 우리의 신령한 결산에서도 날마다도 있어야겠고 한 주일마다도 있어야겠고 한 달 만에도 있어야겠고 연말에도 있어야겠다. 옛 성현(聖賢) 증자(曾子) 같으신 분도 일일삼성오신(一日三省五身)[2]하시었다는 말을 우리는 잘 알고 있다. 하루 한 번뿐 아니라 세 번을 살펴 자기 도덕생활에 결산을 보았다는 것이다. 우리가 날마다 취침할 때는 물론 각기 사정에 따라 다르려니와 거의 다 하루에 지낸 모든 생활을 주 앞에 잠깐이나마 내어놓고 보는 시간이니 이 신앙의 결산이라 할 수 있을 것이다. 잠자리에 들어가기 전 즉 결산 전에 주의하여 잘하였으면 얼마나 기쁘게 그 밤을 주의 품에 안겨 편한 잠을 잘 것인가? 언제나 육적이나 영적이나 결산(決算) 전에 할 일을 다하여야만 결산에 이르러 기쁨을 얻을 것이다. 우리들의 날마다 결산은 주 앞에 그 밝고 박은 빛 앞에 여하(如

* 『게자씨』 제4권 제7호(통권 47호)(1935.7), 14-16, 『게자씨 1935 (영인본)』, 216-218.

1 원문은 '吾等'(오등)이다. 이것을 '우리'라고 번역함.

2 『논어(論語)』 '학이(學而)' 편(篇)에 나오는, 공자(孔子)의 제자(弟子)인 증자(曾子)가 한 말로써 '날마다 세 가지로 자신을 살피고 반성한다'라는 뜻이다.

何)히 나타나는가? 각각(各各) 생각하여 볼지라. 이렇듯 우리는 주님이 오실 때까지 날마다의 결산을 선(善)히, 달마다의 결산을 선히, 해마다의 결산을 선히 주 앞에 나타낼 때 정말 총결산(總決算) 날인 그날에도 영광의 주님을 기쁘게 영접할지로다. 아! 그날이 언제 내게 올 것인가? 내 생명에 관하여 한 초 후에 일을 오인(吾人)은 모르는 무지한 자들이니 그날 그 시가 내게 언제 당도할 것을 알 수 있으랴? 이렇게 생각할 때 내 결산도 언제 나타날는지 모르나니 그날이 이르기 전 결산 전에 우리의 할 일을 하여야 하는 것이다.

이제 무서운 성구(聖句)를 들어보라. 『사람이 한 번 죽고 그 후에 시판을 받는 것은 정하신 것이니』(히 9:27)[3] 이왕 몽매할 때는 허물치 않으셨거니와 이제는 어느 곳에서든지 사람을 다 명 하사 회개하라 하시고 날을 정하사 세우신 사람(예수)으로 하여금 공의대로 천하를 심판하시리니(행 17:30-31)[4] 우리가 다 반드시 그리스도의 심판대 앞에 나타나 선악간(善惡間)에 각각 스스로 행한 것을 따라 보응을 받을 것이고(고후 5:10)[5] 모든 은밀한 일에 대하여 선악간(善惡間)에 심판하신다(전 12:14).[6] 그때 우리 각각 사람이 다 자기 스스로 행한 것만 하나님께 바로 말하게 되나니(롬 14:12)[7] 그날은 내 복음을 의(依)하여 하나님께서 예수 그리스도로 말미암아 사람의 은밀한 것을 심판하시는 날임에(롬 2:16)[8] 지으신 것이 한 개라

---

3 히 9:27, "한번 죽는 것은 사람에게 정해진 것이요 그 후에는 심판이 있으리니" (개역 개정).

4 행 17:30-31, "알지 못하던 시대에는 하나님이 간과하셨거니와 이제는 어디든지 사람에게 다 명하사 회개하라 하셨으니 이는 정하신 사람으로 하여금 천하를 공의로 심판할 날을 작정하시고 이에 그를 죽은 자 가운데서 다시 살리신 것으로 모든 사람에게 믿을 만한 증거를 주셨음이니라 하니라" (개역 개정).

5 고후 5:10, "이는 우리가 다 반드시 그리스도의 심판대 앞에 나타나게 되어 각각 선악간에 그 몸으로 행한 것을 따라 받으려 함이라" (개역 개정).

6 전 12:14, "하나님은 모든 행위와 모든 은밀한 일을 선악 간에 심판하시리라" (개역 개정).

7 롬 14:12, "이러므로 우리 각 사람이 자기 일을 하나님께 직고하리라" (개역 개정).

8 롬 2:16, "곧 나의 복음에 이른 바와 같이 하나님이 예수 그리스도로 말미암아 사람들의 은밀한

도 그 앞에 밝히 나타나지 않음이 없고 오직 만물이 다 우리를 상관하시는 자의 눈앞에 벌거벗은 것 같이 나타남이라(히 4:13).[9]

이 공의로운 심판에 어떠한 결산을 나타낼 것인가? 각기 심사(深思)할 일이다. 그런고로 결산 전에 내 모든 것을 살펴 바른 결산을 얻기에 힘쓸지니 『세례 요한이 올 때부터 지금까지 천국은 힘씀으로 얻나니 힘쓰는 자는 빼앗느니라』(마 11:12)[10] 내 주(主)[11]님의 말씀이로다.

그러면 결산 전에 어떤 방면으로 우리는 힘쓸 것인가?

일(一), 먼저 주님의 부름에 나아갈 것이다(마 22:1-14, 눅 14:15-24).

우리는 다 주님의 초대를 받은 사람들이다. 주께서 오라 하심에 감사한 마음으로 황송히 나아갈 것뿐이다. 그러나 성경에 가르친 대로 초대 받은 사람 중에 어떻게 하였는가? 하나는 밭에 가고, 하나는 저자[12]에 가고 하나는 소를 보러, 하나는 장가들었으니, 등등의 여러 핑계로 그 초대에 응치 않았다. 아! 결산 전에 저들은 어떻게 될 것인가? 결산 전에, 결산 전에 주님의 부름에 나아가자. 오늘 우리는 내 사사(私私) 일로 말미암아 주의 부름에 나아가지 못함이 없는가? 어찌하여 주일(主日)에 출석이 전 같지 않은가? 사경회(査經會) 대부흥회(大復興會) 시에 그 거룩한 잔치를 얼마나 감사히 받고 있는가? 오늘날 우리는 사경회 시(時)에 혹 밭으로, 저자

것을 심판하시는 그날이라" (개역 개정).

9 히 4:13, "지으신 것이 하나도 그 앞에 나타나지 않음이 없고 우리의 결산을 받으실 이의 눈앞에 만물이 벌거벗은 것 같이 드러나느니라" (개역 개정).

10 마 11:12, "세례 요한의 때부터 지금까지 천국은 침노를 당하나니 침노하는 자는 빼앗느니라" (개역 개정).

11 원문의 '吾主'를 '내 주'로 번역함.

12 원문의 '저자'는 '시장(市場)을 예스럽게 이르는 말'[Daum 한국어 사전].

로 소 보러 등등의 육적(肉的) 소소한 이해관계로 주님의 부름을 사양해 본 일이 없는가? 어느 때든지 아무리 분주해도 아무리 큰 이해 문제가 있어도 주님 베푸신 잔치에 주님의 부르심에 감사히 나아갈 것이다. 그리함에 받는 은혜 크지 않을 수 없으니, 그날의 결산은 어떠하랴.

이(二), 먼저 그 나라와 그 의를 구할 것(마 6:33)[13]

인생의 최고 목적이 무엇이냐? 곧 우리들이 영원히 살 그 나라와 그 의 그것이다. 이것 이상에 더 큰, 더 높은 목적이 있을 수 없다. 믿는 사람이 먼저 할 것은 이것이다. 실로 먹을 것, 입을 것, 있을 곳 이 문제가 여기에 비할 때 아니다. 천하를 주고도 생명을 바꿀 수 없으니(마 16:26)[14] 만큼[15] 그 나라와 그 의(義)를 구하여 다른 모두를 잃는다고 한들 그 무슨 상관 있겠는가? 옛글에도 '조문도(朝聞道)면 석사(夕死)라도 가의(可矣)니라'.[16] 무슨 뜻인가? 그 나라와 그 의를 참으로 구하는 자, 갈급(渴急)[17]하는 자, 육신이 죽는다고 한들 무슨 한(恨)[18]이 있으리! 우리는 다 그 나라와 그 의를 참으로 구하는 자들인가? 어떤 때 우리들의 소원이, 소구(所求)가 왜 그리도 많은가? 금전도, 명예, 지식도, 사업도 다들 원하며 심히 사모

---

13 마 6:33, "그런즉 너희는 먼저 그의 나라와 그의 의를 구하라 그리하면 이 모든 것을 너희에게 더하시리라" (개역 개정).

14 마 16:26, "사람이 만일 온 천하를 얻고도 제 목숨을 잃으면 무엇이 유익하리요 사람이 무엇을 주고 제 목숨과 바꾸겠느냐" (개역 개정).

15 원문은 '만츰'이다. '만츰'은 '만큼'의 사투리 표현이다. 따라서 '만큼'으로 번역함.

16 『논어(論語)』 이인편(理仁篇)에 나오는 말로, '자왈(子曰) 조문도(朝聞道)면 석사(夕死)라도 가의(可矣)니라'는 '공자(孔子)께서 말씀하시기를 아침에 도(道)를 들으면 저녁에 죽어도 좋다'는 뜻이다.

17 원문의 한자어(漢字語)는 '渴汲'(갈급)이다. 앞뒤 문맥을 살펴 이것을 '갈급(渴急)'으로 수정하여 번역함.

18 원문에는 '限'(한)으로 되어 있으나 앞뒤 문맥을 살펴 '한(恨)'으로 수정하여 번역함.

한다. 이것들은 다 사망으로 끄는 한 매개물(媒介物)이 되기는 쉬우나 생명을 주는 것이 결코 아니다. 무엇을 원하느라고, 무엇을 구하느라고 우리의 눈을 붉히고 있는가? 결산 전에 먼저 그 나라와 그 의 구할 것을 잊어서는 아니 된다. 이것을 구하는 자에게 이 모든 것을 더 하신다고 하시었다. 복되다. 이런 의미에서 이런 신앙의 소유자는 곧 만물의 소유자이다. 만물(萬物)이 다 있어 신앙이 없기 백에 구십구가 쉬우나 신앙이 있어 만물은 만(萬)에 만(萬)으로 다 소유하는 것이다. **「너희는 먼저 그 나라와 그 의를 구하라 또한 이 모든 것을 너희에게 더하시리니」**

삼(三), 준비했는가? (마 25:1-13)

결산 전에 준비는 필요하다. 결산을 위한 준비가 없이 바른 결산을 볼 수가 없다. 미련한 다섯 처녀는 어찌하여 신랑을 못 맞이했는가? 준비가 없기 때문이었다. 신랑이 올 것은 몰랐던가? 신랑을 맞을 처녀들이었다. 알기는 알았으나 저들에게 준비가 없었다는 말이다. 우리 신랑 되신 주님은 분명히 우리에게 오실 것이니 신부된 우리[19] 신도들이여! 합당한 준비를 하였는가? 저 다섯 처녀는 신랑이 올 때 준비하려 하였다. 그러나 때는 늦었다. 신랑을 기대(期待)리는 신부들이여. 결산 전에 준비할 것을 다 준비하자!

사(四), 충성을 다 했는가? (마 25:15-30)

결산은 일을 나타내는 것이니 일에 충불충(忠不忠)이 그대로 나타난다. 한량 중 받은 자는 어찌하여 그대로 가지고 와서 말할 수 없는 어려움을

19 원문은 '吾等'(오등)이다. 이것을 '우리'라고 번역함.

받았는가? 저는 충성(忠誠)을 다하지 않은 때문이다. 주의 부름을 받은 우리에게는 그 분수(分數)대로 받은 바가 있지 않은가? 이 받은 바 책임을 얼마나 충성이 감당(堪當)[20]하는가? 결산 전에 내 있는 힘을 다하자! 위로 하나님께! 아래로 사람에게! 내가 힘쓰지 않음으로 회개 못한 죄인의 피 값은 내 손에서 받으신다(겔 33:8).[21] 이 사람의 생명을 구원하는 대역사(大役事)에 참예할 수 있는 이 일에 충성한 자 과연 만복(萬福)을 받으리라. 결산 전에 최선을 다하여 충성하자.

오(五), 이제라도(눅 23:43)[22]

언제가 결산기(決算期)인가? 나는 모른다. 과거에 내가 한 것이 있었는가? 주의 은밀하신 심판대 앞에 숨길 수 없나니! 과거에 한 것이 분명(分明)이 없었다. 주의 진노하심을 면키 어렵다.[23] 연(然)이나 이 영적 결산은 다른 것과 다르니 설마 과거에 하등(何等)의 노력 준비가 없었을지로되 『이제라도』 결산 한 초(秒) 전(前)[24]이라도 할 수 있는 것이다. 주님과 같이 못 박힌 한 강도는 결산 바로 전에 그의 할 일을 다한 것이다. 주께서 이렇듯

---

20 원문의 한자어(漢字語)는 '敢當'(감당)이다. 이것을 앞뒤 문맥을 살펴 '감당(堪當)'으로 수정하여 번역함.

21 겔 33:8, "가령 내가 악인에게 이르기를 악인아 너는 반드시 죽으리라 하였다 하자 네가 그 악인에게 말로 경고하여 그의 길에서 떠나게 하지 아니하면 그 악인은 자기 죄악으로 말미암아 죽으려니와 내가 그의 피를 네 손에서 찾으리라" (개역 개정).

22 원문은 '눅二十四43'이다. 이것은 누가복음 24장 43절로 "받으사 그 앞에서 잡수시더라" (개역 개정). 앞뒤 문맥을 살펴보면 본문은 누가복음 23장 43절로 판단된다. 따라서 누가복음 23장 43절로 수정 번역함. 눅 23:43, "예수께서 이르시되 내가 진실로 네게 이르노니 오늘 네가 나와 함께 낙원에 있으리라 하시니라" (개역 개정).

23 원문은 '하렵다'이다. 이것을 앞뒤 문맥을 살펴 '어렵다'고 수정하여 번역함.

24 원문의 '한秒前'은 '일(一) 초(秒) 전(前)'이라는 뜻. 원문 그대로 '한 초(秒) 전(前)'이라고 번역함.

『이제라도』 할 수 있는 기회(機會)[25] 를 주셨으니, 주의 공의로우신 심판대(審判臺)[26] 앞에 서기 전 『이제라도』 넉넉하다. 한 번만 당할 이 대대결산(大大決算)! 이 결산에 나는 어떻게 될 것인가? 이 결산 전에 할 일을 다 할지어다.

---

25 원문의 한자어(漢字語)는 '期會'(기회)이다. 이것을 앞뒤의 문맥을 살펴 '기회(機會)'로 수정하여 번역함.

26 원문은 '審判台'(심판대)이다. 여기에 쓰인 '台'자(字)는 그 음(音)이 '태'이다. 이 '태(台)'자(字)는 현재 전혀 다른 글자인 '대(臺)'의 속자(俗字)로도 쓰인다.

히스기야 왕의 하나님 중심 생활

왕하 19:14-19[1]

유대 현왕(賢王)[2] 히스기야(주전 726년-697년까지)는 25세에 그 부(父) 아하스를 계승하여 즉위한 왕이니 그 시에 『유덕(有德)한 왕이라』 칭함을 얻고 그 모든 일에 겸비함과 하나님을 경외한 그 지성(至誠)이 나타난다. 즉위(卽位) 즉시로 부왕(父王)의 악정을 혁신하고 사신(邪神) 우상(偶像)을 물리치고 하나님을 경외하는 종교적 대부흥을 실행하여 유월절을 지키게 하기 위하여 전국민(全國民)을 소집하며(대하 30:1)[3] 내적(內的) 정치, 종교뿐 아니라 외적(外的)으로 적을 용감(勇敢)이 물리치는 대현왕(大賢王)이었다. 즉위 제14년에 앗수르 왕 산헤립이 유대를 침입하며 히스기야에게 여호와를 의지하는 것이 헛되다는 말로 그 섬기는 여호와의 이름을 모욕하는 편지를 보냄에 이 소식과 글을 받은 히스기야는 분함을 이기지 못하여

---

* 『게자씨』 제4권 제8호(통권 48호)(1935.8), 13-15, 『게자씨 1935 (영인본)』, 245-247.

1 왕하 19:14-19, "히스기야가 사자의 손에서 편지를 받아보고 여호와의 성전에 올라가서 히스기야가 그 편지를 여호와 앞에 펴 놓고 그 앞에서 히스기야가 기도하여 이르되 그룹들 위에 계신 이스라엘의 하나님 여호와여 주는 천하만국에 홀로 하나님이시라 주께서 천지를 만드셨나이다 여호와여 귀를 기울여 들으소서 여호와여 눈을 떠서 보시옵소서 산헤립이 살아 계신 하나님을 비방하러 보낸 말을 들으시옵소서 여호와여 앗수르 여러 왕이 과연 여러 민족과 그들의 땅을 황폐하게 하고 또 그들의 신들을 불에 던졌사오니 이는 그들이 신이 아니요 사람의 손으로 만든 것 곧 나무와 돌 뿐이므로 멸하였나이다 우리 하나님 여호와여 원하건대 이제 우리를 그의 손에서 구원하옵소서 그리하시면 천하만국이 주 여호와가 홀로 하나님이신 줄 알리이다 하니라" (개역개정).

2 원문의 '현왕(賢王)'은 현명(賢明)한 왕(王)이란 뜻이다.

3 대하 30:1, "히스기야가 온 이스라엘과 유다에 사람을 보내고 또 에브라임과 므낫세에 편지를 보내어 예루살렘 여호와의 전에 와서 이스라엘 하나님 여호와를 위하여 유월절을 지키라 하니라" (개역 개정).

그 옷을 찢고 일편(一便)으로 선지자 이사야에게 사람을 보내며 이것으로 시원함을 얻지 못하여 곧바로[4] 그 편지를 안고[5] 여호와 앞에 나아가 여호와 앞에 그 편지를 펴놓고 『여호와 앞에 기도하여 가로대 그룹들 위에 계신 이스라엘 하나님 여호와여! 오직 주는 천하만국의 하나님이시오 천지를 지으신 주로소이다. 여호와여 귀를 기울여 들으시고 여호와여 눈을 열어 보시옵고 산헤립이 사자(使者)를 보내 영생하시는 하나님을 훼방한 모든 말을 들으시옵소서! 여호와여 앗수르 열왕(列王)이 과연 열국(列國)과 그 땅[6]을 멸하고 또 그 모든 신(神)을 불에 던졌사오니 이는 신이 아니옵고 사람의 손으로 지은 것이요 나무와 돌뿐인 고로 멸하였나이다. 우리 하나님 여호와여 내가 이로 인하여 주께 구하옵나니 우리를 그 손에서 구원하사 천하만국으로 하여금 주 여호와는 오직 하나님이신 줄 다 알게 하옵소서』 (왕하 19:15-19)[7] 이런 간절한 호소를 하나님 앞에 고하였다. 보라, 그의 중심 생활이 무엇임을 밝히 나타낸다. 그는 그 일국(一國)의 머리 되는 지위에서 백성을 지도하여 가르치며 내정(內政), 외정(外政) 여러 방면으로 머리를 쓰며 생활하는 그 전부가 어느 곳에 목적하였음을 이 짧은 기도에 다 나타낸다. 산헤립은 다른 열국(列國)의 섬기는 사신(邪神)[8] 우상(偶像)을 불에 던지며 다 없이하였다. 그리하여 히스기야의 의지하는 신(神)도 마찬가

4 원문은 '直히'(직히)이다. 이것을 '곧바로'로 번역함.

5 원문의 '붓안고'를 '안고'라고 번역함.

6 원문의 '地'(지)를 '땅'으로 번역함.

7 왕하 19:15-19, "그 앞에서 히스기야가 기도하여 이르되 그룹들 위에 계신 이스라엘의 하나님 여호와여 주는 천하 만국에 홀로 하나님이시라 주께서 천지를 만드셨나이다 여호와여 귀를 기울여 들으소서 여호와여 눈을 떠서 보시옵소서 산헤립이 살아 계신 하나님을 비방하러 보낸 말을 들으시옵소서 여호와여 앗수르 여러 왕이 과연 여러 민족과 그들의 땅을 황폐하게 하고 또 그들의 신들을 불에 던졌사오니 이는 그들이 신이 아니요 사람의 손으로 만든 것 곧 나무와 돌 뿐이므로 멸하였나이다 우리 하나님 여호와여 원하건대 이제 우리를 그의 손에서 구원하옵소서 그리하시면 천하만국이 주 여호와가 홀로 하나님이신 줄 알리이다 하니라" (개역 개정).

8 원문의 '邪身'(사신)을 본문의 앞뒤 문맥을 살펴 '사신(邪神)'으로 수정하여 번역함.

지 신인 것을 알아 이런 모욕적 언사를 감히 토하며 기록하였음에 견딜 수 없는 히스기야로 이렇다고 분풀이를 저 산헤립에 나아가 죽으면 죽어도 해 보겠다는 어리석은 망동을 하지 아니하고 눈물을 머금고 거룩하고 전능하신 하나님 앞에 나간 것이었다. 그리하여 그 기도에 나타난 것을 보면 하나님은 창조주 되심과 또는 하나님밖에 다른 참 신이 없음을 확신하면서 이런 하나님께 자기의 호소하는 그 이유가 그곳에[9] 있음을[10] 나타낸다. 그는 무슨 까닭으로 앗수르 군대를 물리치려 하였는가? 또 무슨 까닭으로 이 군대 물리쳐 주기를 기도하였는가? 물론 하나님의 택하신 백성이 그렇듯 모욕을 받을 때 하나님이 백성의 국토가 침략을 당할 때 자기의 백성, 자기 나라가 이 일을 당할 때 어찌 그냥 있었을 수가 있겠는가? 그러나 이 히스기야 왕의 기도하는 이유는 이런 이유 하에 있은 것보다 19절에 나타난 대로『우리 하나님 여호와여! 내가 이로 인하여 주께 간구하옵나니 우리를 그 손에서 구원하사 천하만국으로 하여금 주 여호와는 오직 하나님이신 줄 다 알게 하옵소서』여기에 있었다. 이미 선조(先祖) 다윗에게 허락하신 이 나라 이 백성의 이런 위기를 당하여 호소할 수 없음이 아니었고 자기가 하나님을 충성(忠誠)이 섬겼으며 이런 난관에 자기를 도와주실 것을 간구할 수 있었을 터이다. 이렇게 간구하였다고 하여도 저의 신앙을 탄(嘆)할 수 있을 것은 하나님께 난사(難事)를 호소할 수 있는 신앙을 가졌음이다. 그러나 그의 간구함이 결코 자기 개인의 권위 보존에 자기 이익의 여하(如何)에 있지 않았고 자기 백성을 구하는 일이나 국토를 보호하는 거기도 있지 아니하였고 그의 전심전력은 만유(萬有) 여호와의 이름을 그렇듯 모욕함에 대하여 이번에 한 번 승전(勝戰)은 이스라엘의 하나님이 천하만국에 드러날 수 있게 하여 달라는 것이었다. 이 어떠한 신앙이었는가?

9 원문은 '那邊'(나변)이다. 이것을 '그곳에'라고 번역함.

10 원문은 '在함을'(재함을)이다. 이것을 '있음을'이라고 번역함.

이를 보아 그의 전생활(全生活)의 중심을 알 수 있는 것이다. 『사람의 제일 되는 목적은 무엇인가? 하나님을 영화롭게 하며 영원토록 그를 즐거워하는 것이니라』 여기 있는 것이니 우리들의 중심 생활이 어디에 있어야 하겠는가? 우리들의 사회활동, 경제운동, 자녀교육, 자선사업, 기타 그 어떤 일이든지 그 중심이 하나님께 있어야 하는 것이다. 이러한 원리 하에 활동하며 생활할 때 실패도 좋고 성공도 좋다. 실패라는 하나님께는 영광될 때가 있는 것이다. 우리들은 이 현왕(賢王) 히스기야처럼 참으로 하나님 중심 생활을 하고 있는가? 우리의 기도는 여기에 얼마나 가까운가? 내 백성을 위하여 기도하며 내 교회를 위하여 기도하며 내 가정을 위하여 기도하며 내 자녀를 위하여 기도하며 내 자신을 위하여 기도하는 그 중심이 어디 있는가? 그 기도응답을 그대로 믿으며 그 응답으로 말미에 내 천하만국(天下萬國)[11]에 아니, 보다 적게 내 사는 동리(洞里)에 하나님의 영광을 드러냄을 위하여 기도하는 기도가 몇 번이나 되는가?

사람은 다른 동물의 사는 것과 다른 것이 무엇을 중심하고 어떤 목표가 있어 사는 것이 있기 때문이다. 어떤 목표가 도무지 없이 거저 하루 이틀 무의미하게 사는 인간은 과연 가치 없는 생활이라 아니할 수 없다. 한번 큰 부자가 되려는 목적이나 대학자(大學者)가 되려는 목적이나 대정치가(大政治家), 대발명가(大發明家), 대교육가(大敎育家), 대실업가(大實業家), 대자선가(大慈善家), 기타 대가(大家) 등등의 목적이 다 있을 수 있다. 이런 욕망이나 목적이 있다고 하되 이것을 지상으로 목적하여 나가는 사람은 이런 욕망이 있는 사람 중 거의 다라고 하여도 과언이 아니리라. 자기가 목적한 거기만 도달하여 성공하여 자기의 이름을 날린다고 하면 그만인 것 같이 생각한다. 그러나 진정한 인간생활의 본의(本意)를 알 때에 이것으로

---

11 원문의 '내下萬國'(내하만국)을 본문의 앞뒤 문맥을 살펴 '내 천하만국(天下萬國)'으로 수정하여 번역함.

만족할 수 없는 것이다. 그 목적은 무슨 까닭으로! 오직 하나님께 영광 돌리기 위하여야 한다고 할 때에 이는 참으로 가치 있는 것이다. 또 이런 하나님 중심 생활이 있을 때 나는 무슨 일에나 만족한 기쁨을 얻을 수 있는 것이다. 육적(肉的)으로야 혹 실패가 있으되 하나님께 영광임에 만족한 것이 아니겠는가? 여하튼 하나님께 내 모든 것을 다 맡겨 하나님 중심 생활을 함에 범사에 감사, 범사에 만족할 것이다. 히스기야 왕은 이런 생활을 실천한 현왕(賢王)이었다. 히스기야 왕의 하나님 중심 생활!

불능(不能)에서 능(能)으로

『오호라 나는 괴로운 사람이로다. 뉘가 이 사망의 몸에서 나를 구원하랴』 (롬 7:24)[1] 이는 바울 사도의 부르짖는 유명한 말씀의 하나이다. 얼마나, 얼마나 사람은 약하고 약하며 죄인의 죄인인 것을 여실(如實)이 나타낸 말씀이다. 그러나 다시 보라. 이런 약자요 죄인 중에 죄인임을(딤전 1:15)[2] 스스로 한탄하기를 그치지 아니한[3] 저 바울 선생의 다른 일절(一節)의 규호(叫號)[4]를! 『내가 능력 주시는 자 안에서 능력치 못 할 것이 없느니라』(빌 4:13)[5] 절대 능력자 됨을 나타낸다. 이 어떠한 까닭[6]인가? 주 예수께서 말씀하시기를 『믿는 자에게는 능치 못한 일이 없느니라』(막 9:23)[7] 또 말씀하시기를 『기도 아니하여서 이러한 일을 나가게 할 수 없느니라』(막 9:29)[8] 곧 신앙자(信仰者) 무불능(無不能)[9]이니 무불능(無不能)은 기도로

---

* 『게자씨』 제4권 제9호(통권 49호)(1935.9), 17-20, 『게자씨 1935 (영인본)』, 281-284.

1 롬 7:24, "오호라 나는 곤고한 사람이로다 이 사망의 몸에서 누가 나를 건져내랴" (개역 개정).

2 딤전 1:15, "미쁘다 모든 사람이 받을 만한 이 말이여 그리스도 예수께서 죄인을 구원하시려고 세상에 임하셨다 하였도다 죄인 중에 내가 괴수니라" (개역 개정).

3 원문의 '自嘆不已한'(자탄불이한)을 '스스로 한탄(恨歎)하기를 그치지 아니한'이라고 풀어 해석함.

4 원문은 '蚪呼'(규호)이다. 이것을 본문의 앞뒤 문맥을 살펴 '규호(叫號)'로 수정하여 번역함. '규호(叫號)'는 '큰 목소리로 부르짖음'이라는 뜻임.

5 빌 4:13, "내게 능력 주시는 자 안에서 내가 모든 것을 할 수 있느니라" (개역 개정).

6 원문의 '故'(고)를 '까닭'으로 번역함.

7 막 9:23, "예수께서 이르시되 할 수 있거든이 무슨 말이냐 믿는 자에게는 능히 하지 못할 일이 없느니라 하시니" (개역 개정).

8 막 9:29, "이르시되 기도 외에 다른 것으로는 이런 종류가 나갈 수 없느니라 하시니라" (개역 개정).

9 원문의 '無不能'(무불능)은 '능(能)히 하지 못함이 없다'는 뜻임.

써 얻을 수 있음을 친히 가르친 말씀이고 그런고로 『불능(不能)에서 능(能)으로』 이는 오직 믿는 사람들이 기도를 통하여서만 얻는 유일(唯一)의 특권이다. 이것을 알고서야 어찌 기도하지 않을 수 있는가?

일(一), 허락하신 기도

신앙자(信仰者)의 기도에 반드시 하나님 아버지께서 응답하실 것은 미리 허락하셨으니 『그때 네가 부르면 여호와 응낙(應諾)하실 것이오. 네가 부르면 그 말씀이 내가 이에 있다 하시리라』(사 58:9)[10] 또 말씀하시기를 『너희는 나에게 호소하고 또 가서 나에게 기도하라. 내가 너희 말을 들을 것이오』(렘 29:12)[11] 구하라 주실 것이다(마 7:7)[12] 이러한 허락을 미리 받았으니 어떠한 일이나 어느 때나 기도하지 않을 수 없는 것이다.

일(一), 역대(歷代)의 신앙가(信仰家)의 생활

역대(歷代)의 신앙가를 다 들어 말하기 어렵거니와[13] 대승리(大勝利)를 얻은 위대한 신앙가들을 보라. 믿음의 조상 아브라함은 하나님의 인도하심에 절대 순복하여 생활한 사람이니 두말할 것도 없고 이스라엘족[14]의 구

---

10 사 58:9, "네가 부를 때에는 나 여호와가 응답하겠고 네가 부르짖을 때에는 내가 여기 있다 하리라 만일 네가 너희 중에서 멍에와 손가락질과 허망한 말을 제하여 버리고" (개역 개정).

11 원문은 '렘二十八12'이다. 그러나 인용(引用)한 구절은 예레미야 29:12이다. 따라서 예레미야 29장 12절로 수정하여 번역함. 렘 29:12, "너희가 내게 부르짖으며 내게 와서 기도하면 내가 너희들의 기도를 들을 것이요" (개역 개정).

12 마 7:7, "구하라 그리하면 너희에게 주실 것이요 찾으라 그리하면 찾아낼 것이요 문을 두드리라 그리하면 너희에게 열릴 것이니" (개역 개정).

13 원문의 '難하거니와'를 '어렵거니와'로 번역함.

14 원문은 '以色烈族'(이색렬족)이다. 원문에 '以色烈'이라고 되어있는데 원래의 한자는 '烈'(열, 렬)이 아니고 '列'(열,렬)이다. '以色列'은 '이스라엘'을 한자식으로 쓴 글자이다[上海大美國聖

주가 되는 모세의 생활을 보라. 오직 그 손에 잡혔던 것이 양치던 지팡이(출 4:2)[15]뿐이었건만 위대한 능력을 그것으로써 발휘한 것은 기도의 힘을 입은 것이었다. 바로를 이긴 것도, 홍해(紅海)를 건넌 것도, 광야에서 백성의 반역을 평정 시킨 것도 모든 것이 다 기도로써 위로부터 능(能)을 받아 행할 수 있었다. 여호수아가 그리하였고 다윗이 그리하였고, 포로 중에 있으나 다니엘이 그치지 아니하고[16] 기도 하여 이국(異國)에 가서 여호와의 빛을 나타냈다. 신약(信約)에 와서 베드로, 요한이 기도로 능을 얻어 도를 전하고 이적을 행하며 주를 위하여 죽었고 모든 사도, 바울이 그리하였다. 근대에 대전도자 무디가 기도로써 많은 영(靈)을 구하여냈다. 무릇 무슨 일이든지 큰 능력은 기도로서야 나타낼 수 있었다. 과거(過去)에 그랬거든 어찌하여 기도하지 아니하겠는가?

일(一), 예수께서 기도하셨다.

하나님의 아들 되신 능(能) 자체(自体)[17] 되신 우리 주님 예수께서 기도하지 않았는가? 예수께서 기도하셨다. 복음 대전도(大傳道) 제일보(第一步)에 40일 40야 불음(不飮) 불식(不食) 기도하시고[18] 대역사(大役事) 시에 있어서 잡수실 시간이 없어도 깊은 밤중 새벽 미명(未明)에 한적한 곳을 찾으시

經會, 『新舊約聖經』 (1912), 聯合聖經公會, 『聖經』 (1961)].

15 출 4:2, "여호와께서 그에게 이르시되 네 손에 있는 것이 무엇이냐 그가 이르되 지팡이니이다" (개역 개정).

16 원문의 '不絶이'(부절이)를 '그치지 아니하고'로 번역함.

17 원문의 '自体'(자체)의 '체(体)'는 '체(體)'의 약자(略字)이다.

18 원문의 '四十日四十夜不飮不食祈禱하시고'(사십일사십야불음불식기도하시고)는 '사십 일 사십 밤을 마시지도 않고 먹지도 않고 기도하시고'라는 뜻임.

사 하나님 앞에 나아가 기도하시고 육신으로 하강(下降)[19]하신 골[20](목표) 되는 십자가를 앞에 두시고 피땀을 짜내시어 기도하시지 않았는가! 예수께서 기도하셨고 주께서 기도하셨는데 어찌 우리들이[21] 기도하지 아니하고 이를 피하려 하며 저 일을 막으려 하는 때가 있는가? 이제 교회에 난사(難事)가 있는가? 만능(萬能)의 능력자께 기도할 것이다. 자신에 무슨 난제가 있는가? 우리의 사정을 감찰하시는 하늘 아버지께 기도할 것이로다. 하나님 되신 예수께서 기도로 시작하여 십자가상에서까지 기도로 마치셨거늘 어찌 사람들이 기도하지 않을 수 있으랴?

일(一), 기도를 권하고 명하시다.

너무나 고마운 일이다. 주시려고 권하고 명하는 일은 있겠는가? 우리가 받을 것 권하고 명(命)함이 있기 전에 할 것이 아니겠는가? 그러나 주께서 얼마나 여러 번 기도를 권하셨다. 『구하라 줄 것이요』(마 7:7)[22] 『사람들로 하여금 항상 기도하고 게으르지 말라 하여』(눅 18:1)[23] 『내 이름으로 무엇이든지 내게 구하면 내가 시행(施行)할 것이오』(요 14:14)[24] 이 얼마나 고마운 말씀인가? 또 나아가 말씀하시되 『여호와를 만날 기회에 찾아보고

---

19 원문의 '不降'(불강)을 본문의 앞뒤 문맥을 살펴 '하강(下降)'으로 수정하여 번역함.

20 원문의 '골'은 영어 단어 '골(GOAL)'을 말하는 것으로 '골(目標)'이라고 괄호(括弧) 안에 '목표(目標)'라고 언급한 것으로 보인다.

21 원문의 '我等이'(아등이)을 '우리들이'라고 번역함.

22 마 7:7, "구하라 그리하면 너희에게 주실 것이요 찾으라 그리하면 찾아낼 것이요 문을 두드리라 그리하면 너희에게 열릴 것이니" (개역 개정).

23 눅 18:1, "예수께서 그들에게 항상 기도하고 낙심하지 말아야 할 것을 비유로 말씀하여" (개역 개정).

24 요 14:14, "내 이름으로 무엇이든지 내게 구하면 내가 행하리라" (개역 개정).

가까이 계실 때에 부르라』(사 55:6)[25] 『아무것도 염려하지 말고 오직 모든 일에 너희의 구할 것은 기도와 간구와 아무 것도 염려하지 말고 다만 모든 일에 기도와 간구로, 너희 구할 것을 감사함으로 하나님께 아뢰라 감사함으로 하나님께 아뢰라』(빌 4:6)[26] 우리에게 명하셨다. 누가 주시기 위하여 명하시겠는가? 이는 아들과 아버지 사이가 아니고서는 없는 일이니 하늘 아버지께서 이러한 명을 주신다. 이제 하나님께서 명령하셨으니 어찌 모든 일에 기도하지 않을 수 있겠는가? 기도도 하나님의 명령이다.

일(一), 기도 아니할 수 없으니.

1. 기도의 대상(對象)인 우리 아버지 하나님은 만능의 능력자로서 또 주시기를 즐기시는 아버지신 때문이다. 아버지께 없는 것이 있는가? 한마디 말씀으로 우주를 창조하신 창조주에게 없는 것이 있는가? 그에게 『불능(不能)』이 있을 수 있는가? 이런 아버지께 겸하여 『구하라』 주실 것이라 하셨으니 어찌 구하지 아니하겠는가? 없는 이에게 무능(無能)한 자에게 주기를 원치 않는 자에게도 좀 얻어보려고 애쓰거든 하나님 아버지께랴. 기도하지 않을 수 없다.

2. 나 자신을 충분(充分)이 인식할 때 기도하지 않을 수 없으니 나는 누구냐? 나는 어떠한 자냐? 한번 하나님 앞에 바로 나타내 보라! 혹 대권력자(大權力者) 혹 대재산가(大財産家)는 말하리라. 내 한번 호령(號令)[27]하면 천하가 흔들리나이다. 내게 와서 구할 수 있을 것이나 나는 구할 것이 있을 수 없다고! 그러나 하나님 말씀을 들어보라. 『내일(來日) 일을 너희가 알지

25 사 55:6, "너희는 여호와를 만날 만한 때에 찾으라 가까이 계실 때에 그를 부르라" (개역 개정).

26 빌 4:6, "아무것도 염려하지 말고 다만 모든 일에 기도와 간구로, 너희 구할 것을 감사함으로 하나님께 아뢰라" (개역 개정).

27 원문은 '呼令'(호령)이다. 앞뒤 문맥을 살펴 '호령(號令)'으로 수정하여 번역함.

못하도다. 너희 생명이 무엇이뇨? 너희는 잠깐 나타났다가 곧 없어지는 안개니라』(약 4:14)[28] 한 초 후에 내 생명의 장래를 부지(不知)하는 인간임에 어찌하랴. 대과학가 기타 대대가(大大家)들의 천박한 지식으로 호언(豪言)을 뽐내나 그들도 하나님의 주시는 맑은 공기, 값없이 주시는 이 빛이 없을진대 존재를 더 나타낼 수 없는 무능자들이 아니고 무엇이냐? 하나님께서 정한 시간에 생명을 거두어 살덩이가 썩어지면서도 같은 호언(豪言)을 뽐낼 수 있느냐? 어느 누가 하나님의 하시는 일을 막아본 일 있는가? 호언을 발(發)하는 대대가(大大家)들 그 누구 세상을 떠나고 싶었으랴? 연(然)이나 하나님이 부르심에 그 앞에 갈 수밖에 없는 것이다. 그런고로 고대의 영웅이라든 진시황의 말로(末路)나 카이제루[29]의 말로(末路) 그러한 예를 말할 필요도 있지 않다. 인생이 무엇이냐? 성경이 가르친 대로 잠깐 보이다가 없어지는 안개일러니 이러한 인간된 자신을 성찰할 시 전능의 하나님께 내 모든 소원을 기구(祈求)할 수밖에 또 어디 있느냐? 자신을 안 사람으로 기도하지 않을 수 없는 것이다.

불능(不能)에서 능(能)을 얻은 그 비결은 무엇인가? 곧 신앙자(信仰者)의 유일(唯一) 특권인 기도 그것이다. 기도하지 않고서야 어찌 큰일을 할 수 있는가? 주님께서 일찍 말씀하시기를『염려하지 말라』모두[30] 염려할 것이 없음은 염려함으로 염려하는 그 일에 해결을 가장 적게라도 얻을 수 없음

28 약 4:14, "내일 일을 너희가 알지 못하는도다 너희 생명이 무엇이냐 너희는 잠깐 보이다가 없어지는 안개니라" (개역 개정).

29 원문의 '카이제루'는 독일(獨逸) 황제(皇帝) 빌헬름2세를 말하기도[https://terms.naver.com/entry.naver?docId=285933&cid=42822&categoryId=42822 접속일(2024.7.27.)]하고 '카이사르(Caesar, 시저)를 독일어로 '카이제르'라고 말하기도 한다[https://terms.naver.com/entry.naver?docId=1149006&cid=40942&categoryId=31680 접속일(2024.7.27.)]. 독일어(獨逸語)로 황제(皇帝)를 '카이저(kaiser)'라고 함[Daum 어학사전].

30 원문은 '都時'(도시)이다. 이는 '도시(都是)'라고 쓰는 것이 맞다고 본다. 都는 1. 모두 2. '是'와 연용(連用)해서 이유를 설명함 3. 심지어 4. 이미 5. (그럼에도 불구하고) 아직 [Daum 중국어 사전]. 본문에서는 '모두'라고 번역함.

이오. 도로 해를 보기 때문이다. 『너희는 마음에 근심하지 말라. 하나님을 믿으니 또 나를 믿으라』의 성구(聖句)를 믿어 모든 난사(難事)를 주 하나님께 기도할 것뿐이다. 이런 의미에서 신앙자(信仰者)는 대란(大亂)이 야기(惹起)하여 천하가 떠들어도 감사한 찬송을 할 수가 있고 천동지진(天動地震)이 일어나 인간에게 끝없는 공포를 가져와도 하나님의 뜻을 알 수 있고 사람의 사정을 하나님께 고할 수 있으니 안심한다. 이러한 무비(無比)의 특권을 하늘 아버지께서 천한 우리 인간에게 주심에도 불구하고 신앙자로서 기도하지 아니함은 그 어떤 일이냐? 주께서 항상 쉬지 말고 기도를 권하시면서 예를 들어 아버지께서 기도하심에 반드시 응답하심을 가르치시고 다시 말씀하시기를 『비록 그러나 인자가 이를 때에 세상에 믿는 것을 보겠느냐 하시더라』(눅 18:8)[31] 한번 생각할 말씀이다. 『불능(不能)에서 능(能)으로』 이는 기도로서야 얻는다.

31 눅 18:8, "내가 너희에게 이르노니 속히 그 원한을 풀어 주시리라 그러나 인자가 올 때에 세상에서 믿음을 보겠느냐 하시니라" (개역 개정).

간절(懇切)한 생활

하나님께서는 어떤 사람을 택하시어 쓰시는가 하나님이 사람을 보심은 사람이 보는 그것과 다르시니 (삼상 16:7)[1] 사람의 택(擇)하시는 것과 전연(全然) 생각밖에 되는 때가 있을 수밖에 없다. 혹시는 이런 의문(疑問)을 가져오는 때가 없지 않으니 모세 같은 대지식가(大智識家), 정치가(政治家) 되는 인도자(引導者)의 백 퍼센트(%) 자격이 있는 사람은 사람의 생각으로도 그러려니와(모세도 많이 사양한 사람이지만은) 일견(一見) 약자(弱者) 같은 예레미야나 무식한 농부 아모스나 한 주부(主婦)의 책임[2]에 있는 드보라나 기타 여러 선지(先知), 사도들! 어떤 때는 저런 사람 중에서 어떤 때는 이런 계급의 사람 중에서 이 표준이 어디에 있었느냐?[3] 성경 전편(全篇)을 통하여 한 진리를 찾을 수 있으니 곧 저 하나님의 택하심을 입어 부르심을 받은 모든 사람들은 다 그 중심이 위로 하나님을 향하여 아래로 사람을 향하여 간절하여 견딜 수 없는 생각으로 하나님 앞에 호소하였던 그는 누구든지 크게 불러 쓰신 것이다. 당시에 사람에게 대접(待接)[4]을 받고 인격의 소

---

* 『게자씨』 제4권 제10호(통권 50호)(1935.10), 4-6, 『게자씨 1935 (영인본)』, 300-302.

1 원문은 '삼상十五7'이다. 그러나 본문의 앞뒤 문맥을 살펴 사무엘상 16장 7절로 수정하여 번역함. 삼상 16:7, "여호와께서 사무엘에게 이르시되 그의 용모와 키를 보지 말라 내가 이미 그를 버렸노라 내가 보는 것은 사람과 같지 아니하니 사람은 외모를 보거니와 나 여호와는 중심을 보느니라 하시더라" (개역 개정).

2 원문의 '任'(임)을 '책임(責任)'으로 번역함.

3 원문은 '那邊에 在하엿는가?'이다. '那邊'(나변)은 그 뜻이 '어느 곳, 어디'이다. '在'(재)는 '있다'라는 뜻이므로 따라서 '那邊에 在하엿는가?'를 '어디에 있었는가?'라고 번역함.

4 원문의 '對接'(대접)을 본문의 앞뒤 문맥을 살펴 '대접(待接)'으로 수정하여 번역함.

유자라도 그 중심이 간절하지 못할 때 하나님의 부르심에 당하지 못한다.

자기가 하고자 하여도 불능(不能)이요 대중이 갈망하여도 불능(不能)이다. 자기의 힘이나 어떤 수완으로 하나님의 큰일에 참여할 수 있다면 고라(민 16장)가 지진의 화염을 면하였을 뿐만 아니라 모세 위에 섰을 수가 있었을 것이었다. 세상에서 능자(能者)나 지자(知者)나 약자(弱者)나 그 누구든지 하나님이 그 중심을 보시어 하나님의 축복이 같이하시면 큰 능을 나타낼 수 있겠거니와 불연(不然)이면 할 수 없다는 것이다. 보라, 드보라 같은 여성을 하나님은 들으시어 선지자로, 사사로, 전사로(사사기 4장) 때와 형편을 따라 쓰신 것이었다. 당시에 드보라 같은 전사(戰士)가 있지 아니하였겠는가? 그렇지 아니하였으리라. 그러나 이 드보라를 택하신 이유는 그 중심이 하나님을 향하여 간절한 자 오직 드로라에 비할 사람 없었음에 드보라를 불러내시사 하나님은 쓰시었다. 그는 하나님이 같이하심에 못 할 것이 없었다. 아모스도 그리하였고 예레미야도 그리하였다. 하나님은 중심이 간절한 자를 원하시어 택하시는 것이다.

일(一)

그러면 중심이 간절한 자의 생활은 여하(如何)히 나타나는가? 그 중심이 하나님을 향하여 아래로 사람을 향하여 불붙는 간절한 생각이 있음에 견딜 수 없는 생활을 하는 것이다. 모든 일에 억지로 하는 것이 아니라 안 할 수 없으니 하게 된다.

청년의 정열에 불타는 자, 사랑하는 이를 위하여서는 못 할 것이 없다. 그리하여 생명까지도 바치려는 사람이 있는 것이다. 내가 하나님을 사랑하고 사람을 사랑하는 그 간절한 생활이 나를 정복할 때 하나님이 원하심에 무슨 애길 것이 있으며 하나님이 시킴에 무엇을 순종하지 않으며 하나님이 기뻐하심에 내 몸까지 못 드릴 것이 무엇이겠는가? 하나님의 자녀된 사람을 향하여 간절함에 사람에겐들 그 무엇이든지 못 할 것이 있겠는가? 견딜 수 없는 데야 내 생명까지 바치는 지경에 나아갈 것이 아닌가? 하나님께서 나를 위하신 그 간절하심을 보라. 어느 지경까지였느냐? 사랑하시되 끝까지 사랑하사(요 13:1)[5] 자기의 몸을 내주시기까지 자기 몸을 죽는데 이르기까지 하신 것이었다. 간절하기만 하면 무불능(無不能)[6]이다. 생명까지 내대는 데야 못 할 것이 있겠는가? 그러니 약자(弱者)라도 강(强)하게 힘 있는 생활을 할 수 있는 것이다. 범사에 힘 있게 살 수 있는 것이다. 바울의 간절한 생활은 바울로 하여금 가만히 있을 수 없게 한 고로『내가 아니할 수 없으니 만일 하지 아니하면 내게 화가 미치리라』(고전 9:16)[7] 이러한 생활 중에서 도처에 큰 능(能)을 나타냈다. 예수를 모른다고 부인하던 베드로, 그렇듯 비겁하던 베드로나 그 중심이 간절할 때 견딜 수 없는지라. 힘 있게 잡혀가서도 그리스도를 증거할 수 있었다. 천하에 강자(强者)가 있다고 하면 그는 중심이 간절한 사람뿐이다.

이(二)

그러면 간절한 생활은 여하(如何)히 할 수 있는가? 하고자 하면 여하히 할 것인가? 두 가지 크게 필요한 그것이 있으니, 첫째는 위로 주시는 그 은혜를 항상 묵상(默想)함으로 하나님을 향하여 간절하고자 하지 않을 수 없다. 자! 하나님의 지극히 높고 지극히 넓고 지극히 깊으신 은혜를 묵상

---

5 요 13:1, "유월절 전에 예수께서 자기가 세상을 떠나 아버지께로 돌아가실 때가 이른 줄 아시고 세상에 있는 자기 사람들을 사랑하시되 끝까지 사랑하시니라" (개역 개정).

6 원문의 '無不能'(무불능)은 '능(能)히 하지 못함이 없다'는 뜻임.

7 고전 9:16, "내가 복음을 전할지라도 자랑할 것이 없음은 내가 부득불 할 일임이라 만일 복음을 전하지 아니하면 내게 화가 있을 것이로다" (개역 개정).

하라. 그리고도 그 중심이 아버지를 향하여 간절하지 않을 터이냐? 보라, 우리 인간들이 간절하기 전에 하나님 우리 아버지의 인간을 향하신 그 간절! 자기의 몸을 내어 죽 때 이르기까지 아! 이 어떠한 일이냐? 무슨 까닭으로 사람을 위하여 죽는데 이르기까지 그 중심이 간절하셨는가? 이러한 사람을 위하는 간절한 생활이 벌써 있었고 지금 더욱 더하고 더 하리니 이 은혜를 묵상(默想)하는 자 어찌 간절하지 않을 수 있는가? 나를 위하여 죽으시기까지 하였는데!

둘째로 간절함을 얻는 비결은 아래로 불상(不祥)한 영(靈)을 내려다보는데 있다. 하나님께서 어찌하여 그 중심이 간절하시어 몸을 버리시기까지 하셨느냐? 불상(不祥)한 영들의 갈 곳을 생각하시니 견딜 수 없으셨다. 자! 이제 믿는 우리들은 지옥의 비탈을 달음질하는 많은 영을 보는가? 저들을 보고도 그냥 지낼 수가 있겠는가? 우물을 향하여 철없이 기어가는 어린 적자(赤子)[8]를 보고도 그냥 둘 수 있는 그 인간은 어떤 자 일 것이냐? 이보다 무섭고 무서운 영원의 멸망을 향하여 가는 대중의 영을! 보고 그냥 있을 수 있는가? 아들을 믿는 자에게 영생이 있고 아들을 믿지 않는 자는 영생을 얻지 못하고 하나님의 진노하심이 그 위에 있느니라(요 3:36).[9]

아! 무서운 말씀이 아닌가? 불신(不信) 대중(大衆)의 갈 곳! 그 영들의 받을 그 화 명백히 가르치셨다! 내 가족 중에 믿지 않는 영이 없는가? 내 친척 중에 있는가? 내가 저들을 사랑할진대 지옥에 가는 것을 보고야 어찌 그냥 있겠느냐? 그리하여 위로 하나님의 큰 은혜를! 아래로 뭇 영을 불쌍히 여기어 이 간절한 생활의 소유자가 되어 무불능(無不能)의 능(能)을 얻

---

8 원문의 '赤子'(적자)는 '갓난아이'를 말한다.

9 원문은 '요六36'이다. 이것은 요한복음 6장 36절이다. 그러나 본문은 요한복음 3장 36절이다. 따라서 요한복음 3장 36절로 수정하여 번역함. 요 3:36, "아들을 믿는 자에게는 영생이 있고 아들에게 순종하지 아니하는 자는 영생을 보지 못하고 도리어 하나님의 진노가 그 위에 머물러 있느니라" (개역 개정).

어 큰 힘을 나타낼 수 있는 것이다.

삼(三)

이렇듯 위로 하나님과 아래로 가련한 영(靈)을 생각할 수 있는 유일(唯一)의 방도는 기도뿐일러라. 기도 없이 어찌 하나님의 그 지극(至極)[10]하신 사랑을 추측인들 하여 기도 없이 그 불신 영의 처참한 정경(情景)을 상상(想像)[11]이나 할 것인가? 그리하여 기도하여 하나님과 사람 앞에 간절한 생활을 할 수 있는 것이다.

예수님께서는 나를 위하여 십자가를 지시었는데도 나는 거저 미지근해 살 수 있는가? 다른 사람이야 지옥을 가든 멸망을 하든 명랑하게 있을 수 있는가? 기도하자! 그리하여 간절한 생활! 죽음으로 인생을 구원하셨나니 죽음으로 간절이 보답할 수 있기까지 기도하자. 기도는 아버지와 사귀는 가까이하는 유일한 특권이니 하나님의 품 안에 있는 그 사랑 전체(全体)[12]를 아버지와 사귀는 기도가 없이 여하(如何)히 그[13] 만분지일(萬分之一)인들 각득(覺得)할 수 있으리오. 아무리 하나님의 은혜와 사랑을 외치나 이른 새벽 혹 깊은 밤중 주 예수께서 기도하신 것과 같이 은밀하신 하나님께 기도하는 때를 지을 때 하나님의 그 크신 사랑을 맛볼 수 있는 것이다. 그리하여 그 무한하신 사랑이 사람에게 물 붓듯 부으심을 알아 나도 불상(不祥)한 영을 생각하고 주 예수의 그 끓는 사랑에 묻혀 견딜 수 없는 생각을 소유할 수 있는 것이다. 간절한 생활은 기도로서야 얻는다.

---

10 원문은 '主極'(주극)이다. 이것을 본문의 앞뒤 문맥을 살펴 '지극(至極)'으로 수정하여 번역함.

11 원문은 '像想'(상상)이다. 이것을 '상상(想像)'으로 수정하여 번역함.

12 원문의 '全体'(전체)의 '체(体)'는 '체(體)'의 약자(略字)임.

13 원문의 '其'(기)를 '그'로 번역함.

회개. 부흥

진정한 부흥은 여하(如何)히 일어나는가? 진정한 회개 거기서부터 시작하는 것이다. 회개가 없이 어찌 부흥이 일어난 것을 볼 수 있을 것인가? 개인이나 단체나 마찬가지다. 대족장(大族長) 중 1인인 야곱의 벧엘의 회개가 없었던들 야곱이 야곱 되지 못하였으리라. 야곱 개인뿐 아니라 이스라엘의 전 역사는 이를 밝히 나타내고 있다. 저 백성들의 강성(强盛), 저 국가의 부흥(復興)은 저들의 재를 무릅쓰고 베옷을 입고 회개함에 있었다. 애굽(埃及)을 떠나 가나안까지! 저들이 반역할 때 다시 하나님은 축복하신 것이다. 가나안에 들어가 사사 시대로 사울 왕을 세울 때까지 혹은 블레셋에, 미디안에 기타 가나안 토민(土民)[1]들에게 이스라엘 사람을 붙이실 리가 있었던가? 그러나 저들의 죄악이 관영(貫盈)[2]할 때 하나님의 진노는 저들에게 내리지 않을 수 없었으니 이는 사람을 사랑하시는 까닭이라. 그러므로 또다시 저들이 하늘을 향하여 부르짖음이 있을 때 하나님은 저들을 크신 능력으로 삼손을 보내시며 드보라를 보내시며 기드온을 보내시어 구원하시곤 하였음이 그 몇 번이었는가? 일일이 매거(枚擧)[3]키 어려운 것이다.[4] 어찌하여 예레미야는 눈물을 흘리며 외쳤으며 호세아는 어찌하여 열

---

* 『게자씨』 제4권 제11호(통권 51호)(1935.11), 20-22, 『게자씨 1935 (영인본)』, 346-348.

1 원문의 '土民'(토민)은 '토착민'을 말한다.

2 원문의 '慣盈'(관영)이라는 한자어(漢字語)를 앞뒤 문맥을 살펴 '관영(貫盈)'으로 수정하여 번역함.

3 원문의 '枚擧'(매거)는 그 뜻이 '낱낱이 들어 말함'이다.

4 원문은 '難한 것이다'를 '어려운 것이다'라고 번역함.

정적으로 조소(嘲笑)를 받으며 부르짖었는가? 이사야, 에스겔 등등 모든 선지(先知)들의 외친 그 의도가 어디에 있었는가?[5] 저들의 회개를 재촉(再促)[6]함에 있었던 것이다.[7] 모세가 벌써 저들에게 예언적(豫言的)[8]으로 자세히 말씀하여 주었건만 저들은 죄악이 사무처 이 모든 예언(豫言)[9]을 망각하여 버렸다. 신명기에 큰 교훈은 곧 이것이다. 『너희가 만일 너희의 하나님 여호와를 망각하고 다른 신을 쫓아 섬기고 경배하면 내가 오늘날 너희에게 증거(證據)[10]하노니 너희는 반드시 멸망할 것이라』(신 8:19)[11] 그리하여 저들은 범죄, 회개, 멸망, 부흥을 거듭하다가 최후에는 멸망에 이르고 만 것이다.

아무리 부흥, 부흥하나 죄를 그대로 두어 가지고는 결코[12] 부흥이 일어날 수 없는 것이다. 성경에 말씀하시기를 『나 여호와 하나님은 진노의 신』(출 20:5)[13]이라 말씀하셨으니 이 죄 자체(自体)[14]를 얼마나 미워하시는

5 원문은 '那邊에 在하엿는가?'이다. '那邊'(나변)은 그 뜻이 '어느 곳, 어디'이다. '在'(재)는 '있다'라는 뜻이므로 따라서 '那邊에 在하엿는가?'를 '어디에 있었는가?'라고 번역함.

6 원문의 '促'(촉)은 '재촉(再促)한다'는 뜻이므로 '재촉(再促)'이라고 번역함.

7 원문의 '在하였든것이다'를 '있었던 것이다'라고 번역함.

8 원문은 '預言的'(예언적)이다. 중국어(中國語)에서는 '예언(預言)', '예언적(預言的)'으로 사용하기도 하나 일반적으로 '예언(豫言)', '예언적(豫言的)'으로 사용함으로 '예언적(預言的)'을 '예언적(豫言的)'이라는 한자어(漢字語)로 수정하여 번역함.

9 원문의 한자어(漢字語) '預言'(예언)을 '예언(豫言)'으로 수정하여 번역함.

10 원문의 '証據'(증거)를 '증거(證據)'로 수정하여 번역함.

11 원문은 '신명기八69'이다. 이것은 신명기 8장 6-9절이다. 그러나 본문에서 인용한 구절은 신명기 8장 19절이다. 따라서 신명기 8장 19절로 수정하여 번역함. 신 8:19, "네가 만일 네 하나님 여호와를 잊어버리고 다른 신들을 따라 그들을 섬기며 그들에게 절하면 내가 너희에게 증거하노니 너희가 반드시 멸망할 것이라" (개역 개정).

12 원문의 '結코'(결코)의 한자(漢字) '결(結)'을 '결(決)'로 수정하여 번역함.

13 출 20:5, "그것들에게 절하지 말며 그것들을 섬기지 말라 나 네 하나님 여호와는 질투하는 하나님인즉 나를 미워하는 자의 죄를 갚되 아버지로부터 아들에게로 삼사 대까지 이르게 하거니와" (개역 개정).

14 원문의 '自体'(자체)의 '체(体)'는 '체(體)'의 약자(略字)이다.

말씀이다. 진노하시는 그 신(神) 앞에 죄를 가지고 어찌 부흥(復興)을 바랄 수 있을까? 『오직 너희 허물이 너희와 너희 하나님 사이를 막았으며 너희 죄가 하나님의 얼굴을 가려 내 말을 듣지 아니하시게 하는도다』(사 59:2)[15] 죄는 하나님과의 관계를 전연(全然) 끊어버리는 일이니, 중심에 죄를 그냥 소유하고 있음에 어찌 하나님의 신이 거할 수 있겠는가? 그러나 하나님은 또한 사랑의 신이시라. 말씀하시기를 『만일 우리가 우리의 죄를 고하면 저는 미쁘고 의로우사 우리 죄를 사하시며 우리의 모든 옳지 않은 것을 깨끗하게 씻을 것이오』(요일 1:9)[16] 또 말씀하시기를 『너희는 와서 같이 의론하자. 너희 죄가 비록 주홍(朱紅)과 같을지라도 반드시 눈과 같이 희게 하고 붉기가 진홍(眞紅)과 같을지라도 반드시 양털 같게 하리라』(사 1:18)[17] 하나님의 사랑을 그대로 드러낸 말씀이로다. 진정한 회개가 누구에게든지 있을 때 하나님의 사랑은 이렇게 나타나는 것이다. 이런 회개가 있고 이런 사랑이 내리시는 그곳에 부흥이 일어나지 않고 무엇이 일어나겠는가? 하나님께서 참 빛이신 성자(聖子) 예수를 보내시려고 하던 바로 전에 어떤 길을 예비하시었는가? 곧 회개의 세례를 베푸는 요한을 보내신 것이다. 그리하여 요한이 유대 광야에 나타날 때 『예루살렘과 유대와 요단강 사방에서 몰려와 각각 제 죄를 자복(自服)』(마 3:5-6)[18]하고 요한에게 세례를 받았다. 과연 유대 광야에 한 큰 운동이었다. 오순절 일에 성신(聖神)을 충만이 받은 베드로의 힘 있는 증거에도 큰 부흥이 일어났음은 저들이 『어찌할

---

15 사 59:2, “오직 너희 죄악이 너희와 너희 하나님 사이를 갈라놓았고 너희 죄가 그의 얼굴을 가리어서 너희에게서 듣지 않으시게 함이니라” (개역 개정).

16 요일 1:9, “만일 우리가 우리 죄를 자백하면 그는 미쁘시고 의로우사 우리 죄를 사하시며 우리를 모든 불의에서 깨끗하게 하실 것이요” (개역 개정).

17 사 1:18, “여호와께서 말씀하시되 오라 우리가 서로 변론하자 너희의 죄가 주홍 같을지라도 눈과 같이 희어질 것이요 진홍 같이 붉을지라도 양털 같이 희게 되리라” (개역 개정).

18 마 3:5-6, “이 때에 예루살렘과 온 유대와 요단강 사방에서 다 그에게 나아와 자기들의 죄를 자복하고 요단강에서 그에게 세례를 받더니” (개역 개정).

꼬』(행 2:37)[19]의 통회의 동기(動機)가 저들을 견디지 못하게 한 때문이었다. 그리하여 베드로 저들에게 대답하기를 회개하고 그리스도의 이름으로 세례를 받고 죄 사함을 얻으라는 것이었다. 한날에 3천이나 회개하는 부흥은 그 어떠한 부흥이라고 할 것인가? 회개가 있는 그곳에는 부흥이 일어나지 않을 수 없다. 하나님과 같이하지 아니하는 그 사람, 그 단체에 어찌 부흥이 일어날 수 있겠는가? 하나님 앞에서 정체를 바로 내놓고 먼저 완전한 의원이 되시는 우리 주님 앞에 진료를 받아 수술할 곳이 있으면 서슴지 낳고 수술을 받아야 하는 것이다. 받기만 하면 아주 깨끗한 심령을 소유할 수 있는 것이다. 내 마음에 모든 적은 티끌이라도 주 하나님께 고하여 사함을 받았다고 할 때 그 마음이 얼마나 가벼울 것인가? 조문도(朝聞道)면 석사(夕死)라도 가의(可矣)[20]라는 말은 무엇을 가르치는가? 하나님 앞에 한 번 바른 양심을 가질 수 있을 때 그 당시에 죽는다고 한들 무슨 한(恨)[21]이 있을 것이랴. 언제든지 하나님 앞에 만물이 벌거벗은 것같이 나타날 날이 필연코 있으리니(히 4:13)[22] 그날이 이르기 전에 은밀하신 하나님 앞에 나는 매일매일 내 정체를 드러내어 씻음을 받을 것이다.

그런고로 참 신앙부흥은 참된 회개에 있는 것이다. 주의 빛 가운데 행하는 자 참 신앙자(信仰者)일 것이니 참 빛 가운데 거하며 행하는 자 적은 불결이라도 용납할 수가 없는 것이다. 이리함에 참되이 회개한 자 그 빛 가운데 부끄러움이 없이 회개할 수가 있고 또 참 빛을 나타낼 수가 있어

---

19 행 2:37, “그들이 이 말을 듣고 마음에 찔려 베드로와 다른 사도들에게 물어 이르되 형제들아 우리가 어찌할꼬 하거늘” (개역 개정).

20 원문의 ‘朝聞道면 夕死라도 可矣’는 『논어(論語)』 이인편(理仁篇)에 나오는 말로, ‘자왈(子曰) 조문도(朝聞道)면 석사(夕死)라도 가의(可矣)니라’는 ‘공자(孔子)께서 말씀하시기를 아침에 도(道)를 들으면 저녁에 죽어도 좋다’는 뜻이다.

21 원문에는 ‘限’(한)으로 되어 있으나 앞뒤 문맥을 살펴 ‘한(恨)’으로 수정하여 번역함.

22 히 4:13, “지으신 것이 하나도 그 앞에 나타나지 않음이 없고 우리의 결산을 받으실 이의 눈앞에 만물이 벌거벗은 것 같이 드러나느니라” (개역 개정).

신앙의 본분을 다할 수 있는 것이다(마 5:16).[23] 참 회개는 어떻게 할 수 있는가? 이는 내 죄를 깨닫는 데 있는 것이니 의인은 없는 이 세상에서(롬 3:10)[24] 누구든지 죄 없는 사람이 없는 것이나 죄를 깨닫는 사람은 그리 쉽지 않다. 자칭(自稱) 의인이라고 하는 사람은 그 얼마나 많은가? 그리하다면 죄인 된 것을 어디서 깨달을 수 있는 것인가? 이는 오직 성경을 통해서만 각득(覺得)할 수 있는 것이다. 마치 거울을 봄으로 내 얼굴이나 자체를 바로 볼 수 있음같이 성경을 통하여 내가 어떠한 자임을 깨달을 수 있는 것이다. 사람이 각인각색(各人各色)으로 똑같은 사람이 세상에 1인도 없건만 이 모든 천태만상(千態萬象)의 사람을 그대로 그려낸 것이 곧 성경이니 성경을 봄으로써야만 죄를 깨닫는 것이다. 불신자만이 죄를 깨닫는 것이 아니라 신자라도 오래 믿는 자라도 보면 볼수록 자기를 더욱 알게 되는 것이다. 바울이 죄인의 괴수라 하였거늘 누구 죄 없는 이 있느냐. 믿음에 들어갈수록 죄인 됨을 자각하나니 죄인 됨을 깨닫는 대로 믿음이 깊어짐도 알 수 있는 것이다. 그런고로 성경은 우리에게서 떠나서는 안 되는 것이다. 성경이 없어 흑암에 살게 되는 것이다.

보라. 베드로 3천 명을 회개시키는 날 그는 무엇을 가지고 말하였는가? (행 2장) 옛날 요엘을 통한 말, 다윗을 통하여 주신 하나님 말씀을 저들에게 주어 저들로 하여금 부흥의 빛을 받게 한 것이 아니었는가? 또 옛날 젊은 개혁자 현왕(賢王) 요시야는 어디서부터 부흥을 받았는가? 힐기야가 성전 고치다가 얻은 신명기 책에서 자기와 및 자기 백성의 죄를 낱낱이 깨닫고 옷을 찢고 통회함에 비롯한 것이 아니었느냐? (대하 34:19)[25] 참된 부흥은 참된 회개에서 오고 참된 회개는 죄인 됨을 깨닫는 데 있고 참

23 마 5:16, "이같이 너희 빛이 사람 앞에 비치게 하여 그들로 너희 착한 행실을 보고 하늘에 계신 너희 아버지께 영광을 돌리게 하라" (개역 개정).

24 롬 3:10, "기록된바 의인은 없나니 하나도 없으며" (개역 개정).

25 대하 34:19, "왕이 율법의 말씀을 듣자 곧 자기 옷을 찢더라" (개역 개정).

으로 죄인 됨을 깨닫기는 성경을 읽고 함에 있는 것이니 자신의 부흥이나 타인의 부흥을 일으키는 모든 일에 오직 하나님 말씀 그대로 읽고 증거할 뿐이다.

나의 나 됨 (기도)

나의 마음속 뱃속까지 다 통찰하시고 감찰하시는 나의 하나님 나의 아버지! 나는 언제 나 되겠나이까? 나를 위하여 겟세마네 동산에서 피와 땀을 흘리시고 십자가상에서 선혈을 흘리시고 살을 쪼개시기까지 하시사 말할 수 없는 그 넘치는 사랑을 어느 때나 바로 받아 감당할 수 있겠삽나이까? 나의 하나님 나의 아버지시어 어느 때까지나 주의 보혈(寶血)의 그 한량없고 측량할 수 없는 공로(功勞)를 입술로만 부르짖는 데서 떠나 살겠나이까? 당신의 사랑은 넘치어 당신 친히 몸을 버리시기까지 하시었는데 내 주님을 위하여서 하는 것이 무엇이 있사오며 주님께 드리는 것이 무엇이 있음이니까? 어느 일에 내 있는 힘을 내 있는 충성을 다하여 주님이 나를 위하신 그것과 같이하여본 일이 있나있까? 이 몸이 당신의 밝은 빛 아래 그 성결하신 수술대(手術台)[1]에 바로 드러나고 바로 놓일 수 있게 하시옵고 주님이시여 당신의 신령한 칼로 이 살 속 뼛속까지 속속 들어 수술을 행하여 주시옵소서. 나의 뼛속까지 아시고 나의 머리털까지 세시는 하나님 나의 아버지시어! 이런 심령을 소유하고도 아버지 앞에 나아갈 수 있는 것이오니까? 나의 형제 나의 골육 나의 친척이 죽음의 비탈길에서 헤매고 있는데도 나는 무심(無心)히도 무심(無心)이고 지난밤도 곤하다고 편하고 편하게 자고 있었습니다. 오늘 아침도 달고 달게 먹을 수 있었습니다. 바울은

* 『게자씨』 제4권 제12호(통권 52호)(1935.12), 9–10, 『게자씨 1935 (영인본)』, 373–374.

1 원문의 '手術台'(수술대)에서 '태(台)'는 현재 전혀 다른 글자인 '대(臺)'의 속자(俗字)로도 쓰인다[한국어문교육연구회, 『한자능력검정시험 1급』, 544].

그 골육을 향하여 얼마나 뜨거웠습니까? 그들을 위하여서는 자기 자신(自身)[2]이 그리스도께 끊어지는데 이르기까지 할지라도 원하노라(롬 9:3)[3]하였거늘! 나 자신(自身)[4]에 당착(當着)[5]하지 않았다 하여 잠이 오니 밤마다 단잠을 자고 있습니까? 끼마다 먹고 있습니까? 아버님 이런 심령을 소유한 자로소이다. 이제 이 자식(子息) 주 나의 구주 당신의 심정 그 몇 분의 일[6]을 소유하였던들 잠이 와서 어찌 참으며 주려서 먹을 생각이 있을 터입니까? 어찌 저들은 나의 형제가 아니며 저들은 나의 골육이 아니오니까? 저들은 나의 친척이 아니오니까? 사랑하시고 나의 마음을 통하여 아시는 아버님! 나의 친척 나의 골육 나의 형제가 죽어도 나만 잘 있고 나만 살아 이 자식은 만족하겠습니까? 아니, 또 이런 심사를 소유한 나로서 나만이 살 수 있는 것입니까? 어찌하여 이렇듯 둔탁한 자가 되고 맙니까? 언제나 될 수 있겠습니까? 사랑하시는 주님이시여! 나를 위하여 주무실 수가 없이 또 참을 수 없는 사랑을 가지신 주님이시여 나는 어찌하여 이다지도 둔하옵니까? 왜 이다지도 무심하옵니까? 어느 밤 저 죽음의 비탈의 위경(危境)에 처하여 있는 형제, 골육, 친척을 위하여 뜨거운 눈물 한 방울 흘려 보았으며 한 시간의 잠을 밑져 보았습니까? 아버님! 아버님이 잘 아시옵니다. 아버님이여 이 자식(子息) 자신(自身)[7]에 급한 문제가 당착(當着)해 올 때 참으로 자려야 잠이 오지 않으며 먹으려야 먹을 수가 없었습니다. 이 웬 까닭[8]이옵니까? 이러고도 제법 그리스도의 그 거룩하신 사랑을 부르짖습

2 원문의 '自信'(자신)을 본문의 앞뒤 문맥을 살펴 '자신(自身)'으로 수정하여 번역함.

3 롬 9:3, "나의 형제 곧 골육의 친척을 위하여 내 자신이 저주를 받아 그리스도에게서 끊어질지라도 원하는 바로라" (개역 개정).

4 원문의 '自信'(자신)을 본문의 앞뒤 문맥을 살펴 '자신(自身)'으로 수정하여 번역함.

5 원문의 '當着'(당착)은 '마땅히 (자신)에게 임(臨)한다'는 뜻으로 쓰였다고 본다.

6 원문은 '幾分之一'(기분지일)이다. 이것을 '몇 분의 일'로 번역하였다.

7 원문의 '自信'(자신)을 본문의 앞뒤 문맥을 살펴 '자신(自身)'으로 수정하여 번역함.

8 원문의 '故'(고)를 '까닭'으로 번역함.

니까? 어찌하여 나는 바리새 교인과 사두개 사람들을 나무랐습니까? 아! 저들보다 얼마나 얼마나 더한 이놈이옵니까? 문자 그대로 형제, 골육, 친척의 죽음을 모르는 가증한 회칠한 무덤 그 자체가 아니오니까? 사랑하시는 아버님 어찌하여 이 자식(子息)은 유다를 나무랐습니까? 죽어가는 자를 그대로 두는 이 자식은 사랑의 자체되신 주님의 옆구리를 친히 찌르는 자가 아니고 무엇입니까? 그래도 이 자식(子息)을 부르시사 날마다 권고하시며 보호하시니 너무나, 너무나 넘치나이다. 아버님 언제나 이 자식(子息)은 되겠습니까? 아버님을 기쁘게 할 수 있는 자가 되겠나이까? 구하옵고 구하옵나이다. 되게 하여 주소서. 되게 하여 주옵소서. 내 주님을 위하여 그 거룩하신 뜻을 위하여 이 부족한 심정이나마 그대로 바칠 수 있게 하여 주옵소서. 그리하여 아버지를 향하여 좀 더 뜨거워지고 아래로 사람! 나의 형제兄, 골육, 친척을 위하여 뜨거운 사랑을 던지게 하옵소서. 이 몸뚱어리가 다 닳기까지 뜨거운 심정을 주옵소서. 아멘.

헤롯 궁전의 사경(查經)

마 2:1-3[1]

개인으로나 단체로나 어느 때든지 어느 곳에서든지 성경을 상고함을 가르쳐 왈(曰) 사경(查經)[2]이라 일컬을지니, 이 의미로 보아 헤롯왕이 자기 궁전에 제사장들과 백성의 서기관을 모아 성경을 토의한 것도 일종의 사경(查經)으로 생각할 수 있는 것이다.

일(一), 동기

아이로부터 어른까지 유대인의 머릿속에는 메시야 강림이 저들의 유일 소망이었다. 랍비들이 선지자의 예언(豫言)[3]을 가르치며 진실한 백성들이 여호와께 기도하였다. 저들의 머리에 사무친 이 사상은 저들이 이국(異國)에 포로가 되어있을 때 더욱 간절하여 그 사상이 이국백성(異國百姓)에까지 알려졌다. 그리하여 동방에서 천문을 연구하던 박사 수인(數人)도 어느 날 천계(天界)에 이상한 징조에 감(感)한 바 있어 메시야가 탄생한 유대 나라를 찾아 먼 길을 왔었다. 저 박사들은 다만 유대인의 메시야 강림사상의

* 『게자씨』 제4권 제12호(통권 52호)(1935.12), 16-18, 『게자씨 1935 (영인본)』, 378-380.

1 마 2:1-3, "헤롯 왕 때에 예수께서 유대 베들레헴에서 나시매 동방으로부터 박사들이 예루살렘에 이르러 말하되 유대인의 왕으로 나신 이가 어디 계시냐 우리가 동방에서 그의 별을 보고 그에게 경배하러 왔노라 하니 헤롯 왕과 온 예루살렘이 듣고 소동한지라" (개역 개정).

2 교인들이 모여 성경을 공부함. 사경회: 일정한 기간 동안에 교인들이 성경에 대한 강의를 듣기 위하여 모이는 모임[NAVER 한자사전].

3 원문의 한자어(漢字語) '預言'(예언)을 '예언(豫言)'으로 수정하여 번역함.

부스러기를 얻어 가졌을 뿐! 저들이 성경을 유대인처럼 알 수 있어 그때나 그곳을 물론 알 바 못 된다. 다만 유대 나라를 찾아가기만 하면 물론 저 백성들이야 다 같이 기뻐하며 즐기리라 하여 유대만을 찾아온 것이다. 저들의 기대와는 너무 거리가 멀었다. 박사들은 염외(念外)[4]의 일이었다. 이상이 생각할 수밖에 없었다. 그러나 멀리 찾아온 길이라 서울 예루살렘에 상경(上京)하여 문의하여 보리라. 상경하여 온 뜻을 말하니 더욱 놀랄 수밖에 없는 것은 이 말을 들은 온 예루살렘 백성들과 헤롯왕이 놀라면 온 서울이 소동함이었다. 이리하여 헤롯왕은 제사장들과 백성의 서기관을 자기 궁전으로 불러드렸다.

일(一), 목적

박사의 말을 들은 헤롯왕은 이 일의 사실을 바로 알기 위하여 이런 회합(會合)을 열어 문의한 것이니 곧『그리스도께서 어느 곳에 탄생하였겠느뇨』이것이 다 어느 곳에 예수께서 나셨겠는가? 이것이 박사의 간원(懇願)이었고 헤롯의 소원이었다. 같은 사실에도 같지 않은 목적을 가진 것이다. 멀리 동방으로부터 온 박사는 마음속 간절히 이 나신 왕 예수를 찾아 경배하려고 유대 땅을 밟아 예루살렘까지 이른 것이오. 헤롯은 이 말에 황겁(惶怯)[5]하여 어떤 일인 것을 알아 그 나신 아기를 해(害)하려는 거리가 먼 목적으로 그 나신 곳을 찾는 것이다.

4 원문의 '念外'(염외)는 '뜻밖'의 뜻이다.

5 원문의 '惶怯'(황겁)은 '겁이 나고 두려움'이라는 뜻임[한컴오피스 훈글 한자로 바꾸기].

일(一), 강사(講師)들

개최자(開催者) 헤롯은 유대인의 지도 계급(階級)[6]에 당하여 있는 제사장들과 서기관들을 강사(講師)로 청하여 이 문제를 제출한 것이었다. 저들은 때로 성경을 연구하며 때로 백성을 교훈하는 선생들이다. 더욱이 유대인과 같이 메시야 강림을 절원(切願)[7]하는 저 백성들에게 있어서 이 그리스도 나신 데 대하여 저들 이상에 어떠한 다른 강사를 요(要)할 것인가? 메시야의 강림하실 때 강림하실 곳을 성경에 교시(敎示)한 대로 저들은 토론하며 교훈하는 것이 저들의 하는 일이었다. 과연 저들은 이런 문제에는 적절한 강사들이었다.

일(一), 답안(答案)

헤롯은 이런 강사들을 자기 궁전에 초청하고 전기(前記)[8] 문제를 제출하여 답안을 구하였다. 이런 문안(問案)이 떨어지자마자 저들은 즉시로 답안을 날아오니 미가 선지서 5장에 말씀한 대로 『가로대 유대 베들레헴이오니 선지자로 이렇게 기록하였으되 『유대 땅 베들레헴아! 너는 유대 고을 중에 지극히 적지 아니하도다. 네게서 왕이 나서 내 이스라엘을 치리라』 하셨나이다.』 이 답안으로서 이 사경회(査經會)는 만족한 것이었다.

---

6 원문의 '階紙'(계지)를 본문의 앞뒤 문맥을 살펴 '계급(階級)'으로 수정하여 번역함.

7 원문은 '絶願'(절원)이다. 본문의 앞뒤 문맥을 살피면 이 한자어(漢字語)는 '간절히 원한다'는 뜻으로 보아 '절원(切願)'으로 수정하여 번역함.

8 원문의 '前記'(전기)는 '앞에 기록한'의 뜻으로 앞 문장에서 언급한 '그리스도의 나신 곳이 어디냐?'는 질문을 말한다.

일(一), 결과

이 답안을 받은 헤롯은 즉시로 박사들을 불러 『별이 나타난 때를 자세히 묻고 베들레헴으로 보내며 말하기를 가서 어린아이를 자세히 찾아 만나거든 내게 고하라. 나는 가서 그에게 경배하리라. 이런 간사한 수단으로 박사들을 베들레헴으로 보내었다. 동방에서 별을 보고 먼 길을 찾아와 저들의 아무 생각 없음에 깜짝 놀랐던 박사들은 이런 지시라도 있을 때 감사함이 많았다. 더욱이 동방에서 보이던 별이 다시금 나타나 그 앞길을 인도할 때 금 감사함이 어떠하였으랴. 저 박사들은 목적하고 온대로 그리스도를 만나 경배하고 하나님의 지시로 고국으로 길을 돌렸다. 하나님께서는 헤롯과 같은 저들의 회합 결과로도 박사에게 은혜를 베푸시었다.

일(一), 고등사경회(高等査經會)

헤롯 궁전에서 열렸던 이 사경회야말로 참으로 고등사경회이었다. 여기 모인 회원은 세상 권세로는 헤롯왕으로 비롯하여 종교계로는 거두(巨頭)들만 제사직(祭司職)들과 서기관들만이었다. 왕위(王位)에 재(在)한 헤롯 한 사람은 여러 종교계의 선생들을 초청한 회합이니 이는 사경회로는 고등사경회라고 명칭할 수 있다는 것이다. 이런 회합에 어찌 큰 은혜가 떨어지지 않았는가? 저들은 성경을 그릇 찾았는가? 아니었다. 바로 하나님께서 미가를 통하여 주신 말씀을 바로 증거하여 박사들을 베들레헴으로 보낸 것이다. 지도를 받은 박사들은 예수를 만나는 은혜 자리에 임하였는데 어찌하여 지도자인 저들은 오신 메시야 구주 예수를 영접하지 못하였는가? 아무것도 아니던[9] 동방박사들은 도리어 아기 예수에게 경배하였는데 그리스도 오실 줄 알고 또 그 나실 곳을 안 저들은 어찌하여 아기 예수를 찾아가지도 않았는가? 이는 저들의 하나님께나 오실 메시야에 대하여 여하(如何)한 성의가 있다는 것을 여실히 나타내는 것이다. 남을 지도하는 자리에 있는 자 진실로 가히 삼갈 일이다.

일(一), 사경(査經)과 신앙

입으로 가르치는 그것만이 무용(無用)한 것이다. 아는 것만이 필요치 않다. 저 지도계급에 앉은 저 선생들은 성경에서 오실 메시야를 잘 알고 또 교훈하였다. 헤롯에게도 그 궁전에서 잘 교시(敎示)하였고 따라 박사에게 베들레헴을 바로 지시하였다. 짐작이 아니요, 확실한 사실을 그대로 가르칠 수 있었다. 그러나 은혜는 어느 편에 나타났는가? 가르친 저들의 편이었는가? 아니었다. 저들은 도리어 후일(后日)[10]에 그리스도를 박해한 것이었다. 그 이유는 어디에 있었는가?[11] 다만 신앙 거기 있었다. 신앙이 없는 사경(査經)에 성경교훈은 그 지도자 자신에게는 죽은 것밖에 될 것 없다. 일종의 기계에 불과하여 찾아 알 수 있고 교훈할 수 있으나 생명인 신앙이 없음에 은혜로 화(化)하지 못한다. 아! 오늘날은 알면서 가르치면서 신앙하지 않는 일은 우리에게 있지 않은가? 먼저 신앙하라. 신앙하지 않고 성경을 상고(詳考)하는 사경(査經)은 사탄의 이용회(利用會)[12]가 되기 쉬운

9 원문의 '아르던'을 본문의 앞뒤 문맥을 살펴 '아니던'으로 번역함.

10 원문의 '后日'(후일)의 '후(后)'는 '후(後)'의 약자(略字)로 쓰인다. 따라서 '후일(后日)'은 '후일(後日)'을 말한다.

11 원문은 '那邊에 在하였는가?'이다. '那邊'(나변)은 그 뜻이 '어느 곳, 어디'이다. '在'(재)는 '있다'라는 뜻이므로 따라서 '那邊에 在하였는가?'를 '어디에 있었는가?'라고 번역함.

12 원문의 '사탄의 이용회(利用會)'는 그 뜻이 '사탄이 이용(利用)하는 모임[會]'이다.

것이다. 신앙이 없는 사경회는 금일(今日)에 소위 고등비평회(파괴적 견지에서) 밖에 더 될 것이 없다. 신앙으로 모인 사경회(査經會)에야 생명이 움직이는 것이다.

일(一), 성도와 성탄절

우리는 해마다 귀한 이 성탄절을 당하여 기쁘고 즐겁게 지낸다. 그러나 참으로 나신 주님을 환영함으로 주를 기쁘시게 함으로, 이 절기를 보내는 성도는 그 얼마이냐? 물론 어떤 의미에서 좋은 일이나 금일(今日)이 성탄절을 기념함은 사회화하여 대도시 같은 데는 큰 상점을 비롯하여 성탄기념대매출이니 기타 등등 별별 인기를 총집중하려고 장식하며 기념품을 보내며 축장(祝狀)[13]을 주고받으며 한다. 다시 말하면 예수를 불신하는 사회에서까지라도 금일(今日)은 이 절기를 대절일(大節日)로 기념한다는 것이니 불신자도 이렇게 굉장히 의식적이라도 지키거늘 하물며[14] 우리[15] 신도들이리오? 축하회(祝賀會)도 좋고[16] 이것도 저것도 다 좋으며 당연히 할 일이다. 그러나 이에만 멎는 것은 성도로서 결코 안 될 것이다. 이런 형식적, 의식적으로도 반드시 축하할 것이거니와 참으로 주님이 즐거워하시게 주님 앞으로 나아갈 것이다. 저 박사는 먼 곳에서라도 오랜 시일을 보내며 귀한 보물을 싸서 아기 예수를 찾아 경배하며 예물을 드린 것이다. 우리는 어디서부터 얼마만큼의 시간과 어떠한 예물을 가지고 주님을 찾아 나

13 원문의 '祝狀'(축장)은 '축하장(祝賀狀)'을 말한다. 이때 '장(狀)'은 '일부 명사 뒤에 붙어 증서의 뜻을 나타낸다.' 예를 들면 '졸업장(卒業狀)', '초청장(招請狀)', '임명장(任命狀)' 등이다[한컴오피스 흔글 한자로 바꾸기].

14 원문은 '況且'(황차)이다. '황차(況且)'는 그 뜻이 '하물며'이다.

15 원문의 '我等'(아등)을 풀어 '우리'로 번역함.

16 원문의 '종고'를 본문의 앞뒤 문맥을 살펴 '좋고'로 수정하여 번역함.

갈 것인가? 수십보 거리에 예배당으로 찾아가 한 시간 두 시간 동안 보내고 오면 만족하게 이날을 보냈다고 할 것인가? 멀리 주님을 떠나 세상에 방황하던 마음을 가다듬어 주님을 찾아서 내 있는 마음과 뜻과 정성과 힘을 다하여 주님께 경배하며 주님을 마음에 모시자. 예사(例事)로써 성탄 성절을 맞고 보내지 말자! 참으로 주님을 찾아 참 마음으로 경배하는 그것이 진정한 성탄을 축하함이다.

복음의 사람,

방지일

1936년

신조(新造)

고후 5:17[1]

새해라! 12월 31일이나 1월 1일이 별로 다른 것이 있지 아니하되 12월 31일 오전(午前) 12시[2]를 보내는 맛과 1월 1일 오전(午前) 1시를 맞는 그 감이 아무래도 평시(平時)와는 다른 것을 느끼게 되는 것이다. 하루 전, 한 시 전, 한 분(分) 전은 낡은 해요. 하루 후 한 시 후, 한 분(分) 후, 한 초 후는 신년(新年)이다. 망년회를 하며 영신회(迎新會)를 한다. 망년예배(忘年禮拜)를 보며 영신예배(迎新禮拜)를 본다. 어느 것이든지 다 뜻 없이 보낼 수 없는 일이다. 더욱 새해를 맞는 맛은 더하다. 앞으로 일년 동안 낡은 해보다 무엇이든지 다 좀 더 낫게 해보려는 결심 준비가 거의 다 있게 되는 것이다. 그리하여 신년부터는 신생활(新生活)을 하여 보려는 것이 뜻있는 사람의 생각이다.

신생활! 새해를 맞을 때마다 이를 결심하나 결심한지 10일이 지나 혹 두 달, 석 달이 지나 벌써 결심한 신생활은 간데없고 옛 생활 그대로 돌아

---

* 『게자씨』 제5권 제1호(통권 53호)(1936.1), 17-19, (사)방지일목사기념사업회 엮음, 『게자씨 1936 (영인본)』 (서울: 홍성사, 2011), 25-27.

1 고후 5:17, "그런즉 누구든지 그리스도 안에 있으면 새로운 피조물이라 이전 것은 지나갔으니 보라 새것이 되었도다" (개역 개정).

2 원문은 '午后'(오후) 십이시(十二時)'이다. '오후(午后)'의 '후(后)'는 '후(後)'의 약자(略字)로 쓰인다. 본문의 '오후(午后) 십이시(十二時)'는 자정(子正)인 밤12시를 말한다. 그러나 자정(子正)은 '오후(午後) 12시'가 아니라 '오전(午前) 12시'이므로 본문의 '오후(午后) 십이시(十二時)'를 '오전(午前) 십이시(十二時)'로 수정하여 번역함.

가 버리고 마는 것은 우리들이[3] 매양 경험하는 사실이다. 그러므로 옛사람은 말하였다. 『제 버릇 개 주랴』『어려 버릇 자라 버릇』『개 꼬리 삼년 묵어 황모(黃毛)[4] 못 된다』『세 살 버릇 여든까지 간다』 이 모든 격언이라고 할는지 이 말들은 다 구습에 속한 옛사람(엡 4:22)[5]의 관습을 그대로 그려낸 말들이다. 과연 그렇다. 만물 중에 가장 간사한 사람의 마음으로서 작정하고 결심한 것이 얼마나 오래 갈 것인가? 그러나 우리 신자(信者)에게 있어서는 결코 부당한 말이 되지 않으면 안 될 것이다. 우리 신자는 어느 때 어느 처지에서 특별히 신생활을 작정하고 결심할 것이 아니라 어느 시(時) 어느 날을 물론하고 항상 신생활 가운데 거할 것이다. 어찌하여 그런가? 『그리스도 안에 있으면 새로 지은 것이니 이전 것은 지나가고 새것이 되었도다』(고후 5:17)[6] 이 말씀에 기인하는 것이다. 또 내 주(主)[7]께서 말씀하신 대로 『거듭나지 아니하면 하나님 나라를 보지 못하느니라』(요 3:3)[8]의 말씀에 또 기인하는 것이다. 무엇으로 신자 불신자를 구별할 것인가? 신자는 어디서부터 하나님의 자녀 됨을 감할 것인가? 여기서부터 되는 것이다. 예수를 믿는다고, 예수를 위하여 일한다고, 안다고 하는 이 모든 것들만으로 결코 나 자신도 모르고 불신자 신자를 가릴 수가 없는 것이다. 믿는 사람 곧 신자라고 하면 어떤 사람을 가리키는 말인가? 신생활(新生活)을 결심하는 자가 아니라 고쳐진 사람, 신조(新造)함을 받아 개 꼬리가 황모

3 원문은 '吾等'이다. '오등(吾等)'이라는 한자어(漢字語)는 '우리들'이라는 인칭대명사이다. 따라서 '오등(吾等)'을 '우리들'이라고 번역함. 이후에도 동일하게 번역함.

4 원문의 '黃毛'(황모)는 족제비의 꼬리털.

5 엡 4:22, "너희는 유혹의 욕심을 따라 썩어져 가는 구습을 따르는 옛사람을 벗어 버리고" (개역 개정).

6 고후 5:17, "그런즉 누구든지 그리스도 안에 있으면 새로운 피조물이라 이전 것은 지나갔으니 보라 새것이 되었도다" (개역 개정).

7 원문의 '吾主'(오주)를 '내 주(主)'로 번역함.

8 요 3:3, "예수께서 대답하여 이르시되 진실로 진실로 네게 이르노니 사람이 거듭나지 아니하면 하나님의 나라를 볼 수 없느니라" (개역 개정).

(黃毛) 되는 그 아주 변(變)한 자일지니 이는 또한 여하(如何)히 가능한 것인가? 성경에 가르친 대로 예수 안에서야 오직 가능한 것이다.

신조(新造)-예수 안에서

『그리스도 안에 있으면 새로 지은 것이니』 이 말씀이야말로 개 꼬리 황모(黃毛) 된다는 말씀이다. 이는 오직 그리스도 예수 안에서만 생각할 수 있는 일이요 또 찾아볼 수 있는 일이니, 예수 밖에서 도무지 생각할 수 없는 것이다. 사람이 여하(如何)히 새로 지음을 받을 수 있는가? 니고데모의 말대로 어머니 배속에서 두 번 들어갔다가 날 수 있사옵나이까? (요 3:4)[9] 그렇다. 사람으로서는 도무지 생각할 수도 없는 일이다. 어찌 한 번 난 사람이 다시 지음을 받을 수 있겠는가? 니고데모의 반문(反問)은 사람으로서 당연하였다. 그러나 예수 그리스도는 창조주(創造主)이시매 인생을 다 창조하신 주(主)시라 죄로 말미암아 더럽힌 인생을 또다시 그만 고쳐 만들 수 있는 것이다. 그러므로 주 예수 앞에 나아가 그 안에 있을 때 나는 딴사람이 되는 것이다.

예수 안에-회개함으로써

예수 그리스도 안에 있으면 새로 지음을 받는다. 그러면 여하(如何)히 그리스도 안에서 살 수 있으며 어떤 사람이 그 안에서 살 수 있는 사람인가? 일찍이 주 예수께서 말씀하시기를 내가 의인을 부르러 온 것이 아니

9 요 3:4, "니고데모가 이르되 사람이 늙으면 어떻게 날 수 있사옵나이까 두 번째 모태에 들어갔다가 날 수 있사옵나이까" (개역 개정).

요. 다만 죄인을 불러 회개시키러 왔노라(눅 5:32)[10]의 말씀에 의지(依支)하여 죄인 됨을 각오한 자, 주 예수 앞에 나아가 회개하고 그 흘리신 피 공로를 믿어 죄 사함을 받음으로 그리스도 안에 누구든지 살 수 있는 것이다. 회개-이는 쉬운 일이 결코 아니다. 보통 약이나 먹어서 고칠 수 있는 병이 아니고 마땅히 대수술이다. 약이나 먹는 것과 같은 회개는 아무 필요가 없는 것이 X 광선에 몸을 비추어 보듯이 더 밝고 밝은 그 빛 앞에 내 정체(正体)[11]를 그대로 내놓아 속속들이 끼어있는 죄의 티끌까지 갈라내고 발라내고 떼 완전(完全)이 수술(手術)을 받는 그것이 회개인 것이다. 이런 수술이 없이 결코 새로 지음을 받을 수가 없는 것이다. 겉은 괜찮다고 거저 싸매고 싸매 두면 죽을 것밖에 아무것도 없는 것이다. 대수술을 받음이 없이 교회에 들어오는 자는 도적과 같다. 회개의 수술은 교회에 들어오는 대문(大門)이다. 이 문을 통하지 않고 상처를 싸매고 담을 넘어 들어오면 이는 도적이다. 어찌하여 신자 중에 크게 범죄하여 교회와 주의 이름을 더럽히는 자가 있는가? 이들은 다 상처를 싸맬 뿐 회개의 대수술로 주 예수의 품 안에서 새로 지음을 받지 못한 위신자(僞信者)였던 까닭[12]이다. 진정한 통회의 회개는 그 사람을 고쳐 만들 수 있는 주님께 인도하고야 마는 것이다.

「이전 것은 지나가고 새것이 되었도다」

그렇다. 대수술(大手術)을 통하여 예수로 말미암아 고쳐 지음을 받은 자에게는 이전 것은 다 지나가 버렸다. 다시 이전 것이 있을 수 없다. 『제

10 눅 5:32, "내가 의인을 부르러 온 것이 아니요 죄인을 불러 회개시키러 왔노라" (개역 개정).

11 원문의 '正体'(정체)의 '체(体)'는 '체(體)'의 약자(略字)이다.

12 원문의 '故'(고)를 '까닭'으로 번역함.

버릇 개 주랴』한 그 버릇까지도 지나가 버리는 것이다. 도무지 새사람이 되는 것이다. 이에 도달(到達)치 못하였다면 아직도 새로 지음을 받지 못한 사람이다. 아주 새것이 되는 것이다. 신조자(新造者)가 그 누구인가? 하나님 되신 예수! 그러면 그 완전하신 예수께서 나를 신조(新造)하시니 어찌 불완전(不完全)하게 하실 것인가? 과연 그러하다. 내가 아직도 완전히 회개하지 못한 것이다. 내가 이전 것을 완전히 버리지 못하였는가? 참으로 주 예수 안에 살지 못함이다.

우리 신자는 새해를 맞을 때마다 별다른 결심으로 새사람 되기를 새 생활하기를 작정할 것이 아니다. 다만 내가 예수 안에서 완전히 이전 것을 버리고 새로 지음을 받아 새 생활을 지속하는가의 반성을 절대 요구할 것이다. 아직도 이전 것대로 있으면 나는 철두철미(徹頭徹尾)하게 재를 무릅쓰고 회개하여야 하는 것이다. 그리함으로 즉시 주 안에서 신조(新造)함을 받을 수 있는 것이다.

소돔의 멸망과 구원의 길

창세기 18장, 19장[1]

숙부(叔父) 아브라함의 특별한 사랑으로 자란 롯은 숙부 아브라함의 은혜를 망각하고 제 욕심대로 그 숙부와 갈릴 적에 요단 뜰 아름다운 옥토(沃土)를 가지어 소돔에 이사하고 아브라함은 가나안을 차지하였다. 예로부터 오늘날까지 토지가 비옥하면 물산이 풍부하여 사람이 많이 모이고 하여 비옥한 강변에 대도시가 생기는 것이니 소돔 성도 요단 뜰에 있어 적지 않은 성으로 많은 사람이 집거(集居)하였다. 사람이 많은 곳에 또한 죄악이 많다는 것도 예로부터 오늘날까지 사실이다. 참으로 언제나 도시엔 죄악이 관영한 것이다. 더욱 이 소돔 성 소돔 하기만 하면 벌써 죄악의 관영을 느끼리만치 소돔은 죄악의 도시였던 것이다. 죄의 값은 사망이라(롬 6:23)[2] 이런 죄악의 도시가 어떻게 공의로우신 하나님 앞에 남아 있을 수 있을 것인가? 이 성의 멸망은 당연한 것이었다.

일(一), 아브라함의 기도

이 일을 하시려는 하나님께서는 당신의 사람 아브라함에게 이 일을 말하지 않을 수가 없었다. 소돔을 멸망하러 가는 천사는 이 소식을 아브라함

* 『게자씨』 제5권 제1호(통권 53호)(1936.1), 21-24, 『게자씨 1936 (영인본)』, 29-32.

1 원문은 '창十八, 十九'이다. 이것은 창세기 18장과 19장이다.

2 롬 6:23, "죄의 삯은 사망이요 하나님의 은사는 그리스도 예수 우리 주 안에 있는 영생이니라" (개역 개정).

에게 전하였다. 이런 소식을 들은 아브라함은 그 성에 수많은 사람이 처참히 죽을 것을 생각할 때 견딜 수가 없는지라 하나님 앞에 나아가 조르기 시작하였다. 아브라함은 의인이라 마음을 적고 적게 또 적게 줄여서 나아갔다. 소돔 성민(城民)이 아무리 악할지로되 그 많은 사람 중 적어도 하나님의 율례[3]와 법도를 지키는 사람이 아무래도 몇 분의 일[4]이야 있을 것을 확신하였다. 그런고로 줄이고 줄이어, 또 줄여서 나아가 말하기를 의인과 악인(惡人)을 같이 멸하시려나이까? 만일 그 성에 의인 50명이 있으면 그들의 의로 잠깐 소동 성을 용서하실 수가 없습니까의 간원(懇願)이었다. 이 기도는 아브라함의 자신 있는[5] 기도이었다. (의인의 수에 대해서) 하나님이 허락만 하신다면 능히 이룰 수 있는 기도임을 확신하였다. 그러나 아브라함은 놀라지 않을 수 없었으리라. 하나님의 말씀은 거기 의인 50인이 없었다. 아브라함은 낙심하지 않을 수 없었다. 그러나 용기를 크게 내어 5인을 감하여서 나아갔다. 이것을 보아 얼마나 아브라함이 얼마의 의인이 있었으리라고 자신하였던 것을 알 수 있는 것이다. 그리하여 다시 40인, 30인, 20인, 최후[6]로 10인까지 가지고 나아갈 때 아브라함의 태도를 보라. 『가로대 주는 노하지 마옵소서. 내가 한 번만 다시 말하리이다. 10인이 있으면 어찌하려 하시나이까』(창 18:32)[7] 이 간절한 태도 또 그래도 열 사람의 의인이야 없겠는가? 확실이 믿었던 그 태도! 그러나 아브라함은 이제는 더 나아갈 용기가 도무지 더 있지 못하였다. 이제 다시 5인 더

3 원문의 '律禮'(율례)를 본문의 앞뒤 문맥을 살펴 '율례(律例)'로 수정하여 번역함.

4 원문은 '幾分之一'(기분지일)이다. 이것을 '몇 분의 일'로 번역하였다.

5 원문의 '自身있는'(자신 있는)을 본문의 앞뒤 문맥을 살펴 '자신(自信) 있는'으로 수정하여 번역함.

6 원문의 '最后'(최후)에서 '후(后)'는 '후(後)'의 약자(略字)로 쓰인다.

7 창 18:32, "아브라함이 또 이르되 주는 노하지 마옵소서 내가 이번만 더 아뢰리이다 거기서 십 명을 찾으시면 어찌하려 하시나이까 이르시되 내가 십 명으로 말미암아 멸하지 아니하리라" (개역 개정).

나아가 1인을 구할만한 용기-아니 용기보다 거기는 1인의 의인이 없었던 것이 확실하였다. 10인의 의로 용서하실 수 있는 그 하나님이 5인, 1인의 의인으로도 용서하실 수가 없으셨을까? 하나님의 지극한 사랑은 이에 미칠 수가 넉넉히 있었던 것이다. 그러나 거기는 1인의 의인이 없었으리라. 이만큼 죄악이 관영한 도시이었다.

일(一), 구원의 길!

하나님은 지극히 공의로우시매 죗(罪)값을 그대로 받으시려니와 사랑의 하나님이신지라 한 구원의 길을 여시었다. 당신의 사람, 당신의 친구되는 아브라함의 의를 생각하여 그 한 권속된 롯을 그대로 멸하실 수 없는지라 롯을 구원하여 내시려 사자(使者)를 보내었다. 롯은 곧 순종하여 구원함을 받았다. 롯도 물론 숙부 아브라함으로 더불어 같이 있었고 그에게 자랐으매 하나님의 공의를 모름이 아니었으니 그런 특은(特恩)이 내릴 때 믿을 수 있었던 것이다. 그러나 롯이 믿음이 있다는 것도 이는 아브라함의의 그것 때문이었다. 의인 아브라함으로 말미암아 구원의 길이 열리었다고 하여도 과언이 아니다.

일(一), 얼마나 큰 구원이었는가?

이 구원의 길은 얼마나 큰길이었든가? 보기에는 너무나 좁은 감을 느끼게 되는 것은 롯 가정뿐이었다. 또 결과로 보아 롯 가족도 다 구원 받지를 못하였으니 좁은 길이었다. 그러나 하나님은 넓게 열어 주었으니, 저들이 신앙만 하였던들 롯 가족만 아니라 그 성민(城民)의 대다수가 구원을 받았으리라고 확신한다. 어떻게 그렇게 될 수 있는가? 보라. 롯은 두 딸이 있어 그 약혼한 두 사위를 권하였다. 만일 장인(丈人)의 말을 그대로 믿었을진대 그 두 사위야 구원을 못 받을 것인가? 그뿐인가? 그 두 사위가 믿었을진대 그 두 가족이 얼마든지 다 구원받을 수 있지 않았겠는가? 그 두 가족이 다 구원 받는다면 그들 집에 관계된 친척 사둔 집 또 그런 모양으로 관계를 지으면 될만한 가능이 확실이 있었던 것이다. 그러나 저들은 불신하였다. 두 사위조차 불신하였다. 크게 여신 구원의 길을 사람이 좁게 나아간 것뿐이다.

일(一), 구원을 얻은 자는 오직 홀로 3인[8]

구원을 받을 만한 사람은 넓게 소돔 성민(城民)의 대다수요 적게 보아도 롯의 네 가족, 두 사위 6인은 으레 구원받을 수 있었으리라. 그러나 실상 그 몇 사람이었는가? 6인중에도 반수(半數)인 3인뿐이었다. 두 사위는 떠나지도 않았으니 말할 것도 없거니와 롯의 아내는 어쩐 일이었는가? 재리 욕심이 발작하여 하나님의 뜻을 의심하였기 때문이었다. 이제 숟가락 한 개도 못 들고나오는 그 여자의 마음, 쌀독에는 쌀이 가득하고 집안 의농(衣籠)[9]에는 옷이 가득하고 재미롭게 살던 모든 살림 기구를 가득히 그대로 놓고 나오는 그 심사 평안할 수가 없었다. 이런 욕심이 가득히 마음에 떠오를 때 의심이 떠올라 하나님의 명을 어기니 멸망을 홀연히 받은 것이다. 과연 애재(哀哉)![10] 불신자의 말로여! 의심하는 자의 종말이 이 같을진저!

8 원문은 '得救者惟獨三人'(득구자유독삼인)이다. 이것을 '구원을 얻은 자(者)는 오직 홀로 삼인(三人)'으로 풀어 번역함.

9 원문의 '衣籠'(의농)은 1. '의롱(衣籠)'의 비표준어 2. 의롱(衣籠)(옷을 넣어 두는 농) [Daum 어학사전].

10 원문의 '哀哉'(애재)는 '슬프도다'의 뜻.

일(一), 장망성(將亡城)[11]과 구원의 길

1. 무의차세(無義此世)[12]

성경에 가르치기를 『의인은 없나니 곧 한 사람도 없으며』(롬 3:10)[13] 하나님 앞에 참으로 옳은 자 자신(自信)[14] 있게 나는 의인이라고 그 밝은 빛 앞에 담대히 나설 자 그 누구 이 땅 위에 있겠는가? 참으로 의인은 한 사람도 없는 것이다. 문자 그대로 악한 세상이다. 소돔 성은 무슨 까닭으로 망하고 말았는가? 의인이 없기 때문이었다. 소돔 성을 멸하신 공의로우신 하나님은 오늘날도 계시다.

2. 구원주(救援主)

소돔 성의 은인이라고 할까? 소돔 성을 위하여 기도하고 애쓴 이는 하나님의 사람 아브라함 한 사람뿐이었다. 전(全) 성민(城民)의 백분지일(百分之一)[15] 기천분지일(幾千分之一)[16]이 될는지 모르거니와 롯의 세 식구는 아브라함의 덕으로 구원을 받은 것이라고 하여 과언이 아닐 것이다. 오늘날에 이 장망성(將亡城)! 한 사람의 의인도 없는 이 장망성(將亡城)의 구원주는 그 누구시었는가? 하나님의 아들 예수 그리스도 한 분이시다. 물론 아브라함이 소돔을 위하여 기도할 수 있었으나 다르게 할 아무것도 없었다. 그

---

11 원문의 '將亡城'(장망성)이란 '장차(將次) 망(亡)할 성(城)'이란 뜻이다.

12 원문의 '無義此世'(무의차세)는 '無義人於此世'(무의인어차세)라는 한문(漢文)으로 바꿀 수 있다. 그 뜻은 '이 세상(世上)에는 의인(義人)이 없다'라고 본다.

13 롬 3:10, "기록된 바 의인은 없나니 하나도 없으며" (개역 개정).

14 원문의 '自身'(자신)을 본문 문맥의 앞뒤를 살펴 '자신(自信)'으로 수정하여 번역함.

15 원문의 '百分之一'(백분지일)은 '백(百)의 하나'라는 뜻임.

16 원문의 '幾千分之一'(기천분지일)은 '몇 천(千)의 하나'라는 뜻임.

러나 참 사람이시요 참 하나님 되신 예수 그리스도께서는 참으로 죄인을 위하여 죽으시고 장사한 지 삼 일 만에 다시 살아나시어 하늘에 오르시사 아직까지 우리를 위하여 기도하신다. 한 사람이라도 회개하기를 원하시사 오래 참으시다가 장차 심판하러 오신다. 그리고 영원한 나라로 우리를 인도하시는 것이다.

3. 득구자(得求者)[17]

이 장망성(將亡城)에 구원의 문은 크게 열리어 있다. 『하나님이 세상을 이처럼 사랑하사 독생자를 주셨으니 누구든지 저를 믿으면 멸망하지 않고 영생을 얻으리라』(요 3:16)[18] 저는 믿는 자는 구원을 누구든지 얻을 것이다. 멸망 받는 소돔 성에서 구원받은 인간은 오직 아브라함의 가족된 롯의 가족에 한(限)하였다. 이 장망성에 있어서도 마찬가지로 예수 그리스도의 피로 말미암아 『하나님의 권속』(엡 2:19)[19]된 그들뿐이 구원함을 받을 것뿐이다. 그러하면 누가 그의 권속이 되는가? 죄인임을 자각하여 그의 피를 힘입어 통회함으로 주 예수를 바로 신앙하여 주 예수로 말미암아 신조(新造)함을 받은 그 사람이라야 하나님의 권속이 되는 것이다.

---

17 원문의 '得求者'(득구자)는 '구원(救援)을 얻은 자' 혹은 '구원(救援)을 얻는 자'로 해석할 수 있다.

18 요 3:16, "하나님이 세상을 이처럼 사랑하사 독생자를 주셨으니 이는 그를 믿는 자마다 멸망하지 않고 영생을 얻게 하려 하심이라" (개역 개정).

19 원문은 '엡二16'이다. 이것은 에베소서 2장 16절이다. 그러나 인용한 성경구절은 에베소서 2장 19절이다. 따라서 에베소서 2장 19절로 수정하여 번역함. 엡 2:19, "그러므로 이제부터 너희는 외인도 아니요 나그네도 아니요 오직 성도들과 동일한 시민이요 하나님의 권속이라" (개역 개정).

4. 구원받을 사람들

소돔 성에 구원 받을 사람들은 얼마나[20] 되었던고? 롯의 가족을 위시하여 그 두 사위 또 그들의 집안 또 저들의 친족 – 또 저들의 친족 – 이렇게 많은 사람이 구원받을 가능이 넉넉히 있었다. 이제 하나님은 이 장망성(將亡城)에서 얼마나 많은 사람을 구하려 하시는가? 요한복음 3장 16절에 가르친 대로 『누구든지 저를 믿는 사람』 전부로다. 다른대 국한(局限)된 것이 아니라 믿는 사람 전부로 국한한 것뿐이다. 백인이나 황인이나 흑인이나 누구든지 하나님의 형상으로 지음을 입은 사람으로 죄인된 자들은 구원받을 수 있는 큰 은혜이다.

5. 참으로 구원받을 자

소돔 거민 다대수(多大數)가 구원함을 받을 가능이 있었으나 롯의 네 식구만이니 그 중에도 롯의 아내는 참멸(慘滅)[21]을 당하고 마니 세 식구뿐이었다. 하나님의 은혜는 크건만 그 은혜를 바로 받는 자 적으니 통탄할 일이다. 이 땅–이 장망성(將亡城)에서 참으로 구원받을 자는 그 몇 사람이나 되는가? 이제 소돔에 머물러 있는 그 다대수(多大數)의 거민들을 그만두고 장인(丈人)의 말을 듣지 않고 믿지 않은 두 사위도 그만두고 그래도 하나님의 은혜를 순종하여 떠난 4인 중에도 롯의 아내가 멸망을 당하였다는 사실은 참으로 얼마나 놀라지 않을 수 없는 일이다. 오늘날 예수의 이름을 받지 않는 사람이야 논할 것도 없고 십자가의 은혜 아래 그래도 모여서 천당을 향하여 나가는 자! 그 수가 천(千)이요 백(百)이요 만(萬)으로, 억(億)으로 있지 않은가? 심사(深思)할진저! 그들 중에는 롯의 아내 될 사람이

---

20 원문의 '幾何'(기하)를 '얼마'로 번역함.

21 원문의 '慘滅'(참멸)은 '비참(悲慘)한 멸망(滅亡)'의 뜻으로 쓰임.

없는가? 끝까지 순종(順從)하여 나가는 그들만이 오로지 구원함을 받는 것이다.

구별된 생활

많은 사람 가운데 아브라함을 구별하여 택하시고 또 이삭을 구별하시고 야곱을 구별하시어 택민(擇民)의 조상으로 택하여 애굽 나라에 보내시사 저들로 구별된 생활을 하게 하시며 또 저들을 구별하시어 법로(法老)[1] 바로의 손에 건지사 구별하시어 저들을 인도해 내시고 당신의 종 모세를 통하여 택민(擇民)의 구별된 생활할 것을 때로 광야에서 시내산[2]에서 교시(教示)하시었다. 토막토막 교시(教示)하신 여호와의 교훈을 다시금 한 번 연속적으로 보이시니 이곳 신명기 책에 쓰여있는 성훈(聖訓)이니 신명기(申命記)란 한자(漢字)의 뜻도 신명(申命)이라 거듭 명(命)한 기록이란 뜻이 있거니와 원어(原語)에 의하여 '뚜르라노미'는 곧 다시 교시(教示)한 말씀이라는 뜻이 있다고 한다. 이렇듯 광야에서 토막토막 교훈하신 성훈(聖訓)을 가다듬어 구별하신 택민에게 가르치신 이 책은 또[3] 중귀(重貴)함[4]을 더욱 느낀다. 이 신명기 전편(全篇)의 대지(大旨)도 『성(聖)』 곧 『거룩』 한 자(字)로 표(表)하게 된다. 구별하여 택한 선민(選民)에게 『나 여호와는 거룩하니 너희도 거룩하라』 이것이 본서(本書)의 요지(要旨)인 것이다. 그러면 거룩이란 어떤

---

* 『게자씨』 제5권 제2호(통권 54호)(1936.2), 13-15, 『게자씨 1936 (영인본)』, 57-59.

1 원문의 '法老'(법로)는 '바로, 파라오(Pharaoh)'를 한자식으로 쓴 글자이다[上海大美國聖經會, 『新舊約聖經』(1912), 聯合聖經公會, 『聖經』(1961)].

2 원문은 '西乃山'(서내산)이다. '서내산(西乃山)'은 시내산'을 그 음(音)을 따라 만든 한자어(漢字語), 곧 음역어(音譯語)이다.

3 원문의 '且'(차)를 '또'로 번역함.

4 원문의 '重貴'(중귀)는 '소중(所重)하고 귀(貴)하다'는 뜻임.

의미가 있는가? 이 『거룩』이란 말이 벌써 구별한다는 뜻이 있다는 것이다. 구별하여 택한 백성에게 거룩의 삶을 가르치는 그 『거룩』이 구별하여 살라는 말이라는 것이다. 그리하여 모든 그 율례와 법도(法度)는 곧 구별하여 삶에 합당한 법도인 것이다. 다른 사신(邪神)과 구별할 수밖에 없는 절대의 신(神)의 구별하여 택한 백성은 마땅히 구별된 생활을 할 것이다. 그러므로 신명기 전편(全篇) 중에 『거룩』 자(字)가 많이 있는 것이다. 그리하여 이스라엘 백성이 출애굽[出埃及] 이래 저들이 복지에 들어와서 참으로 여호와의 명을 그대로 지켜 구별된 생활 곧 거룩한 생활을 지속할 때는 약소민족인 저들이지만 가히 두려울 것이 도무지 있지 아니하였으나 구별되게 살지 못하고 속되게 살 때는 아무리 저들 자신이 강한 것 같았으나 열국(列國)의 업신여김과 어려움을 당하여 오늘날까지 믿은 것이 다 가나안 복지를 허락하신 주 여호와의 말씀은 이것이었다. 『후일에 너희 아들이 너희에게 묻기를 우리 하나님 여호와의 명하신 법도와 율례와 규례가 무슨 뜻이뇨 하거든 너는 네 아들에게 이르기를 우리가 옛날에 애굽에 있어 바로의 종이 되었더니 여호와 강하신 손으로 우리를 인도하여 애굽에서 나오게 하신 지라. 여호와 곧 우리 눈앞에서 크고 무서운 이적과 기사를 애굽과 바로와 그 온 궁에 베푸사 우리를 거기서 인도하여 내사 우리 열조(烈祖)[5]에게 맹세하신 땅을 우리에게 주시려고 우리를 명하여 이 모든 율례를 지키게 하시며 우리 하나님 여호와를 경외하여 복을 얻게 하시고 금일(今日)과 같이 우리를 생존케 하심이다. 우리가 만일 그 명하신 대로 이 모든 계명을 우리의 하나님 여호와 앞에서 행하면 이가 우리의 의로움이 되리라』(신 6:20-25)[6] 저 백성들의 역사(歷史)는 이 성구를 그대로 설명하고 있

5 원문의 '列祖'(열조)를 본문의 앞뒤 문맥을 살펴 '열조(烈祖)'로 수정하여 번역함.

6 신 6:20-25, "후일에 네 아들이 네게 묻기를 우리 하나님 여호와께서 명령하신 증거와 규례와 법도가 무슨 뜻이냐 하거든 너는 네 아들에게 이르기를 우리가 옛적에 애굽에서 바로의 종이 되었더니 여호와께서 권능의 손으로 우리를 애굽에서 인도하여 내셨나니 곧 여호와께서 우리의 목전

는 것이 아닌가? 옛 이스라엘 백성의 출애굽[出埃及]과 복지에 허입(許入)하심은 오늘날 이 죄악세상[7]에서 죄인을 구별하여 내어 성도로 삼아 천국에 들어가게 하시는 충분한 그림자[8]가 되는 것은 벌써 잘 알고 있는 진리이다. 그리하여 우리[9] 신도들도 구별하여 택하신 고로 성(聖) 곧 『거룩』 두 글자[10]가 많이 우리에게 따르니 우리가 보는 성경 곧 거룩한 글, 하나님 말씀과 우리가 역사(役事)하는 일도 성역(聖役) 곧 하나님의 일이고 우리가 가지고 있는 성전(聖殿) 곧 하나님의 집(고전 3:17),[11] 우리들의 모임을 가리켜 성회(聖會) 곧 하나님이 같이하시는 회합이라. 우리들이 예식 중에 성례(聖禮)라. 그 타(他)에 성(聖) 자(字)를 많이 가(加)하고 우리 자신을 가리켜 성도 곧 구별하여 부르심을 받은 하나님의 자녀라는 말이니 이렇듯 우리가 가지고 있는 모든 성자(聖字)는 다 구별하여지는 것을 가르침이다. 옛날 이스라엘 선민(選民) 성민(聖民)에게 훈시(訓示)하신 그 말씀은 오늘날 우리에게도 얼마나 적절하고도 남음이 있는 것이다. 이제 우리는 전감(前鑑)이 되어있는 이스라엘 백성의 역사를 앞에 두고 우리 생활의 구별된 여부를 일차 검토해 보라! 우리는 구별된 생활 곧 거룩한 생활을 하는 자들인가? 신자는 성도임을 알지니 얼마나 구별된 생활을 하고 있는가? 일만인

에서 크고 두려운 이적과 기사를 애굽과 바로와 그의 온 집에 베푸시고 우리 조상들에게 맹세하신 땅을 우리에게 주어 들어가게 하시려고 우리를 거기서 인도하여 내시고 여호와께서 우리에게 이 모든 규례를 지키라 명령하셨으니 이는 우리가 우리 하나님 여호와를 경외하여 항상 복을 누리게 하기 위하심이며 또 여호와께서 우리를 오늘과 같이 살게 하려 하심이라 우리가 그 명령하신 대로 이 모든 명령을 우리 하나님 여호와 앞에서 삼가 지키면 그것이 곧 우리의 의로움이니라 할지니라" (개역 개정).

7 원문은 '罪惡世'(죄악세)이다. 이것을 본문의 앞뒤 문맥을 살펴 '죄악세상(罪惡世上)'으로 번역함.

8 원문은 '影子'(영자)이다. '영자(影子)'는 '그림자'를 이르는 한자어(漢字語)이다.

9 원문의 '吾等'(오등)을 '우리'로 번역함.

10 원문은 '二字'(이자)이다. 이것을 '두 글자'로 번역함.

11 고전 3:17, "누구든지 하나님의 성전을 더럽히면 하나님이 그 사람을 멸하시리라 하나님의 성전은 거룩하니 너희도 그러하니라" (개역 개정).

을 한데 모아놓고 보면 똑같은 사람은 한 사람도 없어 일개성(一個性)을 따라 다른 생활이 표현이 있는 것이니 그런 개개인의 구별된 생활을 의미하지 아니하고 세속에서 세인(世人)의 생활과 구별된 생활을 반드시 하여야 하는 것이다. 성도(聖徒) 개체(個体)[12]가 완전히 구별된 생활을 할 수 있으므로 그 개체가 모인 단체가 곧 성회(聖會)가 되며 그 하는 일 어느 것이든지 구별된 성스러운 일을 할 수 있을 것이다. 거룩하신 하나님 앞에 거룩히 구별된 생활이 오인(吾人)[13]에게 없을진대 이는 하나님의 자녀가 되지 못하는 것밖에 없다.

오늘날 교회가 속화(俗化)하여 가느니 교인이 속화(俗化)하여 가느니 말이 많이 있다. 어떤 방면으로 일컫는지 모르거니와 구별된 생활이 없는 성도가 많으면 속화(俗化)는 자연히 되는 것이다. 이 구별된다는 말은 누구보다 좀 나은 사람 도덕을 지키는 사람 그런 의미는 전혀 아니다. 『나 여호와 너희 하나님은 거룩하니 너희도 거룩하라』 거기서 기인하는 거룩이니 참으로 구별된 것을 가리키는 의미 깊은 말씀이다. 같은 공기를 호흡하여 같은 처지에서 먹고 마시며 어찌 별다른 생활을 할 수 있을 것인가? 그러나 성도일진대 구별된 생활이 있어야 하는 것이다. 성부(聖父)께서는 이 구별된 생활을 우리에게 요구하시는 것이다. 아니 이것을 명하신 것이다. 그리하면 어느 방면으로 특별히 구별된 생활을 할 것인가?

일(一), 사상으로

사상(思想)으로서 구별된 사상을 소유할 것이다. 아니 소유해지지 아

12 원문의 '個体'(개체)의 '체(体)'는 '체(體)'의 약자(略字)이다. 따라서 '개체(個体)'는 '개체(個體)'와 동자(同字)이다.

13 원문의 '吾人'(오인)은 '1. 나, 2. 우리'의 뜻이다.

니하지 못한다. 성도의 사상이 어찌 차세(此世)에 소망 있는 죄인들의 사상과 같을 것인가? 한 줌 흙 보탬밖에 더 될 것을 알지 못하는 그들의 사상과 같을 리가 도무지 만무(萬無)한 것이다. 육안(肉眼)만으로 현세만을 들여다보는 저들과 같을 수가 없는 것이다. 우리의 사상은 여기 있지 않고 하나님 계신 구별된 세상 거기 있는 것이다. 육(肉)이 여기 있으나 이상(理想)이 거기 있는 우리 사상은 세인(世人)과 구별되지 않을 수 없는 것이다. 사람에게 사망은 제일 큰일이니 이 죽음에 있어 세인은 사망한 시체를 들여다보고 슬퍼하나 우리[14] 성도는 하나님 품에 안락을 누리는 저 영(靈)을 쳐다보며 눈물이 거두어지는 것이다. 세인은 세상의 고(苦)와 환난 질고에 아무 소망이 없으니 울 수밖에 없으나 낙원이 밝은 아침에 우리의 소유가 됨에 견디고 참을 수 있는 것이다. 그 밖으로도 얼마나 구별된 사상이 있어야 하겠음에 불구하고 세인의 사상에서 더 나아가지 못하다고 하는 것보다 세인과 같이 사상하고 있는 그 이유는 어디[15]에 있는[16] 것인가? 구별되지 못하기 때문이다. 하나님의 자녀된 성도들이여! 범사에 구별된 사상을 소유하였는가?

일(一), 구별된 실생활

성도의 실생활이 또한 구별된 생활이 되어야 하는 것이다. 쌀에서 좀 나은 쌀알 고르는 것이 아니라. 쌀에서 콩알을 고르듯 성도는 어떤 방면에서든지 뚜렷이 나타나는 바 있지 않아서는 결단코 안 될 것이다. 말에 행실에 다 그럴 것이다. 저 이스라엘 백성에게는 먹는 것도 다 구별하여 주

14 원문의 '吾'(오)를 '우리'로 번역함.

15 원문의 '何'(하)를 '어디'로 번역함.

16 원문의 '在'(재)를 '있는'으로 번역함.

신 것이다.

총(總)이 우리는 구별된 생활을 할 것이니 우리[17] 성도의 직(職)을 가진 자 자들은 구별된 사람으로 특별히 택하신 사람이라는 것을 불망(不忘)하여 범사에 구별된 생활함으로써 하나님의 율례와 법도와 규례를 다 준행하는 것이 되는 것이다.

17 원문의 '吾等'(오등)를 '우리'로 번역함.

사명 가운데

요한 웨슬레는『사람은 그 사명(使命)을 다하기까지 죽지 않는다』고 말하였다. 이 얼마나 사명감을 깊이 느낀 말인가? 과연 그렇다. 진정한 자기의 사명을 감하여 나가면 누구든지 이러한 힘 있는 신념을 가질 것이다. 내가 하나님으로부터 받은 사명 가운데만 자신(自信)[1]있게 산다고 할 때 나는 하나님과 사람 앞에 가장 아름다운 생활을 하는 것이 된다. 하나님 앞에 또 사람 앞에 가장 지선지미(至善至美)하게 살 수 있는 그것은 곧 하나님의 사명 가운데 사는 그것이다.

신자는 누구나 다 각각 받은 사명이 있다. 하나님께서는 우리를 공연히 이 세상에 보내신 것이 아니다. 어떠한 일 가운데서도 당신께서 우리들께 맡긴 그 일을 하시게 하려는 것이다. 보편적으로 우리에게 맡기신 그 일이 무엇인가? 이는 곧 복음을 증거하는 그 일이나 천국사업에 일부분을 우리 믿는 사람에게 맡기신 것이다. 우리는 믿음으로 천국 백성만이 되는 것이 아니라 더 나아가 천국의 일군이 되는 이 중한 그 귀한 사명을 가진 것이다. 이 일은 예수께서 최후까지 우리들께 부탁하고 가신 말씀이요 또 보내신 신(神) 곧 보혜사 성신(聖神)이 항상 격려하시는 일이다. 보통으로 신자들이 생각하기는 목사나 그 타(他) 교직자(敎職者)들만이 신(神)의 사명이요 자기들은 그렇지 않은 것과 같이 흔히 생각하나 이것은 큰 오해 가운데 하나이다. 그 하는 일과 관계가 있는 것이 아니라 어느 일을 하든지

---

* 『게자씨』 제5권 제2호(통권 54호)(1936. 2), 16-17, 『게자씨 1936 (영인본)』, 60-61.

1 원문의 '自身'(자신)을 본문의 앞뒤 문맥을 살펴 '자신(自信)'으로 수정하여 번역함.

그 일로써 내 사명을 나타내는 것이 되어야 하겠다. 신자는 이것을 물망(勿忘)[2]할 것이다. 내가 그 어떤 내 육적 사업을 위하여 내가 있다고 생각할 것이 아니라 그 사업은 신의 사명을 다하는 한 방편만으로 당연히 생각할 것이다. 이런 생활이 나에게 있을 때 나는 든든히 내 사명을 다할 수 있게 되는 것이다. 하나님은 우리에게 분업적(分業的)으로 일을 맡기신 것이다. 바울 같은 특수한 인물은 말할 것도 없거니와 우리는 이 방면에서 일하면 이 방면 사람들에게 저기서 일하면 저 방면에 있는 사람에게 각각 나눠서 내 있는 처지 형편에서 내 사명을 다하게 하시는 것이다. 그런고로 어떤 처지에서 어떤 일을 하든지 신의 사명 중에만 살 것이다. 여기서 최대 만족을 얻을 수 있는 것이다. 이렇게 살 수 있을 때 일의 귀천이나 기타 어떠한 아무 조건이든지 문제가 없을 것이다. 그 일을 위하여 있는 것이 아니요. 하나님의 사명을 나는 이런 자리에서 나타낸다고 할 때 어떤 곳에서든지 천국사업에 일부를 맡은 나는 감사하고 고마울 것밖에 아무것도 없을 것이다. 그리하여 그 일에 충성하며, 있는 힘을 다할 수 있는 아름다운 생활을 할 수 있는 것이다. 이러한 생활을 할 수 있는 나는 내 받은 사명을 다하기까지는 하나님께서 지키시며 보호하시는 것이다. 보라. 베드로 같은 이는 옥중에 깊이 가두었으나(행 11장) 저의 사명이 앞에 남아 있음에 하나님께서 저를 끌어내어 그 사명을 끝까지 하시게 하신 것이다. 그러면 어찌하여 사명에 충(忠)하고 있는 스데반 같은 종은 원수에게 내어 맡기셨느냐? 다른 것이 아니다. 스데반은 죽음이 그 사명이었다. 죽음으로 더욱 사는 것보다 그 사명을 다할 수 있으며 허락하신 것이다. 이런 의미에서 핍박이나 환난이 올 때 두렵고 괴롭게 생각할 것이 아니라 내가 지금 사명 가운데 살고 있는지 이것을 반성할 것뿐이다. 진정한 사명 가운데 사는 사람은 사(死) 그것이 아무 문제될 것이 없다. 아버지께서 내게 맡기신 그 사

2 원문의 '勿忘'(물망)은 '잊지 말라'는 뜻임.

명을 다하기 위해서는 나를 어떤 음(陰)한 자리에서라도 보호하시어 주실 것이요 또 죽음으로 내 사명에만 살아 아무 염려 근심할 무엇이 없다.

우리가 어찌하여 무엇을 염려하며 근심 걱정하게 되는가? 사명에만 살지 않는 까닭[3]이며 또는 내 힘으로 무엇을 하여보려는 방자(放恣)한 태도의 하나이다. 전능하신 신(神) 곧 우리 아버지가 계시니 그 전지전능하심으로 어느 일에 합당하시지 못하게 하실 것이 있을 것인가? 만사(萬事)가 합동하여 유익 되게 하실 수 있는 신께서 어느 일에 있어 그릇되게 하실 것인가? 우리들[4]의 실수로서도 오히려 유익하게 하실 수 있는 신(神)이시거늘! 그런고로 우리는 이 일이 과연 잘될 것인가? 못될 것인가? 이런 의심과 불만과 불평 이런 중에 살아 염려, 근심, 걱정할 것이 도무지 아니다. 내가 내 사명만을 다하였음에 지금 또한 내 사명 중에 살고 있는가? 이것만을 반성함에 반드시 있는 것이다. 일이 잘 되고 못 되는 것은 결단코 사람으로서 알 수 없는 일이니 내 사명을 다하고 내가 사명 가운데서 떠나지 아니하는 한 하나님께서는 유익하게 처리하시는 것이다.

이렇게 하는 것은 너무 기계적이요 종속적, 예속적일 것이라 할 것이나 무지(無知)한 사람으로 전능한 하나님의 기계(機械)가 되어 이 이상의 원이 없을 것이요 또 아버지의 사명에 순종하여 사는 자에게 그런 세상의 어떤 술어(述語)로써 표현할 수도 없는 것이다.

그런고로 우리 신자들은 언제나 어느 곳에서나 이 사명 가운데 살 것뿐이다. 또한 어떤 일을 만나서나 두려워하거나 다른데 불평이나 원망을 돌릴 것이 도무지 아니다. 내가 사명 중에 살았으며 아직 사명 중에 있는가의 반성에서 해결을 얻을 수 있는 것이다. 여하한 난관 두려움 나아가 사(死)가 나를 습격하여도 사명 가운데 죽으라. 그리스도의 십자가를 참으

---

3 원문의 '故'(고)를 '까닭'이라고 번역함.

4 원문의 '吾等'(오등)을 '우리들'이라고 번역함.

로 지는 것으로 지상(至上)의 사명을 달(達)함이 아니냐? 우리[5] 신자는 범사에 이런 단순한 사명 가운데 살 것뿐이다.

5 원문의 '吾等'(오등)을 '우리'로 번역함.

만사(萬射)[1]를 오직 한 곳에

유 1:3[2]

누구든지 참으로 회개하고 예수를 믿어 거듭난 생활을 하는 그때부터는 만주(萬主)의 주되신 그리스도를 대장(大將)으로 한 십자군(十字軍)에 가담한 1인이다. 영적(靈的)으로 말고 세상에서도 이미 군사(軍士)되어 나선 사람은 벌써 그 몸은 자기의 것이 아니라고 인식하기 전에 그 책임을 감당(堪當)[3]치 못하는 것이다. 자기에게도 상당한 군략(軍略)이 있고 계획이 있으나 전지(戰地)에 나간 전사(戰士)는 그것을 쓸 것이 아니다. 이렇게 하여 자기 개인으로는 이렇게 함이 꼭 승전할 수 있고 대장의 명령이 부족한 줄 확지(確知)하나 한 번 대장이 명함에 실패하여도 그대로 순복할 수밖에 없음이 군법(軍法)이다. 자기가 순전히 없어져야 하는 것이다. 이 말은 지나친 말이 아니라 병사는 죽은 것이 반드시 실패가 아니다. 죽음으로 전승할 수 있는 것이다. 세상 국가의 병사가 그렇거든 더 십자군이야 말할 것이 있으랴? 충성한 병사된 바울이 말하기를 『무릇 병(兵)으로 종사하는 자는 사사(私事)로 자기를 매지 아니하나니 이는 자기를 병(兵)으로 택한 자를 기

---

* 『게자씨』 제5권 제3호(통권 55호)(1936.3), 19-21, 『게자씨 1936 (영인본)』, 95-97.

1 원문은 '萬射를 오직 한 곧에'이다. 이를 현대어로 바꾸면 '만사(萬射)를 오직 한 곳에'이다. 여기에 쓰인 '만사(萬射)'는 '활을 쏠 때 모든 화살이나 활시위 또는 그 재주나 기술'이라는 뜻으로 저자(著者)가 만든 한자어(漢字語)라고 여겨진다.

2 유 1:3, "사랑하는 자들아 우리가 일반으로 받은 구원에 관하여 내가 너희에게 편지하려는 생각이 간절하던 차에 성도에게 단번에 주신 믿음의 도를 위하여 힘써 싸우라는 편지로 너희를 권하여야 할 필요를 느꼈노니" (개역 개정).

3 원문의 '敢當'(감당)을 본문의 앞뒤 문맥을 살펴 '감당(堪當)'으로 수정하여 번역함.

쁘게 하려 함이오』(딤후 2:4)[4]

일(一), 믿는 사람은 누구나 전지(戰地)에 나선 십자군 됨을 불망(不忘)하라!

『하나님의 전신갑주를 입고 능히 서서 마귀의 궤계를 대적하라』(엡 6:11)[5] 이 말씀이 신자에게 십자군의 책임이 있음을 분명히 가르치신 말씀이다. 그런고로 누구나 믿는 사람으로서 병사가 되었은즉 사사로이 자기를 매지 못하는 것이다(딤후 2:4). 그렇다고 하여 신자가 직접 모든 육신의 업(業)을 버리고 전도직이나 교직에 나서야 한다고 하는 말은 결코 아닌 것을 누구나 다 잘 알 것이다. 특별한 소명을 받아서 하던 모든 일을 집어치우고 나서는 사람도 있기는 있거니와 다 그렇게 할 것이 아니라. 그 어느 일을 하고 있든지 그는 그 십자군의 책임을 다할 수 있는 것이다. 공중에 권세 잡은 원수 사탄은 장사하는 사람이라고, 농사하는 사람이라고, 공업 하는 사람이라고 그 어떤 일에 당하고 있든지 직접 전도직에 나서지 않았다고 그냥 버려두지 않는 것이다. 무릇 어떠한 형편에 처하여 있던지 원수 사탄은 화살을 겨누고 있다. 신앙에 한 계급(階級)을 나가면 올라갈수록 더욱더 힘 있게 겨누는 것이다. 그런고로 깨어 믿는데 장부(丈夫)가 되며 만사(萬射)를 사탄에게 겨누고 사탄을 격파할 것이다. 위에는 만능의 능력자 되신 그리스도 대장이 되시어 우리를 지도하신다. 그 지도하심에 절대 순복하여 나감에 필연코 승리할 것이다.

신자는 이를 망각하여 아니 될 것이다. 언제나 십자군 됨을! 내가 상인

4 딤후 2:4, "병사로 복무하는 자는 자기 생활에 얽매이는 자가 하나도 없나니 이는 병사로 모집한 자를 기쁘게 하려 함이라" (개역 개정).

5 엡 6:11, "마귀의 간계를 능히 대적하기 위하여 하나님의 전신 갑주를 입으라" (개역 개정).

이어도, 공인(工人)이어도, 농부이어도 십자군이다. 나를 내 있는 이 목[6]에다 마귀를 막으라고 또 물리치라고 두신 것뿐이다. 나는 상인이거니, 공인이거니 이렇게 생각할 수가 도무지 없는 것이다. 신자 곧 십자군의 총(總) 목적은 마귀와 싸우는 거기 있는 것이다. 그런 의미에서 장사도, 농사도 마귀와 싸우는 데 필히 장해가 되거나 하면 그만둘 것이다. 내가 내 맡은 업(業)에 하나님께서 두신 것은 그 방면에서 내가 최선으로 마귀와 싸울 수 있음으로써이다. 그런고로 범사에 십자군의 책임을 다하기를 노력할 뿐이다.

일(一), 십자군에게 주는 격려!

신약 27권 중 유다서는 25절밖에 안 되는 한 짧은 책(冊)으로 있지마는 이 짧은 25절 중에는 방금 출전하러 가는 성군(聖軍)-십자군을 향하여 대장이 병사들에게 아니 대원수(大元首) 폐하가 병사들에게 격려하는 것과 같은 큰 격려문이다. 격려문은 길게 지루하게 할 것이 아니다. 짧고 간이(簡易)하게 격려하는 것이다. 유다는 빈부귀천을 물론하고 그리스도를 신앙하여 꼭 같이 얻은 구원을 논하는 글을 쓰려하다가 부득이하여서 할 수 없어서 성도에게 한 번만 주고 가신 도리 곧 『힘써 싸우라』는 편지를 쓴다고 하였다. 이는 과연 십자군에게 보내는 큰 격려문이다. 이제 그리스도를 신앙함에 구원문제는 신앙하는 신자로서 논할 것이 없다. 이유는 우리는 이미 신앙하는 자이니, 신앙할 뿐이요 구원하시고 안 하시는 것은 아버지의 하시는 것이기 때문이다. 이 유다는 이런 글을 쓰려하다가 붓끝을 부득이 돌리어서 말하기를, 이 『한 번만 주신 도리』라 하였으니 곧 주 예수께서 신자로서라 오직 한 방면에만 힘쓸 것을 승천하시기 전까지 가르치시

6 원문의 '목'은 '시가지에서 사람들이 지나가는 길목'을 말한다. 그러니 원문의 '이목에다'는 '이 길목에다' 혹은 '이곳에다'라고 해석할 수 있다.

고 올라가셨는바 이는 완전하여 가감(加減)이 불필요하고 이론을 요(要)하지 않는 것이다. 그 가르친 대로 할 것뿐이니 즉 힘써 싸우라는 것이다.

마 16:24,[7] 10:28,[8] 28:19[9]에 나타난 모든 말씀은 다 이 뜻을 가르치는 것이다. 그리스도 모든 사람이 악마에게 포로 된 것을 속량하시기 위하여 높은 보좌도 버리시고 사람의 몸을 입으시사 천지(賤地)에 오시어 최후에 십자가로 막혔던 담을 터치고 구속 대사업을 성취하신 후 십자군의 대장이 몸소 되시어서 세상 끝 날까지 우리와 같이 하시며(마태 28:20)[10] 성도에게 힘써 싸우라고 부탁하시었으며 또 하시나니 성도된 자로써 십자가를 지고 주를 따라가서 싸울 일밖에 또 다른 할 것이 무엇이랴? 이 한 가지를 완전히 하여 바울과 같이 자신(自信)[11]있게 『선(善)한 싸움을 다 싸우』(딤후 4:7)[12]는 자 되었다고 함에 만족할 것이다. 전지(戰地)를 향하는, 아니 전지(戰地)에 나선 병사들에게 여러 설명이 불필요하다. 『힘써 싸우라』한 마태는 만족한 것이다. 『힘써 싸우라』 이 격려를 다 같이 받자!

일(一), 만사(萬射)를 오직 한 곳에

전지(戰地)에 이미 나아간 그 병사의 화살을 어느 곳을 향할 것인가 물

---

7 마 16:24, "이에 예수께서 제자들에게 이르시되 누구든지 나를 따라오려거든 자기를 부인하고 자기 십자가를 지고 나를 따를 것이니라" (개역 개정).

8 마 10:28, "몸은 죽여도 영혼은 능히 죽이지 못하는 자들을 두려워하지 말고 오직 몸과 영혼을 능히 지옥에 멸하실 수 있는 이를 두려워하라" (개역 개정).

9 마 28:19, "그러므로 너희는 가서 모든 민족을 제자로 삼아 아버지와 아들과 성령의 이름으로 세례를 베풀고" (개역 개정).

10 원문은 '마태[이십]八19'이다. 그러나 세상 끝 날까지 함께하신다는 약속은 20절이다. 마 28:20, "내가 너희에게 분부한 모든 것을 가르쳐 지키게 하라 볼지어다 내가 세상 끝날까지 너희와 항상 함께 있으리라 하시니라" (개역 개정).

11 원문은 '自身'(자신)이다. 이것을 본문의 앞뒤 문맥을 살펴 '자신(自信)'으로 수정하여 번역함.

12 딤후 4:7, "나는 선한 싸움을 싸우고 나의 달려갈 길을 마치고 믿음을 지켰으니" (개역 개정).

을 것이 없고 대답할 것이 있지 않다. 원수, 원수를 향하여 백사(百射), 만사(萬射)를 겨눌 것이다. 오늘날 교회는 어찌하여 주께서 세우셨으며 또 보호하시며 지키시는가? 이미 주께서 선전포고하시고 원수를 격파(擊破)[13]하라는 거기 있는 것이다. 십자군 된 우리[14] 신도는 이 한 일을 선히 하여 또 충성이 감당(堪當)[15]하여 만사가 해결되고 마는 것이다. 교회발전을 염려하는가? 교회속화(敎會俗化)를 걱정하는가? 싸울 것뿐이다. 선전(善戰)에 이는 다 해결되는 것이다. 군법시행에 하등의 이론이 필요치 않다. 아니 없다. 천국건설에 출마한 십자군 오직 공중에 권세 잡은 자(엡 2:2)[16]를 향하여 만사(萬射)를 겨누라. 만사(萬射)를 쏴라! 여기서 교회발전도, 교회성화도 되는 것이다. 사탄이 교회 염에[17] 얼른 하지 못하매 그 교회가 성화되지 않고 어떻게 되랴? 모든 교권자(敎權者) 및[18] 신도가 선한 싸움 잘 싸우는 데는 이단문제가 교회를 어지러이 하여 설 수 있을 것인가?

『만사(萬射)를 오직 한 곳에』! 오늘날 우리는 사명을 다하고 있는가? 어느 편이 옳고 그를 것을 논할 것 없거니와 제만큼 그리스도 축복, 하나님의 축복을 부르짖으면서 문자 그대로 원수 시(視)함은 이 무슨 일이오!![19] 오, 가탄지사(可嘆之事)[20]이다. 십자군이 미워할 것은 저 원수 사탄뿐이다. 동료병사 중 부족한 것이 있다고 하자. 이것 때문에 서로 싸우고만 있으

---

13 원문은 '激破'(격파)이다. 이것을 본문의 앞뒤 문맥을 살펴 '격파(擊破)'로 수정하여 번역함.

14 원문은 '吾等'(오등)이다. 이것을 '우리'로 번역함.

15 원문은 '敢當'(감당)이다. 이것을 본문의 앞뒤 문맥을 살펴 '감당(堪當)'으로 수정하여 번역함.

16 엡 2:2, "그 때에 너희는 그 가운데서 행하여 이 세상 풍조를 따르고 공중의 권세 잡은 자를 따랐으니 곧 지금 불순종의 아들들 가운데서 역사하는 영이라" (개역 개정).

17 원문의 '염에'는 그 뜻이 분명하지 않다. 아마도 '염(念)에'가 아닌가 싶다. 이런 '염에'라고 하면 그 뜻은 '생각에'라고 할 것이다.

18 원문은 '及'(급)이다. '급(及)'은 '및'이란 뜻의 접속 부사이다.

19 원문은 '何事오'(하사오)이다. 이것을 '무슨 일이오'라고 번역함.

20 원문의 '可嘆之事'(가탄지사)는 그 뜻이 '가히 탄식할 일'이다.

면 원수는 자고 있겠는가? 아니 원수가 하는 큰일이 곧 내적분리 그것인 것이다. 동료상쟁(同僚相爭) 상식(相食)하며 함은 벌써 원수의 승리에 돌아간 것이 아닌가? 대장 되신 주님은 이것을 원하시는가? 대장의 명(命)[21]을 순종하여 이리하는가? 무소부지(無所不知)[22]하시는 우리 대장은 누가 선전(善戰)하여 불충하며 원수의 손에 코를 꿰었는지를 잘 아시고 있다. 끝 날에 판단은 대장이 하실 일이다. 생각하지 말라!![23] 우리는 싸울 것뿐! 원수 사탄을 향하여 만사(萬射)를 한결같이 던질 것뿐이다. 서로 사소(些少)한[24] 의견이 불일(不一)[25]하여도 원수 격파(擊破)[26]를 위하여 잠깐 참으라. 원수는 틈타는 것이다. 동료가 부족하여도 잠깐 용서하라. 저가 돌이킬 것이다. 대장만을 바라보고 그 명령이 어디 있음을 이것만을 기다리라. 이렇게 동지(同志)를 모으고 저렇게 교제하여 인위적 세력으로 상대적 분리를 피하자. 이 사탄의 유혹이다. 대동단결하라! 십자가 깃발 아래! 그리고 『만사(萬射)를 오직 한 곳에』.

21 원문은 '名'(명)이다. 이것을 문장의 앞뒤 문맥을 살펴 '명(命)'으로 수정하여 번역함.

22 원문의 '無所不知'(무소부지)는 그 뜻이 '있지 아니한 곳이 없고 알지 못하는 것이 없다'이다.

23 원문은 '勿念'(물념)이다. 이런 한자어(漢字語)를 '생각하지 말라'로 해석(解釋)하여 번역함.

24 원문은 '紫少한'(자소한)이다. 이것을 문장의 앞뒤 문맥을 살펴 '사소(些少)한'으로 수정하여 번역함.

25 원문의 '不一'(불일)은 '하나가 아니어도'라는 뜻이다.

26 원문은 '激破'(격파)이다. 이것을 본문의 앞뒤 문맥을 살펴 '격파(擊破)'로 수정하여 번역함.

십자가에까지

일(一), 자기의 십자가

『예수께서 자기의 십자가를 지시고』(요 19:17)[1] 그는 무슨 죄가 있어 그런 극형인 십자가를 지시었는가? 또 그는 어찌하여 자기의 십자가를 지시었다고 하시었는가? 그는 무엇 때문에 자기의 소유한 십자가가 있었는가? 인류의 마땅히 질 십자가란 무슨 말씀이냐? 이 자기의 십자가라는 말은 깊이 생각할 만한 뜻이 있는 것이다. 주 예수께서 자기의 십자가를 지시었는데 죄인된 우리는[2] 누구의 십자가를 지고 나아갈 것인가? 그리스도는 십자가로서 자기 몸을 희생하시사 인류를 속하시었다. 이 같은 생명의 십자가군(十字架軍)에 관련된 우리 신자[3]는 누구나 다 자기의 맡은바 십자가가 각각 있는 것이다. 전지(戰地)에 나선 전사가 천이요 또 만이로되 어느 한 병사가 쓸데없는 이가 없다. 언제나 부족하여 맞아 돌아간다. 각각 자기의 맡은, 자기 막는 목이 있어 거기서 죽을지언정 대장의 명을 그대로 순종하여 지키다가 죽음이 닥친다고 하되 죽음을 감사히 받아 순직하는 것이다. 그 죽음이야말로 영광의 죽음이다. 마찬가지로 우리들[4] 십자군

---

* 『게자씨』 제5권 제4호(통권 56호)(1936.4), 23-25, 『게자씨 1936 (영인본)』, 135-137.

1 요 19:17, "그들이 예수를 맡으매 예수께서 자기의 십자가를 지시고 해골 (히브리 말로 골고다)이라 하는 곳에 나가시니" (개역 개정).

2 원문의 '吾人'(오인)을 '우리'로 번역함.

3 원문의 '吾信者'(오신자)를 '우리 신자(信者)'로 번역함.

4 원문의 '吾等의'(오등의)를 '우리들'로 번역함.

된 신도들도 각각 제 몫, 맡은 바가 있어 한결같이 십자가를 지고 나아가는 것이다. 이제 우리는 그리스도, 자기의 십자가를 지고 가시었음을 생각하라. 어찌 우리는 당연히 지어야 할 십자가를 지지 않을 것인가? 『십자가 각기(各其)[5] 있으니 내게도 있도다.』 내 맡은 십자가를 지고 내 맡은 몫에 충성을 다하자.

일(一), 갈보리[6]를 향하여

주님께서는 무거운 십자가를 어깨에 짊어지시고 성 밖 멀지 않은 갈보리를 향 우매한 무리의 조롱 속에 길을 헤쳐 나아가신다. 여기저기서 희롱하는 소리 이곳에서 던지는 돌 저곳에서 던지는 채찍! 그러나 한 말씀도 없이 양(羊)이 털 깎는 자 앞에서 소리 없음같이 고요히 발걸음을 옮기시었다.

십자가를 지고 나아가는 성군(聖軍)들이여 주 예수께서는 어떠한 능욕을 당하심을 기억하는가? 그러한 멸시와 천대를 받으셨거늘–하물며 우리들[7]이랴? 그러함에 불구하고 여간한 일에 노여워함에 사소한 일에 얼굴을 붉힐 수가 있는가? 자기의 십자가를 지시고 갈보리를 향하신 주님이 계시거늘 나는 무엇이기에 십자가를 지고 나가다가도 여기 머리를 돌려 대답하고 저기 손을 내밀어 반대하며 뒤를 돌보며 좌우를 살필 수 있는가? 뒤에서야 당기든지 옆에서야 찌르든지 앞에서 밀든지 내 등에 내 십자가가 있고 내 갈 길이 아직 있거늘 말없이 걸음을 옮기라, 이 말에 답하고 저 말에 응할 것이 없는 것이다. 조용히 걸으신 예수님을 본받으라. 너무 우리

---

5 원문의 '各己'(각기)를 문장의 앞뒤 문맥을 살펴 '각기(各其)'로 수정하여 번역함.

6 원문의 '갈바리'를 '갈보리'로 수정하여 번역함.

7 원문의 '我等'(아등)을 '우리들'이라고 번역함.

는 주저하지 않는가? 너무나 간섭이 많지 않은가? 무용(無用)한 충동에! 주님은 그 십자가 지심이 너무나 피곤함에 걸음이 빠르지 못하였으나 견딜 수 없는 그 능욕이나마 그런 충동으로 발걸음을 주저하시지 않으셨음을 본받으라. 갈보리를 향하여 나가신 것처럼 내 가는 곳까지 어떻게 떠들든 이 십자가만을 지고 나아가자. 거기에 참된 승리가 있는 것이다.

일(一), 십자가상에까지

빌라도 앞에 억울한 심문도, 십자가를 지고 갈보리를 향할 때 그 조롱(嘲弄)도[8] 십자가상 거기 비할 것이 되지 못한다. 구하면 11영(營) 더 되는 천사를 부를 수 있으셨건만 말씀 없이 십자가상에까지 나아가신 것이다. 이는 결단코 쉬운 일이 아니다. 오늘날 너무 십자가를 불러 그 별로 심각한 맛을 느끼지 못하거니와 십자가 이는 결단코 오늘날 인식하는 대로 한 영광의 표호(表號)[9]로 쓰고 말할 것이 되지 못하였다. 형(刑) 중 극형으로 로마에서 중범자에 한하여 사용하는 형법(刑法)인 것이었다. 예수님께서 이 형틀을 짊어지시고 갈보리에까지 오시어 십자가상에 몸을 던지신 것이다. 어디로 향하여 십자가를 지고 나아가는가? 우리[10] 성군(聖軍)들이여! 이스라엘 선민(選民)이 애굽[埃及]을 떠날 시 장정(壯丁)만이 육십만을 헤었건만 여호수아, 갈렙 두 사람만이 허지(許地)[11]에 입(入)하였음은 그 사실 아닌가? 오늘날에 허다한 십자군들이여 어디까지 십자가를 끌고 나아가려는가? 중간에 여러 소란(騷乱)[12]도 지낼 수 있거니와 십자가상에까지 몸을 의

---

8 원문의 '嘲롱도'를 '조롱(嘲弄)도'로 수정하여 번역함.

9 원문의 '表號'(표호)는 '속의 것을 겉으로 드러내 보이는 부호나 표지'를 말한다[Daum 어학사전].

10 원문의 '吾'(오)를 '우리'로 번역함.

11 원문의 '許地'(허지)는 '허락한 땅'이란 뜻.

12 원문의 '騷乱'(소란)의 '난(乱)'은 보통 '난(亂)'의 중국어 번체자로 약자(略字)로 쓰임.

탁할 수 있는가? 너무나 중간에서 치이매[13] 여기에 정신을 던져 십자가상에까지 갈 사이도 없으려니와 다행히[14] 중간을 입 닫고 지났었으나 십자가 거기까지 이르는 사람은 몇몇이나 되는가?

일(一), 십자가 위의 명패

그리스도 달리신 십자가 위에는 삼국(三國) 방언(方言)[15]으로 명패가 붙어 있었다. 당시 오고 가는 사람, 이 방면 저 방면 사람 다 볼 수 있었고 알 수 있었다고 한다. 저를 한갓 조소하는 명패이었지만 이는 얼마나 바로 나타낸 명패이었느냐? 저는 과연 유대인의 왕이었고 또 신령적(神靈的)으로 더욱 그러하였다. 원수들이 해하려고 증거한 것이 때로는 참 증거가 되었음이 몇 번이었든가? 저들의 붙인 명패는 저들은 알지도 못하려니와 그리스도를 바로 증거(証據)[16]하는 명패이었다.

마지막으로 하나만을 생각하자. 십자가를 지고 갈보리를 향한 우리에게는 여하한 명패가 있는가? 또 지금 여하한 명패가 붙어서[17] 나아가는가? 흔히 십자가를 안다고 하는 이들 척하면 『참 십자가』로군 탄식하는 때 있다. 성역(聖役)의 난사(難事)에 봉착하여 그러함은 그래도 당연하려니와 혹자(或者) 중에는 자기사업 실패나 기타 이기적 육신사업에 실패 내지 난사(難事)를 닥칠 때 이를 십자가라고 한다. 십자가라고 자칭하지 않되 성도

13 원문의 '히애치매'를 '치이매'로 수정하여 번역함.

14 원문의 '幸이'(행이)를 '다행히'로 수정하여 번역함.

15 원문의 '邦言'(방언)을 문장의 앞뒤 문맥을 살펴 '방언(方言)'으로 수정하여 번역함.

16 원문의 '証據'(증거)의 '증(証)'은 흔히 '증(證)' 자(字)의 약자로 쓰인다. 따라서 '증거'의 한자를 '증거(證據)'로 쓰지 않고 원문에 있는 대로 '증거(証據)'라고 번역함.

17 원문의 '또지금如何명한牌가붙어가지고'를 '또 지금 여하(如何)한 명패(名牌)가 붙어서'로 수정하여 번역함.

들이 이런 십자가를 지고 헛된 수고를 하고 있음은 너무나 많이 있는 것이다. 저들의 십자가 위에 명패가 있으면 여하한 명패일 것이냐? 십자가 위에는 언제나 바로 명패가 붙어 있는 것이다.

십자가를 지고 나아가는 이들이여! 십자가 위에까지 조용하게 걸어가신 주님을 바라보는가? 그 명패를 쳐다보는가? 이제 십자가 위에까지 조용히 나아갈 수 없는가? 갈보리를 향하는 도중에 끝이지 말고 십자가 위에까지 헛된 명패의 소유자가 되지 말고 참 십자군의 이름을 얻는 명패를 얻기까지 바로 십자가를 지어야 한다. 한마디로 말하면 어찌하여 없어질 세상에서 헛된 영화에 헛된 수고를 하고 있는가? 우리 위에 명패는 한날 바로 나타나고야 말리라.

무서운 힘

『할 수 있다』 영웅호걸들의 이따금 호통 뿜는 소리 중 한마디다. 피 끓는 청년들에게 과연 쾌(快)한 말이다. 더욱더 의기가 죽어 빠진 청년들에게 귀한 격려의 일구(一句)다. 『할 수 없다』는 절망의 소리보다는 얼마나 귀한 말이냐. 내게서는 『불능』이라는 이자(二字)가 있을 수 없다고 외친 영웅의 말은 비록 일시적이었건만 얼마나 장한 말이었느냐? 그리하여 때때로 이런 소리가 종종 들려오게 된다. 아닌 게 아니라 얼마만치 용진(勇進)[1] 하는 젊은 사람들에게 없어서는 안 될 한 귀한 말이다. 그러나 깊이 신앙 가운데서 움직이지 아니한 그 말은 하나님 앞에 교만한 것밖에 나타낼 것이 없는 것이다. 하나님 앞에 나아가 그 밝은 빛 앞에 『나는 무엇을 할 수 있습니까?』 자문하고 또 자답하여 보라. 무엇을 『내가 할 수 있는가?』 예로부터 할 수 있다고 어는 방면에서든지 외치든 그들은 오늘까지 남겨놓아 할 수 있는 것이 무엇이 있었는가? 말만 남겨놓고 나가고 말았다. 할 수 있는 것이 무엇이 있었는가? 천하를 장중에 넣을 듯 덤비던 천하장군들도 하나님이 허락하시지 않으시매 갈 곳을 가고 말았다. 더욱 오늘날과 같이 물질문명이 극에 달한 가운데 못할 것이 무엇이냐? 여러 방면으로 연구를 하며 발명을 하여 이미 나타난 것도 놀랠만하거니와 내일 또 무슨 신발명, 무슨 새 연구가 일어날까? 그러나 아무리 경천동지(驚天動地)[2]할 사실이 일

---

* 『게자씨』 제5권 제5호(통권 57호)(1936.5), 17-20, 『게자씨 1936 (영인본)』, 165-168.

1 원문의 '勇進'(용진)은 그 뜻이 '용감하게 나아감'임.

2 원문의 '驚天地動'(경천지동)을 '경천동지(驚天動地)'로 수정하여 번역함. '경천동지(驚天動地)'는 '하늘을 놀라게 하고 땅을 흔든다는 뜻으로, 세상을 몹시 놀라게 하는 것을 비유적으로 이

어난다고 할지로되 하나님 앞에 내어놓으라. 무엇이 큰 것인가? 그래서 무엇을 할 수 있었는가? 그렇다. 인간은 『아무것도 할 수 없다』고 결론하지 않을 수 없는 것이다.

사람들은 어느 만치라도 자기가 또는 사람으로서 할 수 있다고 할 때는 벌써 교만한 태도를 신전(神前)[3]에 가지는 것이다. 이런 태도를 가지기 전에는 어느 지경(地境)[4]에 처하여서도 『나는 아무것도 할 수 없습니다』 할 것밖에 아무것도 없다. 길게 설명이 필요하지 않거니와 한 번 대우주를 생각하여 보라. 땅 위에 삼라만상이 주는 큰 교훈을 받아보라! 인생들의 장난은 그 어떤 것들이냐? 또 인생들의 하는 장난은 어디서 온 것이냐? 누구로부터 받은 것인가? 이렇게 생각하면서도 하나님 앞에 교만할 수 있는가?

하나님을 떠나서 제법 무엇을 『할 수 있노라』하는 그것처럼 망자존대(妄自尊大)[5]하는 일은 없는 것이다. 하나님의 밝은 빛 앞에 내가 산다고 할 때 나는 무엇인가? 아무것도 할 수 없는, 아무것도 없는, 아무것도 아닌 것이 아닌가? 그렇듯 『할 수 있다』하는 그가 도리어 하나님 앞에 교만한 자가 된다면 아무것도 할 수 없는 사람은 여하히 힘 있는 삶을 살 수 있어서 『무서운 힘』을 나타낼 수 있는 것인가? 아무것도 아닌 인간으로 무슨 힘을 발휘할 수 있으랴? 그러나 할 수 있는 오직 한 길이 우리 앞에 있으니 곧 하나님 앞에 또 사람 앞에 절대로 겸손한 그것이다.

르는 말'[Daum 한국어 사전].

3 원문의 '神前'(신전)은 그 뜻이 '신(神) 앞에'임.

4 원문의 한자어는 '至境'(지경)이다. 이것을 앞뒤 문맥을 살펴 '지경(地境)'으로 수정하여 번역함.

5 원문의 '妄自尊大'(망자존대)는 그 뜻이 '앞뒤 생각 없이 함부로 잘난 체함'임[한컴오피스 한글 한자로 바꾸기].

일(一), 믿는 사람은 반드시 겸손할 것이니.

아무것도 아닌 때문이다. 하나님 앞에 서라! 아무것도 없고 아무것도 할 수 없고 또 아무것도 아닌 인간이다. 그런 인간으로, 전적으로 겸손할 것밖에 다른 무엇이 또 있으랴? 무엇을 가지고 그래도 저라고[6] 버젓이 가슴을 내밀고 머리를 내 흔들며 다닐 수 있는가? 하나님 앞에는 물론이거니와 사람에게까지도 겸손할 수 있다는 아무것이 있지 않다. 인간이 무엇임을 깊이 알 때는 나는 겸손하지 않을 수 없는 것이다.

일(一)[7] 그리스도가 겸손하셨기 때문이다.

그리스도 발자취를 밟아가는 우리[8] 신도들 그리스도 자신이 여하(如何)히 겸손하셨음에 어찌 겸손하지 않겠는가? 사도 바울의 말을 들어보라. 『너희는 이 마음을 품으라. 곧 그리스도 예수의 마음이니 저는 근본 하나님의 형상이 있으나 오히려 자기 몸을 비어 종의 형상을 취하여 사람의 형체(形体)[9]를 이루었으니』(빌 2:5-6)[10] 하나님으로 종의 형상을 취하심도 그 말 할 것 없는 것이거니와 그의 나심으로부터 십자가상에 이르기까지의 그의 생활 전체를 살펴보라! 그 어는 것이 겸손 아닌 것이 있었는가? 아니 그 일부분이라도 이 겸손이라는 이 젊지 않은 말로는[11] 가히 표현할 수 없

6 원문의 '제로라고'를 문맥의 앞뒤를 살펴 '저라고'로 수정하여 번역함.

7 원문은 '2'라고 되어 있지만 앞에 '1'이 없고 뒤에 다시 '일(一)'로 계속되기에 '2'를 '일(一)'로 수정하여 번역하였음.

8 원문의 '吾等'(오등)을 '우리'로 번역함.

9 원문의 '形体'(형체)의 '체(体)'는 '체(體)'의 약자(略字)이다.

10 빌 2:5-6, "너희 안에 이 마음을 품으라 곧 그리스도 예수의 마음이니 그는 근본 하나님의 본체시나 하나님과 동등 됨을 취할 것으로 여기지 아니하시고" (개역 개정).

11 원문은 '이점지안은말로는'이다. 이를 '이 젊지 않은 말로는'이라고 해석하여 번역했다.

는 것이다. 우리들의 머리에 남아있는 소위 우리들의 겸손 그것 가지고는 이 예수의 겸손을 생각할 수도 없으리라. 그 어느 것을 우리가 가지고 있는 겸손으로 말해서 합당한 사실이 있으리오. 그는 그만치 사시고 걸으신 그것으로 인류 구속의 대사업을 『다 이루었다』의 일언(一言)으로 성취하신 것이었다. 이제 그리스도 이런 걸음을 걸으시었거늘 하물며 무지무능(無知無能)한 우리들이야.[12] 예수께서 겸손하였는데 어찌하여 겸손하지 못할 것인가?

일(一), 어느 만치나 겸손할 것인가?

두말없이 죽기까지 겸손할 것이다. 생명을 내대기까지 거기서 비로소 무서운 힘을 발견할 수 있는 것이다. 전적으로 몰아지경(沒我之境)[13]까지 이르는 그 겸손이야말로 참 겸손이오. 또 거기까지 겸손해야 하는 것이다.

일(一), 어찌하여 참 겸손은 무서운 힘을 소유하는가?

어찌하여 우리 신자가 도리어 무력하게 살고 있는 때가 있는가? 하나님을 모르고 자기를 잊어버려서도 『할 수 있다』는 호언(豪言)을 불신자들이 발하거늘 전지전능하신 하나님을 신앙하면서 어찌하여 무력(無力)이 『할 수 없다』의 생활을 할 것인가? 믿는 자는 못 할 것이 없다. 고로 사도 바울은 말하기를 『능력 주시는 자 안에서 능치 못한 일이 없느니라』(빌 4:13)[14]

---

12 원문의 '吾人이라'를 '우리들이야'로 번역함.

13 원문의 '沒我至境'(몰아지경)을 '몰아지경(沒我之境)'으로 수정하여 번역함. 혹 '몰아지경(沒我地境)'이라고도 함. 보통은 '무아지경(無我之境)'으로 쓰이는데 '몰(沒)'은 '무(無)'와 그 뜻이 통하므로 원문 그대로 '몰아지경(沒我之境)'으로 번역함.

14 빌 4:13, "내게 능력 주시는 자 안에서 내가 모든 것을 할 수 있느니라" (개역 개정).

하신 것이다. 어디서 이 능력의 힘, 이런 『할 수 있다』의 생활을 찾을 수 있는가? 전적으로 몰아지경(沒我之境)까지 이르는 겸손으로서야 가능하니 그 이유가 어디에 있는가?[15] 겸손은 여지없는 자아를 죽이는 그것이거늘 어떻게 『할 수 있다』의 무서운 힘을 발현할 수 있다는 말인가? 사람은 어찌하여 어떤 때는 정의를 알면서도 어떤 외래(外來)의 힘에 눌리어 그대로 살지 못하는 때 있는가? 보다도 어찌하여 하나님의 형상으로써의 지음 받은 인간이 전적으로 온 힘을 다 나타내는 생활을 발현하지 못하는가? 거기에는 여러 가지로 대답을 내릴 수 있으리라. 그러나 다른 여러 부속조건(附屬條件)이 필요치 아니하다. 또 바른 답(答)이 못되리라. 무력(無力)하게 사는 큰 이유(理由)는 『나』라는 자아(自我)를 내세우라는 노력에 있는 것이다. 하나님 앞에 나타날 자아(自我)는 참으로 아무것도 아니거늘 이제 이것을 항상 사람 앞에는 물론 하나님 앞에까지 내세우려고 여기 구속을 받으며 저기 구속을 받는 형편을 많이 볼 수 있다. 솔직하게 말한다면 몰아(沒我)의 지경(地境)[16]에 이르러 『나』란 것이 없어졌다고 할 때 내 인격이 어디 있으며 내 체면이 어디 있겠는가? 아직까지 마땅히 죽을 인간들이 인격 운운, 체면 운운하는 것은 하나님 앞에 교만하다는 것밖에 아무것도 남겨 놓을 것이 없다. 아무것도 없는 아무것도 아닌 아무것도 할 수 없는 인간이 인격을 찾으면 무엇하며 체면을 찾으면 무엇할 것인가? 스스로 속이는 거밖에 아무것도 아니다.

자기의 인격을 죽이고 체면을 참으로 모르는 그 사람은 무서운 사람이다. 무엇 무엇 하여도 그런 사람은 무서운 사람이다. 세상 사람으로 누가 정신 똑똑하면서 자기 인격 자기의 체면을 모르는 사람이 있겠는가? 정신

15 원문은 '那邊에 在한가?'이다. '那邊'(나변)은 그 뜻이 '어느 곳, 어디'이다. '在'(재)는 '있다'라는 뜻이므로 따라서 '那邊에 在한가?'를 '어디에 있는가?'라고 번역함.

16 원문은 '경(境)'이다. 원문의 '경(境)'을 그 의미를 살려 '지경(地境)'으로 수정하여 번역함.

병자가 아니거든 없을 것이다. 그리하여 어떤 때는 정신병자의 덤비는 것이 무섭지 않음이 아니고 또 무식한 대중들의 덤비는 것이 유식한 체면 찾는 자의 행동보다 무서운 때가 많이 있다. 물론 이런 어리석은 행동이 윤리적 도덕적으로 무서운 힘을 가졌다는 것은 아니다. 이렇게 무식한 가운데도 체면을 모르고 덤비는 것이 아닌 게 아니라 무섭거든 진정한 신앙 가운데서 그리스도에게 전적으로 귀의하여 사도 바울과 같이 그 안에서 『내』라는 『나』는 완전이 죽이고 그리스도 살으사 그의 겸손하심같이 겸손할 수 있는 그 생활은 무서운 힘을 소유하지 않을 것인가?

참으로 겸손한 사람은 전적으로 안일의 생활을 할 수 있는 것이다. 사람은 누구나 다 걱정 근심 때문에 으레 나타낼 수 있는 힘을 나타내지 못한다. 생활에 시달린 인격문제, 체면문제 기타 등등의 『나』라는 의식이 있어 나를 사실로 괴롭게 하는 때가 많이 있는 것이다. 그러나 내가 전적으로 겸손할 수 있을 때 그리스도에게 묻혀 자아가 전적으로 없어지는 때, 나는 어느 방면으로 최저의 지위에서도 최대의 만족을 누릴 수 있는 그는 절대의 안일을 소유할 수 있지 않은가? 최저의 지위, 최저의 인격, 최저의 체면에서 최대의 만족을 가지는 그 사람처럼 무서운 사람, 행복된 사람은 없는 것이다. 그리하여 그는 나타낼 수 있는 온갖 힘을 다 발현할 수 있는 것이다. 그런고로 인간은 자아를 내세우려는 『할 수 있다』에서 하나님 앞에 나아가 전적으로 겸손하여 자아의 의식을 망각하여 『할 수 없다』로 결론을 짓고 거기서 다시 재출발하여 전적으로 그리스도에게 절대로 귀의하여 그의 주시는 힘을 그대로 나타낼 때 다시금 『할 수 있다』의 『무서운 힘』을 나타내는 것이다.

우리 하나님. 내 하나님

같은 하나님을 섬기며 공경하되 그 사람에 따라 존경의 대상이 되는 하나님을 다르게 생각한다. 이것으로 말미암아 원만 완전하신 하나님을 자기의 편협(偏狹)[1]한 주관(主觀)으로써 축소(縮小)[2]시켜 그런 신앙을 또한 표준으로 하여 타인의 신앙을 도량(度量)하여 경솔히 평(評)하는 때가 종종 있게 된다. 본제(本題)에 있어 결코 완전하신 하나님을 다 설명할 수 없는 것이거니와 다만 신앙하는 우리들과의 관계 여하에 의한 것만 설(說)하려고 한다. 본문(本文)은 에스라가 예루살렘에 돌아와서 성전을 건축하며 야경(耶京)(예루살렘) 재건설에 당하던 중 역군(役軍)의 두목들이 가증한 죄를 범함에 통분함을 이기지 못하여 옷을 찢고 하나님께 통회의 기도의 일구(一句)다. 지금 그 기도 내용을 설(說)하려고 하지 않는다. 그 기도문 중 신앙의 대상이 되는 하나님과의 관계를 이종(二種)으로 말하였는바 5, 6절에 삼차(三次)나 말하기를 『내 하나님』 이렇게 말하고, 8, 9, 10, 13절에 오차(五次)는 『우리 하나님』이라고 말하였다. 에스라가 얼마만치나 의식적으로 『우리 하나님』 『내 하나님』을 다르게 말하였는지는 모르거니와 얼른 보기에는 자기는 한 지도자로서 하나님을 부를 때 또 책임감을 감하게 될 때는 『내 하나님』이여 찾았고, 이렇게 부족한 백성이지만 권고하시고 용서하여 주시고 사랑하여 주심을 감사할 때는 『우리 하나님』이라고 하였다. 어떠한

---

* 『게자씨』 제5권 제6호(통권 58호)(1936.6), 11-14. 『게자씨 1936 (영인본)』에는 누락되어 없음.

1 원문의 '遍陜'(편협)을 앞뒤 문맥을 살펴 '편협(偏狹)'으로 수정하여 번역함.

2 원문의 '縮少'(축소)를 앞뒤 문맥을 살펴 '축소(縮小)'로 수정하여 번역함.

가운데 『우리』 혹 『내』 하나님의 구별을 하였던 하나님은 우리의 하나님인 동시에 개인적으로 내 하나님 됨을 우리는 잊지 말아야 할[3] 것이다. 우리는 어떤 때 종종 하나님은 단체적으로 거저 우리 하나님이라고만 생각하여 나와 개인적 관계를 생각하지 않는[4] 때가[5] 있고 그렇지 않으면 개인적으로 내 하나님이라고만 하여 신앙의 교만이 생기는 때가 많은 것이다.

일(一), 우리 하나님

하나님은 내 하나님만 되시는 것이 아니라 우리의 하나님이시라. 하나님은 이(李)가나 김(金)가나 치우쳐서 편애(偏愛)[6]로 사람을 사랑하시는 하나님이 결코 아니시다. 예수께서 12 제자 중 요한, 야고보, 베드로를 별달리 사랑하였다고 하는 사람도 있으나 결코 그런 것이 아니었다. 예수께서는 최후일각(最後一刻)까지도 유다를 사랑하여 그의 회개를 재촉하신[7] 것이 예수의 사랑이었고 십자가상에서까지 원수를 위하여 기도하신 것이 예수의 사랑인 것이다. 하나님의 사랑은 동양이나 서양이나 백인이나 황인이나 똑같이 사랑하시는 것이다. 그리하여 하나님은 어느 국부적(局部的)한 지방 한 민족 한 개인의 하나님이 되시지 않는다. 옛날 그릇된 유대인들의 교만한 유대주의로서는 자기들의 민족만의 하나님이라고 자처하여 이방 사람을 개와 돼지 같이 천대 멸시하였다. 하나님께서 특별히 구별된 민족을 세워 당신의 성의(聖意)를 나타내려 하시므로 얼마만치 저들이 그럴 만도 하였다마는 구약(舊約) 가운데도 참 신앙가들의 생각은 여기서 벌

3 원문의 '不忘할'(불망할)을 '잊지 말아야 할'로 풀어 번역함.

4 원문의 '不思하는'(불사하는)을 '생각하지 않는'으로 풀어 번역함.

5 원문의 '時가'(시가)를 '때가'로 번역함.

6 원문의 '遍愛'(편애)를 앞뒤 문맥을 살펴 '편애(偏愛)'로 수정하여 번역함.

7 원문의 '促하신'(촉하신)을 앞뒤 문맥을 살펴 '재촉(再促)하신'으로 수정하여 번역함.

써 많이 넘어선 것이다. 성전 봉헌식에 당한 솔로몬의 기도에 나타내지 않았는가? 그런 증거는 많이 나타나 있다. 과연 하나님은 전인류의 하나님이시오 우리의 하나님이시다. 그러함에 불구하고 하나님께 기도할 때 나만을 생각하여 억지의 기도를 우리는 하는 때가 있지나 않은가?

주께서 가르쳐 주고 가신 모범적 기도는 비록 짧은 기도문이지만 큰 교훈을 우리에게 주고 있다. 그 기도문 중에 『우리』라고 쓰여 있기가 6차나 된다. 『하늘에 계신 우리의 아버지시여』『오늘날 우리에게 일용할 양식을 주옵시고』『우리가 우리에게 죄지은 자를』『우리의 죄를 사하여 주옵시고』『우리를 시험에 들지 말게』 이러한 『우리』가 많이 있는 것은 무의미한 말이 아니었다. 길게 설명할 수가 없거니와 우리에게 일용할 양식을 달라고 기도한다. 결코 이 주기도(主祈禱)에는 내게가 아니다. 물론 내게라고 우리가 할 수 없음은 결코 아니다. 그러나 여기에는 내게라고 하지 않은 것이다. 이런 기도를 우리가 하면서도 나만 먹기 위하여 눈을 붉히며 하등(何等)에 빈자를 동정하지 아니함은 그 어떤 모순인가? 이런 유의 예는 얼마든지 들 수 있는 것이다. 우리 하나님 되시는 것을 잊을 것이 아니다.

또 이렇게 생각할 때 우리는 전도하지 않을 수도 없는 것이다. 나만 위하여 하나님께서 은혜를 주시라고 또 받으려고도 생각할 수 없을 것이다. 또 나만 특별한 은혜를 받았다고 감히 자고(自高)한 생각을 할 수가 없는 것이다. 우리의 하나님이신 것을 생각지 아니할 때는 벌써 신앙의 교만병이 든 자들이다. 우리 자신이 그럴 때가 있는 것이고 종종 그런 사람을 발견하게 되는 것이다. 유대인들처럼 자기만이 하나님께 가까이 선 사람으로 다른 사람은 다 지옥에 가든지 그렇지 않아도 이방 백성 같아서 겨우 구원이나 얻을 믿음을 가졌는지? 이쯤 생각만 하는 때가 많이 있다. 하나님 앞에는 나만 있는 것을 생각지 못할 것이다. 엘리야도 그것을 시험이라고 하기는 너무 과언일는지도 모르거니와 일종의 신앙 교만에 빠져서 나밖에 바알에게 무릎을 꿇지 않는 자가 없나이다 하였다. 하나님의 대답은 어떠하였는가? 아직도 내가 바알에게 꿇지 않은 자 칠천을 남겨 두었노라고 하시었다. 하나님의 사랑은 이 같으시다. 우리는 내 하나님이라고 생각지 말자. 우리의 하나님 되심을 불망(不忘)하여 크게 내리시는 하나님의 은혜를 구할 것이다.

이(二), 내 하나님

근자(近者)에 이르러 우리 교회 교인들 중에는『우리 하나님이라고』를 못 생각하는 것보다는 내 하나님이신 것을 잊어버리는 때가 많다. 조선교회뿐이랴? 점점 속화(俗化)의 염려가 있는 교회가 거의 그러리라고 생각한다. 그저 하나님을 한 의식적으로 주일마다 가면 된다. (물론 가는 것도 고맙거니와) 또 교회도 일종의 사회이니 내 의무나 했으면 된다고 연보(捐補)나 보내는 등 이런 유의 신앙가들이 점점 생긴다. 얼마만치 이해할 수 있다(억지로). 점점 생활이 분주하고 그러니 그렇게 한들 하나님만 잊어버리지 아니한들 그도 일종의 성의로 볼 수 있으나 물론 그렇게도 못하는 자보다야 얼마나 나은가. 그러나 아무리 육적 생활이 골몰(汨沒)[8]하고 분주하며 시간에 매였으되 믿는 이 일이 곧 이 신앙 제(題) 문제가 내 생명 문제에 관계가 있다고 한 것을 각오하기만 한다면 이렇게 할 수가 결단코 있지 아니하리라. 우리가 점점 이런 신앙에 기울어지지나 않는가? 다시 말하면 사람은 종교를 어느 방면으로 요구하는 것이니 믿어두자! 이름이나 걸어두자. 이보다 좀 낫다고 하여 성실(誠實)이 예배에나 출석하고 하되 신앙

8 원문은 '困沒'(곤몰)이다. 그러나 '곤몰(困沒)'이라는 용어(用語)는 없다. 아마도 이것은 '다른 생각을 할 여유도 없이 한 가지 일에만 파묻힘'이라는 뜻의 '汨沒'(골몰)로 여겨 '골몰(汨沒)'로 수정하여 번역함.

하고 예배하는 것은 한 의식적으로 주일이면 으레 예배에 가자. 기도하면 그 기도 소리야 들었든 그 무슨 기도를 하였든『아멘』하지. 몇 장 찬송을 하였는지 또 무슨 뜻인지 모르나 남이 하니 하자. 이렇게 맹목적으로 시간을 허비하고 이것이 내 신앙생활의 전부라고 생각하는 착오도 우리에게 있기 쉬운 것이다. 기독교는 타종교와 달라 의식에만 멎어서는 종교가 아니다. 생명의 종교이다. 또 개인적 종교이다. 나와 하나님 사이에 관계를 명료히 갖지 아니하면 헛된 신앙이다. 보라 야곱은 그 집에서 충분한 종교적 교육을 받은 자이었다. 그런 그가 어찌하여 벧엘 들에 가서야 여기가『하나님이 계시구나』하여 신의 존재를 재인식 하였는가? 과거의 그 신앙은『우리 하나님』그 신앙이었다.『조상의 하나님』그것뿐이었다. 하나님이 자기에게 어떻게 관계 있음을 알지 못하였다. 그런고로 저는 아버지를 속이며 형을 속이는 죄를 범한 것이다. 자기 개인행동이 하나님과의 하등(何等)의 관계를 인식할 수 없었다마는 벧엘에서 그의 정체가 신전(神前)에 노출될 때 그는 꺼꾸러졌다. 하나님은 어떤 단체의 하나님이 아니시다. 내 하나님이시다. 개인을 속속 들여다보시며 권고하시며 감찰하시는 이시다. 예수의 십자가가 우리에게 아니라 내게 곧 나를 위하여 지신 것이다. 이렇게 생각할 때 바울은 그리스도의 종이라고 할 수 있었다. 아마 예수는 만민을 위하여 죽으셨다. 이렇게 생각하고서는 나도 그 중 1인으로 구원에 참여하니 감사한 일이다. 이렇게만 하면 내게는 아무 참된 감사가 없다. 주님은 나를 위하여 죽으시었다. 하나님은 나의 하나님이사다.

내가 서는 것 내가 앉는 것 내가 가는 곳 어디든지 가시고 계셔 나를 보호하시고 나를 감찰하신다. 고래 뱃속에 요나를 권고하시며 찾으시는 하나님이시다. 하나님은 결코 한 죄인의 죽는 것을 기뻐하시지 않으신다. 그리하여 내가 범죄할 때 99수(首) 양을 두고 한 마리의 나를 찾으려 험한 산을 넘고 깊은 골짜기를 건너 찾으신다. 멀리 떠난 탕자를 기다리는 아버지처럼 나의 돌아오기를 눈이 감도록 기다리신다. 또 내가 어떤 사람이 보지 않는 은밀한 선이 있을 때 하나님은 이를 아시고 이로 말미암아 무한(無限)이 기뻐하신다. 나의 일동일정(一動一靜)에 하나님 나와 같이 하시는 것이다. 하나님은 우리의 하나님이시다. 하나님은 또 내 하나님이시다.

엘늬엘늬라막사박다늬

마 27:46[1]

십자가상의 칠언(七言)! 그 어느 말씀에 깊은 교훈이 있지 아니하랴? 그 중[2] 더욱 제(第) 사언(四言)으로 말씀하신『엘리 엘리 라막 사박다니』곧 나의 하나님이여 나의 하나님이여 어찌하여 나를 버리시나이까? 아버지전 호소하는 그 애원의 말씀 그는 무슨 까닭으로 아버지로부터 버림을 당하시며 이런 애비(哀悲)에 넘치는 애소(哀訴)[3]를 하시는가? 또 아버지는 무슨 까닭으로 사랑하는 독생자를 버리시게 되어 땅이 흔들리고 일월(日月)이 빛을 못 내리만치 그 아들에게 노를 나타내시는가? 이런 버림을 당하지 않을 수 없고 또 버리지 않을 수 없는『엘리 엘리 라막 사박다니』의 일(一) 장면(場面)! 이 말씀으로부터 우리는 어떤 교훈을 받을 것인가?

일(一), 죄악은 무섭다. 참으로 그렇다. 과연 그러하다. 노아 시대에도 죄악이 관영(貫盈)[4]하여 하나님의 진노의 홍수가 저들에게 임하였고 소돔과 고모라도 죄악 때문에 사해(死海)가 된 것이다. 개인적으로, 사회적

---

* 『게자씨』 제5권 제7호(통권 59호)(1936.7), 18-19, 『게자씨 1936 (영인본)』, 200-201. 목차에는 제목이 '엘니엘니라막사박다늬'로 되어 있음.

1 마 27:46, "제구 시쯤에 예수께서 크게 소리 질러 이르시되 엘리 엘리 라마 사박다니 하시니 이는 곧 나의 하나님, 나의 하나님, 어찌하여 나를 버리셨나이까 하는 뜻이라" (개역 개정).

2 원문의 '其中'(기중)을 '그 중(中)'으로 번역함.

3 원문의 '哀訴'(애소)는 '슬픈 하소연'이라는 뜻임[한컴 오피스 한글 한자로 바꾸기].

4 원문의 '慣盈'(관영)을 본문의 앞뒤 문맥을 살펴 '관영(貫盈)'으로 수정하여 번역함.

으로 죄악은 과연 멸망을 가져온다. 죄 때문에 개인이 망하고 사회가 망하며 국가가 망한다. 아! 죄악은 과연 무섭다. 보라 더 무서운 사실은 여기 나타났다. 이 죄 때문에 더욱 사람의 죄 때문에 하나님의 독생자 예수께서 버리심을 당하신 일이다. 이 무서운 죄 때문에 예수께서 버리심을 당하였다는 것이다. 이 얼마나 무서운 사실인가? 죄악은 홍수로 세상을 멸망시킨 것도 소돔 고모라를 없이한 것도 어떻게 인간을 괴롭게 한 일로도 만족하지 못하여 최후에 하나님의 독생자까지 버림을 당하게 하고야 말았다. 아! 참으로 죄는 얼마나 무서운가?

아무 죄가 없으신 주님, 아니 죄를 아시지도 못하신 주님(고후 5:21).[5] 보라! 당신의 독생자로 하여금 죄 덩어리가 되게 하셨다는 것이다. 죄로 삼았다는 것이다. 어찌하여 저가 까닭 없이 버림을 당하였으랴? 저는 참으로 죽지 않을 수 없는 버림을 당하지 않을 수 없는 죄가 가득하였던 것이었다. 저가 찔림을 받은 것은 우리의 허물을 인함이요 저가 상함을 받은 것은 우리의 죄악을 인함이요 저가 형죄(刑罪)를 받은 것은 우리로 평화를 얻게 함이요 저가 채찍에 맞은 것은 우리 병을 고치심이로다. 우리가 다 양과 같이 길을 잃고 각기 자기 길로 행(行)하더니 여호와 우리 무리의 죄악으로 하여금 그에게 담당케 하신 지라(사 53:5-6)[6] 과연 죄는 무섭다. 죄값은 이러한 것이다.

일(一), 죄값의 실감(實感)을 느끼심이 곧 이『엘리 엘리 라마 사박다니』의 말씀이다. 아무 죄가 없을 뿐 아니라 아무 죄를 알지도 못하신 예수님

5 고후 5:21, "하나님이 죄를 알지도 못하신 이를 우리를 대신하여 죄로 삼으신 것은 우리로 하여금 그 안에서 하나님의 의가 되게 하려 하심이라" (개역 개정).

6 사 53:5-6, "그가 찔림은 우리의 허물 때문이요 그가 상함은 우리의 죄악 때문이라 그가 징계를 받으므로 우리는 평화를 누리고 그가 채찍에 맞으므로 우리는 나음을 받았도다. 우리는 다 양 같아서 그릇 행하여 각기 제 길로 갔거늘 여호와께서는 우리 모두의 죄악을 그에게 담당시키셨도다." (개역 개정).

은 죄의 실감(實感)을 깊이 느끼신 것이다. 죄는 그렇다. 공포스러워 아버지로부터 버림을 당하는 그 느낌이다! 그 어깨 위에는 확실(確實)이 죄짐이 가득하여 버림을 면치 못하였던 것이다.

우리도 비록 죄를 아시지도 못하시되 이 예수님과 같이 죄값의 실감(實感)을 느끼는가? 죄가 어느 만큼 무서운 것을 깊이 느껴본 적이 있으며 느껴보는가? 그러면 어찌하여 우리는 때로 죄를 용납하여 내 안에 있는 것을 허락하는가? 어찌하여 죄를 먹고 마시며 그 가운데서 즐기며 그 가운데서 뛰놀며 사는 때가 있는가? 또 어느만큼 죄를 미워하다가도 알게 또는 모르게 죄를 환영하는 때는 없는가? 내 눈을 뽑는 것과 같이 내 손을 찍는 것과 같이 내 다리를 자르는 것과 같이(마 18:8-9)[7] 아주 내 죄를 수술하여 버리지 못하고 우물 적하여 싸고 싸내어 덮어두려고 한 일이 있었는가? 없었는가? 이제 주님의 밝은 빛 앞에 내 정체를 노출시켜 검토해 보라!

하나님의 아들이라도 죄 때문에 버림을 당하는 이 무서운 죄악을 나는 어느 만치나 무서워하였으며 미워하였는가? 죄를 알고 통회하되 어느 만치나 하였는가? 보통으로 인간은 다 죄인이올시다. 이것으로써 만족한 통회를 삼지나 않았는가? 그러리라. 그렇다. 우리는 스스로 죄를 잘 용사(容赦)[8]한다. 잘 싸매어 기르는 때가 많이 있다. 아니 항상 그러지는 아니하는가? 예수님과 같이 한 번 깊이 이런 말 할 수 없는 비애의 말씀을 발하는 『엘리 엘리 라마 사박다니』 아버지로부터 나는 끊어 지누나!의 심각한 죄값의 실감(實感)을 깊이 느껴보았는가? 어찌하여 우리의 회개는 입에 그치고 어찌하여 우리 통회는 눈물에 그치고 마는가? 재삼(再三) 반성할 사실이

---

7 마 18:8-9, "만일 네 손이나 네 발이 너를 범죄하게 하거든 찍어 내버리라 장애인이나 다리 저는 자로 영생에 들어가는 것이 두 손과 두 발을 가지고 영원한 불에 던져지는 것보다 나으니라 만일 네 눈이 너를 범죄하게 하거든 빼어 내버리라 한 눈으로 영생에 들어가는 것이 두 눈을 가지고 지옥 불에 던져지는 것보다 나으니라" (개역 개정).

8 원문의 '容赦'(용사)는 '용서(容恕)하여 놓아줌'이라는 뜻임[한컴오피스 혼글 한자로 바꾸기].

다. 죄는 얼마나 무서운가? 아버지께서 아들 예수를 버리시기까지 된 것이다. 이제 우리의 통회는 어디까지나 갈 것인가? 나는 하나님께 부끄럽습니다 등의 평범한 말을 걷어치우라. 곧 죄는 하나님께로부터 버림을 당하는 것이라는『나의 하나님이여 나의 하나님이여 어찌 나를 버리시나있까?』의 느낌을 간절히 느낄 수 있는 그 통회는 눈물이 없어도 마지막으로 내 영혼을 다만 아버지께만 부탁하나이다의 절대 신뢰로 귀의(歸依)할 수 있는 것이다.

『엘리 엘리 라마 사박다니』아! 죄 때문에 주 예수께서 버림을 받지 않을 수 없으셨다.

칼빈의 성경관

칼빈은 단순히 문자 그대로 성경은 하나님의 말씀이라고 단정하였다. 통일된 신(神)의 섭리로써 최초의 필기자에게 주신 원문(原文)에 의한 66권 그 모든 말씀은 일구(一句)도 틀림없이 하나님의 말씀이라고 확신한 것이다. 물론 선생도 이것이 사람의 손으로 썼다는 것을 승인하는 고로 말씀하기를 이 말씀은 하나님의 입으로부터 받은 것이지만은 사람의 손으로 쓴 것이라고 하였다. 그리하여 하나님의 말씀을 쓴 사람은 성령(聖靈)의 한 도구로서 필기자에 지나지 않는다. 그런고로 이 말씀은 사람의 손으로 썼으되 다른 글과 같지 않은 신령한 것으로 하나님께로부터 직접 받은 것이다. 살아계신 하나님의 말씀을 곧 듣는 것으로써 조금도 인위적 사상이 혼입(混入)되지 않은 순수한 하나님의 말씀으로 하나님과 같이 신성시 할 것이다(딤후 3:16).[1] 그리하여 성경은 사람의 말이 아니라 순수한 하나님 말씀됨을 강조하였다.

칼빈은 한 번도 성경 말씀을 주신 방법에 대해서는 자세히 설명한 것이 없다. 다만 명백(明白)히 설명한 것은 하나님이 친히 주신 것이라는 것이다. 그리하여 하나님의 입으로 말씀하는 것과 꼭 마찬가지로 분명한 것으로서 그 주신 방법은 필기식이었다. 성경은 한 공문서(公文書)와 같이 저자는 필기자뿐이다. 고로 여기에 말씀을 비유적으로 해석하는 것은 불가

---

* 『게자씨』 제5권 제8호(통권 60호, 칼빈主義四百年記念號)(1936.8), 20–22, 『게자씨 1936 (영인본)』, 238–240.

1 딤후 3:16, "모든 성경은 하나님의 감동으로 된 것으로 교훈과 책망과 바르게 함과 의로 교육하기에 유익하니" (개역 개정).

한 일이다. 인간은 천래(天來)의 신언(神言)으로 이것을 받아 하나님께 대한 존경과 같은 존경으로 대할 뿐이다.

저는 저의 복음서 대관(大觀) 중「복음서 기자(記者)」와「성령」의 말을 동(同) 의미로 발표하였다. 복음서의 어떤 오류가 없음을 강조하는 말씀이다. 성경의 목적은 연대적으로 정확한 그것을 강조함보다 어떤 진상(眞相)을 표시하려는 것뿐이요 만일 어떤 오류가 있다고 하여도 이는 기자(記者)의 오류가 아니요. 사본(寫本)의 오기(誤記)뿐이요 원문(原文)의 오기(誤記)가 아니다. 요컨대 연구한 결과 성경은 전체로써 오류가 없는 동시에 일언일구(一言一句)의 내용에도 오류됨이 없다는 것이다. 하나님의 말씀인 고로!

그렇다면 무슨 근거로써 성경을 하나님 말씀으로 단정하느냐고 묻는다면 칼빈은 말하기를「그것은 다만 성경 자체의 가르친 교훈에 입각해서」라고 답하는 것이다. 그리하여 칼빈은 절대적으로 성경은 하나님의 말씀으로 믿어 그의 비평적 연구에 조금도 그 확신이 방해되지 않았다. 과연 이 66권 성경 전편(全篇)은 전부 하나님의 자기 백성에게 주신 불변의 계시로써 죄로 말미암아 맹목(盲目)이 되어 무효(無效)된 자연계시의 보충(補充)으로 주신 공문서(公文書)이다. 이것이 성경의 본질적 존재 이유라고 할 수 있는 것이다. 인간은 보편적으로 주신 자연계시를 죄로 말미암아 무효로 돌아가게 하였다. 이 책임은 전연(全然) 인간에게 있었다. 그러나 하나님께서는 일층(一層)[2] 죄인을 사랑하셔서 명확한 특별계시를 그 아름다우신 뜻대로 인간에게 주시었다. 그리하여 이 계시를 다시 무효하게 하지 않도록 하기 위하여 이 계시를 성경 가운데 저축(貯蓄)하신 것이다. 그런고로 칼빈의 이런 견지(見地)로 성경을 정의한다면 성경은 구원에 인도하는 신의 특별계시의 기록이다.

이 특별계시를 기록한 필요는 무엇이냐? 역시 인간의 죄와 불확실성

---

2 원문의 '一層'(일층)은 '한결 더, 한층'이라는 뜻임[한컴오피스 한글 한자로 바꾸기].

거기에 기인한 것이다. 고로 성경의 역할을 하는 바는 죄에 상한 영을 고치는 그 일이 아니라 자연계시에 의한 신을 인식하는데 한 문이 된다고 생각할 수 있는 것이다. 그는 말하기를「예를 들면 한 노인이 좋은 책을 보려고 하지만은 눈이 어두우면 한 줄도 볼 수 없다. 그러나 안경을 쓰면 명백하게 볼 수 있음같이 성경도 그렇다...」고 하였다. 곧 성경은 하나님을 향하여 영안(靈眼)에 끼는 한 노인경(老人鏡)의 역할을 한다는 것이다.

물론 성경의 역할이 여기에만 그치는 것은 아니다. 자연계시에 나타난 신을 명백히 나타냄과 동시에 자연 내에서 발견할 수 없는 은총의 신도 계시하는 것이다. 이 일층(一層) 심원(深遠)한 계시에 대하여도 칼빈은 깊이 설명하였다. 여하간 이 안경 역할(役割)[3]같은 성경이 없이는 조물주 되는 하나님을 밝히 알 수 없는 것이다. 그는 말하기를 아담이나 노아나 아브라함 및[4] 기타 여러 조선(祖先)이 신을 인식한 것도 직접 간접으로 이 계시(특별계시)가 있는 까닭이었다. 이 계시를 계승한 사람은 신인식(神認識)을 계승할 수 있었던 것이었다. 드디어 이 진리가 세세(世世)에 계승하기 위하여 세상에 보존할 필요로 하나님께서 조선(祖先)들에게 계시한 이 하나님의 말씀을 공문서와 같이 보존하게 된 것이다. 그리하여 오늘날은 오로지 성경을 통하여서만 인간은 신을 인식할 수 있게 된 것이다. 이 의미에서 성경은 절대의 가치를 소유한 것이다. 이 성경은 인간의 죄를 선고(宣告)하는 일과 신을 인식하게 하는 이 중대한 일에 있어서 원칙적으로 하나님의 말씀이 아니면 되지 못할 것이다. 우리의 경험에 의지하여도 인간은 죄인인고로 성경이 없이 신을 인식하는데 결코 도달할 수 없는 것이다.

---

3 원문의 '眼鏡役'(안경역)을 '안경(眼鏡) 역할(役割)'로 풀어 번역함.

4 원문의 '及'(급)을 ' 및'으로 번역함.

자연계시와 특별계시와의 관계는 결코 그 하나[5]가 다른 하나[6]를 무용(無用)하게 하는 것이 아니고 다만 이것에 보충하여 동일한 목적으로 신인식(神認識)에 도달케 하는 것이다. 이런 특별계시의 기록인 성경은 전연(全然) 이 문자 그대로 안경(眼鏡) 역할에 당하는 것이다. 그것은 죄 있는 인간의 어두워진 영안(靈眼)을 도와 신을 보게 하기 때문이다. 물론 이 특별계시인 성경만으로 모든 인간의 영적(靈的) 고장(故障)을 수정한다고 생각할 수 없는 것이다. 성경은 하나님께서 인간에게 갖추어주신 치료 수술의 객관적 일면(一面)에 불과하고 그 주관적 타면(他面)은 성령께서 친히 역사(役事)하시는 것이다. 안경(眼鏡) 역할(役割)[7]을 성경이 하는데 어두워진 눈은 성령에 의해서 밝게 하지 아니하면 할 수 없는 것이다. 여기서 성경을 한 노인경(老人鏡) 역할을 한다는 말은 전연(全然) 한 비유에 불과하다. 특별계시만으로는 신인식(神認識)은 완전히 못 하는 것이다. 외부의 조력 외에 더욱 내부의 원동력이 필요한 것이라는 말이다. 죄인으로 신을 인식하는 일에 이런 역할이 없어서 되지 않는 것이다. 과연 죄가 없었다면 특별계시까지도 불필요하였을 것이다. 신께서 자연의 무대 상에 비추어 주신 빛에 의하여 인간은 본능적으로, 신인식력(神認識力)으로 신을 인식할 것이었으나 죄인이었음에 불가능하였다. 안경이 있어 잘 보기 전에 눈이 열려야 하는 것이니 이 눈을 열게 하는 일은 성령이 친히 하시는 것이다. 그리하여 성령이 이만큼[8] 역사하여 눈을 열게 하고 또 안경 역할을 하는 성경을 통하여 신을 바로 인식하게 한다는 것이다. -이상 칼빈의 성경관 약술-

---

5 원문의 '其一'(기일)을 '그 하나'라고 풀어 번역함.

6 원문의 '他一'(타일)을 '다른 하나'라고 풀어 번역함.

7 원문의 '眼鏡役'(안경역)을 '안경(眼鏡) 역할(役割)'로 풀어 번역함.

8 원문의 '이만츰'을 '이만큼'으로 번역함.

신중심 생활의 준칙

사람은 무엇 하려 사는가? 아니 구원 받은 인간 곧 신앙자(信仰者)는 어찌하여 사는가? 소요리문답 제일 답은 이것을 분명히 대답한다. 『사람의 제일 되는 목적은 하나님을 영화(榮華)롭게 하고 영원토록 하나님을 기꺼워할 것이라』고 말하였다. 과연 그러하다. 죄로 말미암아 반드시 죽을 아무것도 아닌 인간으로서 그리스도의 위대하신 공로를 통하여 하나님을 영화롭게 할 수 있는 이 특권을 갖게 된 이 사실은 과연 감격에 넘치는 일이 아닐 수 없다. 우리는 마땅히 합당한 영광을 그에게 온전히 돌릴 것이다(대상 16:29).[1] 여하(如何)히 하여서 우리[2] 신자는 그 지성(至聖)하신 그에게 합당한 영광을 돌릴 수 있는가? 나의 행하는 어떤 선행으로써 할 수 있는가? 아니다. 내 생활 가운데 얼마만큼 선행이 있다고 하면 이 선행이 어디로부터 온 것인가? 두말할 것 없이 하나님께로부터 온 것이다. 어느 적은 선(善)이 내게로부터라고 할 때는 벌써 그는 하나님의 영광을 위하여 살지 못하는 자이다. 다만 내 사는 생활 전부가 하나님을 위하여 살 수 있는 그때 이르러서 이것으로 하나님께 합당한 영광을 돌릴 수 있는 것이다. 우리는 다른 무엇으로서 그 지성(至聖)하신 하나님에게 아무 돌릴 영광이 없는 것이다. 다만 나라고 하는 존재가 없어지고 내 존재가 그리스도 예수

---

* 『게자씨』 제5권 제9호(통권 61호)(1936.9), 12-15, 『게자씨 1936 (영인본)』, 262-265.

1 대상 16:29, "여호와의 이름에 합당한 영광을 그에게 돌릴지어다 제물을 들고 그 앞에 들어갈지어다 아름답고 거룩한 것으로 여호와께 경배할지어다" (개역 개정).

2 원문의 '我等'(아등)을 풀어 '우리'로 번역함.

안에서(고후 5:21)[3] 감추어 바꾸어져 살 수 있는 그때 내가 하나님께 영광을 돌리고 있는지 없는지 인식하지 못하되 내 생활은 하나님을 중심으로 하여 할 수 있다는 것이다.

그리스도의 공로로 구원 받은 인간은 하나님을 위하지 아니하고 다른 무엇을 위하여 살 수 없는 것이다. 내 생활에 어느 부분이 하나님을 위함이 아닐진대 단연(斷然)히 그만둘 것이다. 실패나 성공이 하등의 관계가 없는 것이다. 실패하는 것이 하나님께 영광일 때 이는 신앙자(信仰者)의 실패가 아니요, 신앙자(信仰者)의 지대(至大)의 성공이 되는 것이다. 처음 순교자 스데반은 육적으로 돌에 맞아 죽는 처참한 실패를 당한 자 같으나 아니 분명 실패를 당한 자이었으나 그는 신앙상으로 위대한 성공한 자여서 천추만대(千秋萬代)에 빛나고 있다는 수식적(修飾的) 어사(語辞)[4]보다 하나님 앞에 가장 큰 자 가운데 하나 된 자가 된 것이다. 신앙자가 반드시 스데반과 같은 죽음을 가져야 한다는 말이 아니다. 아니 그리하였으면 얼마나 하늘에 큰 자가 되랴마는 다 똑같은 걸음을 걷지 않을 지로되 내 사는 어느 형편에서든지 하나님의 영광을 위하여 살아있다는 것을 불망(不忘),[5] 불망(不忘)할 것이다.

우리는 어찌하여 먹으며 일하며 이 일을 경영하며 저 사업을 생각하고 있는가? 무엇을 위하여서 하고 있는가? 내 개인을 위함인가? 내 가정을 위함인가? 사회를 위함인가? 어떤 미명(美名)의 관사(冠詞)를 씌우더라도 하나님을 위하여 사는 것이 아닐진대 그는 하등 가치가 없다는 그런 평범한 말보다 반역의 자식이요 멸망의 자식이라고 하여 과언이 도무지 아닐 것이다. 이렇게까지 생각하고 이제 다시 한번 내 생활 중심이 어디에

---

3 고후 5:21, "하나님이 죄를 알지도 못하신 이를 우리를 대신하여 죄로 삼으신 것은 우리로 하여금 그 안에서 하나님의 의가 되게 하려 하심이라" (개역 개정).

4 원문의 '語辞'(어사)의 '사(辞)'는 '말씀 사(辭)'의 약자(略字)로 쓰인다.

5 원문의 '不忘'(불망)은 그 뜻이 '잊지 않음'이라는 뜻임.

있음을[6] 검토하여 보라! 가장 실제적 문제에 들어가서 내가 하는 일, 내가 하는 생각, 내가 하는 행동이 무엇을 위함인가? 내가 어떤 문제에 봉착하여 이를 해결하려 할 때 진퇴양난의 딜레마에 빠져서 고민(苦悶)[7]하는 것은 무슨 까닭[8]인가? 나아가[9] 하나님께 영광이면 그리로 갈 것이요 물러가[10] 하나님께 영광이면 그리로 나아갈 것이다. 많은 문제[11]의 해결의 열쇠[12]를 이것으로써 마땅히 삼아야 할 것이다. 이것이 곧 바른[13] 신앙생활이라 이에 살아서 우리는[14] 아무 난제(難題)를 위하여 고생할 것이 하나도 없는 것이다. 어찌하여 신앙자가 낙심, 낙망하며 번거로운 일이 있어 얼굴을 찌푸리게 되는가? 우리의 중심점(中心点)[15]이 잘못된 관계이다. 중심점을 똑바로 겨누지 아니하고 현시(現時)에는 가장 적게, 보다 별로 틀린 것과 같지 않게 생각하는 아주 작은 차이라도 그 각도가 어그러질 때 마지막 결국에 가서는 얼마나 큰 차이를 발견하는 것이다. 신앙생활에 비슷한 것 괜찮으리라는[16] 등 이런 아첨의 생각 나를 속이는 말은 절대로 금물(禁物)이라는 것을 잊지 말 것이다. 신앙생활에는 범사에 철저하여야 한다. 우물우물할 것이 아니다. 조금도 어그러지지 않게 중심점을 하나님께 두고 움직일 수 있을 때 모든 생활 표현이 하나님께 영광되지 아니할 수는 없는 것

---

6 원문은 '那邊에 在함을'이다. '那邊'(나변)은 그 뜻이 '어느 곳, 어디'이다. '在'(재)는 '있다'라는 뜻이므로 따라서 '那邊에 在함을' '어디에 있음을'라고 번역함.

7 원문의 '苦悶'을 '고민(苦憫)'으로 수정하여 번역함.

8 원문의 '何故'(하고)를 '무슨 까닭'으로 풀어 번역함.

9 원문의 '進이'(진이)를 '나아가'로 풀어 번역함.

10 원문의 '退가'(퇴가)를 '물러가'로 풀어 번역함.

11 원문의 '萬題'(만제)를 '많은 문제'로 풀어 번역함.

12 원문의 '鍵'(건)을 '열쇠'로 풀어 번역함.

13 원문의 '正'(정)을 '바른'으로 풀어 번역함.

14 원문의 '吾人은'(오인은)을 '우리는'으로 풀어 번역함.

15 원문의 '中心点'(중심점)의 '점(点)'은 '점(點)'의 약자(略字)임.

16 원문의 '괸치안으리라는'을 앞뒤 문맥을 살펴 '괜찮으리라는'으로 번역함.

이다. 그러면 무엇으로써 어떤 표준을 세워서 하나님의 성의(聖意)에 순응(順應)하여 하나님을 정히 중심하여 살 수 있는가? 여하히 하여서 각도(角度)를 내지 않고 직선으로 하나님을 향할 수 있는 길의 정부(正否)를 무엇으로 판단할 것인가? 세 가지로 생각할 수 있으니

제일은 양심이다. 양심은 어느 만치 우리의 신앙생활(信仰生活)을 바로 지도한다. 내 하는 일이 하나님을 중심하여서 하는가? 양심이 어느 만치 바로 가르친다는 말이다. 하나님만을 전적으로 중심하여 사는 내 행사(行事)는 양심이 기쁘고 즐겁고 유쾌하고 가볍다. 그러나 반면(反面)에 하나님을 중심하지 않는 일일 때 내 양심이 괴롭고 어렵고 무거운 것이다. 그런고로 보통으로 또 어느 만치 양심은 우리 중심 생활 여부(與否)에 선(善)한 지도를 하는 것이다. 그러나 보통뿐 아니요 특수한 예도 있고 어느 만치니 만치 전적으로 양심적이라고 하여 믿을 수도 없는 것이다마는 모든 사람이 다 참 양심적 산다고 하면 얼마나 바른 생활을 할 것이다. 양심은 신중심생활에 어느 만치 한 준칙(準則)이 되는 것이다.

제이(第二)로는 우리의 특권으로 허락하신 기도인 것이다. 기도는 신과 더불어 의논하는 것이니 참된 기도에 참된 교제가 있어 성의(聖意)에 복종하여 또는 하나님을 중심하여 살 수 있는 것이다. 기도는 또한 양심을 맑게 하는 작용이 있는 터이다. 바른 양심의 판단을 갖게 하는 것이다. 그런고로 양심의 지도에 기도를 가(加)한 행동의 표현은 성의(聖意)에 순응하여 넉넉히 우리의 중심 생활을 위에 곧 하나님께 둘 수 있는 것이다. 다시 한 방면을 더 생각하면 기도는 신과 더불어 교제하는 유일의 길이니만치 기도는 신의 직접지시를 받는 유일의 길이 되는 것이다. 그 직접지시 이상 무슨 다른 것을 또다시 요구할 수 있으랴? 그 지시에 순응함에 신(神)을 중심으로 아니 살 수 없는 것이다. 예로부터 금일(今日)까지 모든 신앙가들은 다 기도자들이었다. 신앙에 기도를 제(除)하여서는 다른 생각을 할 수 없는

것이다. 그런 고로 신앙자로서 어느 일을 경영 시작할 때 기도 없이 할 수 없는 것이다. 개인의 일이나 단체 일이나 육적 사업이나 더욱 영적 사업 어느 것이든지 기도를 빼놓고 어떻게 할 수 있으랴? 그러면 기도로 신과 더불어 의논하고 해놓은 그 어느 일이 잘못되어 난사(難事)를 초래하겠는가? 그러나 웬일인가? 엄연히 기도로 시작하였다는 일 가운데도 종종 사람 앞에도 나타나게 그렇거니와 신전(神前) 영광을 돌리지 못하는 일이 일어남은 그 어떤 일이랴! 다른 예를 들 – 아무것이 없이 금일(今日)에 어찌하여 신성한 교회에서 또는 신성한 신자간의 불목불화(不睦不和)로 세상에 수치를 초래하는 일이 있는가? 저들도 다 기도하지 않는가? 교회의 당파(黨派)가 있으면 그 어느 편은 기도하고 그 다른 편도 기도를 하지 않는가? 다 같이 한 하나님께 기도하면서 왜 싸우는가? 보라! 우리들의 기도의 대부분은 이따위 기도가 허다한 것이다. 기도에서도 나를 위한 기도가 되기 때문이다. 범사에 하나님의 영광을 생각하지 않는 까닭이다.[17] 바른 기도를 신전(神前) 고하라. 반드시 그대로 이루어주실 것이다. 참된 기도로써 우리 중심 생활의 지도를 삼아야 한다.

제삼(第三)으로는 무엇인가? 우리에게 계시하여 주신 성경이다. 성경이 하나님의 뜻을 전적으로 다 나타냈다고 할 수 없다. 주의 행하신 일도 다 기록하였던들 천하에 둘 곳이 없겠다고 하였다(요 21:25).[18] 그러나 성경은 우리 인간의 걸어갈 바 길에 넉넉한 지침이 되는 것이다. 우리 인간으로 이 이상의 것을 요구하지 않아도 족(足)[19]한 것이다. 우리의 모든 행

---

17 원문의 '故이다'(고이다)를 '까닭이다'로 번역함.

18 원문은 '요二十一35'이다. 그러나 인용한 성경 본문은 요한복음 21장 25절이다. 따라서 수정하여 번역하였음. 요 21:25, "예수께서 행하신 일이 이 외에도 많으니 만일 낱낱이 기록된다면 이 세상이라도 이 기록된 책을 두기에 부족할 줄 아노라" (개역 개정).

19 원문은 '足足'(족족)이다. 이것을 문장의 앞뒤 문맥을 살펴서 '족(足)'으로 수정 번역함. 그 뜻은 '만족(滿足)'이라는 뜻임.

할 본분의 준칙의 전부는 상세히 기록되어 있는 것이다. 우리들이 이대로 살지 못하여 걱정이요 우리 생활 준칙에 부족한 것이 하나도 없다. 그런고로 어느 일에나 마땅히 우리도 이 성경에 갖다 비추어 볼 것이다. 성경이 가르치는 일이면 물론 그대로 할 것이다. 그러나 성경이 이것을 가르치지 않을 때는 어떤 수단에 속지 말고 단연히 그만둘 것이다. 우리 손에 하나님의 말씀이 있다. 무엇을 더 요구하랴? 무엇을 우리의 뜻대로만 할 수가 없다. 벌써 다 계시하여 주신 그 계시에 가르친 대로 살아서 참된 신앙생활을 할 수 있는 것이다. 성경으로 돌아가자. 성경에 살자! 범사에 성경적으로 하자! 우리는 이 표어를 우리 머릿속에 깊이깊이 새겨둘 것이라. 그리하여 적은 일이나 큰일이나 이 일에 있어서 성경은 어떻게 가르치는가? 상고한 연후에 시작하자. 이것이 신앙자의 할 일이다. 성경을 떠나 사는 것처럼 위험한 일은 없다. 그러나 우리의[20] 실제생활에 있어 얼마나 성경적으로 사는가? 얼마나 성경이 이 일에 여하히 교시(敎示)함을 찾아보는가? 성경은 어떤 특수한 도덕서(道德書)로만 볼 수가 없는 것이다. 하나님의 생명이 가득한 그 말씀이요 우리 내적 영적생활의 산 준칙인 것을 알아야 한다. 우리의 생활이 성경적이 아닐 때 벌써 우리의 중심생활은 기울어진 것이다. 중심생활을 바로 하나님께 정면으로 향할진대 성경으로 돌아와야 하는 것이다. 성경을 지금 떠나지 않았는가? 우리는 이 이상의 어떤 특수한 계시를 기다리는 가운데나 있지 않은가? 성경에 교시(敎示)한 계시도 바로 감당 못 하는 인간으로 또 다른 계시는 필요치 않다는 것보다 감당(堪當)[21]할 수가 없는 것이다. 그런고로 우리는 성경으로 최대의 만족을 삼아 전적으로 성경 하나님의 말씀에 귀의하여 성경대로 살아보자.

---

20 원문의 '吾人의'를 '우리의'로 번역함.

21 원문의 '敢當'(감당)을 문장의 앞뒤 문맥을 살펴 '감당(堪當)'으로 수정하여 번역함.

이상 삼조(三條) 즉 양심, 기도, 성경은 우리[22] 신앙자의 중심생활에 불가결할 삼대(三大) 준칙(準則)이 되는 것이다. 이 준칙의 법에 순응하여 우리들이[23] 바른[24] 신앙생활을 할 수 있을 때 신 중심의 생활을 할 수 있는 것이다.

22 원문의 '吾人'(오인)을 '우리'로 번역함.

23 원문의 '吾等히'(오등히)를 '우리들이'로 번역함.

24 원문의 '正'(정)을 '바른'으로 번역함.

분리(分離) 합동(合同)

합동(合同)할 것이냐? 분리(分離)할 것이냐? 얼른 직감적으로 누구나 다 파괴적인 분리를 싫어하고 건설적인 합동을 좋아할 것이다. 마땅히 그리 하여야 할 것이다. 분리하는 개인이나 단체는 불원(不遠)의 장래(將來)에 망할 수밖에 없을 것이다. 그러나 어느 개인이나 단체를 물론하고 어느 일에나 사랑으로 합하여 하나가 되는 그 개인, 그 단체는 시시각각으로 흥하여 전진하리라.

그러면 분리는 비(非)요 합동은 진(眞)이냐? 어느 만치 그러하다. 그러나 전적으로 그런 것은 아니다. 주의(主義), 주장(主張)이 없는 분리나 합동은 다 비(非)가 되는 것이요 철저한 사상을 근저(根底)로 확호(確乎)한 주의와 주장을 세워서 진리를 사랑하여서 하는 분리는 비(非)가 아니며 진(眞)이요 그러한 합동은 말할 것도 없는 것이다. 그런고로 경우(境遇)에 있어서 분리하여야 할 때에 합동한다는 것은 관용이 아니요. 비중비(非中非)[1] 일뿐 아니라 아첨이요 또 영합(迎合)이다. 또한 반드시 합동하여야 할 경우에 분리한다는 것은 어떤 주의, 주장을 견고히 붙잡는다는 가식보다 죄악 중 최대 죄악이요 진리에 있어서 반역 중 최대 반역이요 그건! 마귀요 또 그 일군들이다.

더욱여 그리스도의 위대한 사랑을 부르짖는 우리[2] 기독신자 그리스도

* 『게자씨』 제5권 제10호(통권 62호)(1936.10), 6-10, 『게자씨 1936 (영인본)』, 292-296. 본문에서 제목은 分離合同이나, 목차의 제목은 합동(合同)·분리(分離)로 되어 있다.

1 원문의 '非中非'(비중비)는 '아닌 것 중에 아닌 것', 혹은 '그릇된 것 중에 그릇된 것'이라는 뜻임.

2 원문의 '吾等'(오등)을 '우리'라고 번역함.

의 사람 된 우리들은 합동할 것이냐? 분리할 것이냐? 그리스도의 십자가는 합동이었느냐? 분리이었느냐? 에베소 2장에 상세히 설명한 대로『원수 된 것을 그[3] 십자가로 소멸하시고』(16)[4]『둘이 원수 되었던 것을 폐하시니』(15)[5] 과연 그 십자가야말로 합동의 십자가다. 십자가가 없었던들 어찌 신인(神人)의 합동이 있었으랴.

그러나『선(善)과 불법(不法)한 것이 어찌 함께하며 광(光)과 암(暗)이 어찌 사귀며 그리스도와 벨리알이 어찌 합하며 신자와 불신자가 어찌 상관하며 하나님의 성전과 우상이 어찌 동류가 되리요』(고후 6:14-16).[6] 그렇다. 이 의미에서 분리는 분명히 진중진(眞中眞)[7]이다. 그리스도인을 성도라 하니 이 구별의 뜻이 있는 성자(聖字)는 벌써 분리를 충분히 가르치지 않는가(레 19:2)?[8] 그리하여 술에 물 타놓은 것같이 섞여 있던 세상에서 신인(神人)과 세인(世人)을 분명히 가르게 된 것이다. 이 의미에서 십자가는 확실히 분리인 것이다. 그리함에 십자가는 전적으로 합동의 표상(表象)이요 또 전적으로 분리의 표상(表象)이니 합동을 광(光)으로 생각하고 분리를 암흑(暗黑)으로 생각한다면 어찌 광(光)과 암흑(暗黑) 곧 합동과 분리 양자(兩者)가 다 진(眞)일 수 없는 것은 이에 확실 무오(無誤)한 사실이 아닌가? 그렇

3 원문의 '其'(기)를 '그'로 번역함.

4 엡 2:16, "또 십자가로 이 둘을 한 몸으로 하나님과 화목하게 하려 하심이라 원수 된 것을 십자가로 소멸하시고" (개역 개정).

5 엡 2:15, "법조문으로 된 계명의 율법을 폐하셨으니 이는 이 둘로 자기 안에서 한 새 사람을 지어 화평하게 하시고" (개역 개정).

6 고후 6:14-16, "너희는 믿지 않는 자와 멍에를 함께 메지 말라 의와 불법이 어찌 함께 하며 빛과 어둠이 어찌 사귀며 그리스도와 벨리알이 어찌 조화되며 믿는 자와 믿지 않는 자가 어찌 상관하며 하나님의 성전과 우상이 어찌 일치가 되리요 우리는 살아 계신 하나님의 성전이라 이와 같이 하나님께서 이르시되 내가 그들 가운데 거하며 두루 행하여 나는 그들의 하나님이 되고 그들은 나의 백성이 되리라" (개역 개정).

7 원문의 '眞中眞'(진중진)은 '참 중의 참'이라는 뜻임.

8 레 19:2, "너는 이스라엘 자손의 온 회중에게 말하여 이르라 너희는 거룩하라 이는 나 여호와 너희 하나님이 거룩함이니라" (개역 개정).

다면 여하히 십자가는 합동이요 또 분리니 한 십자가가 어찌 진(眞)이요 또 비(非)인 그 반대(反對)의 합동과 분리를 같이 의미할 수 있는가? 이는 모순된 사실이 아닌가? 확실히 그렇다. 모순(矛盾)이다. 모순 같은 여기에 신묘가 내재한 것이다. 십자가는 합동이면서 또 분리 이것을 신묘(神妙)가 아니라서 여하히 해석을 내릴 것인가? 이 신묘 가운데 우리는 여하히 살아야만 합당한가? 십자가의 한편만을 보아 십자가는 합동이니 분리를 떠나 합동하자 그리하여 무조건으로 광암(光暗)을 섞어 관용 포괄 등등의 미사(美辭)[9]를 붙여 신성한 교회를 더럽히는 일이 없지 않아 있다. 그러나 이런 합동은 십자가적 합동이 아니다. 또는 십자가의 다른 한 방면을 보아서 십자가는 분리니 분리하자. 진리는 넓은 길이 아니요 좁은 길이라(마 7:13)[10] 이렇게 생각하여 또 한편으로 지나치게 치우쳐서 잔뜩 신앙의 교만을 갖게 되어 형제를 업신여기는 죄에 빠진다. 그런고로 십자가의 합동이 있어야 하고 또 십자가의 분리가 있어야 한다.

일(一), 합동(合同)하자?

대(大)를 위하여 소(小)를 버리고 합동(合同)하자. 이 대동단결의 사상을 가진 개인이나 단체는 무서운 힘을 소유한다. 지금 보기에 미약하나마 함부로 취급할 수 없는 것이다. 세상일에 있어서 그리하거든 그리스도의 위대한 애(愛)를 절규하는 우리[11] 기독교 신자들이랴? 더욱 원수까지 사랑하

9 원문의 '美詞'(미사)를 문장의 앞뒤 문맥을 살펴 '미사(美辭)'로 수정하여 번역함.

10 원문은 '마七12'이다. 그러나 문장에서 인용한 구절은 마태복음 7장 13절이다. 마 7:13, "좁은 문으로 들어가라 멸망으로 인도하는 문은 크고 그 길이 넓어 그리로 들어가는 자가 많고" (개역개정).

11 원문의 '吾等'(오등)을 '우리'라고 번역함.

는 우리[12]들이랴?

언제나 애타적(愛他的) 정신이 없이는 합동이 없다고 할 수 있거니와 혹간(或間) 자기의 여하(如何)한 이해관계에 얽매여 합동적 정신을 가지는 일이 없음이 아니다. 이는 진정한 의미의 적극적 합동으로 사유(思惟)[13] 할 수 없음이니 합동이란 근본적으로 애(愛)의 근저(根底)에서 나와야만 하는 것이다. 사랑의 자체되시는 성부(聖父), 성자(聖子), 성신(聖神) 삼위일체 되시는 하나님은 인간들도 같은 사랑으로써 하나가 되기를 참으로 원하신다. 그런고로 주 예수께서 사랑하는 제자를 세상에 남겨두고 하늘에 오르실 기약이 이르렀을 때 그 중심의 기도는 어디에 있었는가? 요한복음 17장이 곧 이 주님의 간절한 기도니 22절 하반(下半)에 말씀하여 가라데 『나에게 주신 사람을 아버지의 이름으로 보전하사 하나가 되기를 우리가 하나가 됨 같게 하옵소서』 그 아래도 『저희로 하여금 하나가 되게 하사』 (21)[14] 『하나가 되게 하기를』(22)[15] 『하나가 되게 하여』(23)[16] 이 모든 거룩한 말씀은 다 합동하여 하나가 되기를 얼마나 원하신 말씀인가? 같은 십자가 깃발 아래 모여서 같이 그리스도의 사랑을 힘입어 구원받은 인간으로 주 예수의 그 사랑의 정신 또 희생적 정신을 철저히 알 수 있고 또 자신이 여하(如何)한 처지에 재(在)함을 진실히 알 수 있을진대 우리는 여하(如何)한 신세를 가졌는가? 그리스도의 사랑이 아니거늘 반드시 지옥 불을 면

---

12 원문의 '吾人'(오인)을 '우리'라고 번역함.

13 원문의 '思維'(사유)를 문장의 앞뒤 문맥을 살펴 '사유(思惟)'라고 수정하여 번역함.

14 요 17:21, "아버지여, 아버지께서 내 안에, 내가 아버지 안에 있는 것 같이 그들도 다 하나가 되어 우리 안에 있게 하사 세상으로 아버지께서 나를 보내신 것을 믿게 하옵소서" (개역 개정).

15 요 17:22, "내게 주신 영광을 내가 그들에게 주었사오니 이는 우리가 하나가 된 것 같이 그들도 하나가 되게 하려 함이니이다" (개역 개정).

16 요 17:23, "곧 내가 그들 안에 있고 아버지께서 내 안에 계시어 그들로 온전함을 이루어 하나가 되게 하려 함은 아버지께서 나를 보내신 것과 또 나를 사랑하심 같이 그들도 사랑하신 것을 세상으로 알게 하려 함이로소이다" (개역 개정).

(免)할 수 없는 인간이 아니었는가? 이제 이런 가련한 무리들이 주 앞에 감사밖에 또 무슨 불평을 저희끼리라도 할 수 있는 것인가? 그러나 아직도 인간은 아니 기독교 신자 된 우리 자신을 십자가에 던지고 그리스도의 사람 된 우리들![17] 그리스도는 죽으셨는데 완전히 그 육(肉)이 살고 있어 벌떡거리며 영예를 위하여 또 무엇을 위하여 그 육욕의 지배를 받게 되니 그만이야 신의(神意)에 순종할 수가 없게 되는 것이다. 성지(聖旨)는 우리 신자의 분리를 요구하지 않건만 우리 신자는 같이 하나님께 기도하면서 증오 나아가 분리 나아가 결원(結怨)까지 하게 된다. 이는 주께서 가장 섭섭히 생각하시는 일에 하나이다. 어찌하여 합동하지 못하는가? 아직도 살아 있었다는 것밖에 달리 생각할 수는 전연(全然) 없는 것이다. 내 눈앞에 십자가를 바라보고 비합동(非合同)이 있을 수 없다. 갑(甲)이 참으로 십자가의 사람이요 을(乙)이 그러하고 병(丙)이 그러할 때 그 갑을병(甲乙丙)이 여하(如何)한 이유로서도 하나가 되지 않을 수 없는 것이다. 같이 다 그 사랑에 목욕할 때 같이 감사밖에 더 남을 것이 도무지 있을 수 없다.

참된 합동은 오로지 그리스도의 사랑을 통해서만 될 수 있음이니 그 사랑의 속에는 무엇이 내재하여 있는가? 그리스도의 희생이 있는 것이다. 그 사랑은 곧 희생으로 된 것이다. 희생하는 정도는 그 형편과 그 사정에 따라 다르려니와 희생이 없는 사랑은 참사랑이 되지 못한다. 그러므로 참된 합동에는 상호의 희생이 절대 필요한 것이다. 희생이 없는 합동은 오래가지 못한다. 합동을 원하되 어찌하여 분리하고 마는가? 거기는 희생이 없는 까닭으로서 이다. 십자가의 주는 합동은 이 희생의 합동임을 불망(不忘)할 것이다. 구설(口舌)의 애(愛)는 아무 합동의 능력을 갖추지 못한다. 땀 한 방울이라도 흘릴 수 있는 희생이 나에게 있어야 비로소 참되게 사람의 마음을 이끌 수 있어 분리에서 합동으로 옮겨질 수 있는 것이다. 이런 사

17 원문의 '吾等'(오등)을 '우리들'이라고 번역함.

랑이 십자가의 사랑이요 십자가의 합동인 것이다.

일(一), 분리(分離)하자!

십자가는 합동(合同)뿐 아니라 정반대(正反對)의 분리도 되는 신묘(神妙)의 발현이니 깊도다. 이 신묘를 깨닫는 이 복 있으리라! 십자가는 전적 분리다. 한번 최후의 만회제(晩回祭)를 그리스도 십자가상에서 드리심에 다시는 사단이 일어설 수 없는 승리를 하셔서 완전히 사람에게 신앙하는 이가 구별된 생활을 하게 하신 것이다. 『이왕 몽매(蒙昧)[18]할 때에는 하나님께서 허물치 않으셨거니와 이제는 어느 곳에서든지 사람을 다 명 하사 회개하라 하시고』(행 17:30)[19] 명 하사 회개하라는 이 회개는 전적 분리를 지적(指摘)[20]한 말씀이다. 그런고로 복음이 인간에게 도달하기 위하여 그리스도의 선구자로 보냄을 입은 세례 요한으로부터 그리스도의 첫소리는 물론 모든 그 제자 사도, 모든 역대의 교부, 역대의 모든 전도자 오늘날까지 외치는 소리는 무슨 소리인가?

『회개하라』 너무 불러 그런가? 별로 심각히 귀에 들리지 않는다. 다른 말로 말하면 속(速)히 『분리하라』 그 말이다. 그리스도를 찾아 나오라고 할 때 분리함이 없이는 아니 되는 것이다. 때에 있어서는 부모도 처자도 분리하는 때도 없지 않은 것이다.

오늘날 우리는 분리를 생각할 때 또 실제 신앙생활에 있어서 외타적(外他的) 분리만을 생각하고 또 외타적 분리만을 실행하며 하려고 하나 대

---

18 원문의 '曚昧'(몽매)를 문장의 앞뒤 문맥을 살펴 '몽매(蒙昧)'로 수정하여 번역함. 앞으로 같은 경우는 모두 '몽매(蒙昧)'로 수정하여 번역함.

19 행 17:30, "알지 못하던 시대에는 하나님이 간과하셨거니와 이제는 어디든지 사람에게 다 명하사 회개하라 하셨으니" (개역 개정).

20 원문의 '指適'(지적)을 문장의 앞뒤 문맥을 살펴 '지적(指摘)'으로 수정하여 번역함.

내적(對內的)으로 나 자신이 분리되었는가? 이 큰 문제를 등한히 하고 마는 소위 그리스도의 사람이 많이 있다. 어떤 감정 혹 교리로 사람들끼리 분리에 나아가기 전에 먼저 내 자신의 분리를 단행하라! 『제 십자가를 지고 나를 따르라』(마 16:24)[21] 제 등을 보지 않고 남의 등에 십자가 없음을 말하지 말라. 만큼[22] 십자가의 분리는 내 자신의 전적 회개로서 분리되어야 한다는 것을 불망(不忘)하라.

또한 나아가 대외적(對外的)으로 철저치 못하게 우물쭈물하여 여기도 저기도 다 좋다. 바람에 불리는 갈대 모양으로 흐리터분하게 맹랑하게 지내려는 사람도 있다. 먼저 자신이 분리하여졌을 때 분명히 철저하게 내 태도를 선명히 할 수 있는 것이다. 신명기 22장에 소명(所命)된 포도원에 두 가지 씨를 뿌리지 말라는 명령과 소와 나귀를 짝하지 말라는 일이나 섞어 짠 의복을 입지 말라는(11)[23] 명령에 의한 광(光)과 암(暗)이 합동할 수 없다는(고후 6:14)[24] 모든 명령은 진리의 입장을 선명히 하라는 말씀이 아닌가? 주 예수께서 말씀하시기를 『옳은 것은 옳다고 하고 아닌 것은 아니라만 하라. 무엇이든지 이에서 지나면 악으로 좇아 나느니라』(마 5:37)[25] 말씀하지 않았는가? 언제든지 진리의 입장하여 태도를 선명히 하여 몽매히 가지지 말자. 한 방면의 진리를 몽매히 소유하였을 때 다른 진리도 그렇게 된다. 나아가는 천국도 좋고 지옥도 좋다는 마찬가지에 이를 수도 있는 것

---

21 마 16:24, "이에 예수께서 제자들에게 이르시되 누구든지 나를 따라오려거든 자기를 부인하고 자기 십자가를 지고 나를 따를 것이니라" (개역 개정).

22 원문은 '만츰'이다. '만츰'은 '만큼'의 사투리 표현이다. 따라서 원문의 '만츰'을 '만큼'으로 번역함. 이 뜻은 '그만큼'으로 여겨진다.

23 신 22:11, "양 털과 베 실로 섞어 짠 것을 입지 말지니라" (개역 개정).

24 원문은 '고후14'이다. 인용한 성경 구절을 살펴볼 때 이것은 고린도후서 6장 14절을 말하는 것으로 '6장'이 누락된 것으로 보인다. 고후 6:14, "너희는 믿지 않는 자와 멍에를 함께 메지 말라 의와 불법이 어찌 함께 하며 빛과 어둠이 어찌 사귀며" (개역 개정).

25 마 5:37, "오직 너희 말은 옳다 옳다, 아니라 아니라 하라 이에서 지나는 것은 악으로부터 나느니라" (개역 개정).

이다. 종교에서도 이 교(敎)도 좋고 저 교(敎)도 좋다 하여 사도행전 4장 12절[26]에 나타난 기독교의 절대성을 무시하는 데 이르기도 쉬운 것이다. 분리하여 철저치 못하다가는 성경이 권위를 상(傷)하는 데 이르는 것이다.

그렇다고 하여 자아가 척도가 되어서 남의 신앙생활을 도량(度量)하여 보고는 자기의 표준에 틀렸다고 합동적 정신이 없이 분리를 일삼는 것은 삼가 조심할 일이 아닌가? 여기에는 증오, 시기, 기타 등등 사탄의 지배(支配)[27]를 받아 십자가의 위대하신 사랑을 망각하고 그리스도를 섭섭하게 하는 지경에 들어가게 되는 것이다. 이런 분리 그것이 아니다. 십자가의 분리에는 사랑 또 나아가 긍휼이 있어야 하는 것이다. 진리의 태도, 선명에 있어 불가부득(不可不得) 분리하여야만 하겠는가? 그러면 형제를 위하여 겟세마네의 기도가 먼저 있을 수밖에 없다. 우리는 형제와 더불어 진리를 위하여, 교리를 위하여 분리 하고자 할 때 이런 긍휼이 있었는가? 사랑이 긍휼이 없는 분리는 사탄의 일이다. 십자가는 전적으로 분리로다. 그러나 그 분리는 사랑의 화체(化体)임을 불망(不忘)하라.

일(一), 분리(分離)할 것인가? 합동(合同)할 것인가? 다만 내 책임만 선히 감당할 것뿐이라.

여기서 만사(萬事)가 순(順)히 해결되는 것이다. 합동도 분리도 너무 의식적으로 고조(高調)하지 말자. 우리는 내 십자군 된 책무를 다할 뿐으로

26 행 4:12, "다른 이로써는 구원을 받을 수 없나니 천하 사람 중에 구원을 받을 만한 다른 이름을 우리에게 주신 일이 없음이라 하였더라" (개역 개정).

27 원문은 '사탄의 咬夰에支配'이다. '咬'라는 한자(漢字)는 그 음(音)과 훈(訓)이 '새소리 교, 물 교, 난잡한 소리 요, 음란한 소리 요' 등이다. '夰'은 '축'일 것이다. 그런데 '교축'이라는 한자어는 찾아볼 수 없다. 따라서 역자(譯者)는 '咬夰에'를 생략해도 문장의 이해에 큰 변화가 없으므로 '사탄의 지배(支配)'라고 번역함.

만족하다(유 3).[28] 십자군 된 나는 형제가 비진리(非眞理)를 위한다고 분리를 위하여 싸울 것도 아니요 하나가 되어야겠다고 합동을 그다지 고조(高調)하는 데 내 힘을 경주하는 것보다 내 위의 승리의 대장 또 전능의 대장 예수님의 명령만을 기다려 내 말은 목에 굳게 서서 내 원수를 방어하고 공격하고 사(死)를 각오할 뿐으로 나는 만족하다. 형제 병사가 불충하여 우리가 패할 터이니 잘라버려야 하겠다던가 권유하여야 한다던 가는 출전한 병사의 일이 아님을 알라(롬 12:19).[29] 이제 십자가의 깃발 아래 모인 우리 신도들은 지금 출전을 준비하고 있는 중인가? 불연(不然)하면 출전하여 싸우는 중인가? 공중에 권세(權勢)[30] 잡은 사탄은(엡 2:2)[31] 『날 인도하여 천당 길 잘 가게 하릿까?』(찬송 220, 제3절)[32] 나는 확실히 출전한 병사다. 출전한 병사로서 어디 불평불만을 가지는 것이 아니다. 승리는 물론 사(死)도 최대의 승리니 이것을 위하여 최대 만족이다. 내 귀는, 내 눈은, 내 온 정신은 주님의 어떤 지시가 계시는가? 여기에 경청(傾聽), 경시(傾視), 집중(集中)할 것뿐이다. 병사는 전쟁 후에 모르거니와 전시 있어서 승리나 실패를 우려하지 않는다. 그는 모른다. 그저 싸울 것뿐이다. 그 책무를 다한 병사는 실패도 승리가 되는 것이다. 그러나 우리 십자군(十字軍)[33]

---

28 유 1:3, "사랑하는 자들아 우리가 일반으로 받은 구원에 관하여 내가 너희에게 편지하려는 생각이 간절하던 차에 성도에게 단번에 주신 믿음의 도를 위하여 힘써 싸우라는 편지로 너희를 권하여야 할 필요를 느꼈노니" (개역 개정).

29 롬 12:19, "내 사랑하는 자들아 너희가 친히 원수를 갚지 말고 하나님의 진노하심에 맡기라 기록되었으되 원수 갚는 것이 내게 있으니 내가 갚으리라고 주께서 말씀하시니라" (개역 개정).

30 원문의 '救勢'(구세)를 문장의 앞뒤 문맥을 살펴 '권세(權勢)'로 수정하여 번역함.

31 엡 2:2, "그 때에 너희는 그 가운데서 행하여 이 세상 풍조를 따르고 공중의 권세 잡은 자를 따랐으니 곧 지금 불순종의 아들들 가운데서 역사하는 영이라" (개역 개정).

32 원문은 '찬송二二O, 第三절'이다. 1949년에 <합동 찬송가>를 발행하였으니, 저자(著者)가 인용한 찬송가는 아마도 1894년에 나온 <찬양가>의 가사이거나 1945년까지 사용되던 <신정 찬송가>, <신편 찬송가>이거나 <부흥성가>의 가사일 것으로 여겨진다.

33 원문은 '吾十字軍'(오십자군)이다. 여기에서 '吾'(오)는 '나, 자신'이라는 뜻이므로 앞의 '오등(吾等)'과 뜻이 같아 '오(吾)'는 생략하고 '십자군(十字軍)'으로만 번역함.

은 하등 우려할 아무 것이 없는 것이다. 이 의미에서 우리는 교회 속화(俗化)도 이단 발생도 그다지 염려할 것이 아니다. 책무를 못 하는 병사가 이를 염려한다는 것은 월권하는 죄에 빠지는 것이다. 십자군 된 우리들[34]이 바로 내 책무를 다하여 싸울 수 있을 때 왜 교회가 속화(俗化)되며 왜 이단이 일어나겠는가? 또 속화(俗化)되며 이단이 일어난다고 하더라도 문제가 아니다. 출애급[出埃及]의 가나안 정복군은 우리의 전례(前例)가 잘 된다. 60만이다. 승리하지 못하였으되 청년 여호수아, 갈렙 2인이로되 60만을 이기었고 가나안 7족을 이길 수 있지 않았는가? 고라가 반역하였으나 그의 승리는 어디 있었는가? 문제가 되지 않는다. 십자군 된 우리들은 전적으로 사랑할 이는 유일 우리 하나님뿐이요 전적으로 미워하고 싸울 것은 악마 그것뿐이다. 왜 형제를 미워하겠는가? 왜 같이 나선 병사를 시기할 것인가? 미워할 놈은 사탄뿐이다. 우리의 일만(一萬) 사(射)를 오직 한 곳에 쏠 것뿐이다. 어찌하여 합동이 (5페이지에 계속)[35]

(10페이지 계속)[36]

되지 않는가? 만사(萬射) 중 일사(一射)라도 사탄에게 향하지 아니함은 형제를 해하려 함이다. 왜 세상과 마귀와 육욕(肉慾) 기타 죄악에서 철저히 분리되지 못하는가? 싸울 원수를 모르는 까닭이다. 자기 나라를 위하여 출전한 병사가 원수의 참모를 파주는 것과 같은 것이다. 십자군 된 기독 신도들이여! 여러분의 사격처(射擊處)가 어느 곳에 있는가?[37] 합동을 원

---

34 원문의 '吾等'(오등)을 '우리들'이라고 번역함.

35 원문은 '五頁계속'이다. 이것은 '頁'(혈)은 '페이지'를 의미하는 한자어(漢字語)이다. 따라서 '五頁'(오혈)은 '5페이지'를 말하므로 '5페이지에 계속'이라고 번역함. 이것은 본 글이 기재된 『게자씨』 제5권 제10호(통권 62호)(1936.10)의 5페이지를 말함.

36 원문은 '十頁계속'이다. 이것은 『게자씨』 제5권 제10호(통권 62호)(1936.10), 10페이지에 이어진 글임.

37 원문은 '那邊에 在한가?'이다. '那邊'(나변)은 그 뜻이 '어느 곳, 어디'이다. '在'(재)는 '있다'라는 뜻이므로 따라서 '那邊에 在한가?'를 '어디에 있는가?'라고 번역함.

하며 분리를 원하는가? 일만(一萬) 사(射)를 오직 한 곳에 총 사격하자. 여기서 신묘내재(神妙內在)한 십자가의 합동 · 분리를 할 수 있는 것이다. **만사(萬射)를 오직 한 곳에!**

복음전도의 실제화

신자의 최고 최대 사명인 복음전도는 여하(如何)히 하여서 바로 감당할 수 있는가? 이 문제에 있어서 바로 생각할 수 있음은 우리에게 복중(福中) 최대복(最大福)이다. 이 소론(小論)을 시작하여 필자의 우견(愚見)의 일(一) 방면을 보이려 한다. 좀 더 깊은 사고 가운데서 발표하려고 연전(年前)부터 생각하면서도 아직 더 깊은 사고를 가(加)하여야만 된 것을 모름이 아니나 한 번 다른 방면으로 생각하니 적으나 크나 되었으나 못되었으나 이 의견을 내놓아서 지우(誌友) 제현(諸賢)의 고상한 의견을 첨가하여 완전한 전도의 실제문제를 얻을 수 있음은 얼마나 큰 일인 것을 알아 아직 되지 못한 의견을 발표하게 되었다.

서론(緖論)

전도자는 먼저 복음을 듣고 나가기 전에 자신에 충분한 준비가 절대로 필요한 것이다. 하나님께서 지난 시대에 쓰신 당신의 충성한 종들을 보라. 얼마만큼 준비를 철저하게 시키셨는가? 이스라엘의 구주(救主) 되는 모세가 40년 간 성역(聖役) 생활에 당하게 하실 준비는 애굽 40년 미디안 40년 80년의 준비가 필요한 것이었다. 당신(當身)의 크신 사명을 위하여서는 충분(充分)[1]한 준비를 하게 하신다. 천하를 주고도 바꿀 수 없는 한 생명

* 『게자씨』 제5권 제11호(통권 63호)(1936.11), 7–9, 『게자씨 1936 (영인본)』, 321–323.

을 구원하는 일은 (마 16:26)[2] 천하에 최고 최대의 일이라고 하지 않을 수 없다. 세상에서야 영화가 있든지 없든지 아니 도리어 핍박과 환난과 육적(肉的)으로 난중(難中) 최고 난사(難事)를 당하며 생명까지 잃어버리게 되는 경우에서도 이 일은 즐겁고 기쁨으로 감당할 수 있는 것이다. 이렇게 역사(役事)하는 데 있어야 할 준비가 반드시 있는 것이다. 이 준비는 내 어떤 유의적(有意的)으로 하는 준비보다 하나님께서 나를 이 일에 보내심에 아니 누구나 다 믿는 신도로서 이 사명이 있는 것이니 참된 그리스도인으로 벌써 이런 준비가 있지 않을 수 없다. 그 크신 사랑으로 구속함을 받은 인간으로서 이 크신 은혜에 어찌 감격하지 않으랴! 그런고로 참 그리스도인 곧 참 전도자는 이러한 자라야 하는 것이다.

일(一), **자아순결**(自我純潔) 이것은 제일 첫째 되는 것이다. 유리알 같은 심령을 소유한 그리스도인은 벌써 그 눈동자가 하나님의 빛이요 그 움직임이 훌륭한 전도가 될 수 있는 것이다. 알게나 모르게나 벌써 많은 사람을 감화시켰을 것이며 또 시키는 것이다. 그리스도인으로 어찌하여 담대하게 대구속(大救贖)의 이 사실을 증거하지 못하여? 혹은 재조(才操)[3]가 없다느니 말을 못 한다느니 등의 핑계를 부(附)하나 그 실은 순백한 심령을 가지지 못했기 때문이다. 이 순결한 심령을 소유한 사람은 벌써 전도의 책임을 감하기 전에 전도하고 있는 것이다. 하나님 앞에 자신 있게 모든 죄를 고하고 (요일 1:9)[4] 씻음을 받아 흠 없는 티 없는 심령을 소유한 그는

1 원문의 '忠分'(충분)을 문장의 앞뒤 문맥을 살펴 '충분(充分)'으로 수정하여 번역함. 앞으로 같은 경우는 모두 '충분(充分)'으로 수정하여 번역함.

2 마 16:26, "사람이 만일 온 천하를 얻고도 제 목숨을 잃으면 무엇이 유익하리요 사람이 무엇을 주고 제 목숨과 바꾸겠느냐" (개역 개정).

3 원문은 '才造'(재조)이다. 문장의 앞뒤 문맥을 살펴 '재조(才操)'로 수정하여 번역함. '재조(才操), 재조(才調)'는 '재주'의 원래 말[Daum 한국어].

4 요일 1:9, "만일 우리가 우리 죄를 자백하면 그는 미쁘시고 의로우사 우리 죄를 사하시며 우리를

하나님과 사람 앞에 능력 있는 생활이 있는 것이다. 하나님의 능력이 같이 하시는 고(故)이다. 여하(如何)히 적은 흠이나 티가 있을지라도 그 심령이 순결하지 못할 때는 아무리 힘 있게 살며 복음을 증거하려고 하여도 할 수가 없는 것이다. 벌써 자신이 주름 접혀 머리가 숙어질 수밖에 없는 것이다. 연고(然故)로 전도자는 먼저 이 일에 당하여 나가기 전에 제일보(第一步)로 반드시 하여야 할 것은 하나님의 밝은 빛 앞에 내 정체를 내놓고 옛날 다윗과같이 심령의 대수술을 받아 (시 51편) 모든 상처의 깨끗함을 받을 것이다. 이런 체험이 있어 머리 들어 하늘에 날 것 같이 경쾌한 가벼운 몸을 소유하는 감을 분명히 얻을 수 있는 것이다. 어제 내 심령을 그 앞에 내놓았어도 또다시 오늘 내놓아서도 또다시 이 복음 증거에 당할 때면 그 앞에 내 정체를 노출시킬 것이다. 먼저 회개 사죄 그리하여 순백한 심령을 소유할 것은 그리스도인 곧 전도자의 제일 조건이 되는 것이다.

이(二), **주님을 사랑하는 마음** 『네가 나를 사랑하느냐?』 (요 21:15)[5] 이는 삼차(三次)나 주께서 베드로를 향하여 물으신 말씀이다. 베드로에게뿐이랴! 오늘날 다 같이 신령한 귀를 기울여 들어보라. 주님의 음성은 내게도 오는 것이다. 『네가 나를 사랑하느냐?』 그리고 대답하여 보라. 『주여 그러하외다. 주를 사랑하는 줄 주께서 아시나이다』 베드로의 대답이었다. 모르시는 것이 없으신 주님 앞에 내 마음속 뼛속까지 통찰하시는 주님 앞에 주님을 사랑하는 이 마음을 주님이 아십니다. 답할 수가 자신(自信)[6] 있

모든 불의에서 깨끗하게 하실 것이요" (개역 개정).

5 원문은 '요二十一10'이다. 그러나 인용(引用)한 구절(句節)은 요한복음 21장 15절이다. 따라서 요한복음 21장 15절로 수정하여 번역함. 요 21:15, "그들이 조반 먹은 후에 예수께서 시몬 베드로에게 이르시되 요한의 아들 시몬아 네가 이 사람들보다 나를 더 사랑하느냐 하시니 이르되 주님 그러하나이다 내가 주님을 사랑하는 줄 주님께서 아시나이다 이르시되 내 어린 양을 먹이라 하시고" (개역 개정).

6 원문의 '自身'(자신)을 문장의 앞뒤 문맥을 살펴 '자신(自信)'으로 수정하여 번역함.

게 내게도 있는가? 자기의 살을 찢으시고 피를 쏟으셔서 그 생명 전체를 부으셔서 우리에게 주신 그 지극하신 사랑을 입은 그리스도인 곧 전도자 우리 성도들! 나는 얼마나 주님을 사랑하는가? 자성자사(自省自思)하여 보라! 『네가 나를 사랑하느냐?』 며칠 전에 삼차(三次)나 나는 주를 모른다고 하던 베드로에게도 『네가 나를 사랑하느냐?』 주님의 자애로우신 음성은 임하신 것이었다. 그러나 반(返)히 베드로는 이 음성에 공포를 느낀 것이다마는 그는 자신을 주 앞에 다 맡겨 자기가 사랑하노라고 답하지 않고 주님의 전지(全知)에 맡겨 자기 심령을 보시게 하였다. 우리들의 심령들을 주님의 전지(全知)에 맡겨 검토하여 보라. 주님을 사랑하는 마음이 세상을 사랑하는 것보다 부모처자(父母妻子)를 사랑하는 그 사랑보다 얼마나 더 한가? 얼마나들 한가? 주님을 전적으로 내 생명을 다 드려 사랑할 수 있을 때 주님은 또다시 『내 양을 먹이라』의 간절한 하명(下命)이 있는 것이다. 주님을 전적으로 사랑할 수 있는 자만이 이 복음전도의 사명을 완전히 감당하는 것이다. 결백한 양심을 소유한 자 주님을 사랑하지 않을 수 없다.

삼(三), 사람을 사랑하는 마음 위로 주님을 사랑하는 마음이 있으려니와 아래로 사람을 사랑하는 마음이 또한 있을 수밖에 없다. 저 저자[7]에 오고 가는 많은 영들, 팔고 사는 떠드는 모든 영은 구원받은 영들인가? 초로(草露) 인간 일생에 있어서 저들의 갈 곳은 어딘가? 흑발이 백발로, 청년이 노약(老弱)으로 인간은 간다. 가면 갈 곳이 어디들인가? 이제 잠깐 생각을 돌려 나사로가 아브라함의 품에서 누리는 그 영광과 부자(富者)[8]가 지옥 불에서 받는 그 고초를 잠깐 생각해 보라! 천당을 올려다보며 지옥을 내려다

---

7 원문의 '저자'는 1. 날마다 아침과 저녁으로 반찬거리를 사고팔기 위하여 열리는 작은 규모의 시장 2. 시장에서 물건을 파는 가게 3. '시장'을 예스럽게 이르는 말[Daum 한국어 사전].

8 원문의 '富子'(부자)를 문장의 앞뒤 문맥을 살펴 '부자(富者)'로 수정하여 번역함.

보는가? 그러면 예수를 믿지 않는 불상(不祥)한 영들의 갈 곳은 그 어디인가? 이제 사람을 사랑하는 마음이 내 마음에 차고 넘칠 때 어찌 그냥 보고 방관만 할 수 있으랴?

참 그리스도인 곧 전도자는 참으로 사람의 영을 자기의 생명을 던질지라도 사랑할 수 있는 자니 복음전도에 나가기 전에 이 심령을 소유하였는가? 진찰하여 볼 것이다. 하나님 앞에 맑은 심령을 소유한 자 주님을 사랑하며 사람을 참으로 사랑할 수 있는 것이다.

사(四), **전도책임**(傳道責任) 그리스도인 곧 전도자된 우리 신도는 전도의 책임감을 깊이 감할지니 만일 아니하면『그 피를 네 손에서 토죄(討罪)할 것이요』(겔 33:8)[9] 아! 무서운 말씀이다. 이런 책임 있는 명령이 우리에게 있다. 도무지 소홀(疏忽)이 사유(思惟)하지 못할 것이다. 그런고로 바울이 말하기를 내가 복음을 전할지라도 자랑할 것이 없음은 내가 아니할 수 없음이니 만일 전하지 아니하면 내게 화가 미치리라(고전 9:16).[10] 내가 전도 안 하여 믿지 않는 영(靈)의 핏값은 내 손에서 받으신다. 이런 무거운 책임감을 그리스도인 곧 전도자는 깊이 느낄 것이다.

오(五), **하나님의 말씀으로** 이상의 준비를 한 다음으로는 성경 말씀 그대로 나가 전하는 책임만 나에게 있는 것을 알 것이다. 나의 어떤 말이 아무 힘을 가지지 못한다. 내 이론은 서로 싸우는 싸움은 될지라도 영을 움

9 겔 33:8, "가령 내가 악인에게 이르기를 악인아 너는 반드시 죽으리라 하였다 하자 네가 그 악인에게 말로 경고하여 그의 길에서 떠나게 하지 아니하면 그 악인은 자기 죄악으로 말미암아 죽으려니와 내가 그의 피를 네 손에서 찾으리라" (개역 개정).

10 원문은 '고전十16'이다. 하지만 고린도전서 10장 16절로 본문에서 인용한 성경 구절은 고린도전서 9장 16절이다. 따라서 고린도전서 9장 16절로 수정하여 번역함, 고전 9:16, "내가 복음을 전할지라도 자랑할 것이 없음은 내가 부득불 할 일임이라 만일 복음을 전하지 아니하면 내게 화가 있을 것이로다" (개역 개정).

직일 수 있기는 하나님 말씀뿐이다. 하나님의 말씀이 아니므로 다 헛된 전도다. 사람의 영에게 생명을 줌에는 오직 하나님의 말씀뿐이다. 하나님의 말씀에 충분한 공부를 전도자는 요(要)한다. 그 말씀을 능통한 자만이 힘 있게 전도할 수 있는 자다. 하나님의 말씀이 아니거든 말하지 말라 이는 전도가 아니다.

-(차호(次號) 본론(本論))

일(一), 구전적(口傳的) 전도

일(一), 문서전도(文書傳道)

일(一), 우편전도(郵便傳道)

일(一), 간판전도(看板傳道)

일(一), 전도의 공업화(工業化)

일(一), 상설전도관(常設傳道館)

일(一), 기도전도(祈禱傳道)

복음전도의 실제화

서론(緖論) 전도자(傳道者)의 준비

1. 자아순결(自我純潔)
2. 주님을 사랑하는 마음
3. 사람을 사랑하는 마음
4. 전도의 책임감(責任感)
5. 하나님의 말씀으로

(이상 전호(前號) 술(述))

본론(本論)

일(一). 구전적(口傳的) 전도 (본호(本號) 술(述))

일(一). 문서전도(文書傳道)

일(一). 우편전도(郵便傳道)

일(一). 간판전도(看板傳道)

일(一). 전도의 공업화(工業化)

일(一). 전도의 음악화(音樂化)

일(一). 상설(常設) 전도관(傳道館)

일(一). 기도전도(祈禱傳道)

* 『게자씨』 제5권 제12호(통권 64호)(1936.12), 17-20, 『게자씨 1936 (영인본)』, 361-364.

일(一), 구전적(口傳的) 전도

1. 이론(理論)

초대교회에 있어서 신자의 입에서 「예수 믿으라」는 말이 떨어지지 않았다고 하는 사실은 오늘날 발전된 교회가 증거하거니와 종종 초대교회로 돌아가자는 초대교회의 신앙을 추모하여 마지않는 것도 다른 열심보다도 이 전도열(傳道熱)을 생각함이다. 또 다룰 것은 설혹 사유(思惟)한다고 하여도 모든 것은 그 전도열에 기인된 것이다. 혹 전도하는 당자(當者)로서 어느 만치 복음 진리에 어떤 확신이 없이 첫 열심으로 덤빈 사람도 불무(不無)할 터지만 요한복음 9장에 나타난 나면서 맹인되었던 사람처럼 다른 것은 다 모르되 한 가지(요 9:25)[1]는 확실히 알 수 있었던 것을 힘 있게 증거한 것과 마찬가지로 내외적(內外的)으로 핍박을 받으면서도 보는 사람마다 만나는 사람마다 전도하였다. 전도지를 손에 들고 또 입으로 전도한 것으로 오늘날 이런 결과를 가져왔다고 하는 것을 누가 부인할 수 있으랴? 복음전도의 실제문제에 있어서 첫째로 생각할 것은 입으로 증거하는 이것이다. 입 가진 자로서 누구나 다 누구에게든지 할 수 있는 것이다. 예수의 선구자 요한이 광야에서 「회개하라. 천국이 가까웠다」고 외친 것이고 예수께서도 3년 짧은 공역(公役)에 당하시어 쉬지 않으시고 복음을 반포하시며 또 제자들을 여러 곳으로 보내시어 전하게 하신 이 사실은 다른 방법으로 처음에 하신 것이 아니고 입으로 친히 증거하시며 또 증거케 하신 것이다. 이 일에 직접 당하고 있는 바울은 말하기를 『대개 사람이 마음으로 믿은즉 의에 이르고 입으로 증거한즉 구원함에 이르느니라』(롬 10:10)[2] 증거하였

1 요 9:25, "대답하되 그가 죄인인지 내가 알지 못하나 한 가지 아는 것은 내가 맹인으로 있다가 지금 보는 그것이니이다" (개역 개정).

2 롬 10:10, "사람이 마음으로 믿어 의에 이르고 입으로 시인하여 구원에 이르느니라" (개역 개정).

다. 연고(然故)로 먼저 복음전도에 사명을 같이 느낀 참 신자는 아니 참 신자로서 누구나 다 이 복음전도를 감하지 않을 수 없으니 진정한 그리스도인은 누구나 이 복음전도에 당하지 않을 수 없으니 먼저는 입으로 나아가 만나는 사람마다 증거할 것이다. 복음을 부끄러워할진대 주 앞에 어찌 설 수 있으리오?

2. 방법(方法)

그 방법이 단순하다. 거저 내게 말 할 수 있는 입을 주셨으니 힘 있게 나아가 증거할 뿐이다. 무슨 다른 방법을 요(要) 하랴마는 사람은 각각 특성이 있으니 그 특성에 따라 가장 능률 있게 내 최선의 역량을 다 드릴 수 있는 그 점(点)[3]을 골라 당함에 힘 있는 증거가 될 것이다. 물론 어느 방법으로나 내 중심이 끓어 나가 증거할 때 말을 잘하거나 못 하거나 그 말이 되었거나 못 되었거나 영을 움직일 수 있거니와 내 능(能) 있는 방법이 있어 그를 사용할 수 있고 또 끓는 중심이 벌써 있을 때 더 큰 힘을 발휘할 수 있는 것이다. 그러면 여하(如何)한 방법들이 있을 것인가?

1. 심방전도(尋訪傳道)[4] 이 일에 시간을 내어 내가 수입의 십일조를 하나님께 바치는 것과 마찬가지로 시간의 십일을 내어 전도에 나아가라. 그리하여 내가 잊지 않고 늘 기도하는 형제의 집을 찾아가자. 이 심방전도에 있어 반드시 잊지 않을 것은 먼저 심방(尋訪)[5] 받을 사람과 가정을 위한 기도의 저축이 있어야 한다. 아무 기도저축(祈禱貯蓄)이 없는 심방(尋訪)은 알

3 원문의 '点'(점)은 '점(點)'의 속자(俗字)이다.

4 원문의 '審訪傳道'(심방전도)를 문장의 앞뒤 문맥을 살펴 '심방전도(尋訪傳道)'로 수정하여 번역함. 앞으로 같은 경우는 모두 '심방전도(尋訪傳道)'로 수정하여 번역함.

5 원문의 '審訪'(심방)을 문장의 앞뒤 문맥을 살펴 '심방(尋訪)'으로 수정하여 번역함. 앞으로 같은 경우는 모두 '심방(尋訪)'으로 수정하여 번역함.

자형식(形式)이다. 아무 힘을 갖지 못한다. 그 집을 그 형제 그 자매를 위하여 기도하고 또 하고 내 중심에 간절한 심정이 떨어지지 않을 때 나아감에 발걸음에, 어조(語調)에 힘이 잔뜩 실리는 것이다. 이러한 준비를 하고 나아가 집을 찾아 형제를 찾아 말할 때 하나님의 자비가 전도자에게, 피전도인(被傳道人)에게 같이 내리는 것이다. 어떤 사람은 이 심방전도에 특히 장기가 있는 분이 있다. 그러나 이 장기(長技)를 믿고 다니다가는 실패하기 쉬운 것이다. 언제나 기도를 많이 저축하여 신전(神前) 쌓아둘 것을 불망(不忘), 불망(不忘)할 것이다.

2. 노방전도(路傍傳道) 또한 시간을 따라 수없이 많이 다니는 거리로 나아가 분주히 가는 사람에게 한마디 말을 전할 수 있거니와 좀 여유한 시간을 가진 자를 붙들고 복음을 전할 것이다. 또 능이 있을 때 많은 사람을 모아놓고 설교와 같이할 수도 있는 것이다. 약장사도 사람을 어떤 때는 수십 명을 모아놓고 외치거든 하물며 천국 복음을 들고나선 하늘 사자(使者)이랴? 그 중심에 참된 준비가 갖추어 있을 때 할 수 있는 것이다. 노방 개인전도의 필요는 대단하다. 이는 하여 본 이들이 알 수 있다.

그밖에 찾아오는 손님에게 어디를 찾아가서 신자는 마땅히 그 성명을 통한 후에 신불신(信不信)을 물을 것이다. 그가 신자가 아닌 경우에는 어느 일보다 이것이 큰 것임을 알아야 하겠다. 금일(今日)에 와서는 불신자들이 많은 데 가서는 자기가 도리어 신자임을 감추려 하는 영향도 불무(不無)하다. 사람 앞에서 나를 아노라 하면 하나님 앞에서 너를 아노라 하리라 하신 주님의 말씀을 기억할 수는 없는가? 자기 구주라고 생각하면서 어찌 증거를 등한히 할 수 있으랴? 내 입을 써서 전도할 수 있을 때는 언제든지 할 것이다. 산보(散步)하러 가서도 원기 있게 외치며 소리치는 소리 종종 듣는다. 이른 새벽 공연(空然)이 무가치한 소리를 외치는 것보다는 산중(山

中)에서 들에서 찬송을 높이 부르며 성구(聖句)를 높이 외일 수 있어 이 발(發)하는 말이 떨어지는 곳마다 어디든지 헛되지 않을 것이다. 이른 새벽 조기회를 조직하여 동무들을 깨우려 외치며 다니는 동리(洞里)가 있음을 보았다. 이런 때도 신자들일 때 성구(聖句)나 찬송하여 보라. 잠 중에 있는 사람들의 귀에 그 참 복음이 아니겠는가?

3. 그 실제문제(實際問題)(그 효과)

이론과 방법으로 그 실제를 반드시 생각할 수 없다. 이 구전적(口傳的) 전도에 있어 그 실제 곧 효과는 어떠하겠는가? 거저 예수 믿으라고 외치며 다니는 것은 무용(無用)이다. 오늘날 듣지 못하여 못 믿는 사람은 없다. 차라리 내 행위를 바르게 하여 본(本)을 끼칠 것이라고 한다. 그렇다. 참 옳은 말이다. 그러나 외치는 그 말이 결코 무용지규호(無用之叫號)[6]가 아니다. 백 번 듣고 안 믿어도 한 번 들어 믿을 사람이 있음을 잊지 말 것이다. 하나님의 정(定)하심에 어느 시간인 것을 무지(無知)하고 무능(無能)한 우리는 부지(不知) 한다. 만 번 들은 사람께도 만 번 배척한 사람께도 일만 한 번 듣게 일만 한 번 배척 당한 셈 치고 나아가라. 이런 인내에 주 반드시 축복하시리라. 아멘! 나는 어느 사람이 오늘 혹은 내가 전도하는 이 시간 믿을는지 알지 못하며 또 어느 사람이 하나님이 미리 정하신 천국 백성될 사람인지를 알지 못한다. 그런고로 나의 할 것은 부지런히 전하는 데만 있다. 그 결과까지 우리에게 하나님께서 책임지게 하지 아니하였다. 그런 의미에서 전도자의 충불충(忠不忠)은 갑자기 신도나 많이 얻는다는 그

6 원문의 '無用之叫號'(무용지규호)는 그 뜻이 '쓸모가 없는 큰 소리의 외침'이라는 뜻이다. 그런데 원문에서 '큰 소리의 부르짖음'이라는 한자(漢字)를 '叫呼'(규호)라고 하였다. 이것을 문장의 앞뒤 문맥을 살펴 '규호(叫號)'라고 수정하여 번역함.

것만으로서 사람은 알지 못한다. 그 지방과 인심 형편 관계(關係)[7]로 1인의 신자를 설혹 못 얻는다고 하여도 그가 충심 사랑으로 충(忠) 하였을 때 그는 참 전도자가 되는 것이다. 주님만은 잘 알아주시는 것이다. 그런 지대(地帶)에 수고한 이는 헛수고와 같이 생각하기 쉬우나 결코 아니다. 비록 지금 완고불청(頑固不聽)이나 나 죽기까지 하고 다음 사람이 하루 전도하여 터질 수도 있다. 그러면 그 새 전도자의 공(功)만으로 생각하겠는가 아니다. 그 준비는 전자(前者)가 다 한 것이다. 석수(石手)가 큰 돌 따내는 것을 보라. 법대로 적은 도구를 가지고 치고 또 치고 또 치면 마지막에 자기 소용(所用)될 대로 빠개지고 만다. 돌과 같이 아니 그보다 더 굳은 마음이라도 치고, 치고 또 쳐서 법대로 즉 충심의 사랑으로 힘 있게 칠 때 터지는 날이 불원(不遠)에 있을 것이다. 인간의 육체가 신진대사(新陳代謝)로 하루 전에 사람이 하루 후에 사람과 생리적으로 다르다는 것은 밝히 아는 이치와 같이 어제 하나님 말씀을 듣고 받지 않았으나 그 사람의 오늘 환경과 형편이 다를 때 또 어제 이런 하나님의 말씀으로 경고했으나 오늘은 이런 하나님의 말씀으로 위로할 때 감화를 받을 수가 있는 것이다. 그런고로 많은 사람 가운데 어제오늘 또 딴 사람에게 이 말씀을 증거할 수 있거니와 같은 사람에게라도 내가 소개하는 하나님 말씀을 달리할 수 있고 또 받는 그 사람의 형편이 다를 수도 있는 것이므로 우리는 언제나 전할 책임만 있는 것을 불망(不忘)할 것이다. 그 효과나 결과는 주께 맡기자. 이것을 지나치게 생각하는 것은 복음 증거에 영혼 구원에 나아가는 것보다 한 사업적 만족을 구하는 데서 지나지 않기가 쉬운 것이다. 전연(全然) 이 점을 생각 안 하는 것도 혹 자기를 잊어버리는 사람이 잘못하면서 자기 과오를 발견하지 못하는 수가 있을는지 모르나 그러나 참된 각오가 있어서 안 할 수

7 원문의 '人心形便關의係'(인심형편과의계)을 문장의 앞뒤 문맥을 살펴 '인심(人心) 형편(形便) 관계(關係)'로 수정하여 번역함.

없어서 하는 참된 신자는 그런 과오에 불입(不入)할 것이다. 그런고로 기독 신자 된 우리는 전하기만 하자. 그중(中)에[8] 더욱 말할 수 있는 자는 먼저 입으로 내게 어떤 큰 은혜가 내린 것을 힘 있게 증거할 것이다.

8 원문에는 '中에'(중에)로 되어있으나 여기에 '그'를 첨가하여 '그중(中)에'로 수정하여 번역함.

복음의 사람,

방지일

1937년

복음전도의 실제화

서론(緖論) 전도자의 준비

1. 자아순결(自我純潔)
2. 주님을 사랑하는 마음
3. 사람을 사랑하는 마음
4. 전도의 책임감
5. 하나님의 말씀으로

(이상 제5권 11호)

본론(本論)

일(一), 구전적 전도 (전호(前號) 술(述))

일(一), 문서전도 (본호(本號) 술(述))

일(一), 우편전도

일(一), 간판전도

일(一), 전도의 공업화

일(一), 전도의 음악화

일(一), 상설 전도관(傳道館)

일(一), 기도전도

---

* 『게자씨』 제6권 제1호(통권 65호)(1937.1), 23-27, (사)방지일목사기념사업회 엮음, 『게자씨 1937 (영인본)』 (서울: 홍성사, 2011), 35-39.

일(一), 문서전도

1. 그 필요성

나날이 향상하여 가는 오늘날에 있어서 가장 문화적 전도방법이라고 생각할 수 있는 것이 곧 이 문서전도이다. 시대 순응의 방법이라 할까? 여하간 그 필요성이 대단함을 깊이 느끼게 된다.

가. 받는 사람 편으로서의 필요. 전호(前號)에 술(述)한 바와 같은 구전적(口傳的) 전도에 있어서는 입 가진 사람 자기 자신으로서는 어느 형편이나 처지에서나 간절한 생각만이 있어 넘칠 때 문밖에만 나아가도 목자 없는 가련한 무리(마 9:36)[1]들이 얼마나 많은가? 붙들고 간절히 또 힘 있게 증거할 수 있다. 그러나 전하는 전도자의 환경 형편도 천태만상이려니와 받는 사람은 더욱 그러하다. 이런 사람, 저런 사람, 이 방면으로 받게 되지 아니하나 어 방면으로 받게 되는 수도 있고 이렇게 하는 것을 싫어하나 저렇게 하면 또 듣는 수도 있는지라 우리의 전도방법이 있다면 물론, 있는 방법대로 다 써볼 것이 아닌가? 어떤 사람은 길거리에서 전하는 말을 들을 기회도 없고 예배당에 갈 기회도 없고 자기를 찾을 사람도 전도자는 없는 사람도 있다. 이 사람은 이 형편이 그냥 계속할 때 그 사람이야말로 듣지도 못한 주를(롬 10:14)[2] 어찌 믿을 수 있으리오 이런 사람에게 있어서 문서전도는 절대의 필요성을 가지고 있다. 어떤 사람은 말을 듣기 원하지 아니하되 글 보기를 좋아하는 사람도 있어 어느 기회에든지 전도문

1 마 9:36, "무리를 보시고 불쌍히 여기시니 이는 그들이 목자 없는 양과 같이 고생하며 기진함이라" (개역 개정).

2 롬 10:14, "그런즉 그들이 믿지 아니하는 이를 어찌 부르리요 듣지도 못한 이를 어찌 믿으리요 전파하는 자가 없이 어찌 들으리요" (개역 개정).

(傳道文)을 읽을 수 있는 기회에 그는 자기도 모르게 성구(聖句)에 감화를 받을 수도 있는 것이다. 서두(書頭)에도 말하였거니와 오늘날과 같이 문화적 발전의 극치에 달한 이때 적절한 문서전도는 얼마나 많은 사람을 건질 수 있는지 모르겠다. 옛날 모세오경을 비롯하여 신약 복음과 및 모든 성경 말씀이 여하(如何)히 우리에게 전급(傳及)[3]되었는가!! 하나님의 말씀이 문자를 통하여 오늘날 우리에게까지 전하게 된 것이 아닌가? 금일(今日) 성서공회나 교회 서적을 발행하는 기관은 다 이 문서전도에 최 중대 역할을 감당하는 것이다. 더욱 성서를 출판하는 성서공회(聖書公會)[4]같은 기관이야말로 얼마나 중차대(重且大)한 것을 논할 것도 없다. 오늘날 팔백여 방언으로 역술(譯述)[5]된 복음은 도처에 어느 민족에게나 들리게 된 것이니 얼마나 큰일인가? 입으로 전하기만 하여 영구(永久)한 결과를 가져올 수 없다. 친히 볼 수 있게 하는 것은 절대로 필요하다. 이제 보통 우리 신도(信徒)를 상대하는 이 보편적 전도론에서 그런 큰일을 직접 다 하여야 한다는 말이 아니거니와 이 일에 필요를 감(感)할 때 어느 문서운동에나 우리 마땅히 기도로, 물질로 도움이 반드시 있을 것이다. 가다듬어 말하며 이 문서적 전도에 있어 받는 사람의 필요로는 첫째로 다르게, 전도 못 받을 사람에게 이 한길이 있어 복음을 전할 수 있는 이요 둘째로 듣기만으로 주입적 전도에서 한 걸음 나아가 친히 보고 받을 수 있어 소화(消化)하여 자진하여 복음을 받을 수 있게 함이 오직 이 문서전도의 필요성을 가지는 것이다.

나. 전도자로서의 필요

1. 어떤 사람은 마음에 불붙는 간절한 심성(心性)이 있지마는 자기 자

3 원문의 '전급(傳及)'은 '전하여 이르다'는 뜻임.

4 원문은 '聖公會'(성공회)로 되어 있지만 이것을 문장의 앞뒤 문맥을 살펴 '성서공회(聖書公會)'로 수정하여 번역함.

5 원문의 '譯述'(역술)은 '번역하여 기술(記述) 함'이라는 뜻임.

신의 형편으로 말에 능히 전연(全然) 없다든가 어느 형편으로든지 다른 방면보다 이 문서방면(文書方面)에 힘이 있어 자기의 받은 영력(靈力)을 여기에 실을 수 있는 사람도 많이 있다. 이런 사람은 이 방면으로 연구하고 생각함에 가장 많은 효능을 얻을 수 있는 것이다. 2. 또는 이 문서전도는 한자리에서 여러 곳에 전국적이고 세계적으로 복음을 뿌릴 수 있게 되는 것이다. 참 영력(靈力)이 힘 있게 실린 글을 만국(萬國) 만민(萬民)에게 다 나아가 한자리에서라도 크게 복음을 전할 수 있는 것이다.

성경 역사(歷史)를 들어보라. 바울이 한 곳에 있었으나 여러 곳에 전도할 수 있었고 여러 곳 교회도 목회(牧會)할 수 있지 않았는가? 물론 기도로 할 수 있었거니와 이 문서를 할 수 있었던 것이다. 우리에게 주신 이 성경 말씀과 평범하게 생각하는 우리의 문서운동을 물론 혼동(混同)할 수 없거니와 문서의 필요는 거듭 말하거니와 중차대(重且大)한 것이다. 바울과 같이 자기 자신이 매인 바 되었으나 이 일은 할 수 있었다.

성경 외에도 허다히 좋은 문서가 있어 많은 사람을 주께로 인도하였다. 그중에 더욱 번연 요한[6]의 천로역정(天路歷程)과 같은 것은 얼마나 많은 사람의 생명을 충동(衝動)시키었는가? 요한 같은 문서운동가가 많이 일어나기를 바란다.

2. 그 방법

효과(效果),[7] 필요성에 있어서 주지(周知)의 사실이라 더 말할 것 없거니와 그 방법에 있어서는 몇 가지로나 생각할 수 있을까?

6 천로역정을 쓴 존 번연(John Bunyan)이다.

7 원문의 '効果'(효과)를 문장의 앞뒤 문맥을 살펴 '효과(效果)'라고 수정하여 번역함.

가. 전도지(傳道紙) 발행. 이 일은 큰 문서 일책(一冊)[8]을 전무후무(前無後無)하게 내어놓는 것보다 도리어 큰일 가운데 큰일이다. 흔히는 이것은 한 광고지 모양으로 함이 재미없다고 하는 사람이 많이 있다. 보는 사람이 별로 없고 받아서는 버리는 것뿐이라 공연한 소비라고 생각하는 이가 많이 있다. 어떤 때는 그러하기도 하다. 그러나 참으로 전도의 필요를 느낄 때 그렇게 생각할 수는 없는 것이다. 이렇게 생각함은 마치 마리아가 지극히 귀한 기름을 예수의 발에 부을 때 유다가 아깝게 여긴 것과 마찬가지이다(요 12:4).[9] 천하(天下)를 주고도 바꿀 수 없는 생명을 생각하여 이 생명 구원에 있어서 만매(萬枚)의 전도지 아니 수백매의 전도지 가운데 한 장이 효능(效能)[10]이 있어 믿게 되는 일은 얼마나 큰일이다. 그런고로 정 함부로 뿌릴 것이 아니로되 개인 개인에게 주어 장날에 엿을 싸가도, 가져다가 방벽에 발라도, 심지어 길가에 내어버려도 아까울 것이 없다. 어느 사람이 어느 환경에서 처하여 그 한마디 말을 볼 기회가 있어 주(主) 앞에 나올 수 있다. 이는 얼마나 큰일인가? 어제 준 사람에게 오늘 또 준다고 해도 관계가 없다. 어제 쓸데없는 것으로 받았으나 오늘날 그렇지 않게 받을 수 있다. 한 번 예수 믿으라는 전도지라는 인상만 가지고 받아도 만족한 것이다. 그 잠깐이나마 손으로 받아 눈으로 본 감각이 언제나 사라지지 않고 소생할 날이 있을 때 그 생명은 큰 충동을 받는 것이다. 다만 한가지 크게 주의하여야 할 것은 전도지를 발행하는 일에 있어서 첫째로 전도 문구(文句)에 대하여 어떤 이론이 도무지 필요치 않다. 우리의 조직 있는, 재미있는 논(論)이 그 사람의 눈을, 귀를 재미롭게 할 수 있거니와 생명충동(生命衝動)에 아무 힘을 갖지 못한다. 이제 비록 그 심오한 뜻을 모르는 것 같되

8 원문의 '一冊'(일책)은 '한 권의 책(冊)'이라는 뜻임.

9 요 12:4, "제자 중 하나로서 예수를 잡아 줄 가룟 유다가 말하되" (개역 개정).

10 원문의 '効能'(효능)을 문장의 앞뒤 문맥을 살펴 '효능(效能)'으로 수정하여 번역함.

하나님 말씀 그대로 쓰여있는 전도지를 발행하여 전할 것이다. 조선교회에도 이제는 허다히 전도지 종류가 많이 있다. 어느 종류가 좋고 그른 것을 말할 수 없거니와 무슨 과학적 재담이나 철학적 이론이나 우화적(寓話的)[11] 이야기는 절대로 금할 것이다. 하나님의 말씀은 능히 사람의 심혼골수(心魂骨髓)를 쪼개나니(히 4:12)[12] 이 말씀밖에 사람의 마음을 찌르고 감동시킬 말씀이 없는 것이다. 또 이 말씀 가운데는 얼마나 묘하고 힘 있는 말씀이 만재(滿載)하여 있는지 어느 형편, 어느 처지(處地)에 있는 사람에게나 다 그 마음 밑창까지 그려 놓은 말씀이다. 그런고로 전도하는 자 마땅히 이 말씀에 능통할 것이거니와 더욱 문서전도에 당하는 자 이 말씀 그대로 소개할 것을 잊지 말 것이다. 그 전도지 질(質)[13]에 있어 가급적 야하게 빛깔을 쓰는 것도 좋지 못하다. 백색지질(白色紙質)로 아주 좋은 양지(洋紙)에 가급적 할 수 있는 것이 좋을 것이다. 광고지와같이 울긋불긋한 것은 신성(神聖)치 못하다.

나. 정기간행물. 주간(週刊)이나 월간(月刊)이나 계간(季刊)[14]이나 어느 것이든지 정기간행물을 발행하여 진리를 증거하는 것은 크게 필요하다. 사회간행물(事會刊行物)은 작고 느리다는데 교회간행물(敎會刊行物)은 더욱 아름답게 힘 있게 발전하여 크게 활약할 때이다. 한 번 출판하여 내놓으면 언제든지 그 진리가 사라지지 않는다. 이런 사업은 신자에게 와 불신자를 위함이 무엇인가 생각하게도 될 터지만 혹 직접 간접의 문제가 있을는지는 몰라도 이도 큰 전도이다. 오늘날 더욱 청년운동에 있어서 오육년

11 원문의 '우話的'을 문장의 앞뒤 문맥을 살펴 '우화적(寓話的)'으로 수정하여 번역함.

12 히 4:12, "하나님의 말씀은 살아 있고 활력이 있어 좌우에 날 선 어떤 검보다도 예리하여 혼과 영과 및 관절과 골수를 찔러 쪼개기까지 하며 또 마음의 생각과 뜻을 판단하나니" (개역 개정).

13 원문의 '전도紙質'을 '전도지(傳道紙) 질(質)'로 수정하여 번역함.

14 원문의 '季間'(계간)을 문장의 앞뒤 문맥을 살펴 '계간(季刊)'으로 수정하여 번역함.

전과 다른 것을 보지 않는가? 오육년 전만 하여도 청년운동이란 우리 기독교회 홀로의 일이라 할 만치 힘 있게 운동되지 않았는가? 그러나 금일(今日)에 와보라! 어느 방면에 이 운동이 기울어졌는가? 어떤 외촌(外村) 교회에 한 2년 전 방문한 일이 있었다. 주일이나 청년은 1명도 찾을 길이 없었다. 교회 당국자에게 물은즉 오늘 청년회가 있는데 오늘뿐 아니라 주일은 휴일이라고 매주일마다 꼭 모이는 고로 이렇게 된다고 하였다. 그 자세한 사정을 이야기했으나 이 사실을 얼마만치 짐작하겠는고로 말하지 않거니와[15] 앞으로 이런 영향이 많으리라고 생각한다. 이런 청년들에게 나아가 복음의 진리를 어느 방면으로 전할 수 있겠는가? 그 유일의 길은 이 문서 전도라고 나는 깊이 감(感)한다. 기독교를 연구하려 호기심(好奇心)[16]이 있는 자에게 물론이거니와 이는 극소수요 다대수(多大數)의 청년들을 위하여 적당한 문서를 간행하여 어떤 방면으로든지 선전하여, 한 주일(週日)에 한 번 한 달에 한 번씩이라도 이 진리에 접촉할 수 있는 것은 큰일이다. 책상머리에 놓인 책은 오늘 볼 기회가 없으나 어느 때든지 볼 기회에 보기만 하면 한 번 본 그 말씀이 힘없이 사라지지 않는다.

다. 기타 출판물 (기타 여러 방면으로 출판물을 간행하여 문서에 공헌을 줄 수 있으나 가장 보편적인 것만을 차편(此便)에 논하기로 하여 끝낸다).

3. 실행여부

그러면 이 일 실행여부(實行與否)에 있어서 믿는 사람이라고 다 이 일에 당할 바 못 되나 이 일의 필요를 감(感)할 시 같이 합심협력 하지 않으면 할

15 원문의 '짐작하겠는로말치않거니와'을 앞뒤 문맥을 살펴 '짐작하겠는고로 말하지 않거니와'로 수정하여 번역함.

16 원문의 '好氣心'(호기심)을 문장의 앞뒤 문맥을 살펴 '호기심(好奇心)'으로 수정하여 번역함.

수 없다. 오늘날 우리 교계(敎界)에 최근에 이르러 수종(數種)의 문서운동이 있다. 얼마나 희소식인가 어떤 이는 근일(近日) 너무 많이 나오는 감이 있다고 하는 이도 있다. 그러나 잘못된 생각이다. 얼마든지 많아서 이 방면으로 저 방면으로 진리를 증거하며 또 선전하여 많이 보게 하는 일은[17] 필요한 것이다. 사람의 형편과 생각이 다르니만치 여러 종류의 간행물은 필요하다. 그러나 한가지 염려는 그 수한문제(壽限問題) 그것이다. 이 잡지가 나와서[18] 몇 달을 가느냐, 혹 몇 년을 가느냐, 그것이다. 벌써 싹트다가 스러진 것도 있고 자라다가 스러진 것도 있었다. 그리고 어떤 선교기관의 간행물밖에 오래 수한(壽限)을 차지한 것이 없다. 최근에 출생한 혹 움트는 간행물이 얼마나 길게 수한(壽限)을 가지겠는가? 모른다. 아직 전도지 발행하라고 문서운동에 보태라는 이런 문화사업에 물질로 돕는 이는 우리 교계에 없다고 하여 과언이 아니다. 이런 특별원조(特別援助)가 있기 전에는 어느 개인 어느 단체가 그냥 유지하기는 참 곤란이다. 그런고로 이 일의 실행자는 이 일에 깊이 느끼는 분들의 총(總)이 합심합력 하는 일이 일에 지속을 위하여 필요하다. 앞으로 더욱 절대 필요를 감(感)할 이 문서운동을 우리는 결코 등한시(等閑視)[19]할 것이 아님을 마지막으로 말한다.

17 원문의 '많이보게하두세일은'을 문장의 앞뒤 문맥을 살펴 '많이 보게 하는 일은'으로 수정하여 번역함.

18 원문의 '나와가지고'를 '나와서'로 수정하여 번역함.

19 원문의 '等寒視'(등한시)를 문장의 앞뒤 문맥을 살펴 '등한시(等閑視)'로 수정하여 번역함.

신앙의 실력화

신앙을 실력화(實力化)하자. 이는 벌써 신앙개념(信仰槪念)[1]을 몰이해한 말이 아닐까? 신앙(信仰)[2]이란 것이 벌써 가장 큰 힘인 것을 성경은 명료히 가르치지 않는가? 그렇다면 어떤 의미에서 신앙을 실력화(實力化)할 것인가? 참된 신앙이란 벌써 무한한 힘의 내재를 의미한 것이거늘 별달리 실력화할 무엇이 거기 있겠는가? 확실히 그렇다. 힘이 없는 신앙은 참 신앙이 아니다. 고로 논할 것도 없다. 개인으로서나 단체로서나 신앙이 있다고 하면 벌써 무한한 힘이 있는 것을 의미하는 것이다. 그러하기는 그러하나 오늘날 우리 실제 신앙생활에 있어 너무나 무력함을 느끼지 않는가? 그러면 전연(全然)히 신앙이 없어 그런가? 이것을 이제 명료히 발라내고자[3] 하지 않는다. 지금 가지고 있는 그 신앙에서 재출발이라고 하든지 재결심이라고 하든지 어떠한 말로 어떠한 술어로 말하든지 좌우간 참된 신앙을 파지(把持)하는 데 도움이 될 수 있는 일이라면 말하여 볼 필요가 있는 것이요, 생각해 볼 필요를 가지는 것이다. 보통으로 우리 인간은 세속화하기가 쉬운 고로 어떤 자극이 때로 있어 감촉이 있어야만 결심도 열(熱)도 부흥도 일어나는 것이다. 불연(不然)하여 아무 충동을 받지 못하고

---

* 제6권 제2호(통권 66호)(1937.2), 37-41,『게자씨 1937 (영인본)』, 91-95.

1 원문의 '신仰槪念'(신앙개념)을 문장의 앞뒤 문맥을 살펴 '신앙개념(信仰槪念)'으로 수정하여 번역함.

2 원문의 '신仰'(신앙)을 문장의 앞뒤 문맥을 살펴 '신앙(信仰)'으로 수정하여 번역함. 앞으로 '신仰'(신앙)으로 된 것은 모두 '신앙(信仰)'으로 수정하여 번역함.

3 원문의 '발가내고저'를 문장의 앞뒤 문맥을 살펴 '발라내고자'로 수정하여 번역함.

있으면 그저 내 신앙이 괜찮지 않은가 보다. 믿는 것은 이런 것이라. 이런 것이라. 이렇게만 생각하여 참 신앙열(信仰熱)이 감(減)[4]하여지고 힘이 줄어지게 되는 것이다. 그런고로 이제 나의 믿음이란 참으로 실력이 있는 믿음인가라는 의문(疑問)으로[5] 이 문제를 생각해 보자!

우리 신앙의 표현이 다방면으로 나타난다. 이런저런 개인생활에 있어 단체생활에 있어 사회생활에 있어 신앙의 행동표현이 나타나 신앙이 있고 없는 것을 자신 또는 타인이 알게 되는 때도 있다. 그러나 바른[6] 신앙의 표준(標準)[7]은 신자생활의 원리가 되는 삼대준칙(三大準則)이라고 할 수 있는 성경, 기도, 전도 차(此) 삼자(三者)가 되는 것이니 간단히 말한다고 하면 나는 성경에 실력(實力)이 있는가? 기도에 실력(實力)이 있는가? 전도에 실력(實力)이 있는가로 내 신앙은 누구에게 묻기 전에 완전히 똑똑히 알 수 있는 것이다.

일(一), 성경의 실력(實力)

이는 우리 신앙의 생명이다. 양식이다. 생수이다. 영(靈)은 때로 이 양식을 이 생수를 요구한다. 이 양식을 흡족히 취하여 영이 윤택하고 이 생수를 취하여 영의 활동을 자유로 할 수 있는 것이다. 좀 은혜를 사모하는 청년들 가운데서 기도는 은혜의 문이 되는 줄을 잘 알아 열심으로 기도한다. 밤을 새우며 금식하며 산중을 찾으며 덤비나 성경연구에 있어 연구라는 전문적 술어보다 성경 생명양식에 있어 간절하지 못하게 되는 폐단(弊

4 원문의 '感'(감)을 문장의 앞뒤 문맥을 살펴 '준다'는 뜻의 '감(減)'으로 수정하여 번역함.

5 원문의 '믿음인가의疑問으로'를 '믿음인가라는 의문(疑問)으로'로 수정하여 번역함.

6 원문의 '正'(정)을 '바른'으로 번역함.

7 원문의 '表準'(표준)을 문장의 앞뒤 문맥을 살펴 '표준(標準)'으로 수정하여 번역함.

端)[8]이 있다. 기도를 한 시간 하려거든 성경은 두 시간을 보라! 생명이 있어 주와의 교제가 참되다(물론 참된 생명이 있는 자 그 전 생활이 기도화할 것이다. 은혜를 사모하여 정한 시간에 기도하는 것을 말함이다). 극한 신비주의의 폐(弊)[9]는 여기서 생기는 것이다. 말로만 성경은 생명의 양식이라 말하지 말고 매일 육이 밥을 먹어야 사는 것과 마찬가지로 매일 먹어야 한다. 분주하여도 먹어야 한다. 누구라 분주하여 먹고 일하는 자 있는가? 이런 이론만을 생각지 말자. 매일 성경을 보아야 된다. 성경을 보지 않고 무슨 믿음을 찾아볼 수 있겠는가? (그럼, 글 못 보는 부노(婦老)가 많은 우리 교회현상에 있어 과한 말이라고 할까? 이런 반문(反問)은 집어치우자. 글을 모르면 배우고 이것도 못 하면 들어야 한다. 참[10] 경건한 신도들은 다 이렇게 사는 것이다). 성경에 우리 신자 생활의 전부를 명명백백히 다 가르쳤다. 큰 것으로 적은 데까지 어느 것에 있어 안 가르치신 것이 없다. 확실히 그러하다. 이러함에 불구하고 믿는 사람들이 왜 성경에 가르치지 않은 또 금하는 말을 하며 행동하며 사업을 하는가? 자기가 신앙하지 않아서가 아니요. 성경을 모르는 연고다. 날마다 성경을 보고 읽고 하여 그 생명의 양식이 살이 되고 피가 되며 뼈가 되었을 때 그는 어느 일도 어느 생각도 어느 행동도 어느 사업도 성경이 무엇을 가르치는가? 생각하기 전에 벌써 성경에 맞게 할 수 있는 것이다. 그러하겠는가? 심사하여 보라! 그렇게 성경이 살과 피와 뼈는 못되어 성경화신(聖經化身)은 못되었을망정 어찌하여 믿는 사람으로 어느 일을 시작 경영(經營)할 제 이 일에 성경은 여하(如何)히 가르쳤는가도 생각지 않는가? 대부분으로 신앙생활과 육적 어느 일은 별개의 일인 줄 아는 사람이 많다. 바로 말하면 교회당에

8 원문의 '廢端'(폐단)을 문장의 앞뒤 문맥을 살펴 '폐단(弊端)'으로 수정하여 번역함.

9 원문의 '廢'(폐)를 문장의 앞뒤 문맥을 살펴 '폐(弊)'로 수정하여 번역함.

10 원문의 '眞'(진)을 '참'으로 번역함.

가서는 목사 일, 장로 일, 집사 일에 당하여 충(忠)이 잘하나 거기를 떠나 다른 자리에 있을 때 또 장로, 집사와 같은 비전문적(非專門的) 교역자일 때는 그 사업과 신앙생활 과를 별문제(別問題)로 생각하는 경향이 오늘날 있는가? 없는가? 참된 회개, 참된 각성이 있을 것이다. 어떻게 생각하여서 신자라고 하면서 어느 육의 일이라도 성경에 가르친 것을 상고함이 없이 할 수 있을 것인가? 오늘날 우리 신도들은 이 점(点)[11]에 있어 재삼(再三) 각오가 반드시 있을 것이다. 이런 각오가 있어 성경을 매일 보고 성경을 부지런히 공부하고 또 연구도 하게 될 수 있는 것이다.

방법에 있어서 이런 절대의 필요를 감(感)하는 이 생명의 양식, 이 생명의 생수는 여하(如何)히 실제적으로 잘 먹을 수 있겠는가? 일용할 육신의 양식과 같이 느끼는 것이 첫째려니와 느끼어도 그 실제 실행에 있어 여하히 할 것인가? 그 방법이 있으면, 있는 대로 연구하고 토론하여 최선의 방법을 취하고 가장 묘한 법을 생각하여 볼 수 있으면 얼마나 필요할 것인가? (좋은 방법이 있는 분은 또 자기의 매일 거르지 않고 보는 경험 같은 기사를 본사(本社)에 보내면 여러 사람에게 참고될 것은 본지(本誌)에 기재 발표하겠습니다) 이제 본(本) 소론(小論)에는 필자의 경험과 아울러 보통으로 잘 지킬 수 있는 방법 몇 가지만을 술(述) 하여 보려 한다.

1. 아침 일어나서 저녁 잠들기 전에 이는 참 가장 좋은 방법이 될 것이다. 깨어서 잠깐 기도한 후에 머리 앞에 놓았던 성경을 끌어당기어 한 장씩 보는 것쯤은 습관만 되면 별문제가 없는 것이다. 그렇게 해서 하루 아침, 저녁 두 장씩 보면 1년 220일이면 창세기부터 묵시록까지 볼 수 있다. 하루 좀 더 힘써 3장씩을 보면 1년 31일이면 전(全) 책을 한 번 다 볼 수 있다.

2. 성경을 꼭 가지고 다니는 습관을 기르자. 그리하여 정거장이나 어

11 원문의 '点'(점)은 '점(點)'의 속자(俗字)임.

디 가서든지 기다리게 될 때는 공연히 시간을 낭비하지 말고 성경 볼 습관을 지니자. 잡지나 신문 든 청년 남녀들은 많으나 성경 든 이는 보기 힘들다. 습관만 기르면 문제가 없다.

3. 성경절(聖經節) 카드를 만들어 넣고 다니자. 외국어 단어를 외우기 위하여 단어책 혹 카드를 사용함같이 성경절(聖經節) 카드를 만들어, 가지고 다니며 성경절 기억을 힘쓰자. 이는 우리 실제 생활에 얼마나 유용하다. 더욱 개인전도에 절대로 필요하다. 시(詩) 한 수를 읽어 시원함과 쾌감을 얻는 이도 있거든 하물며 하나님의 말씀이랴? 혹 집 벽에 아름다운 글씨도 써서 붙이고 자녀를 가르치며 들어오며 나갈 제 하나님 말씀을 읽는 것도, 읽는 그 사람의 좌우명이 될 것이다(신 6:7-9).[12]

범위(範圍) 다음으로 생각할 것은 성경을 보는 범위에 있어서 어떤 이는 보기는 보되 별로 이 꼭 국한하여 좀 중요한 부분만 골라서 산상수훈 같은 것이나 사복음(四福音)이나 혹 바울 서신까지 혹 신약까지 겨우 보아 보고는 구약은 들쳐도 안 볼 뿐 아니라 구약책(舊約冊)은 사지도 않은 신자가 다(多) 하다. 그리하여 예배당에들 갈 때는 찬송이나 신약 한 권이면 만족으로 생각한다. 보라! 오늘날 신구약을 다 가지고 예배당 다니는 신실한 신도는 얼마나 되던가? 신구약을 다 가진 직원(職員)들은 몇이나 되던가? 여기 이상 말을 더 하지 않거니와 신구약 성경은 다 같이 하나님의 말씀으로 받을 것이 아닌가? 필요에 응하여 더 중요한 교훈이 있는 것이 있다. 자연히 그 부분은 많이 읽을 것이다. 그러나 타부분(他部分)은 평생 들쳐도 보지 않는 것은 웬일인가?

다른 나라는 모르거니와 우리 조선교회 신도들은 구약(舊約) 보는 습

12 신 6:7-9, "네 자녀에게 부지런히 가르치며 집에 앉았을 때에든지 길을 갈 때에든지 누워 있을 때에든지 일어날 때에든지 이 말씀을 강론할 것이며 너는 또 그것을 네 손목에 매어 기호를 삼으며 네 미간에 붙여 표로 삼고 또 네 집 문설주와 바깥 문에 기록할지니라" (개역 개정).

관을 좀 길러야겠다. 신약(新約)에 있어 아버지의 은혜를 밝히 나타냈거니와 구약에 있어 하나님 친히 모든 일에 관계하사 직접 인간생활에 관계하신 사실들이니 우리 신앙생활에 좋은 법(法)이 된다. 신약에 신앙생활의 원리를 가르쳤다고 하면 구약에 그 실제(實際)를 가르쳤다고 할까? 어떻게 설명하면 신구약을 바로 설명할까 모르겠다. 다르다면 좀 다르기도 하지만 종시(終始) 일관(一貫)하여 구약은 허락이요 신약은 성취이니 원인과 결과라 할까? 무엇으로 말하든지 좌우간 신구약 성경은 같은 하나님의 말씀이니 어느 것을 치우치지 않아야 하겠다. 성경 전편(全篇)을 통독하여야 바로 성경을 안다고 할 것이다. 구약 예언서(豫言書)[13] 같은 것은 어렵고 또 취미(趣味)가 가지 않는다고 생각기도 쉬울 것이다. 그러나 한 번 보면 그만큼 깨닫고 두 번 보면 그만큼 깨닫는다. 보면 볼수록 더 확실한 뜻이 들어오는 것이다.

더욱 이런 이치를 알면 성경 어느 부분만을 고르지 않을 것이다. 성경 전부가 물론 하나님의 계시(啓示)나 하나님의 계시가 꼭 성경 그것만이라고 할 수 없는 것 같이 성경 여기 나타난 뜻이 이 진리를 가르치나 저 부분에 저 진리를 가르쳐 한 편만 보고 판단할 수가 없다. 그렇다고 두 부분이 모순되거나 반대되지 아니한다. 두 부분을 다 알아 완전한 뜻을 나타내는 것이다. 하나님의 전(全) 계시가 성경에 다 나타날 수 없으나 그 나타난 계시만 우리가 감당(堪當)[14]할 수 있어 너무나 만족하다. 그 계시는 우리 신앙생활에 있어 족(足)[15]하다. 타(他)를 요(要)치 않는 것보다 감당할 수 없다.

---

13 원문은 '預言書'(예언서)이다. 중국어(中國語)에서는 '예언(預言)'으로 사용하기도 하나 일반적으로 '예언(豫言)', '예언자(豫言者)'로 사용함으로 '預言書'(예언서)'를 '예언서(豫言書)'로 수정하여 번역함.

14 원문의 '敢當'(감당)을 문장의 앞뒤 문맥을 살펴 '감당(堪當)'으로 수정하여 번역함. 앞으로 같은 경우는 모두 '감당(堪當)'으로 수정하여 번역함.

15 원문은 '足足'(족족)이다. 이것을 문장의 앞뒤 문맥을 살펴서 '족(足)'으로 수정 번역함. 그 뜻은 '만족(滿足)'이라는 뜻임.

받은 이것만 잘 알고 연구하고 순종하여 지킬 것이다. 다만 이 받은 계시를 일관(一貫)하여 알기를 노력할 것이다. 좀 신령(神靈)이 나아가려고 하는 분들은 어떤 묵시문(默示文)에만 전력을 경주하여 아주 편협한 고집을 하는 일이 있게 된다. 물론 전문적으로 연구하는 이가 있어 연구할 것은 당연하다. 전편(全篇) 성경을 다 안 후(后)[16]에 어느 한 책을 파고 들어가야 위험이 없는 것이다. 전문가는 전문가고 보통으로 우리는 성경 읽는 범위에 있어 성경 전편(全篇)을 통독할 것을 불망(不忘)할 것이로다.

읽는 식(式)에 있어 거저 뜻도 모르고 보기만 이 무슨 필요가 있는가? 하는 사람도 있다. 결코 그러하지 않다. 먹으면 유익한 것이니 먹어볼 것이다. 한 번에 맛이 안 나도 또 먹어보고 그렇게 자꾸 먹어보는 것이 필요하다. 그런고로 사경회(査經會)나 성경공부에 부지런히 참여하여 성경 배우기를 힘쓰려니와 첫째는 자꾸 보아야 한다. 주석(註釋)을 놓고 볼 것인가? 한 책을 다 보아 뜻을 알고 볼 것인가? 등등. 어떠한 식으로 읽을까 생각할 수 있다. 나는 이렇게 생각한다. 어떠한 부분을 전문적으로 연구함에 주석도 놓고 한 절을 하루 종일 연구할 수도 있으나 보통 읽는 데는 함부로 막 보아 넘어갈 것은 아니로되 차례로 차근차근 보아 넘어가 창세기부터 묵시록까지 보고 또 그렇게 보아 성경 전편(全篇) 읽는 습관을 세울 것이니 성경 뜻을 아는 데는 성경 말씀 이상의 주석이 없는 것이니 성경을 잘 알아서 성경을 성경으로 해석할 줄 알게 될 때까지 성경을 읽을 것이다. 외우기를 목표하고 읽어 만족한 것이다.

성경에서 나고 성경에서 살다가 성경에서 죽으면 이 얼마나 행복 된 인간인가? 나기는 어디서 났든지 성경에서 살아보자. 성경을 신앙의 실력(實力)으로 화(化)하자! (속(續)[17])

---

16 원문의 '후(后)'는 '후(後)'의 약자(略字)로 쓰인다.

17 원문의 '續'(속)은 다음 호(號)에서 '계속(繼續)'됨을 말한다.

복음전도의 실제화

서론(緖論) 전도자의 준비

1. 자아순결(自我純潔)
2. 주님을 사랑하는 마음
3. 사람을 사랑하는 마음
4. 전도의 책임감
5. 하나님의 말씀으로

(이상 제63호 술(述))

본론(本論)

일(一), 구전적 전도 (제64호 술(述))

일(一), 문서전도 (전호(前號) 술(述))

일(一), 우편전도 (본호(本號) 술(述))

일(一), 간판전도 (본호(本號) 술(述))

일(一), 전도의 공업화

일(一), 전도의 음악화

일(一), 상설 전도관(傳道館)

일(一), 기도전도

* 『게자씨』 제6권 제2호(통권 66호)(1937.2), 42-45, 『게자씨 1937 (영인본)』, 96-99.

일(一), 우편전도(郵便傳道)

1전 5리(1錢 5厘)[1]나 2전 3전 혹(或) 그 이상으로 생명 되신 그리스도를 소개할 수 있고 생명을 구원할 수 있다면 이는 얼마나 큰일인가? 통신기관(通信機關)[2]이 이처럼 발전된 오늘날에 있어서 아무 일이 없고 아무 사교(社交)가 없는 사람이라도 일년에 편지(片紙)[3] 몇 장씩을 붙이며 받게 되리라. 이제 네게 오는 편지에 있어 수신인이 신자(信者)일 때 내가 받은 은혜를 간증하여 피차(彼此) 은혜를 나누며 수신인이 불신자(不信者)일 때 우리는 다른 사정을 다른 사건을 쓰기 전에 이 복음도리(福音道理)를 쓸 수 있고 증거할 수 있음은 중차대한 일이 아닌가? 여하한 방면이건 참으로 그리스도를 사랑하고 사람을 사랑할 때 어느 방면으로든지 이 복음전도(福音傳道) 우리[4]의 절대적(絶對的) 또 최대 사명인 이 일을 불망(不忘)할 것이 아닌가? 그런고로 신자는 통신(通信)으로도 복음 전할 기회를 찾는 것은 너무나 당연한 일이다. 그러면 어느만한 범위 내에서 우편전도를 시행할 수 있는가? 가장 보편적으로 할 수 있는 것은 우리 보통서신(普通書信)을 이용하는 것이다. 상술(上述)하였거니와 신불신(信不信)을 물론하고 은혜를 나누며 복음을 전할 수 있는 것이다. 어떤 사정서신(事情書信)에도 사건을 위한 서신에도 물론 괜히 안 하는 것보다[5] 당연히 할 것이다. 이것이 믿는 자의 향기가 아니겠는가? 직접전도는 못 할망정 내보내는 글을 빌어서 한 번 두 번 권고하며 증거하여 수신자로 하여금 한번 입으로 읽고 기억할 수

1 우리나라의 옛 화폐 단위.

2 원문의 '通신機關'(통신기관)을 '통신기관(通信機關)'으로 수정하여 번역함. 앞으로 같은 경우는 이와 같이 번역함.

3 '편지'의 한자어(漢字語)는 편지(片紙) 혹은 편지(便紙)로 쓰인다.

4 원문의 '吾人'(오인)을 '우리'라고 번역함.

5 원문의 '안타는것보다'를 앞뒤 문맥을 살펴 '안 하는 것보다'로 수정하여 번역함.

도 있게 하는 것은 수신자(受信者)[6] 자신에게 있어 그 시간에 죄를 통회하고 신자(信者)[7]가 되지는 못할지라도 언제든지 큰 충동(衝動)을 받는 날이 있을 것이라 같은 사람에게 한번 또 두 번 매번 이렇게 하는 것이 어찌 헛된 수고랴? 헛된 수고가 아니라면 어찌 이 일을 등한이 또 생각할 수가 있겠는가? 시간이 없노라고 전도에 핑계하는 자 있는가? 이런 전도를 이용하여 보라. 또 다른 사정이나 다른 사건이 없이 전도사건(傳道事件)으로만 편지할 수 있음은 가장 좋은 일이니 어느 사람을 항상 생각 기도하다가 권고할 힘이 날 때 붓을 들어 써 보내라. 받는 영(靈)이 충동(衝動)을 받지 않겠는가? 더욱이 통신전도(通信傳道)[8]는 친척 간에 반드시 있을 일이니, 대사도 바울은 말하기를 『내 형제 곧 골육의 친척을 위하여서는 내가 그리스도에게 끊어지는 지경에 이를지라도 원하는 바로라』 (롬 9:3)[9]하지 않았는가? 먼 친척이나 가까운 친척이나 지기(知己)를 위하여 자기는 믿으면서 이러한 간절한 심성이 없겠는가? 있다고 하면 일년 가도 한 번 편지로 권면하지 않는 그 책임은 어떻게 감당할 터인가? 일년 간에 다른 일은 없어 편지 한 장 안 하여도 인사는 차리기 위하여 신년(新年) 축하장(祝賀狀)은 하게 된다. 신년 인사는 중요하고 그 생명 구원은 그렇지 않은가? 신년 축하는 못 할망정 예수 믿으란 권면 한 장은 요긴하다. 확실히 그러하다. 성의 있는 권면에 기도 있는 권면 편지는 큰 힘을 가지는 것이다.

한 가지 또 말하는 것은 본(本) 사지(社紙)에서 실행하고 있는 우편전도이니 전화번호 책에 있는 주소를 얻어 가장 좋은 전도지와 요한복음 1책

6 원문의 '受신者'(수신자)를 '수신자(受信者)'로 수정하여 번역함. 앞으로 같은 경우는 이와 같이 번역함.

7 원문의 '신者'(신자)를 '신자(信者)'로 수정하여 번역함. 앞으로 같은 경우는 이와 같이 번역함.

8 원문의 '通신傳道'(통신전도)를 '통신전도(通信傳道)'로 수정하여 번역함. 앞으로 같은 경우는 이와 같이 수정 번역함.

9 롬 9:3, "나의 형제 곧 골육의 친척을 위하여 내 자신이 저주를 받아 그리스도에게서 끊어질지라도 원하는 바로라" (개역 개정).

(一冊) 식(式)을 넣어 봉투는 발신인 면에 전도문(傳道文) 2색(二色) 2방언(二方言)으로 인쇄하여 벌써 봉투가 전도문 되게 하여 우편국 소원(所員)들도 눈에 띄어 한 마디라도 볼 수 있게 하여 발송하였다. 평양 중심으로 진남포, 중화, 황주, 겸이포, 재령, 신천, 개천, 안주 등, 황평(黃平)[10] 삼도(三道)에 거의 보냈고 또 보내는 중이다. 지난 경험으로 보건대 얼마나 결심자가 있었는지 모른다. 다만 하나님만이 아신다. 그러나 사리원 모 관리로서 어떤 지방관청원으로 수매(數枚)의 감사장 및[11] 간증하는 말을 보낸 것도 있어 받을 때마다 절수료(切手料)[12] 기(幾) 십원(十圓)이 도무지 아깝지 않게 고마운 생각이 있었다. 이렇게 도무지 전도 못 들어본 사람들에게 이렇게라도 전하여 보는 일은 우리의 마땅히 할 것이다. 이런 방법 같은 것은 보편적 방법은 아니려니와 이 일에도 생각이 있으면 도울 길이 있지 않은가? 또 믿는 사람으로 상업(商業)하거나 공업(工業)을 하거나 그 통신 용지에 있어 계산서에 있어 물론 상호(商號)가 있겠지만 어느 짬에라도 성구(聖句) 일절(一節)을 넣을 수 있음은 얼마나 일거양득인가?

일(一), 간판전도(看板傳道)

오늘날 도시를 무슨 도시라고 할 수 있는가? 여러 이름을 지을 수 있겠으나 간판도시(看板都市)라고 하여 과히 틀리지 않을 것이다. 도시뿐이랴? 간판세상(看板世上)이다. 사람도 출세하려면 간판(看板)이 좋아야 한다. 간판이 없어 썩는 현인군자(賢人君子)도 허다하리라! 세상이 이렇게 되먹은 걸 어찌하랴? 간판도 묘한 것이 많이도 있어 전기장식(電氣裝飾)을 해서든

10 원문의 '黃平'(황평)은 황해도와 평안도를 말한다.

11 원문의 '及'(급)을 '및'으로 번역함.

12 원문의 '切手'(절수)는 일제 강점기에, '우표'를 이르던 말이니[https://dict.wordrow.kr/m/286238/ 접속일 2025.1.7.] '절수료(切手料)'는 우편요금을 말한다.

지 무슨 장식을 해서라도 인기를 끌게 하여 보려고 애쓰고 있다.

이제 우리 복음전도도 이것을 좀 이용하여 보면 어떠한가? 한 풍조를 따르는 것이라고 비난할까? 풍조를 따를 때로 다 따라서도 복음만 전할 수 있으면 되는 것이다. 이런 제의(提議)[13]를 내어 각각 훌륭한 안(案)들이 많이 나올 줄 안다. 생각나는 대로 실행할 수 있는 대로 하기를 바란다. 위선(爲先) 본사(本社)에서 좀 해보는 것과 앞으로 꿈꾸는 것을 소개해 볼까 한다. 본사에서는 한 2년 전부터 평양 전차 8대(台)에다가 이 전도간판을 걸었다. 매월 매대 60전 4원 80전씩 6개월 분을 일시 지출하여야 하므로 그렇게 사오(四五) 차(次) 지출하여 왔다. 이 효능이 여하히 나타남은 하나님이 아실 뿐이요 우리는 모르겠다. 이런 간판 저런 간판 있는 중에 전도간판이 한자리를 거룩하게 점령하고 있는 것이 참으로 귀하다. 전차(電車)를 탈 때마다. 이 차를 타기 원하고 볼 때마다 흔연히 기쁘다. 경제의 여유가 얼마나 길게 붙이게 될는지 모르거니와 가급적 주님 오시는 날까지 그 자리를 지켜 다만 1인이라도 구원을 얻었으면 얼마나 큰일이 아닌가? 평양 토마스 기념회에서도 같은 간판을 붙였다.

아직 실행은 못 하는 일이나 교통이 번잡(煩雜)[14]한 곳은 물론 철도이니 이것을 이용하였으면 큰 효과를 얻을 것 같다. 차는 비록 빠르게 질주하나 먼 산에 크게 써 붙인 『황주명산(黃州名産) 황주림금(黃州林檎)』[15] 『아사히 지하족대(地下足袋)』[16] 무엇이라, 무엇이라. 많이들 보지 않는가? 혹 『금주단연(禁酒斷煙)』이라, 등…. 보다 더 『예수 믿으시오』던가 『천당(天堂)』이던가

13 원문의 '提意'(제의)를 문장의 앞뒤 문맥을 살펴 '제의(提議)'로 수정하여 번역함.

14 원문의 '繁雜'(번잡)을 문장의 앞뒤 문맥을 살펴 '번잡(煩雜)'으로 수정하여 번역함.

15 원문의 '黃州名産 黃州林檎'(황주명산 황주림(임)금'은 '황주의 유명한 산물, 황주의 능금'이란 광고.

16 원문의 '足袋'(족대)는 일본식 버선을 말한다[NAVER 일본어 사전].

행 16:31[17]이던가 여하한 말이나 절구(絶句)나 전도를 위한 글을 차에서 볼 수 있음은 전도자의 말을 듣는 감(感)보다 강연을 듣는 감(感)보다 또 다른 감(感)이 일어날 것이다. 그리고 정거장에 크게 사진틀 같은 데 전도문을 부쳤으면 얼마나 많은 사람이 볼 것인가? 평양역 같은 데는 유명 상점에서 시가도(市街圖)를 그리고 자기 상점 위치를 표하고 거기 작은 전구를 꽂아 상점 이름 골라 누르면 거기 불이 빨갛게 켜지니 그 상점 위치를 잘 알게 만들었다. 그 방식을 좀 크게 하여 성구(聖句)를 죄 문제, 하나님의 사랑 문제, 예수의 대속 문제, 신앙 문제 등 중요한 성구를 나열하고 그 문제를 눌러서 성구를 찾는 표를 할 수 있으면 아주 인기가 있을 것이다. 또 역전(驛前) 광장 앞에 큰 간판도 필요하다. 전주(電柱)에 성구 기재도 좋을 듯하여 이는 불원간(不遠間) 하여 볼까 한다. 여러 방법을 생각하면 할수록 백출(百出)[18]할 줄로 안다. 어느 방식을 취하든지 개인으로, 교회로, 교회 단체로 이런 일을 하는 것은 하는 개인, 단체부터 은혜를 받는다. 교회면려회원(敎會勉勵會員)[19] 가운데 목수가 있으면 좋게 간판이나 만들게 하고 페인트[20]하는 청년이 있으면 페인트나 보기 좋게 칠하고 간판 잘하는 이가 있으면 또 크게 잘 써서 어느 길가에 갖다 세우면 세운 형제들에게 힘과 은혜가 되고 대중(大衆)에게 복음이 될 것이 아닌가?

17 행 16:31, "이르되 주 예수를 믿으라 그리하면 너와 네 집이 구원을 받으리라 하고" (개역 개정).

18 원문의 '白出'(백출)을 문장의 앞뒤 문맥을 살펴 '백출(百出)'로 수정하여 번역함. '백출(百出)'은 그 의미가 '여러 가지로 많이 나옴'이라는 뜻임.

19 원문의 '敎會効勵會員'(교회효려회원)의 '효려회원(効勵會員)'은 아마도 '면려회원(勉勵會員)'으로 여겨져 '교회면려회원(敎會勉勵會員)'으로 수정하여 번역함.

20 원문의 '벤기'를 '페인트'로 수정하여 번역함.

무-듸의 성경. 기도. 전도관(傳道觀)

신앙생활의 불가결인 성경, 기도, 전도 이[1] 삼자(三者)는 신앙자(信仰者)로 누구나 다 같이 가질 바이거니와 위대한 신앙가라고 불린 사람은 더구나 이 삼자(三者)에서 살다가 죽은 사람들을 말한다. 신앙사상에, 교회사상에 동서인을 물론하고 참으로 위대한 신앙가로 하나님의 특별히 부름을 받고 허다한 사람에게 많은 영향을 끼친 사람들의 생애를 상고(詳考)[2]하여 보라. 저들은 여하한 인물들이었는가? 저들은 성경의 사람이었고 기도의 사람이었고 전도의 사람이었다. 물론 사람이 다 같지 않음에 같은 법(法)대로 방식대로 하지 않았다고는 할 수 있을 것이나 성경을 생명으로 하여 부지런히 기도하고 자신이 물론 또 전도를 힘 있게 장려(獎勵)[3]하지 않을 수 없는 것이다. 벌써 신앙(信仰)한다는 그 말에는 이 삼자(三者)가 포함되어 있음이다.

이제 근대의 위대한 사도가 되는 디 엘 무디[4] 선생의 성경, 기도, 전도 이 삼자(三者)에 있어 여하한 생활을 종신토록 하시었는가? 우리의 신앙생활에 큰 전감(前鑑)이 될 것이다.

---

* 『게자씨』 제6권 제3호(통권 67호)(1937.3), 20–26, 『게자씨 1937 (영인본)』, 130–136.

1 원문의 '此'(차)를 '이'로 번역함. 앞으로 같은 경우는 모두 이와 같이 번역함.

2 원문은 '湖考'(호고)이다. 그런데 '호고(湖考)'란 쓰이진 않는 한자어(漢字語)이기에 이것을 문장의 앞뒤 문맥을 살펴 '상고(詳考)'로 수정하여 번역함.

3 원문의 '將勵'(장려)를 문장의 앞뒤 문맥을 살펴 '장려(獎勵)'로 수정하여 번역함.

4 원문의 '띠 엘 무듸'를 '디 엘 무디'로 수정하여 번역함. 디 엘 무디의 원명(原名)은 Dwight Lyman Moody이다. 앞으로 같은 경우에는 모두 이와 같이 번역함.

일(一), 성경

1. 성경의 존귀성

무디 선생은 이 생명양식에 있어서 순전히 신앙하였다. 『저는 참으로 믿었다』 믿을 것이라든가? 성경은 위대하다던가? 이런 관념만을 가진 것이 아니다. 신구약성경을 꼭 하나님의 말씀으로 정정(正正)히 받아 그 말씀에 전부를 의뢰하고 나아갔다. 무디 선생의 동력은 이 하나님의 말씀에 기인된 것이다. 오늘날과 같이 성경을 한 위대한 높은 이론서로 내지 수양서로 취급하는 사람이 많은 이때 있어서 하나님의 힘을 그대로 나타낸 이 무디 선생의 능력이 어디서부터임을 자세히 살펴보라! 그는 하나님의 말씀을 그대로 믿었고 그대로 받았다. 이것이 무디의 동력이요 능력이 된 것이다. 어떤 때 한 사람이 성경 중 난구(難句)를 얻어서 무디 선생에게 나아왔다.

『무디선생! 선생은 이 말씀을 가지고 무엇을 하실 수 있습니까?』

『나는 아무것도 하지 않습니다』

『어떻게 이 말씀을 깨닫습니까?』

『나는 그 말씀을 깨닫지 않습니다』

『그러면 어떻게 해석할 수 있습니까?』

『나는 해석이나 설명하지 않습니다』

『그러면 무엇하겠습니까?』

『나는 아무것도 하지 않습니다』

『그러면 선생은 이 말씀을 믿지 않습니까?』

『오! 나는 이 말씀을 믿습니다』

『당신이 알지도 못하고 설명도 못하면 어떻게 믿습니까?』

『예! 나는 확실히 믿습니다. 나는 어떤 점에 있어서 깨닫지 못하는 점이 있으나 나는 믿습니다. 나는 고등수학 같은데 아무것도 알지 못하나 그것을 내가 믿습니다. 나는 천문학에 대한 지식이 없으나 이에 관한 학자들의 발표를 시인합니다. 당신은 이것을 설명할 수 있습니까? 어떻게 같은 종류의 음식물이 살도, 뼈도, 피도, 털도, 기타 여러 가지 것이 되는 것을 설명할 수 있습니까? 또 어떤 사람은 말하기를 보지 못하는 것은 믿을 수 없다고 합니다. 그러면 사람이 다 가지고 있는 뇌도 보이지 않는다고 믿지 않을 것입니까?』

그는 이러한 절대의 신념밖에 성경에 대하여 다른 것을 가지지 않았다. 그런고로 그는 이렇게 말하였다.

『성경을 가지라. 그리고 이 말씀을 공부하라. 신학적으로라도 비평을 멀리하라. 다만 이 말씀에 굳게 입각하라. 그러고는 나아가 이 말씀을 활용하라. 그런고로 이 두 가지 결합을 잊지 말 것이니 공부하고 활용하라는 것이다. 이렇게 하여야 완전한 기독인 됨을 알라』

이 같은 사상으로써 저는 모든 땅 위에 있는 소위 기독교인들이 다 전적으로 이 말씀을 한결같이 믿을 수 있다면 얼마나 사탄은 무서워하겠는가? 얼마나 큰 힘으로 죄악을 정복할 수 있지 않겠는가? 이렇게 생각하여 각 방면으로 하나님의 말씀을 이렇게 저렇게 단련시키는 것을 무던히도 안타까이 생각하였다. 이렇게 저렇게 해석하여 보려 하고 그 뜻을 알라고 애쓰기 전 먼저 순전한 마음으로 하나님의 말씀을 받아 신앙하라. 여기에서 은혜가 시작되지 않는가?

2. 공부 방법

이러한 성경에 대한 강한 신념을 가진 무디 선생은 여하히 성경을 공부하였는가? 여하(如何) 성경을 먹었는가? 그는 마침[5] 성경을 하나님의 말씀으로 받아 생명양식으로 먹기를 쉬지 않는 것이었다. 물론 도무지 주석(註釋)이나 같은 것을 상고하지 않았다고 할 수 없으나 저는 매일 성경 그냥 읽는 일에 있어 도무지 게으르지 아니하였다. 그러므로 어디를 가든지 성경은 그 몸에서 떠날 수가 도무지 없었다. 그는 기독교인들에게 강조한 삼종(三種) 서책(書冊)이 있으니, 첫째는 잘 인쇄된 활자 큰 성경책이요 둘째는 크루덴의 성경 사전[6]과 셋째는 성서 강목이다. 이 셋만을 가지고 성경공부는 만족한 것이라 하였다. 저는 회중(懷中)[7] 성경의 필요를 생각지 않음이 아니었으나 항상 보기 편한 큰 성경책의 필요를 말하여 크고 무거운[8] 그것을 가지고 다니기 어려우나 그 책을 가지고 다니기에 힘드니만치 그 책을 가지고 걸어간 그 거리만치 은혜가 정비례한다고 하였다.

그는 이른 아침같이 공기가 맑고 기분이 좋을 때는 반드시 성경을 보았다. 보다가 보는 그 당시에 힘 있는 감촉이 있는 절구(節句)는 줄을 그어 표를 하고 혹 외우기도 하고 또 그 구절을 통하여 받은 은혜 다른 성경 구절과 관련하여 성경적 주석을 얻어서는 성경 갓으로[9] 돌아가며 새까맣게 써놓아 후에 얼른 참고가 되게 하였다. 여백이 성경 갓만으로 부족한 고로 매 장마다 백지를 한 장씩 끼워서 여기에도 가득히 기록하기도 하였다. 다른 공책에나 기록하면 찾기도 힘들고 잃기도 쉬운 까닭이었다. 그런고로 그는 자기의 성경 한 권만 들고 나가 어디서나 힘 있게 사용할 수 있었다.

---

5 원문은 '만츰'이다. 이것을 '마침'으로 번역함.

6 원문은 '크루덴의 성경뎐림'이다. 이것은 1737년에 처음으로 출판된 크루덴의 성경사전(Cruden's Concordence)을 말하는 것으로 여겨짐[https://en.wikipedia.org/wiki/Cruden%27s_Concordance 접속일 2025.1.10.].

7 원문의 '懷中聖經'(회중 성경)은 '품속에 넣어서 다닐 수 있는 작은 성경'을 의미한다고 여겨짐.

8 원문은 '무서운'이나 문장의 앞뒤 문맥을 살펴 '무거운'으로 수정하여 번역함.

9 원문은 '갓으로'이다. 여기에 쓰인 '갓'은 '바깥쪽 경계가 되는 가장자리 부분이나 그 부근'을 의미하는 '가'의 사투리로서 원문 그대로 '갓'을 사용하여 번역함[NAVER 국어사전].

3. 그의 쓰던 성경

그의 서재에 허다한 책이 많았고 또 귀한 책을 많이 남기고 갔다. 그 중에 가장 보패(寶貝)[10]로운 것은 일상 애독하던 20여 권 성경책이다. 이 책들은 거반 다 헤어진 낡은 책들이요 펴면 다 떨어지고 줄을 많이 긋고 또 갓으로는 새까맣게 썼고 또 백지 한 장씩 사이에 끼운 책만도 12 책이 된다. 그의 성경책은 그의 회집(會集) 시(時)마다 금덩이 같은 가치를 가진 것이었다. 그의 친구들도 이 성경 빌려보기를 심히 원하였다. 그는 달갑게 빌려줄 수가 있었다. 한마디 말로 하면 무디 선생은 성경의 사람이니 성경을 그대로 받아 신뢰하고 순종하였다.

일(一), 기도

무디 선생 능력의 원동력은 첫째로 성경에 기인하였고 다음으로는 그의 기도에 기인하였다. 그 모친은 특히 현모(賢母)로서 그 자녀들을 위하여 항상 기도하였다. 무디도 유시(幼時)[11]부터 그 입지(立志)가 견강(堅强)하여 어려서 집을 떠났어도 그 모친이나 무디 자신이 넉넉히 세상에 유혹되지 않을 자신(自信)[12]을 가지었다. 그러나 무디가 종종 그 모친에게 편지하기를 『저는 일향(一向) 하오나 저를 위하여 항상 기도하여 주옵소서』 편지마다 부탁 아니 한 때가 없었다. 그는 어려서부터라도 이만큼 조심하여 친히 기도하며 모친께 부탁하여 주(主)와의 밀접한 친교를 계속하여 왔다. 범사에 주와 친교를 맺어온 무디는 주님의 뜻을 잘 알아 순종할 수 있었고 또 주님께 가까이 사는 무디를 주님이 아시는 바 되어 당신의 크신 일꾼으로

---

10 원문의 '寶貝'(보패)는 '보배'의 본딧말이다.

11 어릴적이란 뜻이다.

12 원문의 '自身'(자신)을 문장의 앞뒤 문맥을 살펴 '자신(自信)'으로 수정하여 번역함.

쓰신 것이었다. 저는 어느 집회든지 충분한 성 준비 경(聖準備經)을 한 후에 그 말씀에 축복하기를 묵상기도하여 나감에 도처에 불이 떨어진 것이다. 자신으로서 묵상시간을 많이 가졌고 더욱 성경 말씀을 보면서 항상 밝은 이치를 증거하기 위하여 묵상하였다. 또 다른 사람을 위하여 기도를 힘있게 권장하여 부흥집회, 전도집회에 새벽기도회를 부지런히 개최하여 그 기도회가 그 집회의 생명이 된 것이었다. 그는 청년회에 대하여 큰 관심을 가지고 이 운동에 많은 힘을 쓴바 여기서 주력한 것은 성경교수(聖經敎授)와 기도회 등이었다.

선생이 케임브리지대학생에게 설교할 새 내청(來聽)하는 자 극히 소수라 학생의 어머니들을 모아놓고 기도회를 개최하였다. 그 모친들은 자기의 자식들이 참믿음 얻기 위해 간절히 기도하였다. 이로부터 케임브리지 대학생들은 큰 은혜를 받았다.

자기가 물론 기도하려니와 다른 사람에게 기도하게 각 방면으로 주력하였다. 전도강연 뒤 끝에 또 개인전도 후에 도를 받은 사람에게 기도하도록 하게 하는 것이다. 어떤 집회를 필한 후에 선생에게 삼천여 인의 기도 청원이 있었다. 이때에도 선생은 먼저 당신네가 기도하여야 되겠다 하여 큰 부흥을 일으키었다.

성지순례시 감람산에 가시어 예수의 승천하심과 다시 그 모양으로 오실 것을 생각하고 무릎을 꿇고 간절히 주님 속히 오시기를 기도하였다. 이때 그의 힘 있는 기도는 평시의 기도 힘의 배나 더 되었다고 하고 선생의 기도함에 참된 확신을 가졌다. 그러므로 에든버러에서 집회시에 처음 불과 오백 명이 집회(集會)하였으나 새벽기도회를 시작하고 또 정오에서 1시에 이르기까지[13] 특별기도회를 시작함에 미쳐 예배당에 수용할 수 없으리만큼 많이 회집하였다. 선생은 저들에게 권면하기를 우리는 마음과 뜻을

13 원문의 '낮十二時 至一時까지'를 '정오에서 1시에 이르기까지'로 번역함.

합하여 기도할 것 같으면 하나님의 두터운 사랑과 많은 복이 정녕코 내릴 지라. 성경에 이르기를 구하는 자에게 주시리라 하실 뿐 아니라 사람의 뜻 밖에 큰 권능을 주시리라 하셨다.

일(一), 전도

선생은 대전도자의 이름을 받으셨으니, 선생의 이름만을 부르고 들어 벌써 대전도(大傳道)를 연상하게 된다. 선생은 유년전도로 시작하여 크게 전도사역에 당하였다. 전도에 원동력인 성경, 기도 이 양자(兩者)의 실력에 출발한 선생의 전도 힘이 없을 수 없다. 그 전도시작에 있어 유년교화(幼年敎化)에 치중하였으니, 거리로 지나가며 한 아이라도 참되게 신앙생활을 하게 하기 위하여 그 뒤를 따라 집에까지 찾아다니며 아이들에게 전도하기를 부지런히 하였다. 이렇게 준비하여서 그는 능력이 넘쳐 수천수만인에게까지 복음사명을 다한 것이다. 그는 닥치는 대로 전도하였다. 교당(敎堂)에서 물론 전도하였거니와 영문(營門)에 가서 병정들에게 전도도 하고 노방에서도 기회(機會)[14]가 있고 그 복음사명이 그의 중심에 불탈 때 힘 있게 외쳤다. 어느 날 날이 석양에 걸렸을 때 각 공장으로부터 많은 직공이 나오는 기회에 그 중심은 그들에게 복음사명의 불이 타올라 견딜 수 없었다. 상점 앞에 궤짝 한 개를 얻어 올라서서 능력 있는 설교를 하여 많은 무리에게 큰 감복을 주어 구도자를 얻은 일도 있었다.

그는 대중에게 선한 전도자가 되었거니와 개인전도에 있어 힘 있게 강조하였다. 누구든지 다 대중에게 전도할 기회나 재능을 갖추지 못하였을지라도 개인 개인에게 복음을 전할 기회가 얼마든지 많다. 이는 재능 문제

14 원문의 '期會'(기회)를 문장의 앞뒤 문맥을 살펴 '기회(機會)'라고 수정하여 번역함. 앞으로 같은 경우는 모두 '期會'(기회)를 '기회(機會)'로 수정하여 번역함.

가 별로 크게 붓지 않는다. 기독신자로서는 누구나 다 이 사명을 받았고 또 이런 재능을 가진 것이다. 그리스도께서도 세상에 계실[15] 당시 대중에게 설교하시기도 하였거니와 개인에게 기회를 따라 전도하시는 것을 살펴보라. 예수 제자를 부르심이 그리하였고 안드레가 그 형 베드로를 인도하였음이 그리하지 아니하였는가? 예수께서 바울을 공중에서 친히 부르시고 또 사마리아 여인에게 개인 설화(說話)로 전도하신 것이다. 또 성신(聖神)께서 빌립을 몰아 광야로 보내시며 구스 내시에게 전도케 하시었다. 그런고로 우리는 반드시 개인전도 방법을 힘쓸 것이다. 하면 결과를 반드시 얻을 것이다.

그 방법에 있어 결코 개인의 경험을 말하지 말 것이다. 세상에 똑같은 두 사람은 도무지 없다. 내 경험이 그 사람의 욕구를 만족시키지 못하는 것이다. 이는 시간만 허비하는 것이다. 혹시에 듣기 좋게 말할 수는 있으나 그 사람의 생명문제는 어떻게 할 수가 없는 것이다. 그런고로 반드시 성경 말씀을 그대로 소개할 뿐이다. 이미 잘 암기한 말씀을 신뢰하여 거저 나가지 말고, 성경책을 가지고 피전도인(被傳道人)으로 하여금 그 자신이 이 말씀을 읽게 할 것이다. 또 개인전도에 필요한 절구(節句)만 따로 기록한 책이나 인쇄한 것이 좋지 못하다. 성경 말씀 그대로 그에게 주어 만족하다. 그런고로 성경 말씀은 항상 손에서 놓지 말라. 그러고는 피전도인으로 하여금 기도케 하는 것이 대단히 중요하니 그로 하여금 친히 기도케 할 것이요 못하면 성경에 나타난 기도 한 마디라도 외우게 할 것이다. 가나안 여인의『저를 도우소서』『불쌍히 여겨 주소서』이 한마디라도 친히 보고하게 할 것이다. 이것은 그 생명구원에 크게 필요하다. 성신(聖神)의 인도로 자기가 구원받음을 확신하기 전에 전도자로서 당신은 구원받았소 절대로 선언하지 말 것이다. 다만 전도자는 그 영의 불쌍함을 보고 간절히

15 원문의 '在世'(재세)를 '세상에 계실'이라고 풀어 해석함.

권할 것이며 할 수 있는 대로 그 신앙심을 도울 것뿐이다.

신앙자(信仰者)는 언제든지 개인전도를 위하여 준비하여 가지고 있다가 기회만 있으면 행할 것이다.

믿기로 작정한 후에는 열심으로 그 신앙장성(信仰長成)을 위하여 성경문답을 기회 있는 대로 할 것이다.

복음전도의 실제화

서론(緖論)

전도자 준비

1. 자아순결

2. 주님을 사랑하는 마음

3. 사람을 사랑하는 마음

4. 전도의 책임감

5. 하나님의 말씀으로

(이상 제63호 술(述))

본론(本論)

일(一), 구전적 전도 (제64호 술(述))

일(一), 문서전도 (제65호 술(述))

일(一), 우편전도 (제66호 술(述))

일(一), 간판전도 (제66호 술(述))

일(一), 전도의 공업화 (제68호 술(述))

일(一), 전도의 음악화

일(一), 상설 전도관(常設 傳道館)

일(一), 기도전도

* 『게자씨』 제6권 제4호(통권 68호)(1937.4), 23-24, 42, 『게자씨 1937 (영인본)』, 189-190, 208.

일(一), 전도의 공업화(工業化)

공업(工業)이 나날이 발전하여 가는 오늘날 복음전도를 이 방면으로 생각하여 보는 것도 도무지 쓸데없는 일이 아니다. 할 수 있는 범위 안에서는 쓸 방법을 다 써서 이 생명구원에 나아갈 것이니 이제 필자는 이 『전도의 공업화』의 문제를 제출하여 생명구원에 열심 있는 이들에게 한 참고를 제공하고자 한다.

나는 공업이나 공업품에 도무지 아무 상식(常識)[1]도 가지지 못하니만큼, 이 문제를 제의함에 미칠 뿐이요 어떤 구체안(具體案)[2]을 밝히 말할 아무것이 있지 않다. 다만 가장 보편적으로 여하히 하여서 가장 실용적으로 복음 증거할 구멍을 뚫어보는 중에 이도 한 좋은 방법인 것만은 확실히 알아 제의하는 바이다.

『**이론**(理論)』 나는 소도(小刀)[3]를 종종 잃어버리기를 잘함으로 그다지는 많이 몰라도 여러 종류의 소도(小刀)를 사본 일이 있다. 보통으로 눅고[4] 좀 괜찮지 않다고 하는 소도(小刀)가 5110[5]이라는 소도(小刀)인데 이도 510번은 비슷하나 썩 그만 못하다. 그 소도(小刀)는 상당히 알려져서 손님들이 종종 와서는 이 칼을 달라고 한다. 이 칼 한 면에는 이 칼은 강철(鋼鐵)[6]로 만든 칼로써 품질이 우(優)하다는 것을 설명하였다. 칼을 사서는 아무래도

1 원문은 '相識'(상식)이나 문장의 앞뒤 문맥을 살펴 '상식(常識)'으로 수정하여 번역함. 앞으로 같은 경우는 모두 '相識'(상식)을 '상식(常識)'으로 수정하여 번역함.

2 원문은 '構体案'(구체안)이나 문장의 앞뒤 문맥을 살펴 '구체안(具體案)'으로 수정하여 번역함. 앞으로 같은 경우는 모두 '構体案'(구체안)을 '구체안(具體案)'으로 수정하여 번역함.

3 원문의 '小刀'(소도)는 '작은 칼'을 말함.

4 원문의 '눅고'는 아마도 '눅다'에서 온 것으로 보인다. '눅다'는 '굳거나 뻣뻣하던 것이 무르거나 부드러워지다'[NAVER 어학사전] 의 의미로 보면 '칼이 무르거나 좀 부드러운' 의미로 여겨진다.

5 원문의 '5110'이나 '510'이라는 숫자는 당시 '작은 칼'의 종류를 말하는 번호(番號)로 여겨진다.

6 원문의 '剛鐵'(강철)을 문장의 앞뒤 문맥을 살펴 '강철(鋼鐵)'로 수정하여 번역함. 앞으로 같은 경우는 '剛鐵'(강철)을 모두 '강철(鋼鐵)'로 수정하여 번역함.

한 번 그 글을 읽어보게 되는 것이다. 또 과자도 좀 나은 과자 중에는 한 마디라도 무슨 말이 적혀 있는데 대개는 술 광고가 있는 것은 섭섭한 일이다. 한 조각 들어서 먹을 때마다 그 글을 읽어보게 되는 때가 많아 인상이 깊이 읽는 때도 있다. 기타 상품에도 그 상점 마크나 기타 점호(店號)를 특별한 모양으로[7] 인기를 끌게 하여 기억을 돕는 것은 우리가 종종 보는 일이다. 이제 이런 법을 이용하여 복음 증거(証據)[8]를 할 수만 있으면 큰일이다. 특별히 보고자 하여서[9] 보게 되는 것이 아니라 무의식중 보게 되는 것이 큰 인상을 주게 되는 때도 많다.

방법 그러면 그 방법에 있어서는 여하(如何)히 할까? 이 일을 위하여 공장을 경영할 것인가? 그것도 가능하면 할만한 일이라고 생각한다. 그러나 그런 전도 전문적 공장의 출현은 좀 해서 나오기가 용이하지 않을 것이다. 뜻 있는 이들이 유의(留意)할 수 있어 경영할 수 있으면 물론 못할 것도 아니다. 가장 적게라도 신자로서 과자 제조를 하면 그 과자 이름이라도 『사랑』이라든가 『믿음』이라든가 『소망』이라든가 하고 고전 13:13[10]을 그 아래 쓰면 어떨까? 그 다른[11] 성경 절수(節數)만이라도 적을 수 있든지 짧은 단구(短句)를 적을 수 있다든지 경고의 말을 적을 수 있어서 만일의 유익을 주는 것은 참으로 할만한 일이다. 적은 철공장이라도 경영하는 신자가 있으면 어떤 가구나 기구에도 여하(如何)할 수 있는 것이다. 과히 더 들지 않고 또 시간이니 경제에 다소 손해가 있어도 할 수 있어 한 사람의 영이라

7 원문의 '別 모양으로'를 문장의 앞뒤 문맥을 살펴 '특별(特別)한 모양으로'로 수정하여 번역함.

8 원문의 '証據'(증거)의 '증(証)'은 흔히 '증(證)' 자(字)의 약자로 쓰인다. 따라서 '증거'의 한자를 '증거(證據)'로 쓰지 않고 원문에 있는 대로 '증거(証據)'라고 번역함.

9 원문의 '別로히 보고저하여서'를 문장의 앞뒤 문맥을 살펴서 '특별(特別)히 보고자 하여서'로 수정하여 번역함.

10 고전 13:13, "그런즉 믿음, 소망, 사랑, 이 세 가지는 항상 있을 것인데 그 중의 제일은 사랑이라" (개역 개정).

11 원문의 '그他라는'을 '그 다른'으로 번역함.

도 구할 수 있는 것은 전도사명을 느낀 사람으로서 아깝지 않을 것이다.

물론 이렇게 할 수도 있거니와 그리 쉬운 일이 아니다. 이 일에 유의하시는 분들이 연보를 하여 개인공장이나 어떤 큰 공장에라도 교섭하여 같은 물건을 시장에 보낼 때 그런 전도문이 삽입된 물품에 값을 낮게[12] 교섭하여 그 밑지는 것을 담당한다고 하면 공장에서 많이 팔 수 있으니 좋고 수용자(需用者)도 같은 물품에 싼값이면 비록 반기독자(反基督者)라도 성구(聖句)가 있음에 불구하고 샀지. 별수가 없는 것이다. 가령 칼 한 개 25전[13]짜리를 공장에 교섭하여 17, 8전에 시장에 팔게하고 거기 성구를 긴 절이라도 쓸 수 있으니, 성구를 삽입하여 내놓으면 상당히 수용자가 많을 줄로 안다. 그러면 이 칼 한 개는 그 사람이 쓸 적마다 그 성구를 안 볼 수 없고 제조하는 직공들도 볼 것이요 공장주인도 볼 것이요 상점주도 볼 것이니 논(論)이 너무 지나치게 공상(空想)에 가까운 감이 있는 것을 부인(否認)치 않거니와 실행 가능이 전연(全然)이 없는 것은 아니다. 복음진리를 그렇게 파는 상품과 같이 광고하는 것이 여하(如何)하다고 사유(思惟)하는 이도 있을 것이나 (42 페이지[14]에 계속)

(24 페이지 계속)

사소(些少)[15]한 이익을 위하여도 별수단을 다 쓰거든 하물며 천국복음 생명선전에 있어 사람을 감화 감동할 수 있는 일일 때 할만한 것이다. 필자는 사견이나 이 공상 같은 것을 제의하여 같은 생각을 가지는 동지가 있기를 바란다. 본지(本紙)는 복음전도 각 방면으로 사유 중 이 방면도 생각

---

12 원문의 '눅게'를 문장의 앞뒤 문맥을 살펴 '낮게'라고 수정하여 번역함.

13 전(錢)은 화폐의 단위로 '원', '환(圜)의 1/100이다.

14 원문의 '42頁'을 '42페이지'로 번역함. '頁'(혈)은 '페이지'를 나타낸다. 앞으로 같은 경우는 '頁'(혈)을 '페이지'로 번역함.

15 원문의 '些小'(사소)를 문장의 앞뒤 문맥을 살펴 '사소(些少)'라고 수정하여 번역함.

하고 실현될 때가 있기를 바라는 바이다. 개인으로 하기 곤란함이 많을 것이므로 적은 단체라도 그런 데서 할 가능성이[16] 있을 것이다. 그리하여 시작하여서 하면 이 일에 성원(聲援)[17]하는 이는 많을 것이다.

16 원문의 '可能이'(가능이)를 문장의 앞뒤 문맥을 살펴 '가능성(可能性)이'로 수정하여 번역함.

17 원문의 '盛援'(성원)을 문장의 앞뒤 문맥을 살펴 '성원(聲援)'으로 수정하여 번역함.

복음전도의 실제화

서론(緖論)

전도자 준비

1. 자아순결

2. 주님을 사랑하는 마음

3. 사람을 사랑하는 마음

4. 전도의 책임감

5. 하나님의 말씀으로

(이상 제63호 술(述))

본론(本論)

일(一). 구전적 전도 (제64호 술(述))

일(一). 문서전도 (제65호 술(述))

일(一). 우편전도 (제66호 술(述))

일(一). 간판전도 (제66호 술(述))

일(一). 전도의 공업화 (제68호 술(述))

일(一). 전도의 음악화

일(一). 상설 전도관(常設 傳道館)

일(一). 기도전도

* 『게자씨』 제6권 제5호(통권 69호, 山東宣教師派送記念號)(1937.5), 14-15, 『게자씨 1937 (영인본)』, 232-233.

일(一), 전도의 음악화(音樂化)

음악을 좋아하지 아니하는 사람은 없다. 옛날이나 오늘날이나 시대의 관계가 없이 남녀노소 사람의 관계가 없이 음악은 거의 본능적으로 다 즐거워하고 기뻐하는 것이다. 이제 이 일반적으로 좋아하며 기뻐하는 음악을 전도의 한 방면으로 삼을 수 있다는 것은 전도의 실제화에 있어 큰 효과를 반드시 나타낼 것이다. 한 편으로 생각하면 음악은 거의 인간의 향락적 오락과 같이 나타나는 때가 많이 있다. 많이 있다는 것보다 오늘날 와서는 거의 보편화한 음악은 이것에 지나지 않는다. 그러나 진정한 의미에 참 음악의 가치는 절대의 신앙에 귀의하여서만 참 음악이 나오고 또 바로 이해할 수 있는 것이다. 과거의 위대한 음악가들을 다 들춰보라. 어느 누가[1] 위대한 신앙가 아님이 없다는 것이다. 본래 음악에 아무 상식을 갖지 못한 필자는 여기에 대하여 백지(白紙)와 같은 까닭으로[2] 그 밀접한 관계를 잘 설명할 수 없음이 유감이다.

여하간 대중은 비록 천한 음악이로되 음악이라면 즐기어 오늘날 축음기, 라디오 기타 음악기(音樂機)들이 얼마나 많이 보급되어 축음기 같은 것은 도시에 있어서는 거의 매 집이 있게 된다. 시가(市街)로 행보하는데 어떤 때는 거의 시끄러울 지경이다. 그래도 이를 즐거워하는 사람이 많이 있어 모여든다.

음악은 세계어(世界語)라고도 생각할 수 있으니, 말을 모르나 이로 말미암아 쾌감을 얻어 즐길 수 있음은 부인할 수 없는 일이다. 비록 말을 몰라 이민족에게 발표할 수 없어도 음악으로 바른 정서를 전할 수 있는 것이요 또 받을 수 있는 것이다. 이리함에, 이 음악을 바로 이용하여 전도에

---

1 원문의 '누구가'를 문장의 앞뒤를 살펴 '누가'라고 수정하여 번역함.

2 원문의 '고로'를 문장의 앞뒤 문맥을 살펴 '까닭으로' 수정하여 번역함.

쓸 수 있음은 세계적 전도에 나아갈 수 있는 것이다. 작곡에 당한 이는 깊이 신앙 가운데서 신의(神意), 신영(神榮)[3]을 노래할 수 있는, 그려낼 수 있는 멜로디를 그릴 수 있는 것이니 이 참 신앙 가운데서 하나님이 주시는, 이 멜로디야말로 발표함에, 이 연주에 있어서든가 은연한 감동을 깊이 줄 것이다. 그러나 보편적 전도에 있어 이런 전문적 작곡가들의 기대를 많이 가질 수 없으니, 보통으로 음악에 소양이 있는 분들로써 더욱 성악에 특은(特恩)[4] 받은 사람들로서는 가장 좋은 멜로디로 가장 좋은 가사를 택하여 노래할 수 있는 것은 큰 효과를 전도에 나타낼 것이다. 이른 아침 근일(近日)과 같이 춘일(春日)에는 산보하는 청년들이 많이 있다. 산으로, 들로 나가서는 상쾌한 정신에 자연히 높은 소리로 고함을 치며 노래하며 그냥 가만히 다녀오지 않는다. 이제 우리 기독신자인 전도인 된 우리들은 이런 좋은 기회를 만날 때마다 가장 좋은 곡조, 가장 좋은 가사의 노래를 힘 있게 부를 수 있을 때 자기 자신에게 물론 이 거룩한 노래를 멀리서 듣는 어느 사람이 은혜를 안 받았을 수 없는 것이다.

보다더 보편적이요 대중적인 레코드를 이용할 수 있는 일은 더 실제적이요 더 효과가 많을 것이다. 개인 신자나 단체로서 이에 깊이 유의하여 성악에 깊은 소양 있는 신앙가의 레코드에 연조(捐助)[5]하여 아주 헐한 값으로 시장에 나가게 하여 보급되게 하든지 신자의 가정(家庭) 혹은 상점에서도 가급적 이런 방면에 유의하여 무용한 난센스 같은 것을 버리고 음악적 가치로써 손색(遜色)[6]이 없는 레코드를 사용하면 난센스 같은 것보다 오히려 더 인기가 있고 큰 감화를 줄 수 있을 것이다.

---

3 '신의 뜻'과 '신의 영광'을 말함.

4 '특은(特恩)'은 '특별한 은혜'를 말함.

5 원문의 '捐助'(연조)는 '남을 도와줌'이라는 뜻이며 '연보(捐補)'와 같은 뜻임.

6 원문의 '損色'(손색)을 문장의 앞뒤 문맥을 살펴 '손색(遜色)'으로 수정하여 번역함.

선교의 중임(重任)을 맛고

선교(宣敎)! 이런 중임(重任)을 아직 연소(年少)한 자로 맡은 것은 너무나 당돌한 감이 자타(自他)에 같이 반드시 있으리라고 생각합니다. 나이 어리니만치 경험이 없다는 말은 할 것도 없고 전 조선 모교회(母敎會)를 대표하여 더구나 큰 나라요 많은 백성을 소유한 중화민국에 복음사명을 지고 가겠다는 일은 다방면으로 짧은[1] 제게는 과분의 중임(重任) 아님이 아닙니다. 동족에게도 복음사명을 감당하는 일이 쉬운 일이 아니거늘 하물며 외국 민족이겠습니까? 어떤 때 같은 형제에게 복음을 전하다가도 그만 다방면의 단(短)함이 노출되어 얼굴을 붉히고 고개를 숙이는 때가 있었습니다. 나는 무엇을 가지고 감히 바로 능력 있게 이 복음을 증거할 수 있을까? 낙담(落胆)[2]하는 때도 많았습니다. 그래 이 문제 들고 주 앞에 엎드린 때가 한두 번이 아니었습니다. 의기저상(意氣沮喪)[3]하여 극히 퇴굴(退屈)하고 있을 때 나는 이런 확신을 얻어 다시 힘 있게 나아간 때가 있곤 하였습니다. 『너는 무엇을 주고자 하느냐? 무엇을 주려 하여 부족을 느끼면 다방면의 단(短)함을 느끼느냐? 너는 유(有)의 유(有)이요 능(能)의 능(能)인 전능자(全能者), 전지자(全知者), 전유자(全有者) 예수를 가진 것이 아니냐? 너

---

* 『게자씨』 제6권 제5호(통권 69호, 山東宣敎師派送記念號)(1937.5), 45-48, 『게자씨 1937 (영인본)』, 255-258.

1 원문의 '短한'(단한)을 '짧은'으로 수정하여 번역함.

2 원문 '落胆'(낙담)의 '胆'(담)은 쓸개 담(膽)의 약자(略字)로서 '낙담'의 원래의 한자어는 '落膽'이나 원문에 있는 그대로 '낙담(落胆)'으로 번역함.

3 원문의 '意氣咀傷'(의기저상)은 본문의 앞뒤 문맥을 살펴볼 때 '기운이 쇠하여 활기가 없음', 곧 '의기소침(意氣銷沈)'이라는 뜻의 '의기저상(意氣沮喪)'으로 수정하여 번역함.

는 다른 무엇을 줄 것이 없다. 네가 소유한 이 예수를 전할 것이요 줄 것이다. 다른 이치를 몰라도 다른 상식이 없어도 좋다. 예수만을 줄 수 있어 족하니 예수를 전하며 줄 수 없느냐?』 이런 신념이 강하게 나를 몰아낼 때는『어디든지 능히 설 수가 있다. 누구든지 달려드나 나는 예수를 증거할 수 있다. 내게 참 생명을 붙여주신 지금 참 생명이 되신 예수를 나는 소개할 수 있는 것이다.』 만난(萬難)을 헤친 것과 같이 승리의 최고봉에 오른 것과 같이 자신 있게 재출발하여 듣는 사람이야 모르지마는 자신 있는, 확신 있는 증거를 한 때가 많았습니다. 나는 이런 강한 신념이 있어 아무것이 도무지 없지마는 감히 이 중임에 대답을 한 것입니다. 나는 가서 대상(對象)할 이가 철학자들도 아니요 과학가도 어떤 종류의 학자들도 없지 않아 많이 있을 터입니다. 그러나 나는 학자이건 누구건 예수 없는 사람이거든 예수를 증거하고 예수를 줄 수 있는 것이요 이것이 내 사명이었음에 예수만 소유하여 다른 단점도 다른 어느 방면에 부족도 나는 관계할 것이 없습니다. 나의 가는 일터는 무엇을 누구와 같이 경쟁하려는 것이든가 지우려는 것이 아닙니다. 거저 단순히 예수 없는 사람을 만나 이 생명이신 예수를 줄 이 일이었음에 아무리 몰라도 아무리 다른 것이 없어도 아무리 인격이 졸(卒)하여도 내게 예수가 있사오매 지금 갑니다. 다른 아무것과 싸울 것도 다툴 것도 비교할 것도 없으되 하나가 있는 것을 나는 압니다. 나와 싸울 이는 꼭 하나가 있습니다. 공중에 권세 잡은 우리의 원수 사탄이 아닙니까? 이 사탄이 내 길에 대적할 것을 압니다. 그러나 이도 나는 참 생명이실 뿐 아니라 사탄을 벌써 이기신 참 능력자이신 예수를 소유한 나에게는 문제가 없는 것입니다. 이러한 신념을 가지고 지금 떠나갑니다.

이런 신념이 강하게 있습니다마는 사람은 약합니다. 중(中)에도 저 같은 어린 사람은 약중약자(弱中弱者)입니다. 이를 느껴 또 한 걸음 퇴보하려는 것 같사오나 약자인 저를 힘 있게 응원하여 격려하는 선배들이 얼마나 많이 있습니다. 또 나의 가장 가까운 내 몸과 같은 친구들을 나는 가진 행복자(幸福者)입니다. 어린 사람을 멀리 보내는 선배들이 그냥 있지 않습니다. 나를 이날까지 그렇게도 받들어주던 친구들은 그냥 있지를 않는 것입니다. 또 가는 임지(任地)에 있어서는 벌써 개척하여 놓고 기다리는 부모 같은 선교사 선배가 계십니다. 아무 염려가 있지 않습니다. 이런 절대의 후원 밑에서 아무것도 아닌 어린 사람이지마는 담대(胆大)[4]하게 갑니다. 이 여러분의 성의 있는 기도의 응원 밑에서 성지(聖旨)를 복종하려는 결심이 있을 뿐입니다.

◎ 본사(本社)를 떠나면서

이제 여기 다시 수언(數言)을 부(付)하는 것은 본(本) 게자씨 사(社)를 떠남에 있어서 그냥 가지지를 않는 것입니다. 지난 5, 6년간 가장 나이 어린 막내도 사우(社友) 중 일인으로 미성(微誠)을 드리느라고 하기는 했으나 불충한 점이 많이 있었는 줄 압니다. 본래 본(本) 게자씨 소신앙지(小信仰誌)는 1931년 6월 12일 탄생하였는데 본지(本誌)를 산출(産出)해 내기까지 무한하신 축복이 사우(社友) 수인(數人)에게 있었습니다. 위로의 은혜가 많았고 또 당시의 우리 교계의 문서전도라고는 각 선교당국자들의 기관인 국부적(局部的) 독자(讀者)를 소유한 수종(數種)이 있을 뿐 가장 보편적인 것 같던 『종교교육』이라는 잡지도 그만 후원하던 미국 어떤 신자의 사거(死去)로 정간(停刊)의 보(報)를 발(發)하였던 때입니다. 우리 손으로 보편적 지우(誌友)를 소유한 문서 하나가 없음을 깊이 통탄하여 이에 기도하던바 가장 적게나마 우리 처지에 맞게 간행하자고 하여 아무것도 가지지 못한 우리는

4 원문의 '胆大'(담대)의 '胆'(담)은 쓸개 담(膽)의 약자(略字)로서 '담대'의 원래의 한자어는 '膽大'이나 원문에 있는 그대로 '담대(胆大)'로 번역함.

10페이지[5]의 등사물(物)을 20책 발행하는 것으로 게자씨를 탄생시킨 것입니다. 처음에 미미하게 보잘것없이 하느니 만치 어느 명사(名士)에게 감히 원고 1매 청하지 못하고 되었건 못되었건 우리가 기도하고 은혜받은 것을 기록하였을 뿐 지우(誌友)는 모집도 할 수 없는 것이요 신앙동지들에게 한 부씩 주기 시작한 것이 40부로 60, 120,[6] 200에까지 자라게 되었습니다. 부수(部數) 이에 미치매 절수대(切手代)[7]만도 2전씩 그 어려움이[8] 많아서[9] 겨우 변통(變通)[10] 일금(一金) 십원을 들여 삼종우편물인가(三種郵便物認可)를 얻게 되었습니다. 또 그러니 등사(謄寫)[11]도 부수(部數)가 늘매 난(難)한 점이 많아 인쇄를 꿈꾸었으나 아무 예산(豫算)[12]이 있지 않았습니다. 그러나 믿음으로 1933년 12월호를 활판인쇄(活版印刷)로 500부 발행하게 되어 오늘날까지 3,000부에 자라게 된 것은 생각할수록 참으로 무량(無量)한 감사를 드리지 않을 수 없었습니다. 지금 혹 우스운 말 같지만, 삼종우편물인가를 위한 10원에 있어서나 진체(振替)[13] 가입을 위한 10원에 있어서 쉬운 돈이 아니었습니다. 그러하거든 매월 간행비겠습니까? 과거 5, 6년간 사우(社友) 형제들의 희생적 각오 밑에서 꾸준한 부담과 지우(誌友)들의 성의

---

5 원문의 '十頁'(십혈)을 '십(十) 페이지'로 수정하여 번역함.

6 원문의 '百百二十'(백백이십)을 문장의 앞뒤 문맥을 살펴 '백이십(百二十)'으로 수정하여 번역함.

7 원문의 '切手'(절수)는 일제 강점기에, '우표'를 이르던 말이니[https://dict.wordrow.kr/m/286238/ 접속일 2025.1.7.] '절수대(切手代)'는 우편요금을 말한다.

8 원문의 '難함이'(난함이)를 '어려움이'로 풀어 해석함.

9 원문의 '多하야'(다하야)를 '많아서'로 풀어 해석함.

10 원문의 '辨通'(변통)을 문장의 앞뒤 문맥을 살펴 '변통(變通)'으로 수정하여 번역함.

11 원문에는 한글로 '등사'로만 되어있어 이해를 돕기 위해 '등사(謄寫)'로 한자(漢字)를 넣어 번역함.

12 원문에는 '算'(산)으로 되어있어 이해를 돕기 위해 문장의 앞뒤 문맥을 살펴 '예산(豫算)'으로 수정하여 번역함.

13 진체(振替)란 일제(日帝)가 전쟁(戰爭) 물자(物資)를 확보하기 위해 조선인(朝鮮人)들을 상대로 강매하였던 금융 상품 중의 하나로 조선총독부(朝鮮總督府)에서 발행한 진체저금(振替貯金, 우편대체)을 말한다. https://cafe.daum.net/, [접속일 2025.2.17.].

로 이런 특은(特恩)을 받은 것입니다. 그러나 경제문제에 있어 문서운동으로 수지(收支)를 계산(計算)하기는[14] 어려운 데다가[15] 더욱 복음문서에 있어서 말할 것도 없습니다. 더욱 갑자기 오늘날과 같이 지가폭등(紙價暴騰)한 때에 그 난사(難事)가 많은 것입니다. 지우(誌友) 되시는 분들은 깊이 명심하셔서 지대(誌代)를 보내주소서. 본지(本誌)는 순(純) 복음주의(福音主義)하에서 순(純) 보급주의(普及主義)로 나아갑니다. 그리하여 본지를 간행하여 간접전도에 나아가며 또 직접전도도 가급적 장려하여 교회가 없는 곳에 전도인도 보내는 중이며 전도지를 순(純) 복음적(福音的)으로 발행하며 전도하며 가장 실제적 전도를 가장 적당하게 하여 보려고 힘쓰는 중입니다. 그 일부들은 실행하는 중에 이 일을 위하여서는 본사의 사우(社友)들은 전희생적 노력을 하고 있습니다. 바라기는 여러분 지우(誌友)께서 이 작은 문서운동만도 그렇거니와 본사 사명감당에 한결같은 보도(步道)도 크신 후원을 깊이 바라나이다.

14 원문의 '算하기는'(산하기는)을 문장의 앞뒤 문맥을 살펴 '계산(計算)하기는'으로 수정하여 번역함.

15 원문의 '難한데다가'(난한데다가)를 문장의 앞뒤를 살펴 '어려운 데다가'로 수정하여 번역함.

복음전도의 실제화 완(完)

서론(緖論)

전도자 준비

1. 자아순결
2. 주님을 사랑하는 마음
3. 사람을 사랑하는 마음
4. 전도의 책임감
5. 하나님의 말씀으로

(이상 제63호 술(述))

본론(本論)

일(一). 구전적 전도 (제64호 술(述))

일(一). 문서전도 (제65호 술(述))

일(一). 우편전도 (제66호 술(述))

일(一). 간판전도 (제66호 술(述))

일(一). 전도의 공업화 (제68호 술(述))

일(一). 전도의 음악화 (제69호 술(述))

일(一). 상설 전도관(常設 傳道館) (제71호 술(述))[1]

일(一). 기도전도 (본호(本號) 술(述))

* 『게자씨』 제6권 제9호(1937.9), 24-27, 31. (사)방지일목사기념사업회 엮음, 『게자씨 1937 (영인본)』 (서울: 홍성사, 2010)에는 제6권 제6호(1937년 6월)까지만 실었고 여기에는 방지일의 글이 없다. 중국 선교사로 떠나 직후이기 때문일 것이다.

일(一), 기도전도(祈禱傳道)

우리 기독교도는 누구를 물론하고 단 한 가지로 기도의 특권을 소유한 자들이다. 자녀가 부모에게 구할 수 있음 같은 행복은 없는 것이다. 우리는 이런 행복의 소유자들이다. 우리에게 부족한 것이 있을 수 없다. 우리에게 약함이 있을 수 없다. 우리에게 어느 소원이 있어 이것은 성취 못 하여 애쓸 무엇이 없다. 그처럼 풍부하시고 강하시고 우리의 소원을 구하기 전이라도 다 아시어서 이루어 주시는 전지, 전능자의 대주재 아버지가 우리에게 있지 않은가? 이 아버지를 모시고 다른 무엇에 부족을 느낄 까닭이 없다. 과분의 은혜와 행복이다. 참으로 그렇다. 우리는 그리스도의 위대하신 사랑을 힘입어 직접 전능, 전지하신 아버지께 나아갈 특권을 가졌다. 깨알만 한 어려움이라도 가지고 나아갈 수가 있고 게자씨만 한 사정이라도 나아가 고할 수 있는 것이다. 이것을 생각만 하면 감사밖에 우리에게서 더 있을 것이 도무지 없다. 무엇 때문에 얼굴을 찌푸리며 불평불만 하랴. 아! 우리는 과연 행복자(幸福者)로다.

일(一), 기도 중 기도

기도 중 기도! 기도 가운데 무슨 구별이 있으랴! 그러나 이에[2] 말하려는 기도 중 기도, 이는 기도 가운데 가장 가치 있는 기도를 논하려 함이다. 기도 자체의 가치가 다를 수 없거니와 기도자(祈禱者)의 기구조건(祈求條件)에 의하여 더욱더 가치 있는 기구(祈求)가 없지 않아 있을 것이다. 우

1 『게자씨』 제(第) 칠십일(七十一) 호(號)는 제6권 제7호(1937년 7월)로서 『게자씨』 원본(原本)을 구할 수가 없고 그 어디에서도 확인할 수 없어 부득이 번역 작업을 할 수 없었음을 밝힌다.

2 원문의 '玆에'(자에)를 '이에'로 번역함.

리는 적은 것으로부터 큰 것까지 나로부터 시작하여 온 세상 사람을 다 위하여 크게 기도할 수도 있다. 하나님 앞에 성심 있는 적심(赤心)의 기도이매 주 앞에 상달될 것이다. 상달될 기도면 다 합당하고 가치가 있는 것이다. 그러나 더욱더 가치 있는 기도는 어떤 기도이겠는가? 곧 남의 영을 위한 기도가 그것이다. 우리 기도 중 가장 절정의 기도는 곧 이런 기도이다. 주께서 이 일을 위하여 오심이다. 주께서 이 일을 위하여 십자가를 지심이다. 이 일을 위하여 음부의 아래까지 가셨다. 주께서 이 일을 위하여 겟세마네의 기도가 있었거니와 아직도 하나님 우편에 앉아계시어 기도하신다. 그리고 주께서 우리에게 최후로 부탁하신 바이다. 이 가장 거룩하고 가장 고상한 주님이 최후에 부탁하신 생명을 주 앞에 인도하는 일을 맡은 우리는 전도하다가 죽을 수 있음이 가장 마땅하다. 이 전도의 사명은 감당하는 여러 길이 그 개인의 처지와 형편에 따라 다를 것이다. 이 사명을 받지 않은 이가 없는 것이요 또 참 그리스도의 제자로서 이를 감당하지 않을 수가 없는 것이다. 이 사명을 감당하는데 직접 당하는 방면이 물론 백인(百人)이면 백인(百人)이 천인(千人)이면 천인(千人)이 그 형편에 의하여 다를 수 있거니와 그 중 가장 누구나 다 할 수 있는 방법도 누구나 이 방법을 쓰지 않을 수 없는 방법은 곧 이 기도전도이다. 약자나 강자나 지자(智者)나 우자(愚者)나 누구든지 용신부동(容身不動) 하는 병신(病身)까지라도 의식만 남아 기도할 수 있는 자여든 할 수 있는 일이요 또 어느 전도자로서 기도함이 없이 전도할 자 누가 있겠는가? 과연 이 전도야 말로 기도 중 기도인 것이다.

일(一), 누구나 다 할 수 있는 전도방침(傳道方針)

전항(前項)[3]에 잠깐 비춘 말이거니와 어떤 사람은 돈이 많이 있어 돈으로 전도자금을 던져 큰 일을 하는 이도 있고 어떤 사람은 직접 헌신(献身)[4] 하여 하는 사람도 있고 또 전도실제(傳道實際)에서도 개인전도를 잘하는 사람, 문서전도를 잘하는 사람, 외치는 은혜를 받는 사람 여러 방면(方面)의 은혜가 각각 있을 수 있거니와 기도의 특은(特恩)을 받은 우리 신도들은 다 이 기도전도의 은혜를 꼭 같이 받은 것을 깊이 기억할 것이다. 누구나 이 은혜에 결여(缺如)[5]한 사람이 있지 않다. 다만 이 은혜를 쓸 줄 알지 못함이다. 기도의 책임감은 깊이 감(感) 하나 그 감당할 길을 찾지 못하여 답답해 하는 사람도 불무(不無)한 것이다. 종종 들을 수 있는 말은 꼭 시간이 없어 전도 못 한다는 말이다. 과연 그러한 사람도 다대(多大)하다. 아침부터 저녁까지 일해야만 하는 사람은 물론 일년 가야 시간을 얻을 수가 없다. 또 부득이한 불구자로서도 이 사명 감당이 결코 쉽지 않을 것이다. 그 밖에도 말할 줄 모르는 이 별(別) 방면으로 힘 있는 어려운 이가 많을 것이다. 이런 자리에서라도 훌륭히 전도할 수 있음은 곧 기도전도이다. 기도할 의식이 남아있기만 하면 아무리 불구자라도 누구만 못하지 않게 큰 일을 할 수 있는 것이다. 만일 금일(今日) 숨은 기도전도자가 없다고 하면 직접전도자들의 전도도 얼마만큼 힘이 있을는지 알지 못한다. 사람이 모르거니와 하나님이 아시는 숨은 기도전도자가 많을 것이다. 우리는 누구나 다 각각의 대원(隊員)이 될 책임이 반드시 있는 것이다.

---

3 원문의 '前頃'(전경)을 문장의 앞뒤 문맥을 살펴 '전항(前項)'으로 수정하여 번역함.

4 원문의 '献身'(헌신)의 '献'은 '헌(獻)'의 속자(俗字)이다. 따라서 '헌신(獻身)'을 원문에 있는 대로 '헌신(献身)'이라고 번역함.

5 원문의 '缺與'(결여)를 문장의 앞뒤 문맥을 살펴 '결여(缺如)'라고 수정하여 번역함.

일(一), 누구나 아니할 수 없는 기도전도

그리스도의 피로 구속받은 인간으로서 어찌 묵묵히 있을 수 있을 것인가? 마땅히 이 전도의 책임을 다 감당할 의무가 있는 것이다. 전도하는 가운데도 누구나 다 할 수 있는 이 기도전도는 누구나 다 아니할 수 없는 책임감을 가지고 있다. 어찌 내가 내 자신이나 가족을 위하여 기도하면서 불쌍한 영을 위하여 기도함이 없겠는가? 일년에 몇 번[6]이라도, 일 개월에 몇 번이라도, 일일에 몇 번이라도 아니할 수 없는 것이다. 이는 시간 없는 핑계도, 몸 약한 핑계도 모두지 용납하지 않는다. 어느 자리에서나 할 수 있는 일이기 때문이다. 공장에서 노무 하는 사람, 밭에서 일하는 사람은 그 일터에서 얼마든지 할 수가 있는 것이다. 병인(病人)은 병석에서, 행인은 노상에서 그 있는 처지에서 기도할 수 있는 것이다. 내 심령만이 부당한 영을 생각하는 간절한 생각만 있으면 어디서나 할 수 있는 것이다.

일(一), 가장 힘 있는 전도

전도 중 가장 힘 있는 전도는 이 기도전도이다. 아무 힘을 가지지 못한 우리의 말로만은 아무리 하여도 사람의 영을 움직일 수 없는 것이다. 돌과 같이 굳은 마음을 어쩔 수가 도무지 없다. 그러나 하나님의 손이 움직인 때야 못 할 것이 있을 수 없다. 기도는 하나님의 손을 움직이게 하는 일이거늘 더 말할 것이 도무지 없는 것이다. 전도자는 마땅히 먼저 기도할 것이다. 어떤 때 어찌하여 우리 전도가 그렇게 무력함을 느끼는가? 기도의 실력이 없음이 아닌가? 아무 기도가 없이 전도에 당하는 사람처럼 미련한 사람은 없다. 또 위험한 일은 없다. 빈주먹을 들도 전지(戰地)에 나아

6 원문의 '幾番'(기번)을 '몇 번'으로 번역함. 앞으로 같은 경우는 '幾番'(기번)을 '몇 번'으로 번역함.

감보다 더 어리석고 위험한 일이 없다. 기도 없는 전도에 성적(成績)이 날 수 없다. 어느 지방을 생각하면 그 지방들의 걸어가는 영의 발걸음을 깊이 생각하여 과연 예수의 겟세마네의 기도 같은 실력을 갖추고 한 번 나아가 외쳐보라! 그 말에 그 태도에 그 얼굴에 큰 힘이 용출(涌出)할 것이다. 어느 개인에게 전도함에도 그런 것이다. 믿지 않는 친구를 만나면 농담 삼아 『예수나 믿지! 한다. 어찌 십자군으로서 이 따위 소리를 할 수 있는가? 이렇게라도 말하지 않는 사람이 있는 것은 더 말할 것도 없거니와 이런 힘없는 말에 예수의 귀한 이름을 팔지 말 것이다. 어느 친구나 개인을 생각하여 믿게 하려고 하면 그에게 전할 기회를 하나님께서 주실 때까지 먼저 기도할 것이다. 하루가 한정이 아니며 한 달, 일 년이 아니다. 죽을 때까지라도 한 사람의 영을 위하여 기도할 경우면 할 것이다. 그를 밤이나 낮이나 잊지 않고 힘써 일하면서라도, 길가면서라도 그 영을 생각하고 기도하다가 하나님께서 내게 힘주실 때 그를 방문하여 단단히 믿어야겠다고 말하는 그 말은 상대자에게 총알보다도 더 힘 있게 그 중심을 깊이 깨지 않을 수 없는 것이다. 이런 실력 있는 전도를 우리는 다 하고 있는가? 아무 실력이 없이 체면적으로 또는 직업적으로 하는 전도는 힘이 있을 수 없다. 영을 생각하는 그런 실력을 힘 있게 기를 것이다. 이 실력이 충일(充溢)하여 넘치는 날 나는 힘 있는 전도자가 되는 것이다.

일(一), 기도전도대원 모집

아직도 믿지 않는 영이 그렇게 허다한 오늘날 가장 빨리 하나님의 교회를 건설하는 그 첩경(捷徑)[7]은 전도인을 교회마다 파송하는 것도 할 것이거니와 먼저는 각 신도들은 한 사람 이상 몇 사람이나 불신자를 맡아서 기

7 원문의 '捷經'(첩경)을 문장의 앞뒤 문맥을 살펴 '첩경(捷徑)'으로 수정하여 번역함.

도전도 작정하는 거기에 있다. 생각해 보라. 많이 말고 한 사람이 일 년에 한 사람이야 못 인도하겠는가? 일 년 동안 한 사람을 위하여 간절한 기도 실력을 쌓을 수 있는 그는 하루 한 사람 인도할 실력이 있고도 남는 것이다. 이렇게 모조리 한 사람 이상으로 작정하고 기도하기를[8] 시작하는 날 조선교회는 확실히 부흥할 것이다. 우리 교회는 이 전도대원 모집에 나아갈 것이다. 한 사람이 일 년에 한 사람 인도는 적은 일이 아니다. 한 사람이 일생에 한 사람의 생명이라도 인도하는 일은 결코 적은 일이 아니다. 하늘에서 받을 상급이 큰 것이다. (31쪽[9]에 계속)

(27쪽 계속)

말로만 전도하여야겠다고 하지 말고 모름지기 하나님 앞에 신실하게 내 집안 가까운 데서부터 쉽게 생각 말고 일 년 그를 위하여 매일 기도(祈禱)할[10] 작정하고 기도하여 보자. 힘이 있는가? 없는가? 하여 보면 알 수가 있는 것이다. 각 교회는 이 기도 전도대원 모집을 위하여 장려함이 좋을 것이다. 어떻게 하던 우리 믿는 사람은 작정하고 기도 하는 일을 주님 오시는 날까지 하여 보자! (끝)

---

8 원문의 '祈도하기를'을 '기도(祈禱)하기를'로 수정하여 번역함.

9 원문의 '31頁'(31혈)을 '31쪽'으로 번역함. 앞으로 같은 경우는 '쪽'으로 번역함.

10 원문의 '祈도할'을 '기도(祈禱)할'로 수정하여 번역함.

복음의 사람,

방지일

1938년

再臨前에 二大緊行事

(재림 전에 2대 긴 행사[1])

벧후 3:8-13[2]

그리스도교도에게 있어서 가장 절정의 소망은 우리 주님의 재림에 있다는 것은 재언(再言)을 불요(不要)할 것이다. 우리의 구주가 되시며 신랑이 되시며 친구가 되시며 주인이 되시는 예수께서 세상을 떠나 승천하시면서 이러이러한 때에 다시 오시겠다고 하셨으니 그를 사랑하는 마음이 우리에게 있을 때 어찌 이보다 더 큰 소망이 다른 곳에 있으랴! 우리는 어린아이가 출타한 부모를 기다리는 것같이 전심으로 바라고 기다릴 일은 주님이 다시 오심이다. 주님이 속히 오시리라(계 22:20).[3] 아마 오늘 오실 터이면 주님 오시기 전에 마땅히 할 일이 무엇이겠는가? 다른 것을 다하지 못할

---

* 『게자씨』 제7권 제5호(1938.5), 11-13.

1 원문은 '(재림전에二대긴행사)'이다. 한자(漢字) 제목(題目) 옆으로(원문은 세로쓰기) 쓰인 한글 제목이다. 이것을 '재림 전에 이(二)대 긴 행사'라고 띄어 씀. 참고로 1938년 5월호에 실린 방지일의 글은 이전의 글들이 한자어(漢字語)는 모두 한자(漢字)로만 쓰인 것과 달리 한글로 씌었다. 부득이하다고 여기는 단어는 괄호 안에 한자(漢字)를 달았다.

2 벧후 3:8-13, "사랑하는 자들아 주께는 하루가 천 년 같고 천 년이 하루 같다는 이 한 가지를 잊지 말라 주의 약속은 어떤 이들이 더디다고 생각하는 것 같이 더딘 것이 아니라 오직 주께서는 너희를 대하여 오래 참으사 아무도 멸망하지 아니하고 다 회개하기에 이르기를 원하시느니라 그러나 주의 날이 도둑 같이 오리니 그 날에는 하늘이 큰 소리로 떠나가고 물질이 뜨거운 불에 풀어지고 땅과 그 중에 있는 모든 일이 드러나리로다 이 모든 것이 이렇게 풀어지리니 너희가 어떠한 사람이 되어야 마땅하냐 거룩한 행실과 경건함으로 하나님의 날이 임하기를 바라보고 간절히 사모하라 그 날에 하늘이 불에 타서 풀어지고 물질이 뜨거운 불에 녹아지려니와 우리는 그의 약속대로 의가 있는 곳인 새 하늘과 새 땅을 바라보도다" (개역 개정).

3 계 22:20, "이것들을 증언하신 이가 이르시되 내가 진실로 속히 오리라 하시거늘 아멘 주 예수여 오시옵소서" (개역 개정).

지라도 주님이 가장 우리에게 원하시는 바를 찾아 예비할 수 있어야 만족할 것이다. 그러면 그 원하시는 바는 무엇이겠는가?

일(一), 우리 심령의 순결을 원하심

십자가 위에서 외치신「엘리 엘리 라마 사박다니」곧 나의 하나님이여 나의 하나님이여 어찌 나를 버리시나이까? 하신 말씀 곧 하나님의 독생자이신 주께서 그 아버지로부터 버림을 당하지 않을 수 없었던 이유는 어디 있었는가? 하나님께서는 그 사랑하는 아들이라도 버리지 않을 수 없었던 이유는 어디 있는가? 우리 죄를 대신하여 속하시는 이유밖에 다른 것에 있지 아니하였다. 과연 저는 우리 죄 때문에 버림을 당하시었다. 이제 이 십자가의 구원으로 말미암아 하나님의 자녀 된 우리들이 죄 문제에 대해서 날카로운 촉감을 가지지 아니하면 아니 될 것이다. 그렇지 아니하면 십자가를 업신여기는 것이며 또 예수를 십자가에 다시 못 박아 죽이심이다. 우리 기독도(基督徒)[4]의 주님을 대접하고 사랑하는 가장 큰 표는 죄 문제를 바로 생각함에 있다. 여하튼지 죄라면 멀리하고 죄라면 내 전력을 다하여 나의 총력을 다하여 대항하라는 이러한 열심히 있어야 할 것이다. 이러기 전에는 심령의 순결을 생각할 수가 없는 것이다.「내 이길 원수 없는가, 이 악한 세대는 날 인도하여 천당길 잘 가게 하리까」(찬송 220장 3절)[5] 그렇다. 바른 촉감을 가지기 전에 이 악한 세대가 순결한 심령을 소유하게 하지 않는다. 주님이 오시기 전에 우리는 육적으로 크게 싸울 문제는 이것

4 원문의 '기독도'를 문장의 앞뒤 문맥을 살펴 '기독도(基督徒)'로 괄호 안에 한자(漢字)를 번역함. 앞으로 같은 경우는 이와 같이 번역함.

5 1949년에 <합동 찬송가>를 발행하였으니, 저자(著者)가 인용한 찬송가는 아마도 1894년에 나온 <찬양가>의 가사이거나 1945년까지 사용되던 <신정 찬송가>, <신편 찬송가>이거나 <부흥성가>의 가사일 것으로 여겨진다.

이다. 이미 내 속에 있는 죄는 적은 것이나 큰 것을 물론하고 다 주님의 밝은 빛 앞에 비취어 있는 대로 씻을 것을 씻고 쓸 것을 쓸고 버릴 것을 버리고 찍어내야 할 것은 찍어내고 뽑아낼 것은 뽑아내고 긁어낼 것은 긁어내며 주님의 날카로운 칼의 수술을 받을 것이다. 죄가 있어서는 주님을 기쁘시게 못 할 것은 물론이거니와 주님에게 나아갈 수도 없는 것이다. 주님과 교제할 수가 없는 것이다. 「오직 너희의 허물이 너희와 너희의 하나님 사이를 막았으며 너희의 죄가 하나님의 얼굴을 가려 네 말을 듣지 아니하시게 하는도다」(사 59:27).[6] 하나님의 말씀을 힘 있게 우리에게 경고하지 않는가? 아무리 적은 죄라도 죄가 있을 때는 신앙생활에는 총파산이다. 그러나 죄 없는 자는 누구인가? 「만일 우리가 죄 없다고 하면 스스로 속임이니」(요일 1:8)[7] 죄 없는 자는 없는 것이다. 그런고로 예수께서 내 죄를 위하여 죽으신 것이다. (눅 5:32)[8] 죄인인 것을 자각하지 못하면 예수와는 아무 관계가 없는 것이다. 죄인인 것을 깨닫는 대로 주 앞에 나아가 항상 통회의 제사를 드릴 것이다. 이런 사람이 심령의 순결한 생활을 지속할 수 있는 것이다. 「하나님 앞에 제사는 상한 심령이니 하나님이여 상하고 통회하는 마음을 경홀히 여기지 아니하시겠나이다」(시 51:17)[9] 순결한 심령의 생활을 변하여 내적으로 이런 통회의 청산이 있어야 하겠거니와 나아가서는 죄에 대해서는 아주 예민한 날카로운 감정으로서 내 심령을 썩이려는 죄를 멀리하고 죄를 공격할 것이다. 내가 별로 큰 죄 가운데 있지 않다고 하여 죄 곁에 살며 죄를 좀 용납하며 혹 나아가서는 죄와 더불어 관계하며

---

6 사 59:2, "오직 너희 죄악이 너희와 너희 하나님 사이를 갈라 놓았고 너희 죄가 그의 얼굴을 가리어서 너희에게서 듣지 않으시게 함이니라" (개역 개정).

7 요일 1:8, "만일 우리가 죄가 없다고 말하면 스스로 속이고 또 진리가 우리 속에 있지 아니할 것이요" (개역 개정).

8 눅 5:32, "내가 의인을 부르러 온 것이 아니요 죄인을 불러 회개시키러 왔노라" (개역 개정).

9 시 51:17, "하나님께서 구하시는 제사는 상한 심령이라 하나님이여 상하고 통회하는 마음을 주께서 멸시하지 아니하시리이다" (개역 개정).

동무하며 이를 이용하려다가 결국 죄의 종이 되는 일이 많이 있는 것이다. 그런고로 죄라면 그저 단단히 취급하지 아니하면 아니 되는 것이다. 이것이 주님을 사모하고 바라는 우리 기독도(基督徒)의 첫째 할 일이다. 베드로는 이제 대하여 너희가 어떠한 사람이 되어야 마땅하겠느뇨? 거룩한 행실과 경건함으로 하나님의 날이 나타나기를 우러러 바라고 사모하라(벧후 3:11-12)[10] 이 거룩한 행실과 경건함은 순결한 심령을 소유함으로 써야 있는 것이다.

이(二), 복음의 증거

다음으로 주님이 원하시는 것은 자기가 본래 이 일을 위하여 오시고 또 떠나심에 있어서 가장 최후의 부탁으로 말씀하신 복음 증거가 곧 그것이다. 내 개인으로는 어디까지 순결한 생활을 위하여 싸울 것이거니와 주님의 뜻을 받들어 믿지 않는 불쌍한 영들을 사랑하여 이 복음 사명을 깊이 느껴 감당할 것이다. 베드로는 말하기를「주님이여 이 악한 세대를 얼마나 참으시는가?」주님 말씀이 하루를 천년과 같이 참으신다고 하시었다. 어찌하여 오래 참으시는가? 오래 참으사 한 사람이라도 멸망치 않고 다 회개하기를 바라시는 연고이다. 주님이 아마 여기 오늘 여기 오실 터인데 어찌하겠는가? 무엇보다 먼저 할 것은 이 복음을 전하여 한 사람이라도 회개케 함에 있다. 주님의 뜻을 받들어 순결한 심령을 소유한 기독도(基督徒)로서는 누구든지 이를 특히 감(感)하지 않을 수가 없는 것이다. 허다히 많

10 원문은 '베후三11-21'이다. 그러나 인용한 성경 구절을 살펴볼 때 본문은 베드로후서 3장 11-12절로 여겨진다. 따라서 베드로후서 3장 11-12절로 수정하여 번역함. 벧후 3:11-12, "이 모든 것이 이렇게 풀어지리니 너희가 어떠한 사람이 되어야 마땅하냐 거룩한 행실과 경건함으로 하나님의 날이 임하기를 바라보고 간절히 사모하라" (개역 개정).

이 자기의 갈 길을 알지 못하고 인생일생이여춘몽(人生一生이如春夢)[11] 이것만 꿈을 깨면 어디가 되는지 생각하지 못하고 안전(眼前),[12] 의식(衣食), 명예욕(名譽慾)만 총력을 다하고 있는 가련한 사람들아! 모든 사람을 다 주께로 인도할 책임은 예수를 기다리고 사모하는 기독도(基督徒)들에만 있는 것이다. 예수께서 오시기를 기다리는가? 하루를 천년과 같이 참으시면서도 오래 참으시는 것은 한 사람이라도 더 구원하시고자 하시는 대자대비(大慈大悲)하신 참음이다. 주의 날이 더딘 것을 원망하지 말라. 주님이 괴롭게 참으심을 기억할 것이다. 이 거룩한 뜻을 받들어 힘 있는 주의 증인이 되어보자. 참으로 주님을 사랑할진대 주님의 오심을 기다리지 아니할 사람이 없고 주님을 충심으로 기다릴진대 한 사람이라도 더 회개하여 주님이 오시니 간절한 마음으로 복음사명을 깊이 느껴 증인의 책임을 깊이 감당할 것이다. 주님이 어찌하여 이천년이 가까운 오늘까지 안 오시는가? 그런고로 주님 오시기 전에 한 사람이라도 구원의 길로 인도해 보자! 주님 오시기를 기다리는 우리 기독도(基督徒)들은 힘 있는 예수의 증인 되자!

주께서 재림하시기 전에 우리들의 할 일은 절대 순결하여 복음 사명을 감당하는 여기에만 있는 것이다. 이것만을 감당할 수 있으면 만족하라. 기도로 순결한 심령을 얻고 복음 사명의 책임감을 느끼고 또 능력을 얻을 수 있어야 주의 원하시는 바를 감당할 수 있을 것이다. –청도에서–

11 원문의 '人生一生이如春夢'이란 '인생(人生) 일생(一生)이 봄에 잠깐 꾸는 꿈[춘몽(春夢)]과 같다'라는 뜻임.

12 원문의 '眼前'(안전)은 '눈앞의'라는 뜻임.